本书是国家社科基金一般项目"公共租赁住房开发建设与准入退出的法律规制研究"(项目编号:14BFX119)的成果。

华中师范大学法学院基层社会法治丛书

公租房开发建设与准入退出的法律规制研究

RESEARCH ON THE LEGAL REGULATION OF
PUBLIC RENTAL HOUSING:
CONSTRUCTION, ACCESS AND EXIT

李克武 等 ○ 著

中国社会科学出版社

图书在版编目（CIP）数据

公租房开发建设与准入退出的法律规制研究／李克武等著．—北京：中国社会科学出版社，2020.12

（华中师范大学法学院基层社会法治丛书）

ISBN 978-7-5203-7593-1

Ⅰ.①公… Ⅱ.①李… Ⅲ.①住宅—房地产法—研究—中国 Ⅳ.①D922.181.4

中国版本图书馆 CIP 数据核字（2020）第 244900 号

出 版 人	赵剑英
责任编辑	范晨星　李　沫
责任校对	李　剑
责任印制	王　超

出　版	中国社会科学出版社
社　址	北京鼓楼西大街甲 158 号
邮　编	100720
网　址	http://www.csspw.cn
发行部	010-84083685
门市部	010-84029450
经　销	新华书店及其他书店
印　刷	北京明恒达印务有限公司
装　订	廊坊市广阳区广增装订厂
版　次	2020 年 12 月第 1 版
印　次	2020 年 12 月第 1 次印刷
开　本	710×1000　1/16
印　张	25.5
插　页	2
字　数	369 千字
定　价	139.00 元

凡购买中国社会科学出版社图书，如有质量问题请与本社营销中心联系调换
电话：010-84083683
版权所有　侵权必究

前　言

　　住房保障既是民生问题，也是发展问题，关系国家的政治稳定与经济社会发展全局。我国的住房保障方式前后经历了不断探索、不断实践、不断演变的过程。自新中国成立至 20 世纪 80 年代，我国实行的是国家福利住房制度，即住房公有，由国家或单位无偿或低租金提供给居民（职工）长期居住使用。从 80 年代开始，我国对城市住房制度进行改革，试行公房出售。1998 年，我国提出全面停止住房实物分配，推行住房分配货币化和住房保障市场化改革，一方面大力发展商品房市场，另一方面同时探索建立廉租房制度，对城市最低收入人群提供租赁性福利性住房保障。2010 年，我国建立公租房制度，对所谓"夹心层"人群，包括城市中低收入住房困难人群、新就业无房职工和外来务工人员，提供租赁性福利性住房保障。2014 年，我国将廉租房与公租房并轨运行，统一称为公租房。公租房是我国住房保障体系中最主要的保障房，公租房制度是我国住房保障制度建设的关键和重点。2010 年国务院在出台的《关于加快发展公共租赁住房的指导意见》中就曾明确提出要构建以公共租赁住房为重点的住房保障体系。2013 年 10 月 29 日，习近平总书记在中央政治局第十次集体学习住房保障体系和供应体系专题时又再一次特别强调"要重点发展公共租赁住房"。

　　从实践看，我国的廉租房最早起步于 1998 年，至今经过 20 余年。在这期间，全国各地都积极探索推行公租房的建设与运营，取得了巨大的成就，对于解决城镇中低收入住房困难家庭的基本住房问题功不可没。但是从反馈的情况看，尚存在不少问题，主要如地方政府对公租房建设认识不足，重视不够，缺乏动力和积极性；公租房房源供给不足、质量较差；公租房准入及退出机制不够完善，执行把关不够严格，存在分配不公和违规滥用、滥占现象；等等。从立法看，至今为止，我国还没有出台国家层面的关于住房保障或关于公租房的基本立法，目前我国用以规制公租房建设与运营的法律规范主要是2007年由中央九部门联合出台的《廉租住房保障办法》和2012年由住建部制定的《公共租赁住房管理办法》，此外还有大量的政策性文件和地方性法规。这样的法律规范体系缺乏统一性和权威性，一定程度上影响我国公租房制度运行的效果。从学术研究看，西方国家对公共住房问题的研究有百余年历史，对于公共住房的作用、政府在公共住房建设中的角色定位、住房保障方式、公共住房建设的融资渠道与机制等，均有较充分的探讨。我国对廉租房制度的研究与我国的廉租房制度建设相伴而始，但对公租房制度的研究则开始于2009年以后。现有的研究涉及多方面的问题，包括公租房的界定、政府对公租房建设的职责、公租房建设的融资模式与土地供应机制、公租房制度的保障范围、公租房准入退出机制，等等。已有研究呈现出的基本特点是：经济学视角多，法学视角少；定性研究多，实证性研究较少；一般性提出问题和表达观点多，深入细致的研究较少；国外的研究历史较长，国内的研究时间较短；尚没有学者以公租房的开发建设、准入、退出这三大核心问题为对象，以法律规制为立意，对我国公租房开展法学视角的学理、实证与比较研究。

本书展开研究的基本思路是：以我国公租房的开发建设、分配准入和使用退出为主要研究对象，以学理分析、实证研究和比较研究为主要研究方法，以法律规制（制度机制、行为规则和法律责任的检讨与构建）为研究目标。图示如下（见图1）。

本书的内容，除前言和结语外，由五章构成，其中第一章为基础性研究，旨在为后续四章的研究提供基础概念和制度背景支持；第二章至第四章分别对公租房的开发建设、分配准入和使用退出三个核心问题、关键环节的行为规范与制度机制进行探讨；第五章是综合对公租房开发建设与准入退出中涉及的相关当事人的法律责任问题进行集中探讨。五章的具体内容如下：第一章为公租房与公租房制度概论，内容包括公租房的内涵、外延及性质与功能的界定、公租房制度的理论基础、国外主要国家公租房制度的演变和特点、我国公租房制度的历史沿革、现实问题与未来走向等。第二章为公租房开发建设的法律规制，内容包括我国公租房供给的主要方式、公租房开发建设模式及其主体的权责界分、开发建设的公租房之一般标准、开发建设的公租房之产权界定、公租房开发建设土地供给的法律规制、公租房开发建设税收优惠的法律规制、公租房开发建设融资机制创新与法律规制、集体土地上建设公租房的法律规制等。第三章为公租房分配准入的法律规制，内容包括公租房分配准入的立法价值取向选择、公租房分配准入的基本原则、公租房的分配主体、公租房分配准入的条件、程序、轮候配租机制及异议处理机制等。第四章为公租房使用退出的法律规制，内容包括公租房使用退出的立法价值目标、公租房使用退出的条件、程序、压力机制、引力机制及异议处理机制等。第五章为公租房开发建设与准入退出中相关当事人的法律责任，内容包括政府主管部门及其相关工作人员的法律责任、参与开发建设与运营管理的其他社会组织的法律责任、开发建设施工单位的法律责任、承租人的法律责任及物业管理者的法律责任等。

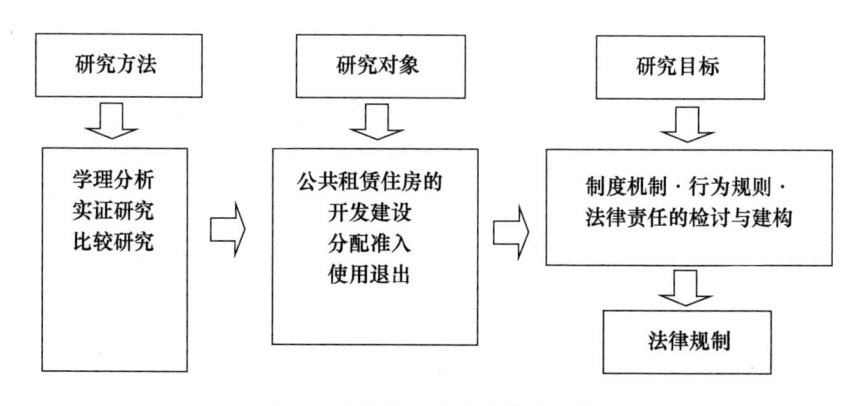

图 1　本书展开研究的基本思路

本书是李克武主持的国家社科基金项目"公共租赁住房开发建设

与准入退出的法律规制研究"（14BFX119）的最终研究成果。全书由李克武设计写作体例、研究提纲，确定研究基调和核心观点，由李克武、聂圣、张璐共同执笔完成，由李克武统稿、审稿和定稿。在项目申报和研究过程中，邓宏乾教授、丁文教授给予了宝贵的支持。本书的出版，得到了华中师范大学、华中师范大学法学院和中国社会科学出版社的大力支持。在此一并致以衷心的感谢！

目　　录

第一章　公租房与公租房制度概论 …………………………… (1)

第一节　公租房的内涵与外延 …………………………… (1)
一　公租房的概念界定 ………………………………… (1)
二　公租房的特点分析 ………………………………… (4)
三　公租房的性质与功能 ……………………………… (6)
四　公租房与相关概念之辨析 ………………………… (8)

第二节　公租房制度的理论基础 ………………………… (11)
一　人权保障理论 ……………………………………… (12)
二　国家义务理论 ……………………………………… (16)
三　国家干预理论 ……………………………………… (19)
四　公共产品供给理论 ………………………………… (22)

第三节　国外主要国家公租房制度的演变与特点 ……… (25)
一　美国的租赁性公共住房制度 ……………………… (25)
二　英国的租赁性公共住房制度 ……………………… (30)
三　德国的租赁性公共住房制度 ……………………… (35)
四　日本的租赁性公共住房制度 ……………………… (39)
五　新加坡的租赁性公共住房制度 …………………… (42)
六　荷兰的租赁性公共住房制度 ……………………… (45)

第四节　中国公租房制度的历史沿革、现实问题与未来走向 ………………………………………………… (47)
一　我国公租房制度的历史演进 ……………………… (48)

二　我国公租房制度存在的主要问题及其成因 …………（52）
　　三　我国公租房制度的未来走向 ………………………（62）

第二章　公租房开发建设的法律规制 ……………………（67）
第一节　开发建设：公租房供给的主要方式 ………………（67）
　　一　新建公租房——公租房的开发建设 ………………（67）
　　二　存量房转换 …………………………………………（68）
第二节　公租房开发建设模式及其主体的权责界分 ………（70）
　　一　公租房开发建设之模式 ……………………………（70）
　　二　公租房开发建设主体之权责界分 …………………（80）
第三节　开发建设之公租房的一般标准 ……………………（83）
　　一　公租房一般标准之国际共识——"适足住房权" ……（83）
　　二　现状与问题：我国公租房一般标准之缺失 ………（86）
　　三　反思与探索：我国公租房一般标准之确定 ………（92）
第四节　开发建设之公租房的产权界定 ……………………（97）
　　一　产权概念的经济学与法学认知 ……………………（97）
　　二　公租房的三种产权形式 …………………………（101）
　　三　公租房共有产权探讨 ……………………………（102）
第五节　公租房开发建设土地供给的法律规制 …………（119）
　　一　公租房开发建设土地供给的现状与问题 ………（119）
　　二　公租房开发建设土地供给法律规制之思考与
　　　　建议 …………………………………………………（122）
第六节　公租房开发建设税收优惠的法律规制 …………（126）
　　一　公租房开发建设税收优惠之正当性 ……………（126）
　　二　我国公租房开发建设税收政策及其存在的问题 …（127）
　　三　完善我国公租房开发建设税收优惠的相关建议 …（130）
第七节　公租房开发建设融资机制创新与法律规制 ……（133）
　　一　我国公租房开发建设融资现状述评 ……………（133）
　　二　国外住房保障融资之镜鉴 ………………………（136）

三　我国公租房开发建设融资机制创新之进路……………（141）
　　四　我国公租房开发建设融资法律规制的几点建议………（146）
第八节　集体土地上建设公租房的法律规制…………………（149）
　　一　集体土地上建设公租房之背景……………………………（149）
　　二　集体土地上建设公租房的基本界定与地方实践…………（153）
　　三　集体土地上建设公租房之法律障碍………………………（159）
　　四　集体土地上建设公租房之法律规制路径…………………（162）

第三章　公租房分配准入的法律规制……………………（165）
第一节　公租房分配准入的立法价值取向……………………（165）
　　一　公租房分配准入立法价值要素之考量……………………（165）
　　二　公租房分配准入立法价值取向之整合……………………（167）
第二节　公租房分配准入的基本原则…………………………（171）
　　一　公平正义原则………………………………………………（171）
　　二　科学原则……………………………………………………（172）
　　三　公开原则……………………………………………………（173）
　　四　便捷原则……………………………………………………（173）
第三节　公租房分配的主体……………………………………（174）
　　一　关于"主体"的基本内涵…………………………………（174）
　　二　我国公租房分配主体的地方选择…………………………（177）
　　三　我国公租房分配主体的两大趋势…………………………（181）
第四节　公租房分配准入的条件………………………………（183）
　　一　我国公租房分配准入条件的立法文本梳理………………（183）
　　二　我国公租房分配准入条件存在的若干问题………………（190）
　　三　我国公租房分配准入条件的完善建议……………………（192）
第五节　公租房分配准入的程序………………………………（195）
　　一　程序正义：公租房分配准入之关键………………………（195）
　　二　我国部分城市公租房分配准入的法定程序之梳理………（196）
　　三　我国公租房分配准入的法定程序之不足…………………（204）

— 3 —

四　我国公租房分配法定程序之完善建议……………（206）
    第六节　公租房分配准入的轮候配租机制……………（209）
         一　公租房分配的轮候配租机制之内涵……………（209）
         二　公租房轮候配租机制之借鉴……………………（210）
         三　我国公租房轮候配租机制之现状………………（215）
         四　我国公租房轮候配租机制之选择………………（219）
    第七节　公租房分配准入的异议处理机制……………（221）
         一　公租房分配准入之"异议权"…………………（222）
         二　公租房分配准入异议处理机制之基本要求……（224）
         三　我国公租房分配准入的异议处理机制之构成…（227）

第四章　公租房使用退出的法律规制……………………（234）
    第一节　公租房使用退出的立法价值目标……………（234）
         一　公租房使用退出立法价值要素的选择…………（234）
         二　公租房使用退出立法的基本价值取向…………（237）
         三　公租房使用退出立法价值取向的整合…………（245）
    第二节　公租房使用退出的条件………………………（247）
         一　公租房使用退出条件的理论依据………………（247）
         二　我国公租房使用退出条件的现状考察…………（252）
         三　我国公租房使用退出条件存在的主要问题……（259）
         四　公租房使用退出条件的经验借鉴………………（262）
         五　我国公租房使用退出条件的完善建议…………（264）
    第三节　公租房使用退出的程序………………………（266）
         一　公租房使用退出程序的意义……………………（267）
         二　公租房使用退出程序的基本原则………………（271）
         三　我国公租房使用退出程序立法的主要问题……（276）
         四　我国公租房使用退出程序立法的完善建议……（281）
    第四节　公租房使用退出的引力与压力机制…………（290）
         一　公租房使用退出的引力与压力机制之理论基础……（290）

二　公租房使用退出的引力机制 ……………………………(298)
　　三　公租房使用退出的压力机制 ……………………………(302)
第五节　公租房使用退出的异议处理机制 ……………………(307)
　　一　公租房使用退出异议处理机制的意义 ………………(308)
　　二　公租房承租人的异议权利 ……………………………(311)
　　三　公租房使用退出异议处理机制的构成 ………………(315)

第五章　公租房开发建设与准入退出中相关当事人的法律责任 ………………………………………………(321)
第一节　政府主管部门及其相关工作人员的法律责任………(322)
　　一　政府主管部门及其相关工作人员的法律责任概述……(323)
　　二　住房保障主管部门的行政责任 ………………………(326)
　　三　住房保障主管部门相关工作人员的法律责任 ………(333)
第二节　参与开发建设与运营管理的其他社会组织的法律责任 ………………………………………………(339)
　　一　参与开发建设与运营管理的其他社会组织之厘定 …(339)
　　二　参与开发建设与运营管理的其他社会组织之行政责任 ……………………………………………………(342)
　　三　参与开发建设与运营管理的其他社会组织之民事责任 ……………………………………………………(346)
第三节　开发建设施工单位的法律责任 ………………………(349)
　　一　开发建设施工单位的民事责任 ………………………(349)
　　二　开发建设施工单位的行政责任 ………………………(355)
　　三　开发建设施工单位的刑事责任 ………………………(365)
第四节　承租人的法律责任 ……………………………………(369)
　　一　承租人的民事责任 ……………………………………(370)
　　二　承租人的行政责任 ……………………………………(372)
　　三　承租人的刑事责任 ……………………………………(374)
第五节　物业管理者的法律责任 ………………………………(375)

一　公租房物业管理者的界定 …………………………… (376)
　　二　物业管理者的民事责任 …………………………… (378)
　　三　物业管理者的行政责任 …………………………… (380)

结　语 ………………………………………………………… (383)

主要参考文献 ………………………………………………… (385)

第一章　公租房与公租房制度概论

第一节　公租房的内涵与外延

一　公租房的概念界定

我国的公租房制度前后经历了发展变化的过程。1998年，我国开始建立廉租房制度，2007年原建设部等九部委联合发布《廉租住房保障办法》。2010年，我国开始建立公租房制度，2012年，住建部发布《公共租赁住房管理办法》。2013年住建部、财政部、国家发改委联合发布《关于公共租赁住房与廉租住房并轨运行的通知》，确定从2014年起，将廉租房与公租房并轨运行，统一称为公租房。在上述相关政策和规范性文件中，对公租房的表述有所不一致。在学界，对于公租房的含义，也存在着不完全相同的理解。国外没有公租房这一概念，但存在与之相同的实践和制度。因此，要准确理解和定义我国公租房，应当考察我国公租房制度的沿革及相关规范性文件的规定、学界的理解和国外的实践等因素。

在我国现行关于公租房的规范性文件中，《公共租赁住房管理办法》（住建部2012年）对公租房做出了明确的立法性界定："本办法所称公共租赁住房，是指限定建设标准和租金水平，面向符合规定条件的城镇中等偏下收入住房困难家庭、新就业无房职工和在城镇稳定就业的外来务工人员出租的保障性住房。"这是截至目前我国对公租房最为权威的立法性界定。该规定明确了界定公租房的几个关键要素：一是将公租房定性为租赁性保障房；二是将保障对象限定在三类群体范围（城镇中等偏低收入住房困难家庭、新就业无房职工和在城镇稳定就业外来务工人员）；三是限定住房建设标准和租金标准。但是，该规定没有明确公租房的来源，且其保障对象不包括低收入群体。从全国各地的地方性规范看，有些地方的规定与《公共租赁住房管理办法》存在一定的出入，且地方性规定之间相互也不完全一致。如北京、重庆、深圳和武汉等地。① 在这些地方性规定中，都强调了政府的政策支持、建设标准和租金标准的限定性以及住房的保障性，但均没有明确公租房的来源，没有明确将新就业无房职工和外来务工人员纳入保障范围；有的将保障对象明确限定在本市户口人群，如北京；有的没有限定，如重庆、深圳、武汉；有的将保障对象界定为低收入人群，如深圳；有的则界定为中低收入人群，如北京；也有的笼统表述为符合规定条件的家庭（对象），如重庆和武汉。2013年住建部等三部委发布《关于公共租赁住房与廉租住房并轨运行的通知》（以下简称《通知》），明确将廉租房并入公租房，但该《通知》并未对并轨后的公租房做出界定。按照一般理解，并轨后的公租房应当包括廉租房。但何为廉租房？《廉租住房保障办法》（以下简称《办法》）没有给出答案，该《办法》只是强调廉租房的保障对象是城市低收入住房困难家庭，保障形式是提供租赁住房保障，且"实施廉租住房保障，主要通过发放租赁补贴"方式进行。综合上述分析可知，我国现行关于公租房的规范性文件中对公租房的界定不统一、不周延，难以从中得出对公租房的科学的准确的定义。

在我国关于公租房问题的学术研究中，学者们对什么是公租房的理解也存在一定的分歧。有的直接套用《公共租赁住房管理办法》

---

① 《北京市公共租赁住房管理办法（试行）》将公租房界定为"是指政府提供政策支持，限定户型面积、供应对象和租金水平，面向本市中低收入住房困难家庭等群体出租的住房"。《重庆市公共租赁住房管理暂行办法》规定，公租房是指"政府投资并提供政策支持，限定套型面积和按优惠租金标准向符合条件的家庭供应的保障性住房"。而《深圳市公共租赁住房管理暂行办法》则将公租房界定为"指政府提供政策优惠，限定套型面积和出租价格，按照合理标准筹集，主要面向低收入住房困难家庭出租的具有保障性质的住房"。《武汉市公共租赁住房管理暂行规定》则规定公租房"是指政府提供政策支持，限定套型面积和租赁价格，面向规定对象提供的保障性租赁住房"。

的规定对公租房进行定义,如金俭、王学辉等;① 有的只是强调国家的政策支持和社会主体的房源筹集,以及出租保障对象的广泛性,如孟庆瑜认为,可以将公租房界定为"由国家提供政策支持,各种社会主体通过新建或者其他方式筹集房源、专业面向广泛目标群体出租的保障性住房,是一个国家住房保障体系的重要组成部分"②。也有的认为公租房的含义有广义和狭义之分。广义上的公租房"统称由政府通过租赁方式提供给符合条件的申请人的保障性住房",包括针对低收入家庭的廉租房和针对中低收入家庭的其他保障性租赁住房。而狭义上的公租房,"专指面向中低收入家庭的廉租房之外的保障性租赁住房"③。谢增毅教授主张将各类保障性的租赁住房统一纳入公共租赁住房的概念和体系之中。④ 此外还有其他学者的不同理解和表述。由此可见,学界对公租房的界定也未能达成一致。其中,谢增毅教授的观点符合后来国家实行的公租房与廉租房并轨的精神,相对比较科学、中肯。

从国外看,尚未有国家直接使用公共租赁住房这一概念。在美、英、德、日、新加坡等西方国家的实践中,均有主要为中低收入人群提供租赁性住房保障的制度和实践,也有类似于我国公租房性质的住房种类,可以统称为公共住房(Public Housing)或租赁性公共住房,但各国的具体称谓不同,美国、英国等称为公共住房,荷兰称为社会住房,德国称为社会福利住房,日本称为公营住宅,新加坡则称为组屋,我国香港地区称为公屋。这些国家和地区的公共住房虽然称谓不

---

① 金俭等:《中国住房保障——制度与法律框架》,中国建筑工业出版社2012年版,第154页;王学辉、李会勋:《我国公租房制度建设研究——以地方立法与实践为视角》,载《厦门大学法律评论》第20辑,厦门大学出版社2012年版,第130页。
② 孟庆瑜:《我国公共租赁住房制度的政策分析——基于公共租赁住房市场化的研究视角》,《河北法学》2011年第12期。
③ 谢增毅:《公共租赁住房法律问题初探》,《中国社会科学院研究生院学报》2011年第2期;范俊丽:《我国公共租赁住房法律问题》,《河北联合大学学报》(社会科学版) 2012年第6期。
④ 谢增毅:《公共租赁住房法律问题初探》,《中国社会科学院研究生院学报》2011年第2期。

同，但都具有大致相同的特点，如由政府提供资金或政策支持，由政府和社会机构新建、改建、收购或租赁筹集房源，主要面向中低收入家庭出租，限定住房标准和租金标准，等等。国外（境外）关于公共住房的界定和实践，可以为我国界定公租房提供很好的参考。

综合上述三个方面的因素，笔者认为，对公租房进行完整界定至少需要包含公租房的来源、保障对象、住房标准和租金标准、住房性质等要素。基于此，笔者给公租房的定义是：公租房即公共租赁住房，或称租赁性公共住房，是指由政府提供资金和政策支持，由政府及其他社会机构通过新建、改建、收购或租赁等方式筹集房源，限定住房标准和租金标准，面向符合法定条件的特定对象出租的保障性住房。

二　公租房的特点分析

从上述笔者对公租房的定义可知，公租房具有以下特点：

第一，政府的支持。无论从国内或国外的实践看，公租房必须依赖于政府的支持。政府对公租房的支持可以是直接支持，也可能是间接支持；可以表现为财政资金支持，可以表现为政策支持（如税费减免、租金减免或补贴、土地供应优惠等），更多地表现为同时给予财政资金支持和政策支持。没有政府的支持，公租房难以开始，更难以为继。在各国的实践中，政府的支持通常是由中央政府与地方政府分担，但均以中央政府为主。

第二，房源供给主体和途径的多元性。从房源供给主体看，政府是其一，但非唯一。除政府外，多种形式的社会机构也参与公租房房源供给。从各国（地区）的实践看，一般在租赁性公共住房制度建立之初，主要为解决房源短缺问题，政府都会直接保障房源供给，当房源短缺问题解决后，往往是由政府提供支持，由社会机构供给为主，政府直接供给为辅，甚至政府完全退出房源供给。美国、英国、德国、日本以及我国莫不如此。从房源供给途径看，主要有四种方式，即新建（包括配建）、改建、收购和长期租赁等。一般而言，在公租房制度初期，多以新建为主，在中后期，则主要以改建、收购或租赁为主。我国现行公租房的政策和法规中也都明确规定了上述四种方式。

第三，限定住房标准和租金标准。公租房并非普通的社会住房，属于特种住房。为了既实现公租房的目标，又节约社会资源，减轻政府财政负担，对于公租房的建设标准，包括户型结构、面积等均设有限定。从各国的规定看，户型多为公寓二居室或一居室，面积多为中小型（40—90平方米）。公租房的出租对象是中低收入，尤其是低收入人群，因此，公租房的租金受到限制，普遍比市场租金偏低或大幅偏低。具体租金标准的确定需要综合考虑租户的收入水平、人口多少、住房位置和条件、房屋成本等因素。政府对于限定的租金给予补贴，或者表现为"补砖头"，由租户支付低租金，或者表现为"补人头"，政府向租户提供租金补贴。

第四，限定保障对象。公租房不是用以解决普通社会公众的住房问题，而是用以解决特定群体的住房问题，因此，公租房的保障对象受到法律和政策的严格限定。从各国的实践看，租赁性公共住房的保障对象主要是中低收入住房困难家庭，尤其是低收入住房困难家庭。我国的公租房保障对象，在公租房与廉租房并轨后，包括在城镇居住的中等偏下收入和低收入住房困难家庭、新就业无房职工、外来务工无住房人员，不包括在农村居住人群，也没有明确纳入老年人、残疾人等特殊困难人群。在西方国家中，其租赁性公共住房保障对象没有明确限定为城镇居民，且一般均明确将老年人、残疾人等特殊群体纳入保障对象范围。

第五，租赁性保障房。公租房属于保障房范围，是保障房的组成部分，但公租房不是产权性保障房，而是租赁性保障房。公租房只面向符合法定条件的特定对象出租居住，而不是出售。作为租赁性保障房，公租房的使用范围和方式受到严格的管制，只能自住，不能转租；只能居住，不能商用。公租房的租赁还要受到租赁期限限制，一般每期3—5年，每租期届满，符合条件的，可以续租。租户需要按照政府限定的租金标准支付租金。

三 公租房的性质与功能

（一）公租房的性质

1. 公租房是生活居住住房

如果从物质形态上看，公租房属于房屋类型物品。房屋在功能属性上既可以是满足生活需要的居住性住房，也可以是满足生产经营需要的商业性房屋。公租房是且只能是生活居住性住房，不是商业性房屋。公租房是用以满足特定人类群体休息起居、隔避风雨寒暑需要的住房，不能用于生产经营等商业用途。

2. 公租房是租赁性住房

如上文所述，公租房面向特定群体提供居住保障。但是，公租房面向特定群体只租不售，公租房承租人只能获得公租房的占有、使用权，而不是所有权。公租房的产权人是房源供给者。公租房承租人与公租房房源供给者之间形成的是房屋租赁合同法律关系。所以，公租房属于租赁性住房。

3. 公租房是保障性住房

保障性住房与住房保障不是同一概念。住房保障是国家为社会公众提供住房，满足人们的居住需要。住房保障面向所有的人群，而不是仅限定于某一特定人群。住房保障的方式，既可以是市场途径的商品性产权房和租赁房，也可以是非市场途径的非商品性的产权房和租赁房。保障性住房是住房保障的方式之一，具有特定含义，特指国家针对中低收入尤其是低收入住房困难等不能自力解决居住需要的特定人群提供住房保障的住房种类。从我国的情况看，保障性住房包括产权性保障房（经济适用房和限价房）和租赁性保障房（公租房）两种类型。作为保障房，公租房只能面向中低收入等特定人群出租居住，为中低收入住房困难人群提供最基本的"住有所居"的住房保障。从这个意义上说，公租房也是公共福利房。

4. 公租房具有明显的公共政策性

由于公租房的保障性住房性质，具有公共福利住房属性，应当属于国家为其国民提供的公共物品或准公共物品，因此，公租房具有强

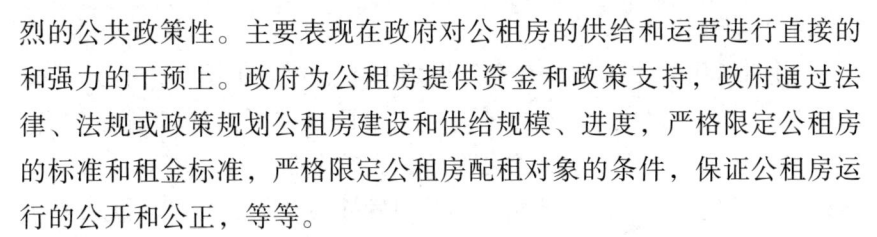

烈的公共政策性。主要表现在政府对公租房的供给和运营进行直接的和强力的干预上。政府为公租房提供资金和政策支持，政府通过法律、法规或政策规划公租房建设和供给规模、进度，严格限定公租房的标准和租金标准，严格限定公租房配租对象的条件，保证公租房运行的公开和公正，等等。

（二）公租房的功能

1. 住房保障功能

为公民提供住房保障是政府的基本职责，是国家应有之义务。这一点已为世界之共识。住房保障因保障对象不同、保障标准不同而存在层次性。其中最低层次，是国家为中低收入人群，尤其是低收入无法自力解决住房问题人群，提供最基本住房保障，使他们"住有所居"，不致流离失所、无家可归。是否实现对低收入人群的住房保障，是判断一个国家是否实现住房保障责任最基本的标准。公租房是国家履行最基本住房保障责任的重要方式，旨在为中低收入群体和特殊住房困难群体提供租赁性住房保障。政府通过资金投入和政策支持，保障房源供给，补贴房租或限定租金标准，定向出租给符合条件的底层人群居住，完好地体现了其住房保障的功能。

2. 调抑房价功能

一个国家的住房交易价格在最根本意义上决定于住房的供求。当住房需求大于住房供给时，房价上涨；反之，下跌。住房需求有多种含义，包括满足"居者有其屋"需要的产权式需求和满足"住有所居"需要的租赁性需求。上述两种住房需求均与房价涨跌相关联。目前，我国房价高居，泡沫严重，广为社会诟病，已经成为严重的社会问题。如何解决高房价问题是我国政府正在不断努力的目标。公租房建设即具有帮助政府调抑房价的功能。公租房调抑房价的功能主要表现为：通过政府行为，建造和筹集充足的公租房房源，以较低租金或租金补贴，出租给为数众多的中低收入群体居住，一方面在供给端加大了住房供给，另一方面在需求端疏解了部分住房需求，从而达到调节住房供求关系，调抑房价的作用。

3. 社会稳定功能

"住有所居"是人类生存和发展的基本需要。中国俗语有云"安居乐业",意谓百姓安居才能乐业。如果民众住无所居,则心不安,行不定,必然对政府、对社会心存不满,就会制造社会事端,引发社会冲突,激化社会矛盾,严重者还会引发社会动荡。所以,国家要实现社会安定,必须满足民众的基本居住需要。观古今中外,一般情形下,需要国家帮助解决基本居住问题的群体都是社会底层民众,也就是低收入民众。因此,从追求社会稳定,防止社会动荡意义上看,解决民众的住房问题实质上就是要解决低收入群体的"住有所居"问题。在这个意义上,公租房作为面向中低收入人群提供租赁性住房保障的保障性住房,正好发挥其满足民众最基本住房需求,解决底层人群"住有所居"问题的作用。因此,公租房客观上具有社会稳定之功能。

四 公租房与相关概念之辨析

(一) 公租房与保障房

保障房,亦即保障性住房或保障型住房,"是指由政府直接出资建造或收购,或者由政府以一定方式对建房机构提供补助、由建房机构建设,并以较低价格或租金向中低收入家庭进行出售或出租的住房"[①]。也有人将保障房表述为"通常是指由政府提供优惠,限定户型、面积、租金标准和销售价格等条件,向住房困难家庭以出租或出售方式提供的具有社会保障性质的政策性住房"[②]。按照国际上的一般理解,保障房是与一般商品房和租赁房相区别的。一般商品房和租赁房是完全基于市场价格机制进行买卖或租赁的商品房(产权房)或租赁居住的住房,其交易对象和价格不受政府特别的政策性限定。保障房具有公共福利性和公共政策性,"具有社会保障的性质,它的

---

① 符启林等:《住房保障法律制度研究》,知识产权出版社2012年版,第12页。
② 陈耀东、田智:《我国保障性住房制度的法律思考——以房地产宏观调控政策为背景》,《经济法研究》2009年第8卷第1期,第224页。

取得不能完全按照经济支付能力和市场价格而定"①。保障房是国家为特定人群（一般均是社会中的住房弱势群体，如中低收入住房困难家庭、老年人、残疾人或因自然灾害、战争等原因致使暂时无房可居者）提供住房保障。政府对保障房直接承担责任（投资建设或提供政策支持），保障房的标准、价格及使用和流转也会受到政策或法律的严格的限制。根据我国现行规定及实践，保障房包括产权性保障房和租赁性保障房两种。产权性保障房主要有经济适用房和限价房，租赁性保障房即指公租房（并轨前分为廉租房和公租房两种）。

公租房与保障房具有密切联系，但两者并不等同。公租房与保障房是种属关系，公租房是保障房的下位概念，是保障房体系的组成部分之一，属于租赁性保障房。

（二）公租房与廉租房

在我国，廉租房的概念先于公租房出现和使用。我国的廉租房制度开始于1998年，1998年国务院《关于进一步深化城镇住房制度改革，加快住房建设的通知》中提出对最低收入家庭出租由政府或单位提供的廉租住房。1999年原建设部颁布《城镇廉租住房管理办法》。2007年，国家住建部等九部委联合出台《廉租住房保障办法》。根据相关文件和规章，廉租房是指由政府提供资金和政策支持，多途径筹集住房房源，主要面向城市低收入住房困难家庭出租居住的保障性住房。

我国的公租房制度开始于2010年，至2014年，公租房与廉租房是彼此区分的两个不同的住房种类。公租房推出之初衷，主要是为了解决"夹心层"人群（既买不起经济适用房，又没有纳入廉租房保障范围的中等偏下收入人群）的住房问题。公租房与廉租房两者最主要的区别是保障对象不同：公租房的保障对象是城镇中等偏下收入住房困难家庭、新就业无房职工和外来务工人员，而廉租房的保障对象是城市低收入住房困难家庭。但两者具有更多的同质性，都属于租赁

---

① 金俭等：《中国住房保障——制度与法律框架》，中国建筑工业出版社2012年版，第18页。

性保障房范围。因此，至 2014 年，国家将廉租房与公租房并轨，统一称为公租房，从而将两者完全统一。自此，只有公租房概念，不再使用廉租房概念。

（三）公租房与经济适用房

我国经济适用房的概念最早出现于 1991 年。1991 年国务院颁发的《关于继续积极稳妥地进行城镇住房制度改革的通知》中明确提出要大力发展经济适用的商品住房。1994 年国务院《关于深化城镇住房制度改革的决定》首次对经济适用房与商品房做出区分，对经济适用房建设的土地供应、建设标准、保障对象和使用处分等做出了规定。2004 年，原建设部等四部委联合发布《经济适用住房管理办法》，比较完整地确立我国的经济适用住房制度。但由于经济适用住房制度在实践中出现变异，到 2010 年前后，我国基本停止了经济适用住房的建设。

根据相关政策文件和法规的规定，经济适用房是指由政府提供政策支持，由社会机构开发建设的以优惠价格面向城镇中等收入家庭出售的产权性保障房。与公租房相同的是，经济适用房也是保障房，也属于我国保障房体系的组成部分，具有福利性和公共政策性。两者主要的区别在于：公租房是租赁性保障房，而经济适用房是产权性保障房，是受到政策限制的商品性住房（购房人在购房后 5 年内不得转让住房，5 年后对外转让的，需要补缴一定比例的土地差价和上缴政府一定比例的收益）；[①] 公租房的保障对象主要是中低收入住房困难家庭，而经济适用房的主要对象是中等收入家庭。

（四）公租房与限价房

限价房是限价商品房的简称，"是指经城市人民政府批准，在限制套型比例、限定销售价格的基础上，以竞地价、竞房价的方式，招标确定住宅项目开发建设单位，由中标单位按照约定标准建设，按照

---

① 参见《经济适用住房管理办法》（2007 年原建设部等七部委联合发布）第 30 条。

约定价格面向符合条件的居民销售的中低价位、中小套型普通商品住房"①。我国的限价房的出现晚于经济适用房，它是在商品房房价上涨过快，经济适用房广受诟病的背景下，为了调控房价，满足部分城镇居民购买住房需要，由中央部委提倡，由地方政府逐步推出的一项举措。2006年，国务院办公厅转发原建设部等九部委出台《关于调整住房供应结构稳定住房价格的意见》，其中提出要在房价较高的城市推行限价房。2007年，北京、广州、天津等一线城市纷纷推出了限价房建设计划。根据北京等地方的实践，限价房的出售对象仅限于所在城市户籍居民。限价房的价格比普通商品房低，但比经济适用住房高。

公租房与限价房相比较，两者都是由政府主导的具有公共政策性和社会保障性的住房。但两者不同，其区别主要在于，公租房是一项全国性的制度，而限价房是部分地方的地方性措施；公租房是租赁性保障房，而限价房是产权性保障房；公租房的保障对象是中等以下收入住房困难家庭、新就业职工、外来务工无房人员，而限价房的销售对象仅限于所在城市户籍人口居民，且一般是中等收入人群。

第二节 公租房制度的理论基础

公租房制度的理论根基何在？学界在研究公租房制度的过程中，形成了诸多阐释公租房制度理论基础的学术观点。例如，徐东辉博士运用具体的理论学说论述公租房制度的理论基础，认为其理论基础包括马克思主义经典学说、西方社会保障理论、公共住房理论和新制度经济学理论；②王学辉和李会勋关注公租房制度的精神内核，主张公

---

① 陈耀东、田智：《我国保障性住房制度的法律思考——以房地产宏观调控政策为背景》，《经济法研究》2009年第8卷第1期，第229页。

② 参见徐东辉《中国公租房制度创新研究》，博士学位论文，吉林大学，2012年，第29—46页。

租房制度的生命力在于其对个人权利的尊重和国家保障义务的积极履行,①并且将其精神内核总结为公共性、有限性、流动性、市场化;②王笑严博士从经济学和法学两个学科维度探讨了住房权保障的理论基础,认为住房权保障的经济学基础是古典经济学派的社会保障思想、凯恩斯主义国家干预经济理论和福利经济学派的社会福利制度,法学基础包括宪法学基础、经济法学基础和社会法学基础。③ 学者们多借助政治学、经济学、管理学和法学等多学科的理论学说复合性地阐释公租房制度,并以经济学和法学的理论为重心。借鉴当前研究成果,立足于法学学科话语,笔者认为,公租房制度的理论基础包括人权保障理论、国家义务理论、国家干预理论和公共产品供给理论。

一 人权保障理论

当今是一个"权利话语越来越彰显和张扬的时代"④,阐释社会制度尤其是法律制度时,我们越来越习惯于从权利的角度来思考、分析和论证制度的理论基础。而在权利中最本源、最基础的便是"人之所以为人"的权利——人权。权利保障,尤其是人权保障成为制度正当性的最重要依据。人权保障理论的关键在于界定人权。什么是人权?法学家们虽然有着不同的观点,但都肯定应当立足人权的发展过程来定义和解释人权。一般认为,"人权经历了从以自由权为核心的第一代人权,到以社会权为核心的第二代人权,再到和平权、发展权等第三代人权的发展过程"⑤。人权理论萌发于西方古典自然法学派的"天赋人权"理论,以洛克为代表的启蒙思想家们认为,在国家和社会尚未产生的"自然状态"下,"人们都是平等和独立的,任何

---

① 参见李会勋、王学辉《公租房国家保障义务理论探究——一种溯源分析法》,《理论月刊》2014年第3期。
② 参见王学辉、李会勋《追问公租房制度的基本精神》,《理论探讨》2012年第3期。
③ 王笑严:《住房权保障法律问题研究》,博士学位论文,吉林大学,2013年,第43—49页。
④ 张文显、姚建宗:《权利时代的理论景象》,《法制与社会发展》2005年第5期。
⑤ 汪习根:《法治社会的基本人权——发展权法律制度研究》,中国人民公安大学出版社2002年版,第1页。

人不得侵害他人的生命、健康、自由和财产"①，享有以自由权为核心的人权，并可以之对抗政府的专横。及至20世纪60年代，经历两次世界大战和社会主义运动的兴起，人权理论得到发展。联合国通过《经济、社会、文化权利国际公约》和《公民权利和政治权利国际公约》等一系列人权公约，将人权的核心内容由自由权转向经济、社会和文化权利，开始重视人生存于社会中所应享有的各项社会权。20世纪90年代以来，中国以马克思主义人权观为指导，在扬弃西方主导的国际人权理论的基础上，主张"任何人权总是在特定的语境、场景或场域中得以构建和生成的"②，提出"生存权和发展权是首要人权"③的人权观念，认为人们只有获得了生存权，才能有条件实现其他人权。在我国语境下，"人权是指作为一个人所应该享有的权利，是一个人为满足其生存和发展的需要而应当享有的权利"④。这种人权观念已为我国实践所证实，为运用人权保障理论解释公租房制度提供了基础。

住房权天然具有生存权的意义，⑤属于基本的、首要的人权。尽管在各种法律文件和人权理论中，存在住房权、住宅权、适足住房权、获得充分住房的权利等多种表达，但住房权作为基本人权的地位得到了几乎所有的相关国际公约和人权理论的肯定。马克思、恩格斯在《德意志意识形态》中指出："人们为了能'创造历史'，必须能够生活，但是为了生活，首先就需要衣、食、住以及其他东西。"⑥联合国大会1948年通过的《世界人权宣言》第25条明确将住房作为

---

① ［英］洛克：《政府论》下篇，叶启芳、瞿菊农译，商务印书馆1964年版，第5—6页。

② 汪习根、陈亦琳：《中国特色社会主义人权话语体系的三个维度》，《中南民族大学学报》（人文社会科学版）2019年第3期。

③ 参见董云虎《生存权是中国人民的首要人权》，《科学社会主义》1991年第5期；冯颜利《主权与人权解读——从生存权和发展权是首要人权的观点而言》，《政治学研究》2006年第3期；陈佑武、李步云《中国特色社会主义人权理论体系论纲》，《政治与法律》2012年第5期。

④ 周叶中主编：《宪法》（第二版），高等教育出版社2005年版，第102页。

⑤ 张群、黄维：《对我国住房保障的人权思考》，《法律适用》2008年第9期。

⑥ 《马克思恩格斯选集》第1卷，人民出版社1995年版，第79页。

人人有权享有的维持健康及福利所需的生活水准之一。[①] 1961年，国际劳工组织发布了《工人住房建议书（第115号）》，其总则第19条明确规定了工人的住房权，并且在附录中提出了一套具体而详细的住房标准。1966年，《经济、社会及文化权利国际公约》得到通过，公约提出缔约各国要承认每个人都有权获得相当的生活水准并不断提高生活水平，包括足够的食物、衣着和住房。1981年在伦敦通过的《住宅人权宣言》更是明确指出，所有居民都应该拥有环境良好、适宜居住的住所，这是居民应当享有的基本人权。[②] 1991年，联合国经济、社会和文化权利委员会专门发布了《关于获得适当住房权的第四号一般性意见》，其中第1条规定公民获得相当的生活水准是其获得适足的住房权利的基础，而住房权利的实现对公民享有政治、经济、文化等权利尤为重要。联合国人居署1996年主持通过《人居议程》，在"人人享有适当的住房"一节解释了"适当住房"，与《关于获得适当住房权的第四号一般性意见》相呼应和补充，形成了比较完整的住房权定义。

学者们基于国际公约和人权理论中的住房权表述，定义住房权，构建住房权理论，并以之作为住房（保障）制度的基础。绝大多数学者认为，住房权内涵广泛，但其基本含义是公民有权获得可负担得起的适宜于人类居住的，有良好物质设备和基础服务设施的，具有安全、健康、尊严，并不受歧视的住房权利。[③] 有学者认为，住房权即适足住房权包括居住权、安全与健康权（亦称舒适权）、住宅公平权、住宅隐私权、住房选择偏好权、住宅救济权以及住宅不受侵犯权

[①] 《世界人权宣言》第25条规定："人人有权享受为维持其本人和家属的健康及福利所需的生活水准，包括食物、衣着、住房、医疗和必要的社会服务。"

[②] 参见符启林《住房保障法律制度研究》，知识产权出版社2012年版，第228—229页。

[③] Janet Ellen Stearns, Voluntary Bond, *The Impact of Habitat in U. S. Housing Policy*, Saint Louis University Public Law Review, 1997, p. 419. 金俭、梁鸿飞：《公民住房权：国际视野与中国语境》，《法治研究》2020年第1期；张清、严婷婷：《适足住房权实现之国家义务研究》，《北方法学》2012年第4期；张群、黄维：《对我国住房保障的人权思考》，《法律适用》2008年第9期。

和自由处分的权利;① 有学者将住房权分解为住房所有权、房屋居住权、住房保障权和住房宜居权等子权利;② 有学者从公法与私法的角度定义住房权,主张公法意义的住宅权指公民维持生存所需的基本权利,私法意义的住宅权是指公民的住宅所有权以及与住宅所有权有关的其他财产权利;③ 还有一些学者关注住房权的最低保障标准,如认为住房权的最低参考标准包括居住保有权的安全性、配套设施和服务的可使用性、可支付性、可居住性、可获得性、地点便利性和文化适宜性,④ 提出以平等性、不受驱逐性、价格具有可承受性、适居性和融合性作为住房权最低保障标准。⑤ 无论如何定义和解释住房权,获得住房保障的权利都是其必要且重要的部分。

我国公民获得住房保障的重要途径之一就是申请公租房。在此意义上,公租房制度是一项旨在为住房困难者提供可负担、有尊严、适宜居住的住房的人权保障制度。比较视野下,公租房是一种租赁型公共住房制度,是各国普遍采用的住房权保障制度,其在英国和美国称为公共住房,在德国称为公共福利住房,在荷兰称为社会住房,在新加坡称为组屋,在我国香港则称为公屋。我国之所以建立公租房制度,是因为先前建立的以经济适用房、廉租房和安居房为主的住房保障体系存在遗漏,具体表现为随着城市化进程产生的大量"夹心层"群体⑥无法获得住房保障,住房权不能得到实现。随着我国住房保障制度改革的深化,公租房与早期建立的廉租房并轨,统一运行,并且从满足"夹心层"群体住房需求发展成为满足住房困难群体的主要

---

① 参见金俭《住宅权、住宅区分所有权及对我国不动产所有权理论的发展》,载王利明主编《物权法专题研究》,吉林人民出版社 2001 年版,第 60 页。
② 参见黎晓武《论我国城市居民住房权的实现保障》,《法学论坛》2010 年第 5 期。
③ 参见李静《权利视角下保障性住房建设中的政府法律责任》,《兰州大学学报》(社会科学版)2015 年第 2 期。
④ Symonides, *Human Rights: Concept and Standards*, Dartmouth, 2002, p.132.
⑤ 韩敬:《国家保障住房权的最低核心义务》,《河北法学》2013 年第 11 期。
⑥ 所谓"夹心层"群体,包括城镇中等偏下收入住房困难家庭、新就业职工(主要是新就业大学毕业生)和外来务工且在本地无住房人员,他们买不起(或暂时买不起)商品房和经济适用房,又没有被纳入廉租房保障范围。

保障房。相应地，公租房制度的属性也从保障生存权的"解困型"住房保障制度，成长为具备保障发展权功能的"发展型"住房保障制度，并通过从"实物配租"转向"货币配租"，建立借助住房租赁市场实现住房权保障的长效机制。[①] 准入与退出机制作为公租房制度构造的核心，决定公租房的公平分配与有效利用，是公租房制度发挥住房权保障的关键。2012 年住建部出台的《公共租赁住房管理办法》以及各地方有关公租房管理的行政法规和规章均建立了体系化的公租房的分配准入与使用退出机制，尽量实现"应保尽保"的住房权保障目标，防止出现"不应保却保"的有损住房权实现的现象。

二 国家义务理论

公民权利对应着国家义务。"国家没有别的目的，只是为了人民的和平、安全和公众福利。"[②] 住房权作为一项基本人权，经国家加入的国际公约或者宪法规定为公民的一项基本权利后，其实现便与国家义务的履行不可须臾分离。我国是《经济、社会及文化权利国际公约》和《公民权利和政治权利国际公约》的缔约国，应当积极履行保障公民住房权的义务。为清晰界定住房权，促使住房权能够有效实现，联合国经济、社会和文化权利委员会吸收了国际人权法学界的"最低核心内容理论"[③]，在《关于缔约国义务性质的第三号一般性意见》提出了"最低核心义务"，并以其为国家义务"不能逾越的底线"[④]，强调核心义务不能减损，缔约国在任何情况下均不能为没有

---

① 参见李克武、聂圣《从实物配租到货币配租：我国公租房制度的理性选择》，《江西社会科学》2019 年第 8 期。
② [英] 洛克：《政府论》下篇，叶启芳、瞿菊农译，商务印书馆 1964 年版，第 91 页。
③ "最低核心内容理论"认为，尽管每项权利内容较为宽泛，但每项权利都有一个基本的核心内容。因此，每项权利必须产生一个绝对的最低要求，如果没有达到这个最低要求，那么缔约国就被认为是违反了由它产生的义务。参见黄金荣《司法保障人权的限度》，社会科学文献出版社 2009 年版，第 215 页。
④ 王新生：《略论社会权的国家义务及其发展趋势》，《法学评论》2012 年第 6 期。

第一章 公租房与公租房制度概论

遵守核心义务辩解。① 随后,《关于获得适当住房权的第四号一般性意见》和《人居议程》明确了"适足住房权"和"适当住房",确定了国家保障住房权的最低核心义务,从尊重、保护、促进和实施四个方面阐释了国家的住房权保障义务。其中,实施义务指国家应当采取积极措施,保证在其管辖下的每个人有机会在其不能靠个人能力得到保障时能够获得住房。② 公租房制度作为一项为中低收入住房困难群体提供基本生存住房的保障制度,是国家直接履行住房权实施义务的表现。

在宪法层面,与所有基本权利一样,住房权有积极和消极两个面向,分别表现为"住宅社会权"和"住宅自由权"③。我国《宪法》第33条确认了公民的"住宅自由权",却并没有"住宅社会权"条款,未能直接明确国家负有保障公民住房权的积极作为义务。宪法学者尝试从我国《宪法》文本中解释出住宅社会权,认为"社会主义条款"(第1条)是住宅社会权保障的原则基础,"社会保障制度条款"(第14条)是住宅社会权保障的制度依据,"人权条款"(第33条)是住宅社会权保障的权利根基,"人格尊严条款"(第38条)是住宅社会权保障的价值核心,"行政职权条款"(第89条)是住宅社会权保障的政府义务。④ 笔者认为,我国《宪法》中国家住房保障义务的根本依据是"人权条款",主要依据是"社会保障制度条款"和"弱势群体获得国家物质帮助条款"(第45条)。

"社会保障制度条款"是社会保障制度建立的依据,是公租房制度作为一项住房保障制度的法理基础。恩格斯在《反杜林论》中论述了建立社会保障后备基金的必要性,初步建立了社会保障理论。⑤

---

① U. N. Econ, & Soc, "The Right to the Highest Standard of Health", *Council General Comment*, No. 14, p. 47.

② 参见[挪]艾德《经济、社会和文化权利》,黄列译,中国社会科学出版社2003年版,第178页。

③ 参见孙凌《论住宅权在我国宪法规范上的证立——以未列举宪法权利证立的论据、规范与方法为思路》,《法制与社会发展》2009年第5期。

④ 参见张震《宪法上住宅社会权的意义及其实现》,《法学评论》2015年第1期。

⑤ 《马克思恩格斯选集》第20卷,人民出版社1971年版,第220—221页。

列宁进一步发展了马克思和恩格斯的社会保障理论，提出"国家责任主体说"，明确国家应承担起社会保障体系的建立、管理和运行的职责。① 1942 年，英国经济学家贝弗里奇在《社会保险和相关服务》的报告（《贝弗里奇报告》）中系统全面地正式提出了现代社会保障理论，即以国家为主体建立普遍性、统一性、政府责任与公民义务相结合的社会保障制度。② 住房作为生存之必要条件，在公民自力实现存在困难时，国家有义务建立公租房制度保障其最基本的住房需要。"弱势群体获得国家物质帮助条款"属于公民基本权利受益权功能的体现，其对应着国家的给付义务，即国家提供基本权利实现所需的物质、程序或者服务。③ 国家履行给付义务很大程度上就是为了保障所有个人都能获得符合人的尊严的最低生存条件，使人们在任何情况下都能维持起码的生活水准。④ 在公租房的制度实践中，国家给付义务是指在合理规划、积极建设的前提下，国家将公租房及时高质交付使用，并做好公民的入住资格审核，以及后期的服务管理。⑤ 公租房制度旨在为中低收入群体和特殊住房困难群体提供租赁性住房保障，实质上是国家履行其物质给付义务。

国家义务由国家机关，包括立法机关、行政机关和司法机关履行。立法机关的履行具有间接性，仅对公民的住房权做出一般性规定，只供给法律规范而不进行物质给付；司法机关的履行具有被动性，主要是通过裁判救济公民的住房权；行政机关的履行则兼具直接性和主动性，直接为公民提供住房保障。政府作为国家行政机关是国家的代表，是人民的代言人，国家对人民的义务也就是政府对人民的

---

① 《列宁全集》第 17 卷，人民出版社 1959 年版，第 449 页。
② 参见周爱国《〈贝弗里奇报告〉研究》，《湖北社会科学》2007 年第 1 期。
③ 参见张翔《基本权利的受益权功能与国家的给付义务——从基本权利分析框架的革新开始》，《中国法学》2006 年第 1 期。
④ 参见陈爱娥《自由—平等—博爱：社会国原则与法治国原则的交互作用》，《台大法学论丛》1984 年第 26 卷第 2 期。
⑤ 张震：《社会权国家义务的实践维度——以公租房制度为例》，《当代法学》2014 年第 3 期。

义务。① 我国《宪法》的"行政职权条款"明确住房保障属于政府义务。此外，我国还通过一些行政法规、部门规章和地方性法规乃至政策，规定了政府住房保障的义务。国务院在 2007 年出台的《关于解决低收入家庭住房困难的若干意见》中明确指出，解决城市低收入家庭住房困难是政府公共服务的一项重要责任。2012 年出台的《公共租赁住房管理办法》正式明确了政府建立公租房制度的义务和责任。政府建立公租房制度，以给付行政的方式托起社会底层住房困难群体的居住生存需要正是其履行宪法和法律规定的义务。以公租房的供给为例，政府作为公租房供给的元主体，根据《公共租赁住房管理办法》的相关规定，一方面，各地住房保障主管部门通过新建、改建和租赁等方式直接为保障对象提供公租房；另一方面，积极探索商品房配建公租房、代理经租公租房、利用集体土地开发建设公租房等公租房供给机制，吸纳社会力量参与公租房的供给，将空置存量房转变为公租房房源，以实现公租房的有效供给。

三　国家干预理论

国家干预是经济学和法学研究的共同领域——经济法学的一个基本范畴。由于理论视野的不同、研究范式的差异和话语表达的多样，国家干预具备了宽泛的含义，国家干预理论也成为仁智互见的分析框架。总体而言，国家干预有广义和狭义之分：广义上，国家干预可以理解为一切国家介入经济社会生活的活动，不仅包括立法、行政和司法等法律意义上的干预活动，而且包括运用各种国家政策进行的干预活动；狭义上，国家干预仅指国家为了实现个体意思自治难以及时、有效达成的公共目标而对经济生活进行的介入活动。② 笔者赞成采取狭义的国家干预概念理解国家干预理论。这不仅符合经济学上凯恩斯所提倡的"国家干预经济"之本意，而且符合法学上对于经济法部

---

① 李克武、张璐：《开发商公租房配建义务：来源、性质和内容》，《江汉论坛》2019 年第 6 期。
② 卢代富：《经济法中的国家干预解读》，《现代法学》2019 年第 4 期。

门的定位。作为现代西方经济学的奠基人，凯恩斯反对亚当·斯密自由放任的消极国家理念，提倡国家积极干预经济，扩大福利设施，推行社会保障，兴办公共工程，扩大社会福利开支，扩大总需求和达到充分就业。①"国家干预经济"为国家建立社会保障制度提供了强有力的理论依据，从而也成为住房保障制度的理论基础。②经济法并不是泛指与经济有关的法，而是确认和规范国家为公共目标干预经济活动，以保证资源优化配置，使经济效率与社会公平均衡的法律。经济法意义上的国家干预限于为实现公共目标而进行的介入活动。由于国家干预主要由政府具体实施，国家干预基本等同于政府干预。公租房制度是国家为托起底层住房困难群体生存居住需要而建立的住房保障制度，属于政府具有公共福利性的经济干预活动。

从政府与市场的关系来看，住房权的实现需要政府积极履行义务，但是这并不等同于政府需要通过住房福利的方式为全体公民提供住房，住房的主要提供者应当是住房市场。当下的国际共识是，"住房权的实现更多的是保证获取住房的平等机会，而非带有强制性的住房计划"③。我国的住房市场化改革和住房保障制度的发展也证明，我国的住房权实现模式应当是住房市场与住房保障相结合的双轨制，大多数的居民通过住房市场实现住房权，而少数中低收入住房困难群体则由政府为其提供最基本的住房保障。双轨制下，住房市场与住房保障并非完全割裂的，而是形成"市场购房—市场租房—公租房货币配租—公租房实物配租"的住房消费梯度，实现住房市场与住房保障之间的互动，构造出政府通过公租房制度干预住房市场的通道。"市场并非完美无缺和万能，由于市场机制本身具有非普遍性、唯利性、被动性和滞后性等缺陷，市场机制的作用并不总是充分有效，亦即市

---

① 参见高鸿业《西方经济学》，中国经济出版社1998年版，第796页。
② 参见周珂《住宅立法研究》，法律出版社2008年版，第25页。
③ Annarie Devereux, "Australia and the Right to Adequate Housing", *Federal Law Review*, Volume 20, 1991, p. 226.

场也有失灵的时候。"① 尤其是在实现公共利益最大化方面，由于外部效应的存在，私人提供租赁住房并不能充分满足住房需求，无法缓解住房市场的供求紧张。当前，我国一、二线城市的房价高企，远超居民的负担能力，展现出住房市场失灵的现象，政府需要通过房地产市场宏观调控、房屋交易市场规制、商品房价格控制和提供住房保障等干预行为实现市场矫正，保证住房资源的优化配置，达成"住有所居"的目标。显然，住房权单纯依靠市场机制及低收入者自身能力也无法实现，实现住房权必须依靠国家公权力的合法干预。② 公租房制度是国家为实现住房权干预住房市场的重要措施。

国家干预理论认为，"市场对干预的需求导致国家介入私的部门，国家据此获得相当多的原属于私权的权力、权利，国家取得权力的最终依据在于市场的授权。市场对国家授权的同时，为了使市场的不均衡达到均衡和最大限度地保障私权，需要对新的权力者进行干预"③。因此，国家干预在经济法上具有"双重干预"的特征，既要强调政府有权对经济进行干预，同时不能忽视对政府行为本身的干预，防止政府权力滥用。实质上，无论是对于市场经济背景下活跃着的各类企业，还是对于掌握着公权力的政府而言，在授权的同时都应予以监督和限权。"一切有权力的人都容易滥用权力，这是万古不易的一条经验。"④ 作为公租房制度的基础性规范，《公共租赁住房管理办法》不仅规定了政府通过公租房制度干预住房市场的权限和程序，而且规定了对政府干预的监督。例如，该办法第19条对公租房的租金形成机制做出了规定，以"略低于同地段住房市场租金水平的原则"确定公租房的租金标准，保证公租房租金的可负担性，在保障中低收入住

---

① 李昌麒、应飞虎：《论经济法的独立性——基于对市场失灵最佳克服的视角》，《山西大学学报》2001年第3期。

② 参见郑莹、吴丽萍《从缺位到归位：住房保障政府责任之省思》，《河南社会科学》2013年第11期。

③ 应飞虎：《需要干预经济关系论——一种经济法的认知模式》，《中国法学》2001年第2期。

④ [法]孟德斯鸠：《论法的精神》上篇，张雁深译，商务印书馆2004年版，第154页。

房困难群体的基本居住需要能够实现的同时，发挥公租房租金形成机制调控房价的作用。① 该办法还在第 33 条明确了住房保障主管部门及其工作人员在公共租赁住房管理工作中不履行职责，或者滥用职权、玩忽职守、徇私舞弊的法律责任。2010 年，广州市还正式出台了全国首个住房保障工作接受社会监督办法——《广州市住房保障工作接受社会监督办法（试行）》。该办法规定，"对住房保障工作的社会监督是住房保障监督体系的组成部分。住房保障工作接受社会监督应当体现公开、公平、公正、便民和效率原则"。

四　公共产品供给理论

公共产品供给理论是西方经济学的核心理论，经常为法学借用以解释公共性制度的正当性基础。1954 年，美国经济学家保罗·萨缪尔森在其发表的《公共支出的纯理论》一文中首次提出公共产品理论，将公共产品作为与私人产品相对的概念，认为其是由所有人共同使用的产品，并且在某种意义上，任何一个个体消费都不会减少其他个体对其的消费。② 布坎南进一步提出，私人产品具有排他性和可交易性的特征，可以依法在市场上进行自由交换；而公共产品具有非排他性和非竞争性特征，可供多人使用，一个人对其的使用不会减损其他人对其的使用。③ 在供给途径上，"如果个人同时在私人用途和公共用途花钱以使自己的满足最大化，那显然他不愿付任何钱给公共用途"④。由于公共产品受益和使用的公共性，其生产和交换不能像私人产品一样利用市场机制进行，而是"必须运用某种集中的决策机制

---

① 参见李克武、聂圣《我国公租房租金形成机制的现状检讨与完善建议》，《湖北社会科学》2017 年第 8 期。

② Paul A., Samuelson, "The Pure Theory of Public Expenditure", *The Review of Economics and Statistics*, Volume 36, Issue 4 (Nov., 1954), p. 387.

③ 参见［美］詹姆斯·M. 布坎南《公共财政》，赵锡军译，中国财政经济出版社 1991 年版，第 17 页。

④ ［美］理查德·A. 马斯格雷夫、艾伦·T. 皮考克：《财政理论史上的经典文献》，刘守刚、王晓丹译，上海财经大学出版社 2015 年版，第 121 页。

或者说某种政治程序"①。简言之，公共产品应当由以政府为主的公共部门供给。将社会产品完全区分为公共产品和私人产品的假设在理论上可谓充分，但是现实中非排他性和非竞争性往往并非有或无的双向选择，而是多或少的程度差异。因此，公共经济学完善了公共产品理论，将公共产品进一步划分为兼具非排他性和非竞争性的纯公共产品与部分具备非排他性或非竞争性的准公共产品。相应地，纯公共产品由政府供给，而准公共产品则可以根据其非排他性和非竞争性的具体程度，采取灵活的供给方式，既可以由政府或者市场供给，也可以公私合作供给。

公租房是保障房，具有社会保障的功能，公租房的使用具有公益性、非排他性，公租房不应归属于私人产品，而应属于公共产品。②公租房需要保障对象主动申请并且采取轮候配租，并不完全具有非竞争性，并非纯公共产品，而属于准公共产品。根据公共产品供给理论，综合考虑公租房的性质和住房保障现状，我国公租房制度采取公私合作的供给方式。如果单靠政府供给公租房，由于"政府供给公共产品的实际范围要受政府供给能力的限制"③，公共财政的有限性决定了住房保障水平十分有限，公租房的申请和配租竞争性过于激烈，不仅难以实现"应保尽保"，而且可能因为排队出现寻租问题；若将公租房供给完全交与市场，在市场逐利性的驱使下住房保障必然走向私有化道路，公租房呈现出排他性特征，偏离托起底层基本住房需要的目标，损及住房保障的实质公平。公租房准公共产品属性是公租房供给方式从政府一元供给走向公私合作多元供给的内在逻辑。

《公共租赁住房管理办法》第 3 条规定："公共租赁住房通过新建、改建、收购、长期租赁等多种方式筹集，可以由政府投资，也可以由政府提供政策支持、社会力量投资。"依据此规定，各地方的公

---

① 刘守刚：《国家的生产性与公共产品理论的兴起——一个思想史的回溯》，《税收经济研究》2019 年第 3 期。
② 李克武、张璐：《开发商公租房配建义务：来源、性质和内容》，《江汉论坛》2019 年第 6 期。
③ 蔡冰菲：《政府住房保障责任的理论基础论析》，《社会科学家》2008 年第 3 期。

租房供给实现了以政府的公租房供给决策为起点,以多元化融资渠道为公租房开发建设资金来源,由开发企业实际负责建设公租房,政府部门和非营利机构进行公租房分配,住房保障主管部门及其授权的运营组织负责住房运营管理,物业服务企业负责住房物业管理的公租房供给链条。①政府出台一系列土地、财政和税收优惠政策,促进公租房的开发建设和供给。例如,财政部、国家税务总局先后出台了《关于支持公共租赁住房建设和运营有关税收优惠政策的通知》(财税〔2010〕88号)、《关于促进公共租赁住房发展有关税收优惠政策的通知》(财税〔2014〕52号)以及《关于公共租赁住房税收优惠政策的通知》(财税〔2015〕139号)为公租房的开发建设与运营管理在城镇土地使用税、印花税、契税、土地增值税、所得税、房产税和营业税等方面提供免税或者税收优惠。

经济学上的公共产品即法学上的公共财产。公物权理论与公共产品供给理论同为关于公共财产归属与利用的理论,二者相互呼应。公物权理论认为,与私有财产不同,公共财产的权属构成较为复杂,具有极大的公益性特征:一方面,政府应当为公共利益扩大公共产品供给的广度和深度;另一方面,政府应当最大限度地利用公共财产满足公众的公共性期许。②公物权理论下,公租房的公共产品属性塑造了公租房制度强烈的公共政策性。这种公共政策性不仅体现在其供给方式上,而且贯穿于公租房分配准入与使用退出的始终。作为公租房制度的制定者与主要执行者,政府界分中央与地方的供给义务,为私主体开发建设公租房提供政策支持,通过法律、法规或政策规划公租房建设和供给规模、进度,严格限定公租房的标准和租金标准,严格限定公租房配租对象的条件,保证公租房使用和退出的公开、公平和公正。以公租房的共有产权为例,在满足公租房充分、有效供给的基础上,部分地方开展公租房共有产权的实践。对于购买公租房部分产权

---

① 参见张岩海、王要武《公共租赁住房供给模式研究》,《学术交流》2017年第3期。
② 参见余睿《公物权理论视角下我国住房保障制度之反思》,《桂海论丛》2014年第1期。

的保障对象而言，其依据投资份额享有相应的所有权和收益权，因直接入住享有住房的占有权、使用权、受限的处分权；对政府而言，其将占有权、使用权让渡给购房者之后，尚余相应的所有权、收益权以及住房分配权、处分权。此种产权组合方式是由公租房的公共产品性质决定的，同时也是对公租房产权配置的创新。

第三节　国外主要国家公租房制度的演变与特点

住房是人类生存的基本必需品。建立住房保障制度，解决中低收入住房困难人群"住有所居"的问题，不是中国特有的问题，而是世界各国的普遍问题。如何解决中低收入住房困难人群"住有所居"问题？各国（地区）因政治制度、发展状况和治国理念不同，做法不一，同一国家（地区）在不同时期的做法也往往不一致。其中，比较共性的做法是为中低收入住房困难人群提供租赁性住房保障，建立类似于我国公租房制度的租赁性公共住房保障制度。对于租赁性公共住房，有的称其为公共住房，如英国、美国；有的称其为公共福利住房，如德国；有的称其为社会住房，如荷兰；也有的称其为组屋，如新加坡；有的称其为公屋，如我国香港地区。我国则称其为公共租赁住房，简称为公租房。出于资料原因和篇幅考虑，本书仅选择部分代表性国家的租赁性公共住房制度予以述要。

一　美国的租赁性公共住房制度

（一）美国租赁性公共住房制度的演变

美国租赁性公共住房制度正式开始于20世纪30年代，其间经历40年代至60年代的曲折发展，至70年代中期，美国完成了租赁性公共住房制度的战略性转变，即从政府保障租赁性公共住房的供给转变为保障租赁性公共住房的需求，从政府"补砖头"到政府"补人头"，实行全面的租房补贴制度。

1. 20世纪30—50年代中期：政府主导公共住房建设，重在保障公共住房的供给

美国从立国至20世纪30年代，政府对于住房问题并未给予特别关注，采取的是自由放任的态度，主要由居民自行建造房屋或租赁房屋解决居住问题。在第一次世界大战期间，为了解决战时工人和军人的住房问题，美国政府曾实施了临时的建造部分公共住房计划，[①] 但规模较小。"一战"后，为了解决战后居住问题并应对随之而来的经济大萧条，美国政府着手实施大规模建设公共住房计划，1934—1937年，美国公共工程局新建了2200套公寓住房。

1937年，美国国会通过了由参议员瓦格拉提交的"瓦格拉－思特高尔低租住房法案"。这个法案被称为1937年美国《住房法》，亦称为《瓦格拉住房法》，是美国第一部针对低收入人群住房问题的法案，也是美国第一部公共住房法案。1937年美国《住房法》标志着美国租赁性公共住房制度的正式建立。根据1937年美国《住房法》，美国联邦政府新成立了美国住房署，作为联邦政府主管公共住房建设事务的专门机构，取代原有的公共工程局。政府通过住房署注入资金和融通资金，住房署的主要职责是协调制订公共住房建设计划，确定公共住房建设标准和租赁保障对象标准，以贷款形式为地方政府及其指定的社会机构提供公共住房建设资金支持，为住房购买者提供信贷担保。有资料显示，至"二战"结束时，美国住房署为16.8万个建筑单元提供了90%的资助，剩余10%则由地方政府承担。[②] 在公共住房建设中，具体的建设地点选择、施工进度监管和租户遴选、物业管理工作由地方政府负责，公共住房的产权归州政府所有。1937年《住房法》及基于该法案而实施的公共住房计划因"二战"的爆发受到较大影响，计划完成情况不佳。

"二战"结束后，美国政府修订1937年《住房法》，重启公共住房建设计划。1949年7月8日，美国国会通过了"瓦格拉－埃德

---

① 参见李莉、王旭《美国公共住房政策的演变与启示》，《东南学术》2007年第5期。
② 同上。

林-塔夫脱住房法案",简称为1949年美国《住房法》。该法案明确提出国家的公共住房计划就是"为每一个美国家庭提供体面而舒适的居住环境",规定由联邦政府和地方政府在法案颁布后六年内新建81万套低租金公共住房。该法案还规定了住房建筑支出的上限和租住家庭收入的上限,要求公共住房的租金至少要比当地私人住房租金低20%。美国1949年《住房法》延续了1937年《住房法》关于住房保障公共住房建设的目标和任务,进一步明确对中低收入人群的租赁性住房保障。但是,1949年《住房法》也引起了部分政府人员及社会人员的非议,加之紧接着朝鲜战争爆发的影响,至1954年,美国对1949年《住房法》进行了部分修订,颁布了新的住房法,即1954年美国《住房法》。该法案虽然没有根本改变美国政府的租赁性公共住房建设计划,但大大减少了每年政府建设公共住房的数量,由原来13.5万套/年减少到5万套/年。

2. 20世纪60—70年代中期:政府继续主导公共住房供给,多渠道筹集公共住房房源,推出租房补贴政策

1965年,美国国会通过了《住房与城市发展法》,据此成立"住房与城市发展部"(简称HUD)。该法案的主要内容包括:①授权联邦政府新建24万套公共住房;②除政府建设公共住房外,多渠道筹集公共住房房源。一是允许地方政府通过收购、租赁或修缮私人房屋等途径补充公共住房房源,提供给低收入家庭居住;二是推行私人住房开发商配建公共住房政策。开发商建设住房项目应当保留一定比例住房面向低收入人群出租或出售,具体配建比例由各个州确定,有的规定为15%,有的达50%,平均在20%至30%。[①] 开发商配建的公共住房,符合住房标准的,可以连续十年享受联邦所得税抵扣优惠。③推出租房补贴计划,授权联邦政府住房署向租住非公共住房的低收入家庭提供住房补贴,补贴额度为住房租金与租户收入的25%之间的差额。该计划独立于公共住房建设计划。1968年,美国国会又通

[①] 参见马小宁《美国用混居防止贫困人口边缘化》,《人民日报》2011年10月19日;孙志华《美国住房政策及借鉴》,《山东社会科学》2012年第9期。

过新的《住房与城市发展法》，该法将公共住房建设和保障的重点倾斜到中低收入家庭，授权联邦政府在十年间新建2600万套住房，其中600万套是面向低收入家庭的公共住房。

3. 20世纪70年代中期至今：政府放弃公共住房建设，全面推行公共住房租房补贴制度

经过自20世纪30年代至60年代的公共住房建设和多渠道房源的筹集，以及房地产业的发展，至70年代，美国的住房供求关系已经发生重大变化，住房房源短缺问题已经基本解决，这是一个方面。另一方面，在前两个阶段，政府主导公共住房建设和供给与分配和管理，不仅事务繁重，而且财政压力巨大，难以为继。此外，自60年代开始推行的租房补贴制度，不仅方便执行，也给予了中低收入家庭更多选择的自由，且有利于克服居住空间隔离形成"贫民窟"社会问题。基于上述原因，1974年，根据福特政府的建议，美国国会通过了新的《住房与社区发展法》。根据该法案，美国政府停止了公共住房建设计划，全面推行公共住房租房补贴政策，政府将租赁性公共住房保障的重心从供给保障转向需求保障，从"补砖头"转向"补人头"。主要做法是：政府允许纳入公共住房保障范围的中低收入居民自由选择租住政府管理的公共住房和非政府管理的公共住房。政府向符合公共住房租赁保障的对象发放"住房证"（"住房证"于1974年开始实施）和"住房券"（"住房券"于1983年开始推行）。享受"住房证"的租户只能租住低于联邦政府规定的租金标准的住房，使用"住房券"的租户可以自由选择住房，当实际租金高于政府确定的租金标准时，高于标准的部分由租户自己承担，但租户承担的总租金不超过其家庭收入的1/3，超过1/3的部分，经核算确定后由政府承担；当租金低于政府确定的标准的，余额部分允许租户继续保留使用。据统计，美国具有享受租金补贴资格的中低收入者中有60%选择"住房券"方式。[①] 时至今日，租房补贴是美国实行的租赁性住房

---

① 卫欣、刘碧寒：《美国城市中低收入者的住房保障模式》，《国外房地产》2008年第4期。

保障的基本制度。

（二）美国租赁性公共住房制度的特点

1. 通过国家立法为公共住房制度的建立和运行提供规范和保障

美国自20世纪30年代开始建立公共住房制度起，伴随着每一个发展阶段的推进或者转型，始终注重由国会立法，通过国家法律的形式为公共住房建设与运行提供规范和保障。如1937年《住房法》、1949年《住房法》、1954年《住房法》、1965年《住房与城市发展法》以及1968年《住房与社区发展法》，等等。国会是美国的立法机关，国会立法具有权威性，通过国会法案建立和推进公共住房制度，实现公共住房制度的法制化，保证了美国公共住房制度的权威性和有效性，是美国公共住房制度的经验之一。

2. 政府在公共住房建设中的主导作用

一方面，在美国公共住房制度建设与运行中，政府一直处于主导地位，包括公共住房建设规划与标准的制定、建设资金的筹集和投入、公共住房准入退出管理、公共住房维修与管理，等等，均被纳入政府职责范围，由政府成立专门机构负责执行。另一方面，注意划分联邦政府与地方政府的职责，两者合理分工与协作。其中，联邦政府作为中央政府积极执行国会法案，成立专门机构（美国住房署和住房与城市发展部），负责规划全国的公共住房建设，确定公共住房标准和保障对象范围，筹集并给地方政府提供主要的资金支持，给租户提供租房补贴；地方政府则具体负责公共住房建设的选址、施工进度和租户遴选及房屋维修和管理等事务。

3. 对中低收入人群的租赁性住房保障实现了从"补砖头"到"补人头"的转变

20世纪30年代美国的公共住房制度建立之初，与其他绝大多数国家一样，政府也是将工作重心放在公共住房建设和房源筹集上，立足于在公共住房供给侧提供保障，将资金投入对公共住房的建设支持和补贴上，实行的是"补砖头"政策。因为，在当时，房源供给总量不足。因此，此时执行"补砖头"政策是适当和必要的。但是，"补砖头"政策存在一些弊端：一是集中建设和运行租赁性公共住房,导致中低收入人群集中聚居现象,出现"贫民窟"社会问题;二是政府财政压力过大,且政府陷入公共住房具体建设和运行事务之中,任务繁重。为了克服上述问题,探索解决之道,60年代美国一方面继续着力于"补砖头",另一方面开始部分试行对租户提供租房补贴,即"补人头"。到70年代中期,鉴于住房房源问题已经解决,美国政府完全放弃公共住房建设计划,放弃对公共住房供给侧的保障,转而对需求侧进行保障,实行"补人头"政策。这样,在美国公共住房制度发展史上完成了从"补砖头"到"补人头"的重大转变。租房补贴是如今美国政府对中低收入人群,尤其是低收入人群进行住房保障的基本方式。美国对中低收入群体租赁性住房的租房补贴模式代表着世界租赁性公共住房制度发展的方向。

二 英国的租赁性公共住房制度

英国是世界上最早开始工业化和城市化的国家,因此也是世界上最早面临城市居民,尤其是无法自力解决住房需求的中低收入居民住房保障问题的国家。如果从政府出面建造住房解决城市居民居住需要的意义上说,英国最早的租赁性公共住房建设可以追溯到19世纪60年代的利物浦,利物浦是英国第一个实施公共住房政策的地方政府,1868年利物浦政府在临近港口的沃克斯霍尔(Vauxhall)建造了圣·马丁小屋,拥有124个单元,形成一个相对独立的寓所街区。① 但直到第一次世界大战前,英国全国各地政府建造的公共住房只有24000户,数量不大。第一次世界大战后,为了解决战后住房短缺问题以及退役军人住房问题,英国通过相关立法,包括1919年《住房和城镇规划法》、1923年《住房法》(又称为张伯伦法)和1924年《住房(财政条款)法》(又称为惠特利法)等,进行较大规模的公共住房建设。现代英国租赁性公共住房制度真正开始于第二次世界大战之后。

---

① [英]谷义仁(Ian Cook):《英国公共住房政策和立法的发展及其对中国的启示》,竺效译,《政治与法律》2008年第2期。

（一）"二战"以来英国租赁性公共住房制度发展的三个阶段

1. 1945年至20世纪70年代末：政府主导公共住房的建设和供给

"二战"中，英国遭受战争重创，城市住房毁损严重，大量居民流离失所，无房可居。1945年战争结束后，为迅速解决住房短缺和"住有所居"的问题，英国政府采取积极主动的措施，投入大量资金，建造福利性公共住房。据统计数据，1950年建造175187套，占全部当期建造住房总量的比例为85.3%；1955年208330套，占比64.2%；1960年132850套，占比43.7%；1965年174072套，占比44.5%；1970年187884套，占比51.9；1975年167408套，占比52%。[①] 由此可见，从1945年至1975年，英国一直持续大规模建造公共住房，在全部同期的住房建设中，公共住房数量最高时占比85%以上，最低时也超过43%。1960年，英国大约有26%的居民租住公共住房，1975年有31%的居民租住公共住房。[②] 这一时期，英国的各种住房协会也在政府的允许和支持下参与建造公共住房。住房协会的住房面向该协会成员出租。

这一时期，英国的公共住房建设的政府职责分工是：中央政府的交通、环境等部门负责财政预算中的建设与维修基金的分配，地方政府住房主管部门（如住房委员会或住房处）负责住房的规划、建设和管理。公共住房保障的对象，"二战"结束初期，范围较宽，大多数中低收入家庭均可申请，后逐步收缩至主要面向低收入人群。政府根据申请人的收入情况、住房条件和登记时间，采用打分制进行排序配租。公共住房的租金标准，政府建造和管理的，由地方政府确定；住房协会建造和管理的，由住房协会确定，通常比私人租房市场的租金要低20%至30%。20世纪60年代，公共住房租金只相当于当时房价的1.1%。[③]

[①] 徐军玲、谢胜华：《英国公共租赁住房发展的政策演变及其启示》，《湖北社会科学》2012年第6期。

[②] 刘苏荣：《撒切尔政府公共住房私有化政策评析》，《黑龙江史志》2010年第9期。

[③] 张琪：《发达国家保障房分配的做法与启示》，《经济纵横》2015年第3期。

2. 20世纪80年代至90年代末：公共住房私有化与市场主导租赁性住房保障模式的建立

"二战"结束后至20世纪70年代期间在英国政府主导下进行的大规模的公共住房建设，对于解决战后住房短缺，为流离失所家庭，尤其是为中低收入住房困难家庭提供租赁性住房保障，发挥了重要作用。但是，从另一面看，它给政府带来了沉重的财政负担和管理负担，而且也出现了因贫困人口集中居住的"贫民窟"现象。1979年，由撒切尔领导的保守党上台执政。新政府面对前期公共住房政策的弊端，排除阻碍，强力推行公共住房私有化政策，将租赁性住房保障由政府主导模式转向市场主导模式。1980年，英国议会通过《住宅法》，为撒切尔政府推行公共住房私有化提供法律依据和保障。根据该法案，租住公共住房的居民享有"优先购买权"，凡居住公共住房满3年以上且只有一处住房者，均可以获得优先向当地政府申请购买该住房的权利，并享有价格优惠，总优惠幅度在33%—50%。为增加私有化吸引力，1984年英国通过《住房和建筑控制法案》，进一步将折扣率提高到60%—70%。1980年《住宅法》规定，购买公共住房者，可以向地方政府申请抵押贷款，也可以向银行等金融机构申请贷款，享受贷款利息优惠。该法案还授权地方政府可以大幅度提高公共住房租金，以倒逼租户购买住房。根据公共住房私有化政策，除了将公共住房卖给租户以外，政府还将部分老旧失修的公共住房卖给私营机构。1988年，英国又通过新的《住宅法》，进一步推进公共住房私有化，不仅继续执行租户"优先购买权"政策，而且还成立专门的"住房信托公司"，负责处理将老旧失修的公共住房卖给私营机构的相关事务，同时还允许地方政府自愿将部分公共住房经营权移交给住房协会或者私人房产商。

撒切尔政府大规模私有化改革直接导致英国从1980年以后政府持有的公共住房数量和比例的持续下降。从1979年至1987年，政府共出售公共住房100万套，私人住房人口占比从55%提高到64%。[①]

---

① K. Jones, *The Making of Social Policy in Britain*, London: Athlone, 1994, p.199.

政府管理的公共住房从 1978 年的 32% 下降到 1990 年的 23%,[①] 政府的公共住房开支也大幅度下降,从 1980—1981 财政年度的 45 亿英镑下降到 1990—1991 财政年度的 14 亿英镑。[②] 但是,公共住房私有化改革无疑也存在弊端,例如,对中低收入无房可住者的住房权保障不足,导致许多无家可归者,再如,政府持有的公共住房普遍老化破旧,居住环境和质量不高。

3. 2000 年至今:市场主导租赁性住房保障模式的完善

20 世纪末,布莱尔领导的工党上台执政,针对撒切尔政府的私有化政策进行反思。但鉴于私有化政策推行已久,影响巨大,难以根本颠覆,所以,布莱尔政府采取了折中的做法,一方面继续维持市场主导租赁性住房保障模式,另一方面克服其不足进行完善。布莱尔后继任的布朗政府沿袭了布莱尔政府的做法。具体而言,主要表现在两个方面:一是新建一定数量的公共住房以弥补住房供应不足。2007 年,布朗政府宣布在十年之内建造 300 万套可负担住房。布朗政府认为,政府有责任建造更多的公共住房来冲击市场,解救那些买不起或租不起住房的中等收入白领。[③] 二是改善现有公共住房质量。2000 年 9 月,布莱尔政府发表了一份政策申明《住房的前进道路》,其中将逐步改善公共住房质量和环境作为政策目标,并突出要求政府和社会住房房东在接下来的十年内必须将所属住房提高到一个体面的水平。[④] 由此可见,自 2000 年以后,英国的租赁性公共住房保障政策仍然保持市场主导模式,但对私有化进行了适度的矫正,允许适当新建部分公共住房以补充不足,并将政策重心放在对破旧公共住房进行质量和环境优化上。

---

① D. Marsh and R. A. W. Rhodes, *Implementing Thatcherite Policies*, Philadelphia: Open University Press, 1992, p. 71.

② S. P. Savage, R. Atkinson, L. Robins, *Public Policy in Britain*, New York: ST Martin's Press, 1994, p. 185.

③ 汪建强:《"二战"后英国公共住房发展阶段简析》,《科学经济社会》2011 年第 1 期。

④ *Housing and Housing Policy in England 1975 – 2000*, London: Office of the Deputy Prime Minster, 2005.

（二）英国租赁性公共住房制度的特点

1. 从政府主导租赁性住房保障到市场主导租赁性住房保障

在 20 世纪 80 年代以前，英国的公共住房制度与美国等其他国家一样，主要表现为由政府主导公共住房的建设和管理，旨在解决公共住房供给不足的问题，政府的财政投入也是放在"补砖头"上。在"二战"结束后至 70 年代的 30 余年间，政府持续投入大规模建造公共住房，同时还支持各种住房协会建造住房和私人建造住房。进入 20 世纪 80 年代后，撒切尔政府为解决政府巨大的财政压力和繁重的公共住房管理事务，推进大规模公共住房私有化改革，将政府持有的公共住房出卖给租户、私人机构或者移交给住房协会经营管理，大幅度降低政府持有的公共住房的数量和比例。通过私有化改革，英国对于租赁性公共住房保障实际上建立了市场主导机制，将住房保障主要交由住房协会、私营机构和私人产权房完成。时至今日，英国的租赁性公共住房制度仍然是市场主导模式。

2. 住房协会在公共住房供给和管理中发挥重要作用

英国的住房协会，也称为住房建设会，始创于 1775 年，至今有 200 余年历史。英国最早的住房协会立法是 1874 年的《住房协会法》，早期的住房协会是一个典型的住房互助组织，主要职能是从事住房抵押贷款，甚至成为住房抵押贷款市场上的垄断者，1978 年其住房抵押贷款业务份额曾一度占到 94%。[1] 英国的住房协会种类很多，主要的有工业住房协会、合作形态住房协会、一般家庭住房协会、政府支持住房协会、老年人住房协会等。在 1985 年之前，住房协会与银行等金融机构相区分，业务范围也进行严格限制。1985 年，英国颁布新的《住房协会法》，允许住房协会转变为银行，进行金融创新。[2]

在英国的租赁性公共住房制度中，住房协会发挥着重要的作用。

---

[1] 曾国安：《英国住房金融的特点及其借鉴意义》，《中国房地产》1995 年第 1 期。

[2] 金俭等：《中国住房保障——制度与法律框架》，中国建筑工业出版社 2012 年版，第 25—26 页。

一是住房协会通过融资和住房抵押贷款，支持协会成员建造住房、购买住房或租赁住房；二是住房协会建造住房，面向协会中低收入住房困难成员租赁住房，为低收入家庭提供租赁性住房保障；三是承接政府移交的公共住房面向需要住房保障的协会成员进行租赁。英国的住房协会作为非政府的社会组织，在一定程度上替代政府履行租赁性住房保障职责，是英国租赁性公共住房制度运行中不可或缺的组成部分。这一点，与其他国家相比，具有明显的不同。

三　德国的租赁性公共住房制度

（一）德国租赁性公共住房制度的演变

第二次世界大战之前，德国没有建立现代意义上的公共住房制度，住房问题主要由民众分散建房或租房解决。1847年，德国开始出现住房合作社模式，由合作社筹集资金建造房屋出租给成员居住，合作社建造房屋的资金主要来源于成员的入社资金和政府及银行的贷款。住房合作社在"二战"前德国解决住房问题过程中发挥了重要作用。

"二战"结束后，由于深受战争重创，大量住房受损，造成大量人员无家可归，无房可住。据统计数据，1945年下半年时德国共有近2100万人流离失所，其中包括约1180万难民、被驱逐者和迁居者以及约900万人逃难至乡村返还城市者。[①] 为了解决战后城市人口居住问题，当局主要采取两个方面的措施：一是实施"住房统制"，对房屋出租行为进行直接的行政管制。战后驻德国盟军当局要求有空房可出租者应当提供出租，严格执行当局限定的租金标准，并严格限制现有租房合同的解除。二是建造住房，解决房源短缺问题。1950年和1956年德国政府先后颁布两部《住房建设法》，根据该法政府直接建造或者资助社会组织或私人建造大量住房，旨在解决无房可租，无房可住的问题。在1950年至1959年的十年内，德国共计新建住房

---

① ［德］比约恩·埃格纳：《德国住房政策：延续与转变》，左婷译，《德国研究》2011年第3期。

330万套。自 1949 年至 1979 年，全德国共计建造福利性公共住房 780 万套，占同期新建住房的 49%。① 这些住房都属于公共住房（"社会福利住房"或"社会住房"）的范畴，面向需要住房的各个阶层，包括中低收入阶层租出租。

20 世纪 60 年代以后，经过"二战"后十余年的房屋建设，无房可住的问题大有改善，德国的公共住房制度开始进入"社会市场经济"阶段。主要措施有：一是逐步解除战后临时实施的住房统制。二是继续投入资金支持新建住房，包括住房储蓄银行制度和住房合作社制度以及税收优惠措施，持续关注住房供给问题，但是新建住房数量明显减少。三是实施住房补助金制度，亦即住房补贴制度。德国的住房补贴包括两个方面：对私人建购房的补贴和对租房者的租金补贴。为了规范住房补助，德国专门通过了《住房补助金法》和《私有住房促进法》。对私有住房的补助包括全部德国国民，理论上也包括中低收入人群，目的是通过住房私有化解决住房问题，减轻政府负担。至 1996 年，德国对私有住房补助数额达到高峰，其支出实际上给政府造成了较为沉重的财政负担，且在社会财富再分配上存在不公平之嫌，引起了政府和社会的广泛非议，政府曾多次呼吁停止私人住房补助，但因受到议会的反对而未果。对租房者的租金补贴则主要面向中低收入群体，旨在为他们提供租赁性住房保障。租房者既可以租住政府管理的公共住房（福利性公共住房），也可以租住其他住房（私人住房或社会组织的住房）。

1998 年后，尤其是自 2000 年以后，德国的公共住房制度开始新的转变。一是逐步减少以至停止对私人住房的补贴。2006 年，德国政府完全取消了对私人建购住房的补贴措施。二是从关注供给侧转向完全关注需求侧，实行全面的租金补贴政策。2001 年，德国修订《住房补助金法》，重点对不能通过市场自力解决住房问题的中低收入人群、多子女家庭、老年人、残障人士提供租金补贴。政府租金补

---

① 薛德升、苏迪德、李俊夫、李志刚：《德国住房保障体系及其对我国的启示》，《国际城市规划》2012 年第 27 期。

贴的房屋范围既包括政府管理的公共住房，也包括其他社会住房，其中绝大部分是其他社会住房。住房补贴是现行德国对中低收入人群住房进行租赁性住房保障的主要方式。

（二）德国租赁性公共住房制度的特点

1. 全面责任型住房保障模式

德国位于欧洲大陆，有着较为特殊的历史经历，先后挑起两次世界大战，均以失败告终，战争创伤严重，在一定程度上影响着德国的住房保障制度；德国的政治文化理念也不同于美国、英国和法国等西方国家，奉行"社会市场经济理论"，强调个体自由服从于社会的责任和义务，强调维护社会的秩序、公平和公正，追求"社会福利国家"的目标。[①] 基于此，德国对于住房保障实行的是"全面责任型住房保障模式"[②]，政府采取多种组合措施面向较大范围人群提供住房保障。在"二战"结束后的十余年间，由于战争对房屋的破坏，大量人口无家可归，房源总量严重缺乏，德国的租赁性公共住房保障对象涵盖全体德国居民，其中包括中低收入人群，其措施主要是住房统制和新建住房以保障租赁房的供给。自20世纪60年代以后，德国主要是通过住房补贴进行住房保障，其中既有对私人建购住房的补贴，也有对租赁住房的补贴，但租赁住房补贴的对象范围较宽，不仅限于中低收入人群，体现了充分的福利性。21世纪以来，德国进一步调整了其租赁性公共住房制度，主要采取面向承租户进行租金补贴的方式，允许租赁的房屋范围包括政府管理的公共住房和其他社会住房，租金补贴对象虽主要是中低收入人群、多子女家庭、老年人、残障人士和其他特殊困难人士，但其范围相较于英美等国而言，更为宽泛。

2. 多措并举，形成富有特色的若干制度

德国在租赁性公共住房保障制度建设和演变中，建立和实施了若干制度，颇具特色。

[①] 徐镭、朱宇方：《中低收入家庭的住房保障——德国模式与美国模式比较研究》，《德国研究》2014年第1期。

[②] 金俭等：《中国住房保障——制度与法律框架》，中国建筑工业出版社2012年版，第22页。

一是住房补贴制度。20 世纪 60 年代后德国开始实施住房补贴政策。在 2006 年以前，其住房补贴对象包括租房的租金补贴，也包括私人建购房的补贴，补贴范围宽泛，政府住房补贴支出数额巨大。自 2006 年以后，取消了私人建购住房补贴，其住房补贴主要是租金补贴，面向中低收入人群及其他困难人群，其范围相较于英美等其他国家更为宽泛，能够达到德国城市家庭的 1/3。租房补贴向承租户发放，政府承担居民实际交纳租金与可承担租金的差额，一般按照家庭收入的 25% 确定可承担租金，补贴期限为 15 年，15 年后，随着家庭收入的变化进行调整。政府补贴的租金由联邦中央政府和地方政府分担，各占 50%。租赁政府管理的公共住房的，其租金由地方政府确定；租住其他社会住房的，政府对租金设定一定幅度，允许出租人与租户在该幅度范围内协商。一般情况下，公共住房的租金比市场租金要优惠 50%—60%。

二是住房储蓄银行制度。为了支持社会建房，保障住房供给，德国建立了专门的住房储蓄银行制度。德国的住房储蓄银行是一个封闭循环的融资系统，独立于其他资本市场。储户必须先存款，后贷款，即储户根据自己的贷款需求和经济能力，先与住房储蓄银行订立合同，按月向住房储蓄银行存款，存满一定比例后才能从银行获得贷款。住房储蓄银行的存贷款利率不受资本市场供求关系和通货膨胀等因素影响。通过住房储蓄银行贷款，储户既可以用于自建自购住房，也可以用于租赁住房。

三是住房合作社制度。德国的住房合作社始于 1847 年，是自愿组成的民间非政府住房互助机构，其职能主要是筹集资金建造住房并租赁给其成员居住，集住房建造、管理和租赁于一体，对于支持德国的住房保障制度运行发挥了重要作用。政府对住房合作社给予多方面支持，包括提供长期低息贷款、提供优惠价格的土地、给予税收减免以及租金补贴等。

四是全面的法律保障体系。德国将租赁性公共住房制度之运行置于法律规范的框架之内，为此建立了符合德国法律体系的公共住房法律保障体系，包括一般性法律，如德国民法典、刑法典、《经济犯罪法》和《节能法》等。其中民法典主要基于租赁合同属于民事合同性质,对公共住房租赁关系进行调整;刑法典则主要对公共住房租赁中的犯罪行为进行惩处。德国的公共住房法律保障体系还包括特别法,如《住房建设法》《住房补助金法》和《私有住房促进法》,等等。这些特别法为德国租赁性公共住房制度的运行提供具体某一方面的规范和保障。

四 日本的租赁性公共住房制度

(一) 日本租赁性公共住房制度的发展演变

现代日本住房保障制度开始于第二次世界大战之后。"二战"后,日本政府开始探索适合自己国情的住房保障模式,至20世纪90年代,经历50余年的实践和演变,逐步形成了具有日本特色的面向中低收入人群的租赁性住房保障体系。

20世纪50年代,日本基本建立起"三公"租赁性住房保障体系。1950年,日本中央政府成立了全国性的住宅金融公库,主要职责是面向建造和购买住宅的个人和机构提供长期低息贷款。1951年,日本出台《公营住宅法》,建立公营住宅制度。其基本做法是:中央政府通过财政资助和住宅金融公库低息贷款等方式支持地方政府建设和运营管理公共住房,出租给低收入住房困难人群居住。1955年,为解决人口集中的大都市圈的住房紧张问题,国家专门成立作为特殊法人(事业单位)性质的住宅都市整备公团,在政府资助下新建或改建公团住宅,主要面向大都市圈中等和低收入人群进行租或售,从而建立起了日本租赁性公共住房体系中的公团住房制度。上述"三公"制度构成了日本租赁性公共住房保障制度的支柱。

进入20世纪70年代后,日本经过20余年的公营住宅和公团住宅建设,住宅供求逐渐趋于平衡,房源短缺问题已经解决。另外,日本战后经济迅速恢复,居民收入不断提高,对住房的需求水平也不断提高。在此背景下,日本政府开始调整租赁性公共住房制度,从原来的公营住宅的完全租赁性保障转向鼓励居民住宅私有化,亦即,政府一方面继续保持公营住宅制度和公团住宅制度的运行,面向中低收

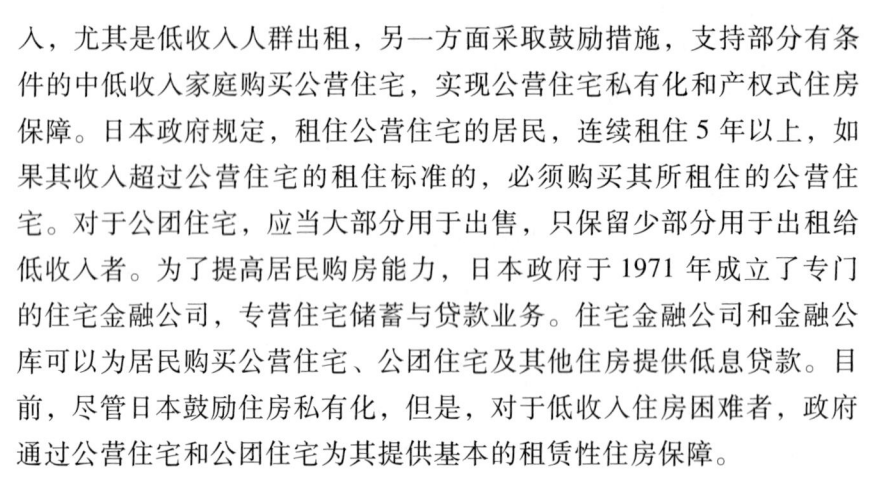

入，尤其是低收入人群出租，另一方面采取鼓励措施，支持部分有条件的中低收入家庭购买公营住宅，实现公营住宅私有化和产权式住房保障。日本政府规定，租住公营住宅的居民，连续租住5年以上，如果其收入超过公营住宅的租住标准的，必须购买其所租住的公营住宅。对于公团住宅，应当大部分用于出售，只保留少部分用于出租给低收入者。为了提高居民购房能力，日本政府于1971年成立了专门的住宅金融公司，专营住宅储蓄与贷款业务。住宅金融公司和金融公库可以为居民购买公营住宅、公团住宅及其他住房提供低息贷款。目前，尽管日本鼓励住房私有化，但是，对于低收入住房困难者，政府通过公营住宅和公团住宅为其提供基本的租赁性住房保障。

（二）日本租赁性公共住房制度的特点

1. 完善的法律体系

住房保障涉及国计民生，一直受到日本政府高度重视。为了建立公共住房制度的长效机制，日本政府特别注重法制化。自"二战"后至今，日本先后制定了与租赁性公共住房制度有关的法律40余部，包括《住宅建设规划法》《公营住宅法》《住宅公团法》《住房金融公库法》《地价房租管制令》，等等。

2. 政府强力主导

日本是一个四面环海的小岛国，资源比较贫乏，但人口密度较大。日本是第二次世界大战的发动者之一，战败后国力受到重创。针对日本的国情，日本政府对于日本住房保障制度的建立和运行，持积极干预态度，政府强力主导其住房保障制度，尤其是租赁性公共住房制度。主要表现：一是自20世纪60年代起日本建立起颇具日本特色的住房建设规划制度。1966年，日本制定《住宅建设规划法》，规定以每五年为一期，制订实施住宅建设计划。其住宅建设计划分为三个层次：第一层次是国家层面的五年计划。第二层次是区域计划。日本将全国划分为10个区域，每个区域分别制订其五年计划。第三层次是地方政府计划。各地方政府分别制订本行政区域内的五年计划。住宅建设计划中需包含预定的居住水平目标和建造的住房数量等内容。二是日本政府根据住房供给状况和居民住房需求状况的变化及时调整

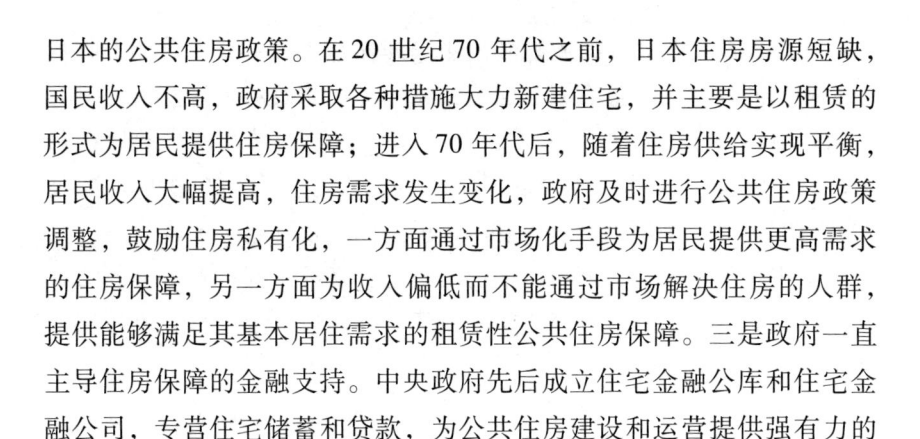

日本的公共住房政策。在20世纪70年代之前，日本住房房源短缺，国民收入不高，政府采取各种措施大力新建住宅，并主要是以租赁的形式为居民提供住房保障；进入70年代后，随着住房供给实现平衡，居民收入大幅提高，住房需求发生变化，政府及时进行公共住房政策调整，鼓励住房私有化，一方面通过市场化手段为居民提供更高需求的住房保障，另一方面为收入偏低而不能通过市场解决住房的人群，提供能够满足其基本居住需求的租赁性公共住房保障。三是政府一直主导住房保障的金融支持。中央政府先后成立住宅金融公库和住宅金融公司，专营住宅储蓄和贷款，为公共住房建设和运营提供强有力的金融支持。

3. 公营住宅制度与公团住宅制度

日本的租赁性公共住房制度的重要特点之一，是其公营住宅制度和公团住宅制度。日本的公营住宅制度和公团住宅制度建立于20世纪50年代。公营住宅的保障对象是月收入处于倒数25%以内的家庭，家庭月收入计算方式是将家庭年收入减去扣除项目后除以12，家庭人口不同会影响家庭月收入的计算，人口不同的家庭的收入上限标准不同。① 公营住宅的分配采用抽签的方式，即申请租住公营住宅的家庭，经主管地方政府部门审查符合条件的，通过抽签决定入住的先后顺序。日本对公营住宅的适用管理严格，每三年对租户进行一次收入和资产的重新核查，对不符合保障条件的，租户应当退出使用。如果租户应当退出使用而不退出的，政府要么采取强制措施责令退出，要么提高房租倒逼退出。② 公营住宅尤其对于特别贫困家庭、低收入老人家庭、母子家庭和残疾人家庭给予特别照顾。公营住宅的租金较低，实际租金仅为市场租金的1/4—1/3，占成本的50%—70%。公营住宅的运营支出主要来源于租金收入和中央财政补贴。公营住宅的房源供给，在20世纪70年代以前，主要是新建和改建，70年代以

---

① 参见刘友平、陈险峰、虞晓芳《公共租赁房运行机制的国际比较及其借鉴——基于美国、英国、德国和日本的考察》，《建筑经济》2012年第3期。
② 参见张琪《发达国家保障房分配的做法与启示》，《经济从横》2015年第3期。

后，除新建改建外，还有收购和租用民间住宅等方式，但总体上收购和租用民间住房的数量有限。建造公营住宅所需要的土地及土地整理费用，由地方政府筹集，中央政府补贴2/3，建筑费用中央政府补贴1/2，改建公营住宅的，中央政府补贴1/3。① 公团住宅的供应对象是大城市圈中等及中等以下收入群体，租金标准根据建房成本计算，但比市场租金优惠不少。公团住宅的房源主要来源于都市整备公团的新建和改建。中央政府对公团住宅的新建、改建均给予补贴，但补贴力度不如公营住宅。

五 新加坡的租赁性公共住房制度

新加坡是位于东南亚的一个小岛国，国土面积小，但人口密度大。新加坡政府根据国情采取了不同于其他国家的住房保障制度——公共组屋制度，有效解决了新加坡居民的住房问题，尤其是中低收入人群的住房问题，较好地实现了"住有所居"的目标。新加坡的租赁性公共住房制度颇具特色，对于他国的住房保障制度之建设具有借鉴意义。

（一）新加坡租赁性公共住房制度的发展演变

新加坡至今实施的住房保障制度，包括其租赁性公共住房制度，开始于20世纪50年代。在此之前，新加坡的住房保障制度大致可以分为两个阶段：第一阶段是1926年以前，政府对居民的住房问题采取完全放任的不干预态度，居民的住房问题任由个人或家庭通过市场方式解决；第二阶段是自1927年至20世纪40年代，政府对居民住房采取有限干预的原则。1927年，新加坡政府成立"新加坡改善信托局"（Singapore Improvement Trust，SIT），主要职责是规划城市道路、管制建筑物卫生条件、提供土地买回方案及开发卫星市镇，建造公共住房。但是，由于政府重视程度不够，资源配置不力，新加坡改善信托局在公共住房保障方面的成绩和效果非常有限。新加坡严重的

---

① 参见刘友平、陈险峰、虞晓芳《公共租赁房运行机制的国际比较及其借鉴——基于美国、英国、德国和日本的考察》，《建筑经济》2012年第3期。

第一章 公租房与公租房制度概论

住房短缺和中心城区人口过分集中以及贫民窟现象没有根本改善。①

1953年，实现自治不久的新加坡政府为了解决住房不足和租金短缺问题，通过了一部《中央公积金法》（Housing Development Act），根据该法于1955年建立新加坡公积金制度，设立中央公积金局专司国家公积金的运行管理。1960年2月，为迅速解决住房短缺问题，新加坡政府成立专门机构——"建屋发展局"（Housing Development Board，HDB），建屋发展局集公共住房规划、建设、管理与运行等多项职能于一身。从此，新加坡开始了大规模的组屋②的建设，逐步形成了别具一格的新加坡的组屋制度。起初，组屋只出租，不出售，至1964年，新加坡政府提出"居者有其屋"计划，开始面向有条件和有意愿者出售组屋。1968年，新加坡政府进一步推进"居者有其屋"计划，逐步建立起组屋的两重属性：可租可售，或租或售。对于购买组屋者，政府通过中央公积金提供贷款支持，且通过折价形式给予间接购房补贴。

20世纪70年代以后，新加坡一直坚持实施其组屋制度，未有根本改变。但是，建屋发展局针对住房建设情况、住房破损情况和居民对住房的新要求，本着"以人为本"的人文居住理念，不断在原有住房翻新、旧区改造和居住环境改良、居住条件优化等方面进行着大量卓有成效的工作，较好地满足了新加坡人民的不同层次的住房保障需求。时至今日，新加坡的住房保障形成了明显的二元格局：私有产权住房，用于满足富有人群的需要，完全听由市场机制发挥作用；公共组屋，由政府供给、控制和管理，满足绝大部分中等及以下收入人民的住房需求。对于低收入人群而言，新加坡公共组屋完全能够为其提供租赁性公共住房保障，保证其"住有所居"。大致来说，目前在新加坡，约85%的人口居住在公共组屋之内，约15%的人口居住在私有住房之内。

---

① 参符启林等《住房保障法律制度研究》，知识产权出版社2012年版，第27—28页。
② 所谓组屋，英文表述为Public Housing，直译为公共房屋或公室。由于其公屋由多种规格、多种使用形式组成，故称为组屋。又由于这些组屋都由政府（建屋发展局）直接控制和管理，旨在为新加坡中等及以下公民提供住房保障，故称为公共组屋。

（二）新加坡租赁性公共住房制度的特点

1. 中央政府直接主导公共住房建设与保障

新加坡是一个人口总量较少的城市国家，国家结构简单高效。为了解决新加坡住房短缺和住房保障问题，政府采取的是直接全面主导性机制，中央政府直接主导公共住房的建设和运营。中央政府设立中央公积金局，建立强制性的中央公积金制度，为公共住房建设和住房私有化购买提供有效的资金支持和保障。中央政府设立建屋发展局，集公共住房规划、建设和运营管理诸职能于一体，全方位代表政府建设和运营公共组屋。新加坡这一模式，在世界各国公共住房制度中别具一格，特色鲜明，且成效显著。

2. 极具个性的公共组屋制度

新加坡的公共组屋由政府主导建设和运营，由建屋发展局全权负责。公共组屋可租可售，但准入退出的条件清晰严格。凡年满21周岁的新加坡公民，主要以家庭为申请单位，收入低于月800新加坡元者，可申请租住一定标准以内的组屋，租金非常低廉；月收入在一定标准范围内的家庭（20世纪70年代为1500新加坡元，目前是8000新加坡元）有权申请购买公共组屋。一个家庭只能租住或购买一套公共组屋，不得重复享受公共组屋；租住公共组屋的家庭不得转租组屋，但可以与人合租；购买组屋的家庭，在一定年限内（如5年）不得转让、过户，确有需要的，必须申请建屋发展局审核、批准和登记。对于违反规定，尤其是骗租、骗买公共组屋的，法律规定了严格的惩罚，轻者罚款5000新加坡元，重者处以6个月监禁或两者并罚。不仅如此，新加坡的组屋制度还充分体现了人文主义理念，非常注重组屋的功能设计和居住环境优化，注意分为不同等级、不同户型、不同面积，满足不同收入人群的需要。

3. 完善的强制性中央公积金制度和符合新加坡国情的补贴制度

新加坡建立了强制性的中央公积金制度。1953年，新加坡制定《中央公积金法》，建立中央公积金制度。1955年成立中央公积金局，专职负责中央公积金的运营管理。根据《中央公积金法》，雇主（包括政府单位和其他社会机构及私人机构）和雇员必须按照雇员工资收入的约定比例缴纳公积金，中央公积金局有权运营公积金，公积金的本金和利息归雇员所有。公积金缴纳一定年限后，雇员可以提取公积金用于租赁或购买公共组屋，建屋发展局可以从中央公积金中贷款建设公共组屋。中央公积金制度为新加公共组屋的建设和运营提供了长效的、充足的资金保障。新加坡还建立了符合其国情的补贴制度。新加坡的补贴是直接补贴，主要用于对住房供给的补贴，即政府对租住公共组屋的家庭，确定远低于市场价的租金标准，保证租户能够承受租金负担；对于购买公共组屋的，政府确定的价格也远低于市场价格。简言之，新加坡的补贴是含在租金和组屋出售的价格之中。这一点与英美等西方国家实行的需求补贴（对人头的补贴）不同。

六　荷兰的租赁性公共住房制度

荷兰位于欧洲大陆，国土临海，面积狭小，人口密度高，是欧洲人口居住密度最大的国家之一。第二次世界大战之后，荷兰政府采取措施，有效解决了荷兰的居住问题。荷兰的租赁性公共住房制度对于解决荷兰国民，尤其是中低收入国民的居住问题发挥了重要作用，具有一定的代表性和借鉴意义。

（一）荷兰租赁性公共住房制度之演变

荷兰的租赁性公共住房称为社会住房，英文表述为 Social Housing，是指由政府支持的住房协会或公立的住房公司提供的用于租赁的非营利性住房。[①] 荷兰的社会住房建设在第二次世界大战前即已开始。19 世纪后半叶，为解决产业工人等低收入人群住房问题，荷兰出现了住房协会等公益组织，筹集住房租赁给产业工人居住。1901年，荷兰颁行《住宅法》，明确规定政府有责任为低收入者提供舒适的、价格适中的住房，并明确住房协会在社会住房建设、营运中的合法地位。不过，直到"二战"结束，由于政府并未对普遍的住房保障问题给予重视，其社会住房建设只是为了解决贫民窟问题；因此，

---

① 胡金星、陈杰：《荷兰社会住房的发展经验及其启示》，《华东师范大学学报》（哲学社会科学版）2011 年第 2 期。

这个期间荷兰的社会住房实践只能算是初步探索，社会住房规模小，涉及人群范围小，荷兰的住房问题还主要是通过市场的私人化途径解决。

"二战"结束后，作为欧洲遭受战争重创的国家之一，住房短缺问题严重。受英、法、德等国家影响，荷兰政府开始重视住房保障问题，将住房视为公益产品，列为政府的头等任务。1962年，荷兰修订《住房法》，进一步确认住房协会在社会住房建设中的合法的重要地位，赋予其在社会住房建设中的优先权。此外，地方政府还纷纷成立公立住房公司。政府通过资产津贴和政府贷款方式支持住房协会和住房公司建造住房，租赁给住房困难家庭居住。经过二十余年的努力，荷兰的社会住房数量不断攀升，至1990年时，社会住房的数量占荷兰当期全部住房的41%，半数以上的荷兰人口享受社会住房的租赁性保障。

但是，与其他国家曾经面临的情况一样，政府主导社会住房建设，给政府带来沉重的财政负担。到20世纪80年代后期，荷兰的住房房源短缺问题已经解决，受英国、美国等住房私有化政策的影响，1989年，荷兰开始启动住房市场化改革，一方面减少对住房协会和住房公司的直接资助，另一方面通过减税和补贴等形式鼓励私人购买社会住房，同时放松对租金的管制。荷兰的住房市场化改革致使社会住房的数量逐步减少。不过，荷兰政府在推行住房市场化改革时并未放弃社会住房制度，所以，荷兰一直保有一定规模的社会住房，主要用于解决中低收入人群的居住问题。2008年，荷兰的社会住房保有量人占全部住房的35%左右。至今为止，社会住房仍然是荷兰满足中低收入人群住房需求的主要形式。

（二）荷兰租赁性公共住房制度的特点

1. 政府主导租赁性公共住房建设

荷兰政府在其租赁性公共住房建设中一直发挥着主导作用。一是注意立法规范保障。1901年荷兰制定《住房法》，1962年修订该法，为社会住房建设提供法律规范和保障，将社会住房建设明确作为政府的重要责任之一。二是法律明确住房协会的合法性和公益性，政府还

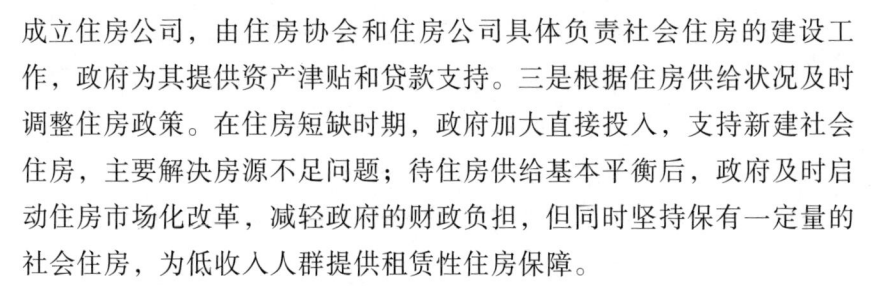

成立住房公司,由住房协会和住房公司具体负责社会住房的建设工作,政府为其提供资产津贴和贷款支持。三是根据住房供给状况及时调整住房政策。在住房短缺时期,政府加大直接投入,支持新建社会住房,主要解决房源不足问题;待住房供给基本平衡后,政府及时启动住房市场化改革,减轻政府的财政负担,但同时坚持保有一定量的社会住房,为低收入人群提供租赁性住房保障。

2. 住房协会和住房公司在社会住房建设中发挥着关键作用

荷兰政府虽然主导社会住房建设,但荷兰政府并没有直接作为社会住房的建造者和供给者,荷兰社会住房的供给者是住房协会和公立住房公司。住房协会和公立住房公司由法律明确授权,从政府获得资产津贴和贷款支持,具体负责社会住房的建设任务。这是荷兰公共住房制度的特点之一。

3. 租赁性公共住房保障对象比较宽泛

荷兰在其社会住房制度发展中也曾推行了市场化改革,但政府注意保有足够量的社会住房。2008年时,荷兰的社会住房保有量仍然占到总住房量的35%。荷兰的社会住房必须面向低收入人群出租居住,但其保障对象又不仅限于低收入者,部分中等收入以上的人群亦受社会住房的保障。这是荷兰公共住房制度"普惠制"的体现,也是其混合居住政策的要求。目前来看,荷兰居住在社会住房的居民没有被贴上"贫民"标签,荷兰基本没有"贫民窟"问题。这一点也算是荷兰公共住房制度的成功之处。

第四节 中国公租房制度的历史沿革、现实问题与未来走向

新中国成立后实行社会主义公有制和高度集中的计划经济体制,与此相应,在住房保障上长期实行国家福利住房制度,即住房公有,由国家统一分配,居民(职工)无偿或低租金长期居住使用。在国家福利住房制度下,受制于各方面因素的影响,住房保障一直处于低

水平状况,住房供给严重不足,住房老旧,人均居住面积少,[①]且一直伴随着分配不公情形,同时也造成政府巨大的负担。1978年党的十一届三中全会开启中国改革开放大序幕。自1980年开始,我国开始对城市住房制度进行改革,先是探索公房出售,继是提租加补贴促公房出售,1998年提出全面停止住房实物分配,实行住房分配货币化和住房保障市场化,同时探索建立廉租房制度,对最低收入人群提供廉租房保障,2010年建立公租房制度,试图解决城镇"夹心层"人群居住问题,2014年,国家将廉租房与公租房并轨运行,统一称为公租房,旨在为城镇中等偏下收入住房困难人群、新就业职工和外来务工人员提供租赁性福利性住房保障。近年来,国家继续探索住房制度和住房保障制度改革,大力推动住房租赁市场的建立。在此背景下,我国公租房制度面临着新的发展动向,主要是从实物保障向租金补贴转向,从供给侧保障的"补砖头"向需求侧保障的"补人头"转变。

一 我国公租房制度的历史演进

基于并轨运行后的公租房考察,我国的公租房制度起始于廉租房,中间经历廉租房与公租房并行的短暂时期,最终走向两者合而为一。我国公租房制度的演进经历了廉租房、廉租房与公租房并行和廉租房与公租房并轨运行三个阶段。

(一)廉租房阶段:1998—2009年

1998年7月3日,国务院发布《进一步深化城镇住房制度改革加快住房建设的通知》(国发〔1998〕23号)(以下简称《通知》),明确提出在我国建立多层次、多类型的住房供给政策,即高收入家庭购买、租赁市场价商品房,中低收入家庭购买经济适用住房,最低收入家庭由政府或单位提供廉租住房。该《通知》还规定,廉租房可

[①] 据统计,从1949年至1979年,三十年间,全国住房竣工面积仅1亿平方米,建造住宅单位167万套,全国城镇居民平均居住面积从1949年的5.4平方米降到1978年的3.6平方米。参见符启林、杨蕾《中国特色的住房保障法律制度探析》,《南方论刊》2009年第10期。

第一章　公租房与公租房制度概论

以从旧的公有住房中调剂或由政府或单位出资新建，廉租房实行申请审批制度，其租金由政府确定。这可以看作我国廉租房制度的起步。为落实国发〔1998〕23号文，1999年原建设部制定了《城镇廉租住房管理办法》，对廉租住房的运行机制做出初步规定。但此后数年间，政府的主要关注点在商品房市场和经济适用房建设，未真正重视廉租房建设，导致低收入家庭住房需求难以保障。2003年8月，国务院发布《关于促进房地产市场持续健康发展的通知》，进一步明确要建立和完善廉租住房制度，切实保障城镇最低收入家庭的基本住房需求，强化政府住房保障职能。2006年，随着商品房市场价格一路高涨，经济适用房运行出现变异，城镇低收入住房困难家庭的住房问题越来越突出，引起政府和社会的高度关注，社会上要求加强廉租房建设的呼声日益强烈。在此背景下，2006年5月国务院办公厅转发《关于调整住房供应结构稳定住房价格意见的通知》（以下简称《通知》），将廉租房界定为解决城镇低收入住房困难家庭住房需求的主要途径。该《通知》还提出要对廉租房开发商提供信贷支持，并要求地方政府从土地出让收益中提取一定比例资金用于廉租房建设。2007年8月，国务院颁布《关于解决城市低收入家庭住房困难的若干意见》，明确提出廉租房建设是政府公共服务的一项重要职责，廉租住房制度是住房保障制度的重点。在此基础上，2007年11月，国家住建部等九部委联合推出《廉租住房保障办法》，原建设部1999年出台的《城镇廉租住房管理办法》同时废止。《廉租住房保障办法》是我国后续规范廉租房制度运行的基本依据。

　　根据《廉租住房保障办法》的规定，廉租房保障对象是城市（包括城市和县政府所在地的镇）低收入住房困难家庭；廉租房主要来源于新建和收购，新建廉租房采取集中新建和配建两种方式，资金来源主要有政府财政预算安排、住房公积金收益、土地出让收益、社会捐赠及其他途径；廉租房的保障方式实行租赁补贴和实物配租相结合，以租赁补贴为主；政府限定廉租房的建设标准和租金标准，并严格限制廉租房的使用范围和方式；廉租房的主管机构是国务院建设主管部门和县级以上人民政府建设（住房保障）主管部门，廉租住房保障的具体工作由市县人民政府确定的实施机构承担。

由于《廉租住房保障办法》效力层次较低，约束力不足，且其中部分规定较为抽象，加之地方政府对廉租房建设缺乏积极性，所以在我国各地廉租房运行的实践中，效果不佳，政府实际投入廉租房建设资金有限，廉租房供应总量有限，对低收入人群的住房保障范围和力度有限。[①]

（二）廉租房与公租房并行阶段：2010—2013 年

我国公租房制度正式开始于 2010 年，但在此之前一些地方已经开始了对公租房的实践和探索。深圳市是最早探索实践公租房的城市之一，2008 年 1 月深圳市出台了《深圳市公共租赁住房管理暂行办法》，对公租房的保障对象、房源筹集和建设标准以及准入退出机制等基本问题做出了规定。除深圳外，先期探索实践公租房的地方还有重庆和上海等地。这些地方的先期探索为全国性公租房制度的建立提供了经验基础。

之所以建立公租房制度，是因为之前建立的住房保障体系存在保障的"漏点"，具体表现为"夹心层"群体无法在已有住房保障体系中得到住房保障。所谓"夹心层"群体，包括城镇中等偏下收入住房困难家庭、新就业职工（主要是新就业大学毕业生）和外来务工且在本地无住房人员，他们买不起（或暂时买不起）商品房和经济适用房，又没有被纳入廉租房保障范围，成了"不上不下"的"夹心层"群体。2009 年 3 月，国务院政府工作报告首次以官方形式提出"要积极发展公共租赁住房"。2010 年 4 月，国务院发布《关于坚决遏制部分城市房价过快上涨的通知》，明确提出要按照政府组织、社会参与的原则，加快发展公共租赁住房。该通知正式开启了我国公租房建设之途。2010 年 6 月，住建部等中央七部门联合发布《关于加快发展公共租赁住房的指导意见》（建保〔2010〕87 号），将大力发展公共租赁住房定性为"是完善住房供应体系，培育住房租赁市

---

① 参见王学辉、李会勋《我国公租房制度建设研究——以地方立法与实践为视角》，《厦门大学法律评论》2012 年第 9 期（总第 20 辑），第 129 页。

场,满足城市中等偏下收入家庭基本住房需求的重要举措"。此后全国各地纷纷开展公租房的建设,并陆续出台了一些地方性公租房管理办法。2012年5月,在全国各地实践的基础上,国家住建部制定出台《公共租赁住房管理办法》,以部委规章的形式较为全面系统地规定了我国的公租房制度。

根据《公共租赁住房管理办法》的规定,公租房的保障对象是城镇中低收入住房困难家庭、新就业无房职工和外来务工无房人员;公租房主要来源于政府和社会机构新建、改建、收购和长期租赁等途径,资金来源于政府财政、公积金和土地出让金、租金等,政府为社会机构建造公租房提供税收优惠、金融扶持等政策支持;公租房的户型、建设标准和租金标准受到限定;建立公租房准入退出机制,实行公租房轮候配租机制;公租房建设与运营的主管部门是国务院住房建设主管部门和地方政府住房保障部门。

由于公租房制度的推出旨在为"夹心层"群体提供住房保障,并非取代廉租房制度,因此,在2010年公租房制度出台运行后的一段时期,廉租房制度与公租房制度处于并列运行的状态,直至2014年为止。

(三) 廉租房与公租房并轨运行阶段:2014年至今

2013年12月,住建部、财政部和国家发改委联合发布《关于公共租赁住房和廉租住房并轨运行的通知》(建保〔2013〕178号)(以下简称《通知》),《通知》规定"从2014年起,各地公共租赁住房和廉租住房并轨运行,并轨后统称为公共租赁住房"。自此,我国公租房制度进入新阶段。为实施廉租房与公租房并轨运行,2014年财政部发布了《关于做好公共租赁住房和廉租住房并轨运行有关财政工作的通知》(财综〔2014〕11号),住建部发布了《关于并轨后公共租赁住房有关运行管理工作的意见》(建保〔2014〕91号),分别就两房并轨后相关财政和运行管理问题做出了具体规定。

廉租房并入公租房后,我国的租赁性保障房只有公租房,不再保留廉租房名称,但原廉租房保障对象纳入公租房保障对象范围;未完成的原廉租房建设项目继续建设,建成后纳入公租房分配管理,但优先配租给原廉租房保障对象，新的廉租房建设项目则统一纳入公租房进行统筹。考虑到新的公租房保障对象涵盖中低收入家庭、低收入家庭和最低收入家庭，不同收入层级家庭支付能力存在差别，故需要完善公租房租金定价机制，即要建立差异化的公租房租金定价机制，各地在确定公租房租金标准时，要充分考量本地区经济发展水平、公租房建设运行成本、住房租赁市场租金水平、公租房保障对象的支付能力以及政府财政承受能力等因素。

二 我国公租房制度存在的主要问题及其成因

（一）我国公租房制度存在的主要问题

从1998年至今，我国公租房制度运行20余年，对于解决城镇中低收入和低收入家庭的"住有所居"问题，发挥了重要作用，功不可没。经过20余年的实践和探索，我国已逐渐形成住房保障体系，建立起租赁性住房保障模式。但是，综合20余年的发展演变进程和全国各地的实践情况来看，我国的公租房制度还存在许多问题，需要不断改进和完善。

1. 立法缺失，公租房制度缺乏法律规范和保障

立法是制度形成的依据，也是制度健康运行的保障。从西方主要国家的租赁性公共住房制度发展看，普遍都重视立法规范和法律保障。反观我国的公租房制度，自始至终，一直存在明显的立法缺失问题。主要表现在：一是缺失国家层面的基本立法。公租房是我国住房保障的基本形式，公租房制度是我国住房保障制度的极为重要的组成部分。从法律体系上看，我国应当制定住房保障基本法，明确我国的住房保障体系，界定公租房制度在我国住房保障制度中的性质、地位、保障对象和保障方式等基本问题，为公租房的下位立法和制度运行提供基本依据。退一步来说，即使没有国家的住房保障基本法，至少应该有最高行政机关（国务院）出台行政法规。我国曾在20世纪80年代就将《住房保障法》列入全国人大的立法议程，也曾推出相关的"征求意见稿"，但至今20余年过去，没有结果。国务院针对公租房建设曾先后发布了一系列政策性文件，但一直未见由国务院制定

的行政法规，如《公共租赁住房保障条例》。目前我国用以规制全国公租房制度的规范主要是住建部 2012 年制定的《公共租赁住房管理办法》和由中央九部门 2007 年联合出台的《廉租住房保障办法》，此外还有大量的政策性文件和地方性法规，这些规章、地方性法规和政策文件效力层次较低，稳定性差，无法为我国公租房制度建设提供长效的规范和保障。二是有关公租房的行政规章、地方性法规数量多而乱，内容不统一甚至相互冲突。就公租房而言，除 2012 年住建部的《公共租赁住房管理办法》以外，全国各省、市乃至县亦都制定有本地的地方性规范，再加上一些政策性文件，其数量非常庞大，可谓眼花缭乱。其中有的地方性规范出台的时间早于《公共租赁住房管理办法》，如深圳市。地方性法规之间的规定不统一，甚至冲突，如有的规定公租房只租不售，有的则规定可租可售，允许共有产权；有的将公租房保障对象限定为本市户籍人口，有的则不设此限；等等。地方性法规与住建部的《公共租赁住房管理办法》之间也存在不一致现象，如《公共租赁住房管理办法》对公租房保障对象不设户籍限制，将保障对象界定为三类，包括城镇中低收入住房困难家庭、新就业无房职工和外来务工人员，而很多地方性法规对保障对象均设置户籍要求，且只针对中低收入家庭，不包括新就业职工和外来务工人员。就廉租房而言，立法情况大体类似于公租房。2014 年公租房与廉租房并轨后，没有修订《公共租赁住房管理办法》或出台新的统一公租房保障办法，甚至没有废止原有的《廉租住房保障办法》，出现廉租房已亡而其立法规范尚存的情形。公租房行政规章和地方性法规的多而乱和相互冲突，导致各地执行的差异和混乱，影响我国公租房制度实施的效果。

2. 保障对象界定不科学，保障范围覆盖不全

公租房不是普通住房，而是租赁性保障房，旨在为特定的对象提供基本住房保障。因此，公租房保障对象界定是否科学、明晰，是公租房制度是否能够达成目标的关键要素之一。我国对公租房保障对象界定不科学主要表现在：第一，《公共租赁住房管理办法》与许多地方性法规的规定范围不一。例如，《公共租赁住房管理办法》规定的

保障对象范围包括中低收入住房困难家庭、新就业职工和外来务工人员三类人群,而许多地方性法规所规定的保障对象范围仅限于中低收入住房困难家庭。第二,对保障对象的户籍限制不合理。全国大部分地方性法规均将户籍明确列为公租房保障对象的必要条件之一,而作为国家层面行政规章的《公共租赁住房管理办法》对于是否将户籍作为公租房保障对象的条件未置可否。将户籍作为公租房保障对象条件,既不符合我国城镇化发展的要求,也不公平。第三,我国现行规范性文件中均未将一些特殊困难人群纳入公租房保障范围,如残疾人、老年人、因战争或自然灾害导致临时性住房困难人群等。在西方一些主要国家,其公共住房制度大多将这些特殊人群纳入住房保障范围。保障对象界定不科学,导致我国公租房制度对应保对象覆盖不周、不全。

3. 开发建设的公租房数量与质量不足,一方面"供不应求",另一方面又导致公租房被"弃租"和闲置,造成资源浪费

在我国公租房制度20余年的运行中,开发建设是我国公租房房源最主要的供给途径,对于我国公租房制度作用之发挥具有非常重要的意义。但是,从我国过往的公租房开发建设实际情况看,尚存在一些问题,主要表现在开发建设的公租房的数量和质量均有不足上。第一,由于土地供给、财政投入等因素的制约,我国公租房开发建设的总量是不足的。住房的开发建设需要占用土地。土地是不可再生的稀缺资源,城市土地尤其如此。随着我国房地产市场的发展,有偿出让土地实际上已经成为我国地方政府财政的主要来源,地方政府严重依赖"土地财政"的情况是公开的事实。而根据我国现有公租房的相关法律法规的规定,公租房作为保障房,其开发建设需要的土地主要由地方政府无偿划拨,这与地方政府的"土地财政"利益形成直接的冲突,地方政府完全没有动力为公租房的开发建设提供充足的土地。所以,公租房开发建设首先必然地、也事实上受到土地供给不足的制约。公租房的开发建设还需要投入大量的资金,而从我国公租房制度运行的实际情况看,公租房开发建设的资金主要来源于政府的财政投入,尤其是地方政府的财政投入。由于公租房是福利性公共项

目，不能直接产生利润，再加之我国的地方政府职能"大而全"，多方面投入的需要使地方政府的财政普遍处于"赤字"状态，地方政府既缺乏足够的动力也缺乏足够的能力投入足够的资金进行公租房的开发建设。这对公租房开发建设也形成严重的制约。虽然在过去的20余年间，我国央、地政府不断加大对公租房开发建设的财政投入，开发建设的公租房数量在一定时期比较可观，但与在高房价背景下城镇化进程中城镇人口不断增加对公租房的需求相比，缺口还是很大。公租房开发建设的房源供给不足，不能满足保障对象的需求。第二，集中开发建设的公租房大多选址偏远，生活环境和配套的公共服务设施较差，部分公租房项目的建设质量存在瑕疵。如上所述，公租房建设是政府公益项目，不能营利，而公租房建设又必须有土地供给和大量的资金投入，所以，地方政府在立项开发建设公租房时，大多选址在离中心城区较远的郊区或城乡接合处，且投入建设的资金不足，致使公共交通不便，教育、医疗等公共服务实施欠缺，生活环境较差。不仅如此，还由于部分不良商人"偷工减料"，致使开发建设竣工的公租房存在这样那样的质量问题。全国各地公租房建设的质量问题在各地的媒体上屡有报道。由于选址偏远、生活环境和公共服务设施不足，致使一些地方出现公租房被"弃租"或被闲置的现象。[1] 例如，2012年年初武汉市洪山区拿出首批公租房899套进行分配，结果只租出去210套，仅占比23%。[2] 根据2017年国家审计机关的审计，至2016年，有"4个省市（区）竣工1年以上的8246套保障性住房尚未分配入住"，其中包括河北省唐山市2014年11月以前竣工验收的3533套廉租房和公租房，以及重庆市巴南区花溪苑的417套廉租房（该小区于2012年12月共计完成竣工1300套廉租房，但至2015年尚有417套未分配入住）。[3] 公租房被"弃租"和闲置，不仅不能

---

[1] 参见孟庆瑜《我国公共租赁住房制度的政策法律分析——基于公共租赁住房市场化的研究视角》，《河北法学》2011年第12期，第70页。

[2] 王丹妮：《武汉首批公共租赁住房为何"冷场"》，《武汉晚报》2012年3月21日第9版。

[3]《中国审计年鉴2017》，中国时代经济出版社2018年版，第843页。

发挥公租房的作用，反而导致宝贵的公共资源的浪费。

4. 准入退出机制不完善，未能实现公租房的公平善用

完善的准入退出机制及其严格执行是实现公租房公平善用的关键。在这两个方面我国公租房制度亦存在不足：一是法律法规对公租房准入退出机制缺乏清晰明确的规定。《公共租赁住房管理办法》和《廉租住房保障办法》虽对公租房准入退出机制有所涉及，但既不完整，亦不具体，例如对于公租房准入退出的程序、准入退出异议机制、退出的缓冲机制和激励机制等均没有规定，对于申请主体、审核机构、申请审核期限等也规定不甚明确。各个地方法规中有的没有规定，有的规定相互冲突。准入退出机制立法规定的缺失或不完整、不清晰，致使公租房的分配准入与使用退出缺乏统一的可操作性的依据。二是在实践中对公租房的准入退出执行不严。从分配准入的审核看，由于缺乏完整、明晰的机制的约束，以及统一的对保障对象及其家庭基础信息的共享机制，往往使公租房主管机构的审核流于形式化，以致出现"不应保而保"的"错配"现象。以2015年为例，2015年我国有5.8万户家庭隐瞒收入、住房等信息违规享受城镇住房保障货币补贴6046.25万元、保障性住房实物配租（售）3.77万套。[①] 从使用退出的执行看，由于缺乏退出激励机制，也由于信息不对称以及公租房管理部门缺乏强制退出的手段，实践中存在大量已不符合公租房租赁使用条件的人拒不退出公租房的"赖租"情形。例如，2015年1月至3月，国家审计署组织各级审计机关对全国4.08万个相关单位、29.96万户家庭进行审计，发现有2.34万户家庭在不再符合保障房保障条件的情况下继续违规享受保障性住房1.53万套、住房租赁补贴1421万元。[②] 公租房的准入和退出执行不严，不仅损害了公租房制度的公平性，也有损公租房"善用"目标的实现。

---

① 参见中国社会科学院财经战略研究院、中国社会科学院城市与竞争力研究中心主编《中国住房发展报告（2016—2017）》，广东经济出版社2017年版，第308页。

② 参见曾辉、虞晓芬《公租房的赖租问题及其诉讼解决方略》，《城市问题》2017年第8期。

5. 建设运营管理主体多元分散，影响决策和执行效率

公租房建设和运营涉及多方面事务和主体，需要多方面的支持，如公租房建设涉及土地供应、财政资金投入、银行贷款、税收优惠等事务，公租房运营涉及政府住房管理部门、民政部门、住房持有人、公租房运营管理人、公租房保障对象等当事人。根据我国《公共租赁住房管理办法》《廉租住房保障办法》和地方性法规的规定，对于公租房的建设与运营，住房与城乡建设部门（政府住房保障部门）主管一般事务，财政部门负责管理建设和运营资金预算审批和拨付及使用监管，税务部门负责执行相关税收优惠事务，民政部门负责对保障对象收入条件的审定，国土部门负责土地供应的规划审批和执行，金融监管部门负责执行相关金融支持事务，等等。由此可见，我国实行的是多元主体协调管理机制。在这个机制中，虽然住房保障部门是一般事务主管部门，但它无权统揽和调配各方面资源，公租房建设与运营涉及的各个方面，需要住房保障部门与相关主管部门进行协商、协调才能执行，相关政策或规章需要相关部门共同签署发布，或者依赖于其他部门制定具体的政策或规章。这样的协调管理机制，由于主体多元分散，决策效率低下，执行效率更为低下。

（二）我国公租房制度现存问题的成因

我国公租房制度之所以出现上述问题，原因是多方面、多层次的，有认识上的原因，有制度设计上的原因，也有基础条件方面的原因，还有实际执行层面的原因。从根本上看，最主要的还是顶层认识不足、制度设计不科学和基础条件欠缺。具体而言，主要有以下几个方面：

1. 国家对住房保障制度的目标定位及其实现方式在顶层上缺乏科学认识和稳定的设计

认识决定行动。良性的公租房制度的运行离不开完善的公租房制度设计，而完善的公租房制度设计须以对公租房制度的目标定位及其实现方式有着科学、清晰的认识为前提。考察我国住房制度演变的历程可知，我国在顶层上对住房保障制度的目标定位及其实现方式的认识长期处于游移不定状态，有关制度设计处于不断变革之中。

首先，对于住房保障制度的目标定位的认识，我国经历了从"居者有其屋"到"住有所居"的转变。中国人受几千年封建思想和传统的影响，一直信奉"有恒产者有恒心"，把拥有自己的土地和自己的房屋作为人生重要的目标，所谓"耕者有其地""居者有其屋"。虽然在新中国成立后数十年实行社会主义公有制，包括住房公有，"居者有其屋"的认识被抑制，但自1978年改革开放后，"居者有其屋"的观念很快便占据主流。1988年10月3日，时任建设部部长林汉雄在"世界住房日"发表的电视讲话中表示"我国政府考虑，今后住房制度改革的总方针就是：住房私有化，实现居者有其屋……"① 此后，"居者有其屋"的认识广为社会各界认同，甚至一度被认为是我国住房制度改革和住房保障的终极目标。② 在"居者有其屋"认识指导下，我国大力推行住房市场化和货币化改革，结果导致一方面住房过度市场化，房价被逐级推高，另一方面政府忽视了自己住房保障责任，引起社会不满。在这个背景下，国家开始反思"居者有其屋"的认识，提出更加符合中国国情的"住有所居"的住房保障理念。2007年10月，党的十七大报告提出必须在经济发展的基础上，更加注重社会建设，着力保障和改善民生，"努力使全体人民学有所教、劳有所得、病有所医、老有所养、住有所居"。这是我国首次以官方文件正式提出"住有所居"的理念。2009年，时任总理温家宝在政府工作报告中再次提出："要深化城镇住房制度改革，满足居民多层次住房需求，努力实现住有所居的目标。"至此，我国对住房保障制度的目标定位的认识从"居者有其屋"转变为"住有所居"。以此认识为基础，我国又开始了一系列的相关制度的改革，包括大力发展公租房。

其次，对于住房保障实现的方式，我国经历了从完全福利性住房保障，到以市场化保障为主，再到市场化保障与政府保障二元并重的

---

① 许晨：《居者有其屋——烟台住房制度改革见闻录》，《中国作家》1989年第1期。
② 王思锋、郭斌：《从"居者有其屋"到"住有所居"——论我国住房保障的目标及其实现》，《未来与发展》2011年第5期。

保障体系的演变。1949年新中国成立后，与社会主义公有制相应，我国的住房保障实行的是完全福利性保障，即住房公有或集体所有，由国家或单位无偿或以极低租金提供给民众居住使用。改革开放后，我国着手改革住房制度，先是进行公房私有化改革，至1998年，进一步进行市场化改革，亦即民众主要通过市场购买或租赁住房解决住房问题，这即我国的市场化为主的住房保障方式。市场化为主的住房保障方式的着力点是建立、发展和壮大房地产市场，政府只是以经济适用房和廉租房等方式给部分民众提供有限的住房支持。市场化为主的住房保障方式很快带来严重的社会问题，这就是，一方面，房地产市场发达，房价不断攀升，房子不仅是居住用品，更成为投资品和投机品；另一方面，住房保障的力度太小，大量低收入人群没有能力通过市场买房或租房，其住房权无法得到保障。鉴于此，我国开始真正重视保障房制度，即由政府承担保障责任的面向中低收入人员和家庭的住房保障制度，我国由此进入到市场保障与政府保障二元并重的住房保障方式。2007年，国务院颁布《关于解决城市低收入家庭住房困难的若干意见》，明确提出建设廉租房是政府的重要职责，加大廉租房建设力度。2010年，为了解决城镇"夹心层"人群的住房保障问题，我国在廉租房的基础上，又推出公租房，直至2014年将廉租房与公租房并轨，统一为公租房，作为我国用于解决城镇中低收入住房困难群体住房问题的主要住房保障方式。

最后，对于保障房的类型建构，我国也是在不断探索和变动之中。我国住房改革之初，国家将关注点集中在产权式保障上，重视的是"居者有其屋"的实现，主要表现在一方面大力发展房地产市场的商品房建设，另一方面首先推出的保障房也是具有产权式保障意义的经济适用房，对于租赁式保障房并不重视。2006年以后，由于经济适用房出现异化，国家逐步放弃这种产权式保障房，将政府的力量主要放在租赁式保障房建设上，即以"住有所居"为理念的廉租房与公租房。可以说，直到2014年以后，我国才真正确立租赁式保障房作为我国保障房的基本类型。

我国在顶层上对住房保障制度的目标定位及其实现方式缺乏科学

认识和稳定设计，其影响是多方面的。它会直接影响法律的制定。因为法律不同于政策，也与行政法规不同，法律讲求的是稳定性和权威性。法律的制定，需要具备一些必要的条件，其中就包括比较清晰的理论认识和比较稳定的实践。我国之所以一直未能出台住房保障法律，与我国对住房保障制度的目标定位及其实现方式认识不成熟，设计不稳定有着直接的因果关系。它也会直接影响我国对公租房保障对象的界定，以及影响对保障房质量标准的确定。

2. 国家对住房保障的政府责任认识不清，界定不明

住房保障应当是谁的责任？这是一个带有根本性的认识问题，因为对这个问题的不同认识和不同回答，会直接决定一个国家会采取什么样的住房保障模式，包括政府与社会在住房保障上的角色定位与职责分工，也包括住房保障经费投入的来源及其力度，等等。国家对住房保障的责任，亦即政府对住房保障的责任，它主要解决两个方面的问题，一是政府与社会（市场）在住房保障上的关系问题，二是政府系统内部不同层级之间的权责关系问题。

首先，关于政府与社会对住房保障的责任关系问题，我国长时期认识不够清晰，界定不够明确。公租房作为重要的社会保障制度，具有公共福利性和公共政策性，政府对于公租房建设负有当然的责任。在美、英、日和新加坡等国家，政府明确负担公共住房建设的责任，一直发挥主导作用。在我国，在计划经济时代，实行完全的福利房保障制度，住房保障责任主要由政府、集体和单位承担，与市场无关。改革开放后，我国开启住房制度改革，曾一度把住房保障责任完全推向社会，推向市场，寄望于完全通过市场化方式解决住房问题，政府对住房保障基本处于缺位状态。由于过度市场化导致房价高企，大量中低收入群体无法解决住房问题，我国才开始调整认识，加大政府的住房保障责任，陆续推出经济适用房、廉租房和公租房。但是，即使对于公租房这种典型的具有公共政策性的住房保障，到底应该完全是政府的责任，还是社会责任，抑或是政府与社会的共同责任以及彼此之间的责任比例，虽然有关政策性文件或行政规章有所涉及，但均规定较为模糊，以致实践中落实缺位。

其次，关于政府体系内部对于政府保障的责任划分问题，我国至今也没有给予明确的界定。一是在中央政府与地方政府之间职责界分不明。对于公租房保障，中央政府具体应该承担什么责任？地方政府应该承担哪些责任？现行规范性文件中没有明确界分，实践中中央政府要求地方政府承担主责，包括建设与运营资金投入和管理等，而地方政府将责任推给中央政府，推给国家，往往是被动应付，不愿主动谋划，更不愿主动大量投入。二是在地方政府系统中，不同层级政府（省、地、县三级）之间的公租房保障责任也没有划分。各级地方政府之间也往往相互推诿责任。总体上看，地方政府普遍对公租房建设的重要性及政府履行公租房保障义务的必要性认识不足，认为公租房投入大，负担重，但难以体现在GDP中，显示不出政绩，没有积极性和动力。

我国对住房保障的国家责任认识不清，界定不明，必然会影响国家法律的制定，也必然会影响政府对公租房的重视及土地、财政投入的力度，从而影响我国公租房开发建设的数量和质量，同时，在一定程度上也会影响我国公租房的管理体系及其效率。

3. 国家缺乏统一的关于保障对象的个人和家庭信息收集和共享机制

公租房保障对象面广量大，个人和家庭情况千差万别，公租房审核和主管部门只有及时准确掌握承租人的个人信息，才能掌握其家庭人口变化情况、资产收入变化情况和住房变化情况，才有可能做到对保障对象是否符合准入与退出条件的准确把握，才有可能做到严把准入关和退出关。目前我国尚未建立全国性的个人信用制度，也没有建立起个人信用信息的共享机制。个人信息分散掌握在不同的政府部门或社会服务机构，如民政部门掌握婚姻信息，人力资源部门和公安行政部门掌握部分家庭成员信息，住房管理部门掌握房产信息，税务部门掌握收入和纳税信息，银行等金融机构掌握金融财产信息。但是这些信息至今并没有形成跨部门、跨行业、跨地域的共享查询机制。在我国的公租房准入退出管理中，实际上大部分情况下依赖居民委员会进行初审，住房管理部门在初审的基础上进行终审。在初审环节，由

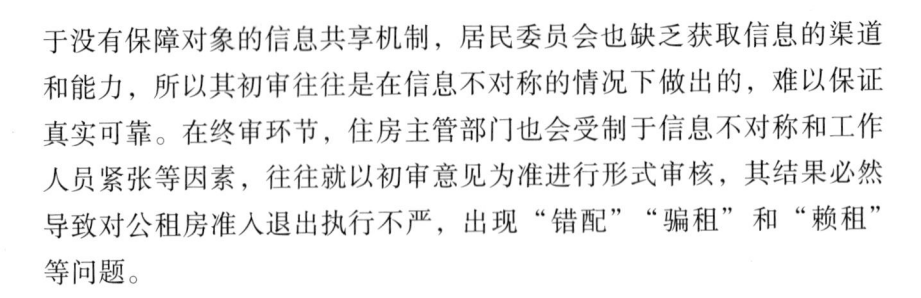

于没有保障对象的信息共享机制,居民委员会也缺乏获取信息的渠道和能力,所以其初审往往是在信息不对称的情况下做出的,难以保证真实可靠。在终审环节,住房主管部门也会受制于信息不对称和工作人员紧张等因素,往往就以初审意见为准进行形式审核,其结果必然导致对公租房准入退出执行不严,出现"错配""骗租"和"赖租"等问题。

三 我国公租房制度的未来走向

我国公租房制度从建立至今20年,取得了巨大的成绩,亦存在诸多不足。综观世界其他国家的租赁性公共住房制度的发展演变轨迹,结合我国改革开放的进程和公租房制度的现状,笔者对我国公租房制度未来的发展走向提出以下几点建议。

(一) 法制化

法制化是我国公租房制度走向未来的必由之路,是我国公租房制度未来发展完善需要努力的方向。具体言之,我国的公租房制度需要从行政规章和地方性法规的立法规范体系走向更高层次、更完备体系的法律规范体系。

首先,择机制定出台《住房保障法》。《住房保障法》是我国住房保障和公租房制度的基本法。通过《住房保障法》建构起我国住房保障制度体系和保障房体系,明确公租房的制度定位、主要内容框架,为公租房制度实践和其他下位法的制定提供依据。

其次,制定出台与《住房保障法》配套的《公共租赁住房保障条例》。《公共租赁住房保障条例》由国务院制定发布,是我国公租房领域内的最基本的行政法规。作为我国公租房的最基本行政法规,需要在不违背《住房保障法》的前提下,充分体现国家最高行政机关的意志,明确公租房建设、运营的具体管理机制、职责分工、资金投入和政策支持措施、公租房准入退出机制及法律责任,等等。《公共租赁住房保障条例》应当具有较强的可操作性。

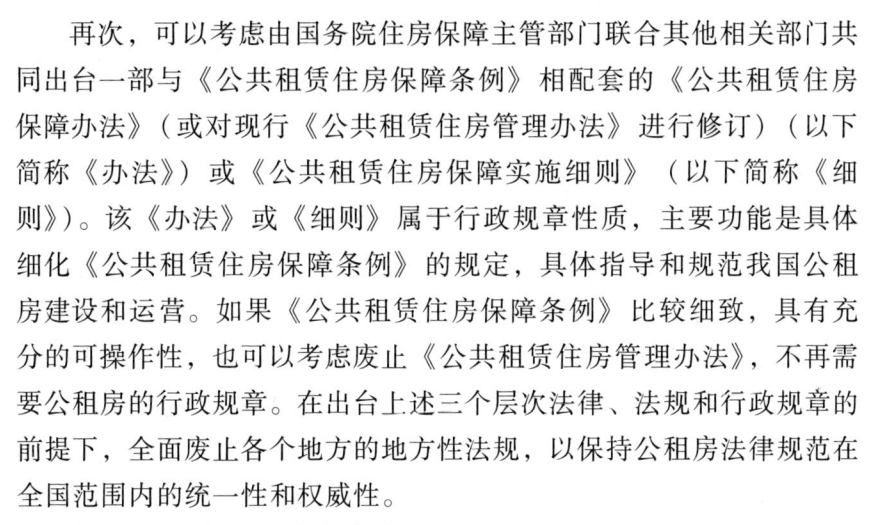

再次，可以考虑由国务院住房保障主管部门联合其他相关部门共同出台一部与《公共租赁住房保障条例》相配套的《公共租赁住房保障办法》（或对现行《公共租赁住房管理办法》进行修订）（以下简称《办法》）或《公共租赁住房保障实施细则》（以下简称《细则》）。该《办法》或《细则》属于行政规章性质，主要功能是具体细化《公共租赁住房保障条例》的规定，具体指导和规范我国公租房建设和运营。如果《公共租赁住房保障条例》比较细致，具有充分的可操作性，也可以考虑废止《公共租赁住房管理办法》，不再需要公租房的行政规章。在出台上述三个层次法律、法规和行政规章的前提下，全面废止各个地方的地方性法规，以保持公租房法律规范在全国范围内的统一性和权威性。

（二）从实物配租走向货币配租

我国公租房的保障模式，直至目前，是以实物配租为主以货币配租为辅。未来我国公租房保障模式应该从实物配租为主走向货币配租为主，即政府需要从住房供给侧保障走向住房需求侧的保障，从"补砖头"走向"补人头"，全面实行公租房租金补贴制度。其主要理由在于：

第一，从实物配租走向货币配租是我国公租房制度发展演进的要求。如本书前文所述，我国公租房制度自1998年建立至今，其发展演变经历了廉租房阶段、廉租房与公租房并行阶段和廉租房与公租房并轨运行三个阶段。在这三个阶段，我国公租房制度运行主要面临的问题是房源短缺，"无房可租"，所以政府将主要力量放在支持建造廉租房和公租房，保障住房供给，并实行实物配租模式，将政府持有的房源实物配租给保障对象。与此同时，为了充分利用社会其他房源，政府同时也采取租金补贴措施作为辅助。但是，租金补贴所占份额不大。实物配租模式具有其必要性和合理性，但是，也存在明显的弊端，主要如政府财政压力和管理事务压力过大，集中建造公租房和集中实物配租容易造成居住空间隔离的社会问题，限制了保障对象对住房的自由选择权，等等。全面实行租金补贴制度，进行货币配租，既可以实现对保障对象的住房保障，也可以减轻政府的财政压力和管理负担，简化公租房的运行，还可以满足保障对象根据工作学习需要就近选择住房的需要，克服居住空间隔离社会问题。

第二，从实物配租走向货币配租是世界主要国家租赁性公共住房制度发展的共同选择。美国、英国、日本、德国、荷兰等西方主要国家，在其租赁性公共住房制度建立之初，普遍选择的是实物配租模式，因为它们在此时期面临的共同难题是住房短缺，需要政府投入资金和政策，保障住房供给。当住房供给量充足时，这些国家都对实务配租模式进行反思和改革，采取了住房私有化措施，鼓励和支持私人购买公共住房，或者从市场购买商品房，退出公共住房，将租赁性公共住房保障对象限定在低收入人群范围，同时，普遍采取租金补贴形式替代实物配租。美国、日本自20世纪70年代开始全面推行租金补贴制度，英国自20世纪80年代开始实行住房私有化和全面的租金补贴政策，德国自21世纪初也开始实施全面的租金补贴政策。

第三，从实物配租走向货币配租在我国已基本具备现实的条件。货币配租的基本方式是：政府界定公租房的保障对象范围，根据保障对象不同情况差别化面向保障对象提供一定的租金补贴，由保障对象根据自己的需求和支付能力从住房租赁市场租赁住房，也可以选择租赁政府管理的公共住房，并由承租人向出租人支付租金。货币配租模式得以有效运行，需要具备几个条件：一是住房供应量充足，"有房可租"；二是建立了有序的住房租赁市场，保证能够通过租赁市场快速、方便租赁住房；三是承租人具有相应的租金支付能力。从我国的情况看，未来的公租房保障从实物配租走向货币配租，已基本具备现实条件。首先，我国经过几十年的房地产市场的高速发展和公租房建设，住房供应量比较充足，住房房源短缺问题已经基本解决；其次，我国从2016年起，开始大力建设和完善住房租赁市场，相信在不久的将来能够形成比较规范完善的中国住房租赁市场；再次，我国经过改革开放40多年的发展和积累，目前国家财政能力比较强实，政府有能力实施全面的公租房租金补贴政策，加之我国已经建立了比较完善的住房公积金制度，可以助力承租人加强租金支付能力。因此，我国公租房保障实现从实物配租转向货币配租，已经基本具备现实的支持条件。

（三）扩大保障对象范围

根据《公共租赁住房管理办法》和《廉租住房保障办法》的规定，我国现行公租房制度的保障对象只涵盖城镇中低收入和低收入住房困难家庭、新就业无房职工以及外来务工无房人员三类人群，覆盖范围偏窄。在国外，美国、英国、日本等发达国家均将老年人家庭、多子女家庭、残疾人家庭和临时受灾害家庭纳入租赁性公共住房保障范围，具有合理性，可供我国借鉴。我国将来完善公租房制度，应当扩大公租房保障对象范围，将老年人家庭、多子女家庭、残疾人家庭等特殊困难群体和临时受灾害致使暂时无房居住的临时困难家庭纳入公租房保障范围。

（四）明晰中央政府与地方政府的职责划分

为特定人群提供公租房保障是我国政府应尽的职责，政府必须在公租房制度运行中发挥主导作用。但是，如何让政府确实履行其公租房保障责任呢？明确划分中央政府和地方政府两者的职责是必要条件之一。我国现行公租房制度中，中央政府与地方政府对于公租房保障责任的划分不够明确、清晰，已经对我国公租房制度运行产生了不良影响。考察美国、日本等发达国家的公共住房制度可知，相关立法对中央政府与地方政府的公共住房保障责任界分比较明确。例如，在美国，联邦政府成立专门机构负责全国公共住房建设的规划、资金支持和政策支持，为公共住房建设提供2/3补贴或90%以上支持，地方政府则主要具体负责公共住房建设土地购买、建设施工进度监督和公共住房运营管理。这些国家的经验可资借鉴。我国未来的公租房制度，应当通过《住房保障法》和《公共租赁住房保障条例》明确界分中央政府与地方政府之间的责任，以及划分各级地方政府上下级之间的责任，各级政府明确自己的职责，依法履行职责。这是我国公租房未来发展的应然选择。

（五）完善公租房使用退出监管机制

针对我国现行公租房制度运行中存在的对公租房使用退出监管不力的问题，我国未来的公租房制度完善必须做出回应。必须利用现代信息技术建立完善我国的公民个人信用制度，为公租房使用和退出监管提供及时、有效的信息来源。要建立可行的公租房使用巡查机制，赋予公租房管理部门一定的强制手段。

第二章 公租房开发建设的法律规制

第一节 开发建设：公租房供给的主要方式

供给，意指"把生活中必需的物资、钱财、资料等给需要的人使用"[1]。供给与供应、提供等词近义。公租房的供给，即公租房的提供、公租房的供应。公租房的供给解决的是公租房的来源问题。公租房是住房，但又并非普通的商品性住房，而是保障房。从世界各国的实践看，公租房的供给无非新建和存量房转换两条途径。

一 新建公租房——公租房的开发建设

新建公租房，是指为满足中低收入住房困难群体的住房需求，公租房开发建设主体通过土地划拨、出让的方式获得土地使用权，或利用集体土地、单位自有土地等方式，开发建设符合公租房政策要求的公共住房。因此，公租房的新建亦即公租房的开发建设。公租房的开发建设实现的是公租房从无到有，从少到多。

纵观西方发达国家的住房保障制度，在其发展历程中都曾经历过较大规模的公共住房开发建设阶段。例如，19世纪末至20世纪初，德国城市人口比例从1871年的36.1%飙升至1910年的60%。[2] 城市

---

[1] 中国社会科学院语言研究所词典编辑室编：《现代汉语词典》（第5版），商务印书馆2005年版，第476页。

[2] 潘小娟、吕洪业等：《外国住房保障制度研究》，国家行政学院出版社2014年版，第58页。

基础设施建设不足和过高的房价将城市低收入群体拒之门外,一系列社会问题频频爆发。两次世界大战给各国均带来的严重打击一而再地加剧了住房危机。一方面,从住房供给来看,大量的民居毁于战火,战争的杀伤性破坏一时难以修复,建材市场的紧缺导致住房成本攀升;另一方面,就住房需求而言,战争结束后大量退伍军人的住房问题迫在眉睫,20世纪60年代战后婴儿潮带来了巨大的住房需求缺口,城镇化使人口向中心城市涌现导致住房需求陡增,而且战后移民潮继续加剧了城镇人口的住房危机,使各国政府压力深重。为了迅速缓解住房短缺危机,各国不约而同地选择了采取最为直接而简单的干预方式——由国家主导推动公共住房建设。例如,"二战"后,英国政府每年安排住房建设中央财政预算,按年度根据各地不同情况向地方政府拨款,由地方政府负责社会租赁住房建设。[①]

由国家主导公租房开发建设,无疑能够借助国家之力大刀阔斧地推行住房保障,缓解住房严重短缺的社会焦虑。但随着公租房制度的不断发展,公租房增量新建的方式已经不再局限于国家主导这一种方式。从我国公租房供给途径的发展来看,越来越多的房地产开发企业在国家优惠政策的支持下参与公租房开发建设,或在商品房项目中配建公租房;在国家土地与集体土地二元化的土地归属模式下,在集体土地上开发建设公租房缓解城市用地不足、增加公租房房源供给亦成为公租房增量建设的亮点;一些单位或产业园区企业利用自有土地自主开发建设公租房,待建成后向符合公租房要求的对象出租解决中低收入职工住房困难等。在整体住房供给不足的情况下,公租房的开发建设是公租房供给的主要方式,是保证公租房制度正常运行的基础条件之一。

二 存量房转换

所谓存量房转换,是指充分发挥存量房优势,将存量房转化为公

[①] 潘小娟、吕洪业等:《外国住房保障制度研究》,国家行政学院出版社2014年版,第5页。

租房，从而增加公租房的供给。其中，可转化为公租房的存量房，包括开发商尚未出售的存量房、单位所有的存量房以及个人所有的存量房。从存量房转换公租房的具体途径看，主要可分为以下几种：一是政府通过住房市场购买或租赁社会住房（可以是开发商建造的新房，也可以是其他私人性住房）用于公租房运行；二是单位或产业园区将自有的住房用于公租房运行；三是基于货币配租制度的推行，公租房保障对象使用政府提供的租房补贴直接从私人住房市场租赁住房。

公租房的存量转换途径不仅可以快速增加公租房的供给量，而且对于已进入存量房时代的我国而言，具有盘活和有效利用住房资源的重要意义。我国自1998年正式启动住房市场化改革，宣布原有福利住房制度寿终正寝。经过20年的房地产市场的发展，我国住房总量已相当可观，基本达到供需平衡，甚至局部出现供过于求的状态。根据《中国统计年鉴2017》，我国2016年房地产开发企业投资总规模为587857.24亿元，房屋竣工面积高达106127.71万平方米；相比于1998年17566.60万平方米的房屋竣工面积，18年间开发规模增长了6倍之多。根据国际经验，判断一个国家存量房时代来临的因素主要有：住房自有率超过65%；人均GDP突破8000美元；户均住房套数大于1。根据这些指标对比我国发展状况可知，进入2016年以后，我国总体上正处于向存量房市场转换的过渡时期。在个别一线城市已经步入了存量房时代，例如2016年北京、上海的二手房交易额占比已分别高达74%、72%，从比例上看已经达到成熟国家、成熟市场的水平。[1] 在某些地方，商品房市场面临着巨大的去库存压力。2017年政府工作报告中，李克强总理明确提出"把一些存量房转为公租房和安置房"。通过存量房转换为公租房，既能减少房地产市场的库存压力，也能实现对住房资源的盘活与利用。

---

[1]《何谓存量时代？存量房时代的标志性特征是什么？》，2018年6月20日，https://house.focus.cn/zixun/4a3c704678a38f82.html。

第二节　公租房开发建设模式及其主体的权责界分

一　公租房开发建设之模式

（一）公租房开发建设的五种基本模式

由于各地在财政实力、土地储备、地理状况等条件上存在较大的差异，各地在公租房开发建设过程中采取的开发建设模式有所不同。根据建设主体、实施方式以及所有权归属等方面的不同，我国公租房开发建设模式大致可以归纳为以下五种（见表 2-1）：

表 2-1　　　　　公租房开发建设的五种基本模式

	责任主体	实施方式	利润所得	所有权归属
模式一	政府	委托国企或私企代建	开发企业获得一定比例的委托费	政府或政府委托机构
模式二	政府	直接招标	开发企业（通常国企较多）获得一定比例的代建费和限定利润率	政府或政府委托机构
模式三	企业	配建	配建部分无偿移交	政府或政府委托机构
模式四	企业	配建	配建部分由政府回购	政府或政府委托机构
模式五	企事业单位等	自主开发建设	自负盈亏	企事业单位等

1. 模式一：政府负责、企业代建、政府所有

模式一乃公租房开发建设较为常见的模式。政府是公租房开发建设的主要责任主体，突出了政府在公租房开发建设中的主导地位。政府负责划拨土地、筹措资金，通过委托代建的方式，将具体的公租房开发建设工程项目交由具有承建资质的国有建设单位或私营房地产开发企业，项目完成之后代建企业获得一定比例的委托费用（通常为工程总价款的 1% 左右）。政府和代建企业之间仅就工程建设项目部分存在委托代理的合同关系，公租房的所有权仍然归属于政府。简而概

之，该模式的特点在于"公"字当头，"公建、公有"。

该模式以我国重庆市最为典型。重庆东临鄂湘、南靠贵州、西傍四川，不仅是长江上游最大的经济中心，而且还是我国重要的现代制造业基地。与京沪不同，重庆政府大力发展劳动力密集型产业，对劳动力的需求较为旺盛，因而在外来人口的管制上较为放松。随着城市化进程加快，大量农村剩余劳动力涌入城市，"僧多粥少"的窘境之下重庆政府力主"市场配置+政府住房保障"的"双轨制"住房供应体系，实施"低端有保障、中端有市场、高端有约束"的分层调控。而在住房保障体系中，重庆政府大手笔开发建设公租房，并于2010年提出拟计划开发建设4000万平方米公租房，可覆盖60余万户住房困难家庭。公租房开发建设的大体量领跑全国。根据重庆模式，公租房始终坚守"公"字当头，贯彻"公有、公建、公营、公益"之原则。公租房开发建设主体仅限于市政府和各区县政府，拒绝私人开发企业参与其中。工程项目具体由市属国企——重庆地产集团、重庆城建投资公司、重庆两江新区开发投资集团负责承建。三家企业各自成立了专门负责公租房开发建设的下属子公司——重庆公共住房开发建设投资有限公司、重庆城投公租房建设有限公司和重庆两江新区公租房投资管理有限公司。当公租房项目竣工之后，开发企业作为重庆市公租房的业主代表政府获得公租房所有权。项目运营的全部收入（如公租房租赁收入，五年之后允许承租人购买的销售收入以及配套商业用地的销售收入等）均应纳入市财政，且秉着"专款专用"的原则，该收入只能用于公租房相关的各类支出。开发企业虽然能够获得一定的管理费用，但不能获得开发利润。

厦门的社会保障性住房小区的开发建设同样实行"代建"模式。厦门市社会保障性住房建设与管理办公室（厦门市建设管理局下属单位）代表厦门政府，与房地产开发企业签订委托代建保障性住房项目合同。缔约双方就权利义务、建设标准、资金投入等进行详细约定，市建设局住宅办通过对保障性项目建设情况进行巡查，了解工程进展，督促承建单位履行合同，确保工程质量与施工安全。这种"代建"模式吸引了厦门住宅集团、厦门市政建设开发总公司、特房集团等大型国有地产企业纷纷参与其中。保障性住房项目完成竣工和验收之后，代建企业通常获得工程总价款1%的委托费用，产权归属于厦门市政府，并由政府部门负责销售与分配。

2. 模式二：政府负责、直接招标、政府所有

在模式二中，政府同样是公租房开发建设的责任主体。不同于模式一中的"委托代建"，模式二中政府采取直接招标的方式，吸引房地产开发企业参与其中成为公租房开发建设项目的承建主体。政府将整块公租房项目土地出让给中标企业，由该企业先行垫付初始资金，后期由政府回购并负责销售。开发企业通常可以获得1%左右的代建费以及3%左右的利润。换言之，该模式又可称为"BT"（Build-Transfer）模式或者"代建总承包"模式。

对比模式一中土地和资金由政府负责划拨和筹集，模式二中不仅公租房项目的土地以出让方式获得，而且筹措资金的压力转由开发企业承担。因而，通过直接招标的方式参与公租房开发建设的企业主要分为两类：其一，多见于国有开发企业；其二，实力雄厚的全国性开发企业或区域性龙头开发商，例如万科、金地、龙湖、中天城投等，此类开发企业资金足、体量大、管理水平较高，因而愿意牺牲部分潜在利益，承担部分公租房开发建设，履行企业社会责任，维持与地方政府的良好关系。而实力不足的中小民营房地产开发企业则鲜少涉足该公租房开发建设模式。

以南京市公租房开发建设模式为例，2010年，南京市政府成立南京市保障性住房建设发展有限公司，专门负责南京市保障性住房的开发建设。其通过公开招标的方式选择其他开发企业进行代建，代建的开发企业获得3%的利润率。待公租房建设完成，由保障房公司代表政府拥有该公租房项目的产权。

"十二五"期间，深圳市保障性住房迫于时间紧、任务重的压力，市住建局提出了全新的尝试——代建总承包模式。"龙悦居"作为始建时深圳最大的保障性住房项目备受瞩目，总占地面积约17.6万平方米，总建筑面积81.3万平方米，可提供1.1万套保障性住房，是深圳市2010年"十大民生工程"之一，也是深圳市采用代建总承包

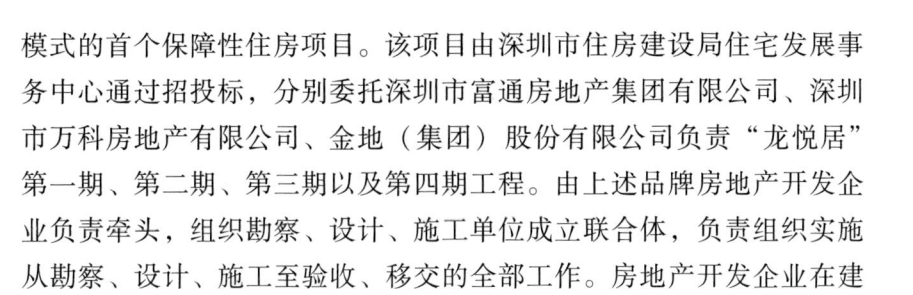

模式的首个保障性住房项目。该项目由深圳市住房建设局住宅发展事务中心通过招投标,分别委托深圳市富通房地产集团有限公司、深圳市万科房地产有限公司、金地(集团)股份有限公司负责"龙悦居"第一期、第二期、第三期以及第四期工程。由上述品牌房地产开发企业负责牵头,组织勘察、设计、施工单位成立联合体,负责组织实施从勘察、设计、施工至验收、移交的全部工作。房地产开发企业在建设过程中承担建设单位的责任和义务。通过市场化运作,引入社会资金参与其中,破解公租房开发建设过程中的难题。

3. 模式三:企业配建、政府回购、政府所有

"配建"模式是公租房开发建设中一种较为常见的能够动员社会资本积极参与的方式。所谓"配建",就是政府在土地出让环节将"建设公租房"作为附带条件放入拍卖过程,由拍得土地的开发商承担公租房的开发建设任务。作为"对价",政府在土地出让金上给予一定的优惠,开发商的利润主要来源于商品房的盈利。待公租房建成之后,由政府负责收购。政府享有公租房的所有权。

全国诸多地区的公租房开发建设均涉及"配建"模式,其中以北京市最为典型。早在2007年,北京市出台《北京市"十一五"保障性住房及"两限"商品住房用地布局规划》,提出北京要在"十一五"期间建设3000万平方米保障房和"两限房"的目标,其中通过配建方式建设1000万平方米。并且将配建一定比例的保障性住房和"两限"商品房作为房地产开发建设项目的入市条件。为了提高保障住房的供应体量,2010年北京市进一步规定"商品住房地块配建保障性住房的比例将由原先的15%上调至30%"。

北京市丰台区的"红狮家园"项目即是采用"配建"模式成功的典范。该项目总建设用地5.98万平方米,总建筑规模20.71万平方米,由北京万科企业有限公司于2007年年底以5.9亿元拿下地块。除一栋商品住房及移动商业办公楼外,配建了13.6万平方米的限价房以及0.8万平方米的廉租房。2010年完工之后,根据土地合同约定,丰台区住房保障部门以3300元/平方米的价格进行回购,万科共回款2640万元。

4. 模式四：企业配建、无偿移交、政府所有

模式四与模式三大体相同，均采取"配建"方式筹措公租房房源，唯一不同之处在于开发企业移交公租房的方式。模式三中政府回购为有偿性，而模式四所涉及的"配建"合同设置了"无偿移交"的规定。需要说明的是，这里的"无偿"，是指政府无须像回购那样支付购房款，但实际上政府在土地出让金以及相关税费的优惠等方面对公租房配建提供了变相对价。

这种配建模式在全国诸多地区均有实践。2011年，武汉市发布《市办公厅关于加快发展公共租赁住房的意见》（武政办〔2011〕79号），提出"在旧城改造、棚户区改造、限价安置商品房和商品住房建设中，通过土地出让合同约定，按照建设规模5%—10%的比例配建公共租赁住房"。2014年武汉市颁布《商品房小区配建公租房管理办法》，以7月1日为界，该日期之后挂牌推出的国有建设用地若需配建公租房，开发商在建成后应将公租房无偿移交给地方政府，地方政府作为所有人，负责公租房的装修、分配、后续维护等。2011年，济南市国土资源局发布《国有建设用地使用权挂牌出让文件》，首次要求土地竞得者按照土地地上总建筑面积5%的比例配建公租房，并在土地成交后十日内与土地所在区政府签订《济南市保障性住房配建合同》，逾期不签者不仅取消土地竞得人资格而且竞买保证金不予退还。河北省、珠海市等地亦有类似的做法。[①]

5. 模式五：企业自建、自负盈亏、自己所有

不同于其他四种开发模式，模式五中政府退居幕后而由企业肩负起了公租房开发建设的责任。总体而言，这一模式通常以大型国有企业和民营企业参与程度较高。究其原因，一是由于公租房开发建设体量较大，政府在土地供给和资金投入上压力较大，需要分解压力；二是随着国家加大对公租房的政策支持力度，诸多房企对开发建设公租房的认识有了明显改观；三是虽然保障房产业的利润率与商品房产业

---

① 参见2012年河北省政府《关于加强保障性安居工程建设和管理的意见》（冀政〔2012〕70号）；2016年《珠海经济特区城市更新管理办法》第75条。

的高利润难以相比,但保障房建设规模可观,总利润额可观。根据官方资料,"十二五"期间,我国将耗资4.86万亿元人民币开发建设3600万套保障房。若按照保障房4%—6%的平均净利率计算,仅"十二五"期间保障房的净利润高达1153亿—1728亿元,约占全国房地产行业总利润的7%—10%,对企业存在一定的吸引力。

对于大型国有企业而言,特殊的企业性质要求其有责任、有义务促进国家经济增长、实现国家资源合理配置,尤其以房地产开发为主的大型国有企业在助力我国保障性住房开发建设、实现我国房地产领域稳健、均衡、和谐发展上具有不可推卸的责任。此外,采用企业自建的模式所需资金投入较多、回收周期较长,对企业实力要求甚高,而大型国有企业无论是从政治使命出发抑或是从自身实力考虑均是有力的人选。通常,土地要么以划拨形式注入,要么利用自有土地,国企凭借自身融资平台筹措资金,待项目完成则面向符合住房保障条件的对象公开租赁。产权归该国有开发企业所有。

对于民营企业而言,趋利避害是其基本行为法则。民营企业自建公租房,往往是为了在契合住房保障政策精神的前提下优先解决内部职工住房困难问题。通常,民营企业利用自有闲置土地自主筹资开发建设公租房(用地比例不得超过企业工业用地7%),主要用于面向符合住房保障条件的企业内部职工出租,交由社会统筹部分极少或无。产权归属于企业所有,不得出售。由于企业不需额外支付高昂的土地费用又可解决职工住宿之难,因此为用工数量较多的民营工业企业较为乐见。

(二) 五种基本模式的比较分析

对比以上五种不同的公租房开发建设模式,最明显的区别在于政府的主体地位依次逐渐弱化,而企业的参与程度依次逐渐加强。

模式一,又称"重庆模式",政府所负担的开发建设责任之重尤最。政府大手笔的开发建设虽然能够在短期内提供大量房源,但面对土地和资金两大"拦路虎",该模式可复制性不强,并非所有地方政府都能如重庆政府一样在庞大体量的公租房供给中游刃有余。重庆政府之所以能够"不辞负重涉远,不避经险履危",主要原因在于,其一，重庆市政府拥有充足的土地储备。2002年以前重庆市政府所掌握的储备土地近乎于零，随着2002年5月重庆市政府颁布《重庆市国有土地储备整治管理办法》，将土地一级市场的经营权限全部收缴至代表公共利益的市级土地储备机构——土地整治储备中心，打破了房地产商对土地一级市场巨额收益的觊觎。2003年重庆市政府以土地储备中心为基础，成立了由政府注资的重庆市地产集团，专门从事土地储备和开发整理。随后，重庆市政府麾下的八大投融资平台①介入土地一级市场，不仅承担政府土地一级开发之职能，而且还是重庆市各区的土地储备中心。"兵马未动，粮草先行"，重庆市政府超前储备了40多万亩土地，因此在保障房的土地供应方面措置裕如，在市政府统一规划下统一供应土地，且是熟地供应，确保了保障房开发建设的工程进度。其二，重庆市庞大的土地储备服务于公共利益。在土地供应上，重庆政府一方面秉持"细水长流"的基本观念，每年只能开发5%，即一年最多开发土地资源为2万亩；另一方面坚持为公共利益服务的原则，将土地储备中近乎一半的土地投入到公共服务、公益事业用地，另一半商业开发的收入最终仍回过头来用于公共事业。重庆市大规模开发建设公租房由此获益匪浅。其三，重庆市政府在土地一级市场的获利为开发建设公租房提供了资金支撑。2002年以前重庆市政府面对城市基建的巨大资金缺口往往捉襟露肘，而之后土地出让金成为重庆市政府的第二财政。至2012年重庆市全年土地出让金收入高达897.5亿元，位居全国第三。"重庆模式"创造了

---

① 2002年起，重庆相继成立"八大投"融资集团：重庆市城市建设投资（集团）有限公司、重庆高速公路集团有限公司、重庆交通旅游投资集团有限公司、重庆市地产集团有限公司、重庆市能源投资集团有限公司、重庆城市交通开发投资（集团）有限公司、重庆水务集团股份有限公司、重庆市水利投资（集团）有限公司。由政府注入储备土地，以土地做抵押向银行贷款。此外，重庆还设立了重庆渝富资产经营管理集团有限公司，作为一家事业型金控公司，除了自身经营的事业外，渝富还承担为各平台公司融资扫清障碍和提供支持的责任。重庆市的基础设施建设投资很大程度由"8+1"完成。"八大投"承担了重庆市70%以上的重大基础设施建设任务，年均投入300亿元以上。2012年，重庆水务和重庆水利合而为一，负责公路建设的高投司转做旅游，重庆建设划归工业集团，"八大投"压缩为"五大投"。

公租房开发建设的辉煌业绩，重庆市政府收储土地的举措不可不谓高瞻远瞩。该模式的适用范围较为局限，公租房供给量较为短缺的大中城市往往在土地开发上趋于饱和，参考重庆市政府未雨绸缪收储土地的举措为时已晚。而处于土地开发初期的中西部地区，则可效仿该模式。

模式一与模式二的相同之处在于二者均是由企业作为公租房的承建单位，但不同之处在于模式二中企业除了收取管理费之外还能获得一定的利润率，与此同时也将承担更多的风险。通常而言，企业更加倾向选择模式一的代建甚于模式二中的招标开发。企业的这一选择路径驳斥了一个观念中的误区——社会力量缺乏开发建设公租房的动力只是由于利润率过低。[①] 诚然，企业的经济性行为常常以利润作为衡量标准，但利润率较低是企业缺乏积极性参建公租房的考量因素之一，却非唯一。试以30年期国债做比，利润率较低但胜在无风险，依然有大量机构认购。反观之，社会力量之所以在公租房开发建设面前望而却步，真正原因不在于利润多寡，而在于风险性较大。企业对利润率的敏感性与项目的投资风险程度以及自身周转能力挂钩。当自身周转能力强度能够克服投资风险程度时，即使利润较少仍然对企业开发建设公租房产生吸引力；而当项目风险偏大、不可控因素较多时，企业则一般不会选择舍身冒进。

虽然模式二与模式三的操作方式不同，但二者都面临一个共同的焦灼点——企业垫资风险。模式二与模式三中，均是由企业先行垫资，之后再通过政府间接补贴或回购的方式填补企业垫资缺口。这一过程看似两清，但其中隐含的风险不容小觑。其一，政府财力不足难以如期兑现政策或回购。政府和企业之间存在着合同关系。实践中，政府因资金周转困难而难以履约的行为并不鲜见。若公租房配租环节拖延或区位不佳导致公租房空置较高，或公租房租金较低导致政府资金难以为继等，均会在一定程度上诱发政府的违约行为。出于对社会

[①] 参见《公租房谁来干？》，2018年2月28日，凤凰网财经频道（http://finance.ifeng.com/opinion/mssd/20110930/4740087.shtml）。

稳定的高需求，我国并不存在地方政府破产的先例。地方政府不顾实际大肆举债，美化了政府业绩的同时也使得市场背负了巨大的风险。2010年，北京金隅集团承建公租房项目，竣工验收之后由政府回购。然而苦于回购资金没有列入地方政府的财政预算，政府回购周期竟长达半年甚至一年，最终与该企业建设公租房的利润相抵消，损失较大。其二，政府换届带来一定的政治风险。城市日新月异的发展变化以资金、土地、环境等诸多资源要素为支撑，政府不遗余力地大干快上无疑削弱了风险抵抗能力。如若政府换届导致政策中断，抑或政府换届而不承认、延迟承认前任政府的契约行为，企业被迫承担风险着实不公。解决这一问题，不仅对政府和企业事前所签订的法律文书提出了更严苛的要求，而且对现代政府的"法人"性质做出了着重强调。国家机关从事民事活动时以法人身份出现，是民事主体而非行政主体。法人的独立人格特征要求任何一届政府所做出的承诺对换届后的继任政府同样生效，应依法履行合同。如果一味强调吸引社会资金参与公租房开发建设却无法兑现承诺，"空头支票"不仅加重了企业负荷而且损害了政府信用。其三，企业成本控制风险。企业参与公租房开发建设本来利润微薄，对成本控制要求极高。企业垫资若不能及时归还则对企业控制成本的能力提出了进一步挑战，加剧了风险恶化。

　　模式四与模式三均为"配建"方式，但模式三中由政府回购，而模式四中则由企业无偿移交政府。关于"无偿移交"模式，有两点需提出来进行探讨。其一，"无偿移交"是否完全无偿？如前文所述，表面上看，对于"无偿移交"的配建的公租房，作为接受方的政府不向配建企业支付购房款，这似乎是完全无偿。实际上，政府虽然不为取得配建的公租房直接政府购房款，但在土地出让金、税费负担等方面均提供优惠，可以理解为是政府为此支付的对价，并非完全无偿。其二，无偿移交的配建公租房如何征税。根据《关于公共租赁住房税收优惠政策的通知》（财税〔2015〕139号）第5条，允许捐赠住房作为公租房的企事业单位、社会团体、社会组织在年度利润总额12%以内计算应纳税所得额扣除。而根据上文分析，企业无偿移交配建公租房的行为并非完全无偿，不属于赠予，故不适用该项优惠政策。根据《关于房地产开发企业土地增值税清算管理有关问题的通知》（国税发〔2006〕187号）的政策精神，[1] 虽然没有明确列举出企业无偿移交给政府的配建公租房成本费用可以扣除，但根据扩大解释显然包含其中属于公共设施范畴。因此，在计算土地增值税时，房地产开发企业无偿移交给政府的配建公租房所发生的成本、费用应予以扣除。同理，根据《国家税务总局关于印发〈房地产开发经营业务企业所得税处理办法〉的通知》（国税发〔2009〕31号）第17条的规定，[2] 在企业所得税上，企业无偿移交给政府的配建公租房其建造费用应按照公共配套设施费的有关规定进行处理。

在诸多公租房开发建设模式中，模式五是企业参建公租房的最高程度，甚至取代了政府的元主体地位，将公租房这一公益性事业纳入到市场化运行轨道。政府关注点在于公租房项目是否顺利完成，而企业则更关心投入产出比和风险。该模式对企业而言优势在于：首先，在我国城镇化进程不断加快、经济发展水平不断提高的前提下，土地保值能力和升值空间仍然不容小觑，住房本身就已成为企业的优良资产。"持有住房，就好比持有一个股票的期权，未来某一段时间行权（出售住房）就能获取大量的货币收益。因此，只要企业的资产负债表中有公租房存在，企业就相当于拥有了一大批优质的固定资产。"[3]

---

[1] 《关于房地产开发企业土地增值税清算管理有关问题的通知》（国税发〔2006〕187号）第4条第3款："房地产开发企业开发建造的与清算项目配套的居委会和派出所用房、会所、停车场（库）、物业管理场所、变电站、热力站、水厂、文体场馆、学校、幼儿园、托儿所、医院、邮电通信等公共设施，按以下原则处理：1. 建成后产权属于全体业主所有的，其成本、费用可以扣除；2. 建成后无偿移交给政府、公用事业单位用于非营利性社会公共事业的，其成本、费用可以扣除；3. 建成后有偿转让的，应计算收入，并准予扣除成本、费用。"

[2] 《国家税务总局关于印发〈房地产开发经营业务企业所得税处理办法〉的通知》（国税发〔2009〕31号）第17条："（一）属于非营利性且产权属于全体业主的，或无偿赠与地方政府、公用事业单位的，可将其视为公共配套设施，其建造费用按公共配套设施费的有关规定进行处理。（二）属于营利性的，或产权归企业所有的，或未明确产权归属的，或无偿赠与地方政府、公用事业单位以外其他单位的，应当单独核算其成本。除企业自用应按建造固定资产进行处理外，其他一律按建造开发产品进行处理。"

[3] 住房和城乡建设部政策研究中心、中治置业集团有限公司联合课题组：《求索公共租赁住房之路》，中国建筑工业出版社2011年版，第151页。

其次，公租房社区的商业配套能够有效弥补成本缺口、增加收益。为了吸引社会资金投入公租房的开发建设，同时也为了提高公租房的住房质量、避免"弃租"现象的发生，大多数城市都会考虑在社区相对成熟、人口比较密集的区域建设公租房。加之，公租房本身积累的大量人气，与公租房项目相配套的商业物业租金或售价都会较高。企业作为整个项目的持有者，能够以此获得更多的商业收益，对收益较少的公租房租金等支出费用进行交叉补贴。这一模式也存在其弊端，最主要的是投资回报周期较长，投资风险较大。由于公租房的政策性和公共福利性等特点，公租房建设运营回报周期较长，公租房开发建成后的运营过程中不确定因素较多，企业风险较大。这些都是企业在承接公租房开发建设任务前必须反复衡量的因素，因而在一定程度上会影响企业参与的积极性。

二　公租房开发建设主体之权责界分

在公租房开发建设中，开发建设主体之间的权责划分是必须面对并应予解决的重要问题。如果公租房开发建设主体之间权责不清，势必相互推诿，必然影响国家住房保障制度的有效推行。从我国公租房开发建设的五种基本模式看，政府和企业是公租房开发建设最主要的两类主体。在实践中，作为主体之一方的政府，往往同时会涉及多个不同层级。因此，划分公租房开发建设主体之间的权责，最为关键者是如何划分政府与企业之间以及中央政府和地方政府之间的权责。

（一）政府与企业之间的权责界分

如前文所述，国家义务理论和公共产品供给理论是公租房制度的理论基础。根据国家义务理论和公共产品供给理论，国家（政府）是公租房的当然供给义务主体，但国家（政府）履行公租房供给义务并非必须由政府亲自负责开发建设，国家（政府）可以委托其他社会组织（包括企业）替代履行供给义务，因此，其他社会组织（包括企业）是公租房供给的派生义务主体。置于公租房开发建设语境之中，亦即政府是公租房开发建设的当然责任人（义务人），而企业只是公租房开发建设的派生义务人。由此可知，在公租房开发建设

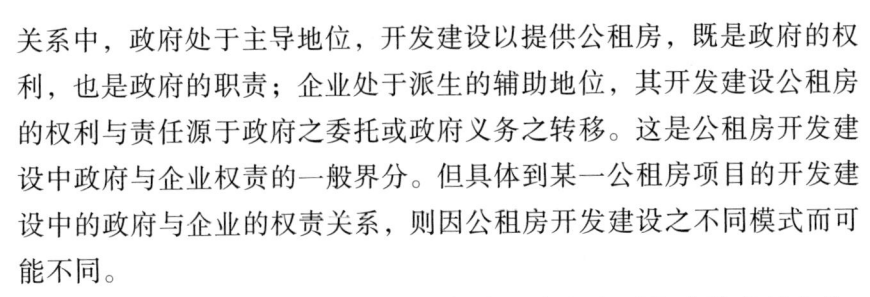

第二章 公租房开发建设的法律规制

关系中，政府处于主导地位，开发建设以提供公租房，既是政府的权利，也是政府的职责；企业处于派生的辅助地位，其开发建设公租房的权利与责任源于政府之委托或政府义务之转移。这是公租房开发建设中政府与企业权责的一般界分。但具体到某一公租房项目的开发建设中的政府与企业的权责关系，则因公租房开发建设之不同模式而可能不同。

在模式一和模式二中，政府是直接的公租房开发建设责任主体，表现在：该公租房项目由政府立项，土地由政府划拨，建设资金由政府支付，开发建设完成的公租房直接归为政府所有。企业通过与政府签订合同，作为合同方，或者受托代建，或者承建。对于企业而言，代建或承建属于与政府的交易行为。作为交易之一方，其义务是按照合同约定完成开发建设工程施工任务并将完成的工程交付给政府验收，其权利是获得政府支付的工程建设费。

模式三和模式四在本质上都属于企业的公租房配建，其区别仅在于政府支付的对价方式不同：模式三由政府回购企业配建的公租房（政府支付直接对价），模式四由企业"无偿"向政府移交配建的公租房（政府支付间接对价）。在模式三和模式四的情形下，政府是公租房建设理论上的、法律上的责任人，企业是实际上的、具体的责任人，企业之配建义务源于政府义务的转移，其转移的合法性根据是相关法律、法规的规定以及合同的约定。作为公租房建设的直接的、具体责任人，企业需要负责项目规划设计、项目施工建设、经费投入，等等；作为理论上的、法律上的责任人，政府负责项目立项建设规划、支付购款、提供土地出让金优惠、税费减免和融资支持，等等。

在模式五中，企业是直接的、独立的开发建设责任主体，政府是审批、监督责任主体。在该模式中，企业根据需要，主动向政府提出申请开发建设公租房项目，土地自供，经费自筹，建设自主，住房自有，但必须用作公租房用途，优先满足建设者指定范围的保障对象（通常是开发建设单位内部的符合公租房保障条件的职工）；政府的职责是根据企业的申请进行审批，并对企业的开发建设过程进行监管。

（二）中央政府与地方政府的权责界分

我国是单一制国家，在我国，所谓的政府，包括中央政府和地方政府两大类，地方政府又可细分为省级、地市级、县市级和乡镇级四个层级。对于国家管理和公共事务，不同层级政府具有不同的地位及相应的权责。"合理而明确的事权划分是保证地方政府职能不越位、不错位、不缺位的基础，同时也是配置相应财权、财力的关键依据。"[①] 关于中央和地方的事权划分，《中共中央关于全面深化改革若干重大问题的决定》规定："国防、外交、国家安全、关系全国统一市场规则和管理等作为中央事权；部分社会保障、跨区域重大项目建设维护等作为中央和地方共同事权，逐步理顺事权关系；区域性公共服务作为地方事权。"公租房建设是重要的社会保障事务，因此，开发建设公租房理应归属为中央与地方的共同事权范围。但是，中央政府与地方政府二者之间到底如何界分彼此的权责呢？现行法律法规没有予以明确，需要探讨。

笔者认为，中央与地方在划分公租房开发建设之权责时应注意两点：第一，权责相应。权责相应意指在界分中央政府与地方政府之间公租房开发建设之责任（任务、义务）时，必须充分考量赋予其相应的权利和能力，做到权利与责任相对应，能力与任务相匹配。具体而言，由于公租房开发建设的具体实施主要由地方政府完成，鉴于公租房建设工程任务量大，工期长，资金投入大，责任大，国家必须为地方政府提供相应的事权和财政能力。就事权而言，地方政府有权具体决定公租房项目建设选址、规划、标准和规模，有权选择开发建设模式。就能力而言，中央政府应该赋予地方政府更多的财政来源和支出能力，为地方政府提供资金支持，给予地方政府某些政策空间。其中，特别需要一提的是，在公租房开发建设关系中，中央政府应该用好财政转移支付[②]工具，履行

---

① 贾康、刘微：《"土地财政"：分析及出路——在深化财税改革中构建合理、规范、可持续的地方"土地财政"机制》，《财政研究》2012年第1期。

② 2015年2月2日，国务院公布新修订的《国务院关于改革和完善中央对地方转移支付制度的意见》（国发〔2014〕71号）（以下简称《意见》）。根据该《意见》，"属于中央事权的，由中央全额承担支出责任，原则上应通过中央本级支出安排，由中央直接实施；属于中央地方共同事权的，由中央和地方共同分担支出责任，中央分担部分通过专项转移支付委托地方实施。属于地方事权的，由地方承担支出责任，中央主要通过一般性转移支付给予支持"。

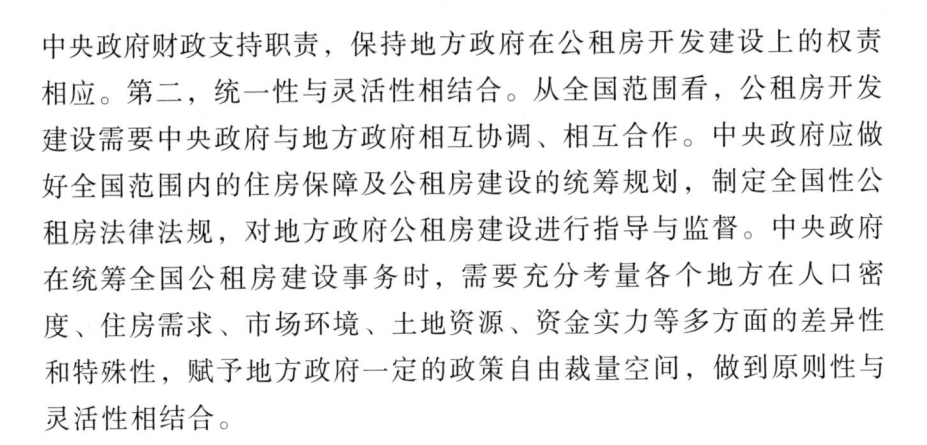

中央政府财政支持职责，保持地方政府在公租房开发建设上的权责相应。第二，统一性与灵活性相结合。从全国范围看，公租房开发建设需要中央政府与地方政府相互协调、相互合作。中央政府应做好全国范围内的住房保障及公租房建设的统筹规划，制定全国性公租房法律法规，对地方政府公租房建设进行指导与监督。中央政府在统筹全国公租房建设事务时，需要充分考量各个地方在人口密度、住房需求、市场环境、土地资源、资金实力等多方面的差异性和特殊性，赋予地方政府一定的政策自由裁量空间，做到原则性与灵活性相结合。

第三节　开发建设之公租房的一般标准

公租房作为保障房，是为中低收入住房困难人群提供最基本住房保障的住房，涉及人权，涉及政府责任。因此，对于公租房之开发建设，需要设定符合"人道"、符合国情的一般标准。这个一般标准，是国家的最低标准，各地方的公租房可以高于一般标准，不得低于一般标准。

一　公租房一般标准之国际共识——"适足住房权"

住房保障的目的在于住房权的实现，住房权的实现以住房为载体。"适足住房权"是对住房保障需求的进一步细化，也为保障性住房的一般标准提供了广泛认可的国际共识。

早在1961年，国际劳工组织发布了《工人住房建议书（第115号）》，其总则第19条明确规定："为确保建筑的安全并在体面、卫生和舒适方面达到合理水平，主管当局原则上应按当地情况确定住房的最低标准，并采取措施，使这些标准得到遵守。"其"附录"提出了一套具体而详细的住房标准，不仅在用水、排污、卫生、通风、储藏以及基本服务设施上做出了规定，而且考虑了个人、家庭的不同需求和隔离情况。① 但该标准局限性较大，效力不足。1991年12月12日，联合国经济、社会和文化权利委员会通过《第四号一般性意见：适足住房权》[《General Comment No. 4 (1991) The Right to Adequate Housing》]。除"Housing Right"（住房权）②之外，进一步提出了"The Right to Adequate Housing"（适足住房权）的概念，使住房权在人权领域中真正被广泛认知。根据《朗文当代高级英语词典》，"adequate"有三重含义：其一，"an adequate amount is enough for a particular purpose"。此时，相当于"sufficient""enough"，在数量上提出了要求。其二，"good enough in quality for a particular purpose"，强调质量必须足够好。其三，"fairly good but not excellent"，直译即"相当不错但并非极好"。由此可见，人们对住房权有了较为细化的认识。"The Right to Adequate Housing"的中文翻译通常为"适足住房权"。"适足"二字做修饰，提出了对住房保障的美好期许。从字义上看，"适"乃"适当的"，"足"乃"足够的"。与英文释义相同，"足够的"一词提出了住房"量"的要求。若数量不达标，住房保障面过窄，人权实现的意义则无法凸显。"适当的"一词则意蕴多重。其一，表达了对住房质量的要求。必须同时满足人的事实的、生理意义上的需求和价值的、社会意义上的需求。其二，表达了住房权利的相对性。从纵向上看，住房尊严的满足方式应与不同的历史阶段相匹配。将古时的平房大院与当今的高楼大厦做比，显然超出"适当"之本意。从横向上看，住房权利的实现途径和程度与各个国家政治、

---

① 《1961年工人住房建议书（第115号）》附录第7条："总则第19条所谈住房标准主要是指：（a）考虑到有大小和比例合理的房间的必要性，每个人或每个家庭按下列一种或多种因素所需占有的最小空间：（i）面积；（ii）容量；（iii）房间大小和数目；（b）在工人住房里引进大量的达到卫生标准的用水，以满足个人和家庭的全部需要；（c）废水和家庭污物能全部排出；（d）能切实防热、防寒、防潮、隔音、防火以及防止带菌动物、特别是昆虫进入；（e）在卫生、通风、炊饮、洗涤、自然光和人工光方面设备齐全，并备有适当的储藏装置；（f）能在以下方面达到起码的隔离程度：（i）家庭成员之间；（ii）住户同外界；（g）住人的房间与饲养动物的地方适当隔开。"

② 英语表达中，"住房权"还有"the right to housing""dwelling rights""residential rights""accommodation rights"等表述方式。因其修饰词具有"居住""住宅""住处"的含义，在特殊情况下可与"housing right"互换，但内涵不尽相同。

经济、文化水平等挂钩，尽力而为、量力而行。例如，在德国，屋内只有配备浴缸、马桶和供暖系统等便利设施才称得上合适的居民住房；而在西班牙对此并无要求，没有被废弃或者处于破败状态的房子即可。① 再如，美国《住房条例》要求每一栋房子必须有防水的屋顶、烟囱、防火通道、通风设备、倾倒垃圾的设备。美国《公平住房法》规定更为具体，"住宅的设计应当确保无障碍通过；在浴室墙壁后应设置扶手；厨房和浴室等应当具有个人在轮椅上的回旋空间以及建筑和设施应当确保无障碍的可用性等一些关于居住条件的条款"②。这些规定显然不一定适合其他国家。其三，表达了住房权利的发展性。社会生产力的不断发展将带动人们住房需求的不断提高，"适当"一词要求住房标准也应与时俱进。③

根据联合国要求，"适足住房权"应符合八项标准：一是永久占有的法律保障，二是材料、设施、服务的适当性，三是住户的经济承受能力，四是良好的居住条件，五是可获得性，六是生活的便利性，七是文化生活的丰富性，八是住房文化的多维性。④ 八项标准系统而全面地勾勒出"适足住房权"的外围轮廓，也为各国公共住房的一般标准提供了参考。对此，《经济、社会和文化权利国际公约》的专家也认为，"住房权不应狭义和限制性地理解为一个头顶上盖有屋顶的房屋，适足的住房意味着充分的私密，充分的空间，充分的安全，充分的光线和通风，充分的基础设施，充分的居住地点标准，并且所有的这一切必须在住房费用水平的力所能及上"⑤。

---

① 参见聂晨《比较住房政策研究的最新发展及其启示》，《中国公共政策评论》2015年第00期。
② 朱福惠、李燕：《论公民住房权的宪法保障》，《暨南学报》（哲学社会科学版）2009年第2期。
③ 参考王宏哲《住房权研究》，中国法制出版社2008年版，第15—17页。
④ 参见［瑞典］格得门德尔·阿尔弗雷德松等《世界人权宣言：努力实现的共同标准》，中国人权研究会组织翻译，四川人民出版社1999年版，第556—557页。转引自张小罗、周刚志《论公民住房权：权利内涵及其实现之道——以长沙市为个案分析对象》，《法学杂志》2009年第1期。
⑤ 朱福惠、李燕：《论公民住房权的宪法保障》，《暨南学报》（哲学社会科学版）2009年第2期。

二 现状与问题：我国公租房一般标准之缺失

（一）面积标准不合理

2015年以前，根据国家相关政策，我国单套公租房建筑面积以40平方米为主，并严格控制在60平方米以下。至2015年，《关于运用政府和社会资本合作模式推进公共租赁住房投资建设和运营管理的通知》（财综〔2015〕15号）第3条第2款将"严格"二字删除，对公租房标准面积上限似有放松。在各地公租房实践中，公租房面积的上限标准也有所不同。例如，《深圳市公共租赁住房轮候与配租暂行办法》（以下简称《办法》）第21条规定："公共租赁住房以建筑面积65平方米以下的小户型为主。"根据申请家庭人数不同，该《办法》将公租房分为35平方米、50平方米以及65平方米三种户型。在重庆，公租房的单套面积包括40平方米、60平方米和80平方米三种类型，以适应不同家庭结构的需要。

上述关于公租房面积标准的规定与实践存在的不合理之处主要表现在两个方面：一是将"建筑面积"作为公租房面积计量标准不合理。建筑面积是我国相关法规与政策界定公租房面积的计量标准。《关于加快发展公共租赁住房的指导意见》（建保〔2010〕87号）[①]和《国务院办公厅关于保障性安居工程建设和管理的指导意见》（国办发〔2011〕45号）[②]是我国最早提出公租房面积标准的政策文件，其中均使用的是"建筑面积"概念。建筑面积与使用面积是存在区别的。通常，高层建筑在布局经济合理的情况下，使用面积约为80%—85%。一套建筑面积为40平方米的公租房，除去公摊面积，使用面积应当在32—35平方米。再剔除套型面积所有墙体面积及保

---

① 《关于加快发展公共租赁住房的指导意见》（建保〔2010〕87号）第4条第3款规定："成套建设的公共租赁住房，单套建筑面积要严格控制在60平方米以下。"

② 《国务院办公厅关于保障性安居工程建设和管理的指导意见》（国办发〔2011〕45号）第2条第1款规定："公共租赁住房面向城镇中等偏下收入住房困难家庭、新就业无房职工和在城镇稳定就业的外来务工人员供应，单套建筑面积以40平方米左右的小户型为主，满足基本居住需要。"

温面积（由于公租房多为小户型，一般该比例偏高，约 20%—25%），实际的净使用面积应该在 25—27 平方米。① 考虑到图纸设计不合理或者施工问题等可能存在的额外因素，最终使用面积很有可能 20 平方米不到。实际上，西方大部分发达国家的做法与我国不同，大都是以使用面积作为住房面积计量标准的。如日本，日本的房间计量单位为"畳"（たたみ），即"榻榻米"。一张榻榻米的面积是 1.65 平方米。在计算和式房间大小时，不是按多少平方米计算，而是根据能铺几张榻榻米计算。由此可见，日本住房的面积标准仅指房间的套内面积，一般而言相当于中国建筑面积的 70%—80%。换言之，日本保障性住房的面积标准以户型使用面积为依据。以建筑面积作为计量标准确定公租房的面积，使使用面积大打折扣，致使室内空间紧促，使用率低下，遑论住房尊严。

二是不同地区面积标准不同，或者统一标准适用于不同地区并不公平。如上所述，深圳、重庆两地标准即存在差别。此外，全国范围内统一以"建筑面积"作为公租房面积计量标准，忽略了地方性因素，看似形式公平，实质上不公平。因为我国地域辽阔，从北到南、从东到西，各具特色。在各地区气候变化、经济条件差异以及建筑设计的地方性特点等影响下，哪怕相同建筑面积的公租房在使用面积上也往往差别显著。例如，北方天气寒冷，对保温隔热性能要求较高，住宅建设墙体厚度较大，相对会挤占使用面积；而南方气候温暖，对建筑墙体厚度要求不比北方地区高，同样建筑面积下，相对使用面积较大一些。由于建筑面积笼而统之地将以上因素包含在内，公租房的使用面积将呈现出较大的地区差异性，造成各地区公租房承租人之间不公平。

（二）建筑质量问题较为普遍

保障房存在建筑质量问题，并非秘密，也并非个案，而恰恰相反，是公知的、普遍的现象。例如，2010 年 4 月，浙江建工、江苏一建等 6 家知名建筑企业建设的青海省某新城 154 栋公租房楼房中，

---

① 《公租房多存设计缺陷，建筑面积 40 平米遭遇居住难》，2017 年 12 月 22 日，http：//finance.sina.com.cn/roll/20111011/031310595998.shtml? from = wap。

有21栋的部分楼层不同程度存在质量问题,其中江苏一建承建的有3栋楼存在混凝土构建强度偏低等严重质量问题,部分楼层需要拆除重建;北京市一公租房项目因混凝土强度不足、抗震要求不达标,最终拆除6栋楼、重新加固2栋楼;河南郑州某小区二期,因砖体质量不合格,多数墙体爆裂超过九成,严重影响建筑主体安全,8栋楼全部拆除;济南市大学科技园某公租房项目,地表、墙体、基柱等多处结构出现数不清的塌陷、开裂、鼓泡、粉化、掉渣等问题,无一栋幸免,竣工三年,无一人入住;等等。

造成保障房建筑质量问题的原因是多方面的。以上述青海省某最大的公租房项目为例。其合同造价为1080元/平方米,施工之后遭遇通货膨胀、建材涨价,施工企业偷工减料、以次充好,此其原因之一。监理单位招用人员缺乏管理经验,把关不严,此其原因之二。由于青海三个月寒冬期内无法施工,工程量巨大,受"抢工期"思维主导,施工单位不遵从建筑规律盖房,企图先封顶后修整,造成保障房建筑施工质量问题,此其原因之三。

(三)配套设施滞后

住宅配套设施是指与住宅小区人口规模相适应的公共服务设施、道路、公共绿地等配套建设的总称。[①] 配套设施是否完善,不仅与公租房承租人的住房品质密切相关,而且也是判断公租房这一民心工程是否暖心的重要依据。如果配套设施滞后,离工作单位太远,生活不便,交通不达,求医不易,教育无门,势必导致原本期待入住的承租人望而却步,最终导致保障对象"用脚投票"。从相关媒体报道的信息看,全国各地公租房配套设施滞后现象比较普遍和严重。根据国家审计署2015年保障性安居工程跟踪审计结果,2015年,山东3个市5个县的9个项目由于配套基础设施建设滞后,4023套住房已建成1年以上但无法交付使用。海南琼中等3个县,由于项目配套基础设施建设滞

[①] 公共服务设施包括如下两类:其一,与基本居住有关的公用管线及设施,包括水、电、供暖、污水处理、有线电视、电话、宽带等;其二,与家庭生活需求有关的公共设施,包括医疗卫生、商业服务、文化体育、金融邮电、社区服务等。道路主要是指小区内的道路、小区附近的城市公共交通路线及相关设施。公共绿地是指小区内的绿化情况、绿地建设等。

后,已竣工建成一年以上的2077套保障性住房不能交付使用。[①]

另外,关于公租房小区是否应配套停车位、花园、游泳池等设施,近年来亦时有争论。究其原因,根本上在于对公租房配套设施"度"的把握存在认识分歧。以公租房机动车位为例,2011年,北京首批公租房按照2辆/户设置自行车位,却没有设置机动车位。至2017年,颁布《公共租赁住房建设与评价标准》,放开了这一限制。根据该标准,"使用面积≥15m^2且<22m^2的公共租赁住房,旧城地区和一类地区机动车停车指标为0.1辆/房,其他地区机动车停车指标为0.2辆/房"。2013年,宁波市第一个市级公租房小区建成时,可容纳2101户,设置了187个地上临时停车位,185个地下固定车位。《广州市保障性住房设计指引》规定:"配套建设机动车停车位宜按广州市规划配套要求的下限设置;配套建设非机动车停车位标准为:1辆/户;规划每100个机动车停车位应设置1个无障碍机动车停车位,每100户设置1个残疾人摩托车位。"《重庆市建设项目停车位配建标准》根据建筑功能不同,将住宅分为中高端住宅(建筑面积>100m^2)、普通住宅(建筑面积≤100m^2)、公共租赁房、安置房以及廉租房四类。各类对应的车位指标(车位/100m^2建筑面积)分别为1.0、0.8、0.34、0.2。由此可见,随着社会发展,生活水平提高,公租房小区配套设施的"度"不断放宽。但公租房配套设施仍需与商品房存在一定差别,需把握一定的度,不能太低,显然也不宜太高,否则有违公租房制度的目标与功能定位,且因为存在套利空间,容易滋生权力寻租等腐败现象。

(四)空间布局规定较为模糊

公租房项目的空间布局一般分为"集中式"和"混居式"两种。前者是指在指定区域集中开发建设公租房,后者是指通过配建等方式将公租房分散规划至各个小区。

"集中式"布局规模大、力度强,聚集程度较高,后期管理较为

[①] 《全国19万套保障房"空置"因质量等问题所致》,网易财经:http://money.163.com/16/0809/02/BU09O66B00253B0H.html,最后访问日期:2017年12月26日。

方便。然而，该空间布局的劣势较为明显，贫困人口的过于集中很有可能形成"贫民窟"效应，社会问题随之而来。早在20世纪50年代，美国诸多公共住房项目深受其害。1954年，美国新英格兰地区最大的公共住房项目——"哥伦比亚角"投入使用。该项目选址于地理位置偏远且长年作为垃圾场的半岛，耗资2000万美元，兴建了27幢塔楼，可容纳1504户家庭。不合理的空间选址从一开始便埋下了隐患。多年来关闭垃圾场的呼吁始终得不到政府回应；资金紧张，社区疏于管理濒临破败；租户结构发生改变，贫困集聚，成为城市最低收入人群的收容所；失业率和犯罪率居高不下，甚至出现代际传递。至20世纪70年代初，曾经和谐而辉煌的社区已经蜕变为贫民窟及罪犯的庇护所。1955年，美国最大公共住房项目之一的Pruitt-Igoe（普鲁特 – 艾格①）小区在圣路易斯崛起。大量低收入群体在此聚集，加之设计不合理、配套资源较为匮乏、区位可达性较差等因素，社会问题逐渐暴露，渐而沦落为滋生犯罪的场所。1972年，政府将之爆破拆毁。除此之外，美国芝加哥的"罗伯特泰勒家园"，被誉为"公共住宅的张贴画"的卡比利尼·格林地区，纽约市的皇后桥等，最终都沦为了贫民窟。② 经过一系列的深刻教训，美国开始探索"混居式"公共住房。③ 一方面，通过"Section 8 计划"和"MTO 计划"分散贫困空间，另一方面，通过"HOPE VI 计划"复兴衰败社区，鼓励不

---

① 1950年，"普鲁特 – 艾格"小区由日裔建筑设计师山崎实负责设计。该名字来源于两位圣路易斯市的著名市民："普鲁特"是"二战"时期的一名非裔空军英雄，"艾格"是一名白人众议员。该项目的名字蕴含着种族融合的美好意愿。1955年，这个包含33座11层公寓楼的建筑群正式完工，成为当时美国规模最大的住宅区之一。1972年，政府通过爆破方式完全拆除了这个短命的建筑群。这成为建筑学历史上的里程碑事件，著名建筑史评论家查尔斯·詹克斯（Charles Jencks）称之为"现代建筑之死"。

② 马秀莲：《美国公共住房项目失败的背后》，《中国经济时报》2014年5月21日第005版。

③ 例如，1978年，美国政府、私人开发商和当地居民一起对"哥伦比亚角"公共住房项目进行改造，将之建成一个私人拥有并管理的混合收入社区，成为美国公共住房改造成功的典范。

同阶级混居,实现居住融合。①

"混居式"布局鼓励各收入阶层混合居住,强调社区融合性,对象较为分散,增加了后期管理难度。我国重庆对公租房"混居式"布局较为重视。重庆公租房项目在每个大型聚居区均占据一席之地。一般而言,聚居区的公租房项目在用地、建筑面积以及居住人口上分别约占5%、8%和15%,基本实现分布较为均衡。②荷兰的"混居式"公共住房与我国的公租房配建较为类似,但不完全相同。荷兰政府要求在商业地产项目中配建一定比例的公共住房,面向低收入群体的公共住房与面向市场的商品房完全混合,而非以栋为单位进行区分。由于开发商并不清楚每间住宅的去向,因此建造标准相同,并按照市场价格进行售卖。政府根据保障对象的收入情况给予补贴。这种方式在一定程度上保证了低收入者的住房质量。③"混居式"布局本意在于通过让不同收入水平的群体共同生活在同一小区,促进彼此之间的相互融合,弥合社会分层的裂痕,增进社区的融洽与和谐。然而,这一愿景与现实仍存在较大的差距。由于相关规定较为含糊,如何合理分配混居式小区的公共资源往往成为争论焦点。深圳龙岗信义金御半山小区,人才安居房(公租房的一种形式)租客与商品房业主之间因花园、车位等资源争执不断。之后竟在公租房与商品房之间筑起了围墙以示隔绝。无独有偶,深圳万科公园的部分业主走上了诉讼维权的道路,提出禁止公租房住户使用停车位、禁止进入小区花园等多项主张。公租房"混居式"布局本意用心良苦,却收效甚微,甚至造成了反效果。如何增进社区融合性将成为一个亟待解决的严峻的难题。

从我国公租房的有关规定和实践看,对于公租房建设的空间布局,到底应该是采取"集中式"还是"混居式",缺乏统一的清晰认识,存在前后做法不一致,各地实践有出入的情形,对公租房建设的

---

① 参见孙斌栋、刘学良《美国混合居住政策及其效应的研究述评——兼论对我国经济适用房和廉租房规划建设的启示》,《城市规划学刊》2009年第1期。

② 吴红缨:《重庆公租房新型社区管理试验》,《21世纪经济报道》2011年3月25日第024版。

③ 张艳阳:《破题公租房运营管理》,《中国建设报》2012年2月14日第4版。

空间布局的选择比较模糊。

三 反思与探索：我国公租房一般标准之确定

（一）我国公租房一般标准之影响因素

1. 我国正处于城市化发展第二阶段

我国正经历着有史以来最大规模的人口迁移，每年多达2000万人从农村涌向城市，城市化进程加速，居民的住房消费需求随之提升。

通常，国际上以城市化水平和人均 GDP 值为参考标准，将人均住宅面积划分为三个阶段：第一阶段，当城市化水平低于40%、人均 GDP 小于1000美元，城市人均居住面积低于8平方米时，此时城市住房紧缺，对住房数量需求较大，城市住房实行最低底线——每户一套住宅。第二阶段，当城市化水平上升至40%—70%、人均 GDP 超过1000美元时，城市人均居住面积约为8—15平方米。住房需求由数量向质量转变，城市住房居住标准较为合理——人均一间住房。第三阶段，当城市化水平越过70%、人均 GDP 超过10000美元时，城市人均居住面积将超过15平方米。此时属于全面满足住房质量要求时期，城市住房居住标准以舒适、保健为特点——优化的居住环境和完善的住房设备。

2016年年末，我国常住人口城镇化率为57.35%，人均 GDP 达到了53817元，位居世界各国人均 GDP 排行第70位。[①] 可见，我国正处于以及接下来数年内均处于城市化发展的第二阶段（见图2-1），现阶段的重点在于实现住房数量需求向质量需求的转变。那么在确立公租房一般标准时，必须将这一转变纳入考量，不能以最低底线的住房作为参考依据，否则未来拆迁重建将是资源的巨大浪费。

2. 城市建设用地资源紧缺

土地资源的有限性、不可替代性和不可再生性决定了住房消费不可能无休无止。不同于其他普通商品消费，住房消费不仅仅是一种经济消

---

① 数据来源自中华人民共和国国家统计局。

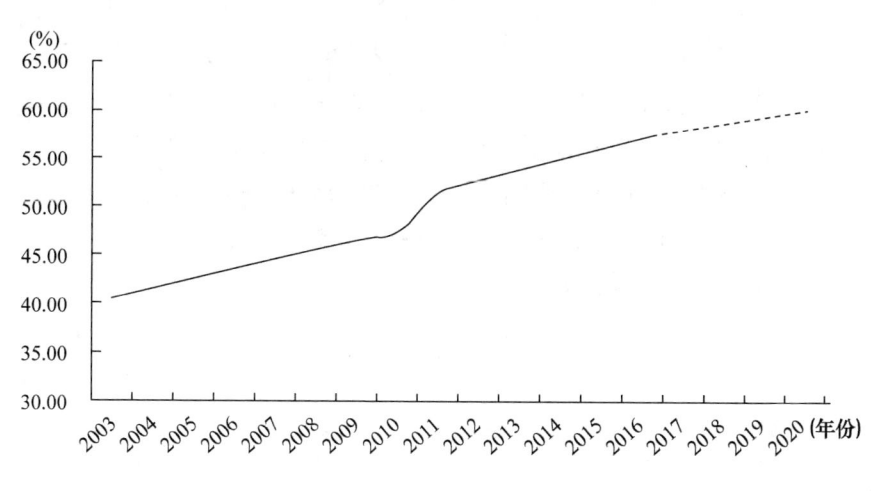

图 2-1 我国城镇化率

费,更是一种空间消费。换言之,住房消费不仅仅与经济水平挂钩,更与一国的土地资源条件密切相关。根据北京大学中国社会科学调查中心的一份报告,韩国的人均住房面积是 19.8 平方米,而日本的人均住房面积仅为 19.6 平方米。而国家统计局公布的数据显示,2016 年我国居民人均住房建筑面积为 40.8 平方米,城镇居民人均住房建筑面积为 36.6 平方米,农村居民人均住房建筑面积为 45.8 平方米。诚然,我国人均 GDP 不及日韩人均 GDP 的 1/4,但人均住房面积则一骑绝尘。土地资源条件优渥则建设用地弹性较大,反之则十分拮据。

近年来城市开发节奏加快,而土地资源却跟不上城市化前进的脚步,日益扩张的城市人口与日益稀缺的土地资源之间矛盾重重。通常,城市用地规模弹性的合理系数为 1.12。然而,早在 2004 年我国城市用地规模弹性系数就已高达 2.28。这种"激素式""空壳式"的发展注定是不可持续的,公租房等保障性住房的出现就是城市无序扩张下的一个缩影。公租房在开发建设时,其面积标准不可避免受到土地资源的限制。合理考虑土地资源条件,是确定公租房一般标准的必要前提。

3. 家庭结构与规模日益变迁

孟子曰:"天下之本在国,国之本在家。"家庭是人赖以生存、向外发展的圆心,是最有活力、最具功能性、最有希望的社会细胞。从古至今,我国惯以"户"为单位充作家庭计量,例如"朱门大户""蓬门荜户""自立门户"等。一"户"即一家庭。家庭结构复杂或简单,家庭规模庞大或小巧,均将影响人们的住房消费选择。

新中国成立初期,三代同堂的家庭结构较为普遍,往往"一大家子"共同居住在同一所住宅。这种以血缘为联系的中国传统复杂家庭结构对住宅面积要求较高。自20世纪80年代,全国推广独生子女政策,父母与子女的三口之家逐渐取代多代直系亲属组成的直系家庭,成为家庭结构之主流。根据2010年第六次全国人口普查数据,我国户人均人口为3.10人,比十年前第五次全国人口普查的3.44人减少了0.34人。而上海市公布的"六普"资料显示,2010年户人均人口数为2.5人,比2000年减少0.3人。随着户籍制度的逐步放松,子女远赴外地求学、务工的现象愈加普遍。社会观念随之改变,更加注重隐私和人际距离,婚后与父母各自分开居住的趋势日益明显,两口之家、"空巢"之家逐渐成为常态。另外,在晚婚晚育的政策号召以及人口老龄化加剧的背景下,独居之家比比皆是,家庭住房消费的能力和意愿回落。2015年,我国政府全面放开了"二孩"政策,家庭结构正在经历又一次新的转型。

总体而言,我国家庭形态呈家庭规模小型化、家庭结构简单化、家庭类型多元化三个显著特征。① 我国住房消费应与之呼应,以套型灵活的中小户型住宅为主。

(二) 确立我国公租房一般标准之对策

1. 面积标准应与时俱进,切合实际需求

当前的公租房建设标准体现了保障性标准的典型特征,即为满足城镇居民健康、安全等最基本生活需要以及综合考量政府保障能力而制定的具有社会保障性质的标准。从建筑学视角出发,探讨日常生活所必需的"标准空间",再整合各个空间的不同功能进行"合理的归

---

① 刘中一:《现阶段我国家庭发展的新变化与公共政策应对》,《调研世界》2012年第10期。

并"，最后进行"面积的汇总"①。这种标准的制定方法局限性在于，笼统地考虑保障对象最低生活需要，却忽略了保障对象中相当一部分群体的住房困难只是暂时的阶段性困难。既然公租房的政策目标是解决城市居民的住房困难，那么在制定公租房一般标准时不应仅仅对最低生活标准兜底，而应保障其拥有合理的发展空间。

由前文分析可知，结构简单、规模小巧将成为我国家庭结构未来的发展趋势，我国公租房一般标准应予以反映。2017年，北京市发布全国第一份公租房建设标准——《公共租赁住房建设与评价标准》。新标准打破了22平方米的最小面积限制，允许15—22平方米小户型的出现。小户型公租房，采用集约化设计处理满足了租户生活活动需要，而且租金更加实惠，颇受独居家庭或新婚家庭的青睐。此外，土地利用效率有所提高，尤其中心城区的公租房项目所覆盖面更广。此外，合理的公租房面积标准还应将保障对象的人口特点、家庭结构纳入考量范围。以我国香港地区公屋为例，由于香港社会的老龄化问题非常突出，②为鼓励年轻家庭照顾年长父母或亲属，促进家庭和谐共融，香港房屋委员会推出了"三代同堂长幼共融计划"。将同一个屋村（特指公房，是香港澳门一带对政府提供的公益性廉租房的称呼）的两个单位分配给子女夫妇和他们年长的父母，父母和子女可以有独立的生活空间，而且也可以相互照顾。由此可见，香港的公屋计划将房间面积与家庭结构相对应，保证了不同人数的家庭能够获得匹配的套型。

公租房的定位决定了面向的对象呈多样化特点，若使单一的产品能够满足多样化住房保障需求，在制定公租房面积标准时必须与时俱进、切实考虑保障对象的自身特点。

2. 坚决贯彻"项目法人永久责任制"

公租房工程项目任务重、工期紧，若一味追求公租房的建设进

---

① 参见邓宏乾等《中国城镇公共住房政策研究》，中国社会科学出版社2015年版，第102页。

② 经政府推算，到2039年，香港65岁以上的人口比例将会上升到28%，已经远远超过7%的老龄化社会标准。

度，忽略对质量的严格要求，原本为保障对象精心设计的"保护伞"最终难免沦为岌岌可危的"豆腐渣"，住房保障有违初心。

在建筑领域，我国制定了多部法律法规。[①] 最近，《国务院办公厅关于促进建筑业持续健康发展的意见》（国办发〔2017〕19号）颁布，其中"严格执行工程质量终身责任制，在建筑物明显部位设置永久性标牌，公示质量责任主体和主要责任人"的规定，彰显出国家严格落实工程质量责任的决心。具体到公租房等保障性安居工程，《关于保障性安居工程建设和管理的指导意见》（国办发〔2011〕45号）和《关于加强保障性安居工程质量管理的通知》（建保〔2011〕69号）相继出台，早已明确提出"项目法人永久责任制"，为加强保障住房质量管理保驾护航。

公租房肩负着保障民生的时代使命，不仅要看数量、规模和速度，更要着重质量、品质和效果。坚决贯彻"项目法人永久责任制"，强化公租房项目法人责任心，科学统筹、严格监管、步步严防，让民心工程真正细润民生。

3. 健全选址规划、优化配套设施

相比于高收入阶层，住房保障对象对住房区位的渴望与需求更为强烈。公租房区位空间选择的适宜性以及区位空间的发展性是公租房选址必须考虑的两大标准。在土地出让金的利益诱惑下，公租房的区位空间不尽如人意，往往处于地理位置冷僻、公共配套不完善的偏远地区。空间失配大大增加了保障对象的居住成本，出行难、就业难、上学难、就医难……诸多难题一一横亘，削弱了公租房的保障属性，也打击了保障对象的安居信心，"空租""弃租"现象屡见不鲜。因此，应注意公租房在城市各区域的均衡分布性，让保障对象能够平等地享有城市公共福利。同时，通过差异化的区位供给满足不同保障对象的多样化选择。

---

① 《中华人民共和国建筑法》《建设工程质量管理条例》《建设工程勘察设计管理条例》《民用建筑节能条例》《关于进一步强化住宅工程质量管理和责任的通知》（建市〔2010〕68号）和《关于做好住宅工程质量分户验收工作的通知》（建质〔2009〕291号）从工程设计、建设、监督、验收多个环节对住宅建筑质量层层把关。

此外，对于中低收入的住房困难家庭而言，其对城市公共配套设施的依赖程度往往也高于高收入群体。健全的城市公共基础设施，完善的商业服务网络、良好的周边环境能够极大改善保障对象的生活品质，甚至为其就业提供更多的可能性机会。以我国香港地区和新加坡地区经验为鉴，除了为保障房小区配建完备的服务设施、便捷的公交系统，还可预留相应比例的土地用作工业用地，变"政府输血"为"自身造血"，增强保障房项目的发展性与可持续性。

4. "混居"模式与社区建设同步推行

鉴于国内外保障住房的实践，"混居"模式备受青睐。其本意在于通过不同收入水平群体的混合居住，缓解贫苦集中、促进社会平衡，然而"混居"模式对贫困家庭产生的排斥效应不容忽视。研究表明，"社会经济背景上的相似性有利于社会交往，而差距过大容易引起邻里之间的紧张关系，不利于社会交往"[1]。因此，推行"混居"模式需注意邻里同质性，即不同收入群体之间的差距不能过大，否则难以达到社区融合。而社区建设若能同步推行，对"混居"模式将更加助益。20世纪中期，社会学家在研究现代城市管理时提出"社区建设"的概念。贫富混居的模式并不必然带来社区各群体之间的往来，保障性住房建设需与社区建设相结合。[2] 加强和谐社区建设，推动不同收入群体的互动与融合，有助于化解社区内部矛盾，降低社区贫富排斥程度。

第四节　开发建设之公租房的产权界定

一　产权概念的经济学与法学认知

(一) 产权的经济学由来

产权一词源于西方经济学。20世纪30年代，新制度经济学派代

---

[1] 孙斌栋、刘学良：《欧洲混合居住政策效应的研究述评及启示》，《国际城市规划》2010年第5期。

[2] 李万峰：《新型城镇化进程中的保障房建设》，经济科学出版社2014年版，第110页。

表罗纳德·哈里·科斯在分析市场交易费用时将"产权"概念引入其中。1937年,科斯在著作《企业的性质》一书中写道,"对产权的划分是市场交易的基本前提"。他认为,市场经济的"外部性"问题根源在于产权不清,主张应通过明晰产权,利用市场机制方式解决问题,使"外部性"问题内部化,从而化解市场失灵,而不是国家干预的方式。1960年,科斯在《社会成本问题》一书中系统阐述了产权与产权交易理论。该理论在西方经济学界掀起了研究狂澜,诸多学者从不同角度丰富、发展了产权理论。"产权"一词由此成为制度经济学的核心概念。

然而,关于产权的定义,学界众说纷纭、莫衷一是。在科斯看来,"产权是一种权利。人们所享有的权利,包括处置这些桌椅的权利。这个问题就跟我们讨论交易成本时一样,无非是一个术语问题。这意味着应当明确人们所享有的权利。比如,你拥有一把椅子,这是什么意思?你能送给别人吗?有时可以,有时不可以。你能有什么权利?能把这把椅子搬到另一个地方吗?有时可以,有时却不可以。但你能说出你能做什么。假如你拥有一块土地,你能用它干什么呢?能做的事情当然很多呀。这就是你的权利所包含的内容。我没有被这些定义问题所纠缠"[①]。可见,科斯所说的产权事实上是指财产的各种权利,包括拥有、处置、享用其利的权利。德姆塞茨在研究产权起源时指出,在鲁滨逊的世界里,产权毫无用武之地。他认为"产权包括一个人或者他人受益或受损的权利……产权是界定人民如何收益及如何受损因而谁必须向谁提供补偿以使他修正人们所采取的行动"[②]。由此可知,在他看来,产权是一种社会行为规则,对人们获取利益的行为产生指引和约束。阿尔钦也认为:"产权是一个社会所强制实施

---

① 经济学消息报社编:《诺贝尔经济学奖得主专访录》,中国计划经济出版社1995年版,第135—136页。

② [美]哈罗德·德姆塞茨:《关于产权的理论》,转引自[美]罗纳德·H.科斯等《财产权利与制度变迁》,刘守英等译,格致出版社、上海三联书店、上海人民出版社2014年版,第71页。

的选择一种经济物品的使用的权利。"① 巴塞尔则提出，个人对资产的产权是"从这些资产中取得的收入和让渡这些资产的权利和权力"②。

（二）产权的法学梳理

产权这一术语的适用范围早已突破经济学范畴而进入到法学界，无论是立法条文，抑或法学论著，产权概念并不鲜见。然而，在对产权的理解上，法学界异议之声不断，主要有以下几个观点：观点一，否定说。依据该观点，产权并非法学概念，而仅仅具有经济学上的意义。法学是一门严谨学科，法学术语应具有精当的特点。产权概念从始至终难以摹状，若将之圈入法学范畴，有违法律确定性原则。日常生活中使用"产权"一词无可厚非，但若付诸立法则难免歧义丛生。据此，理论上存在一种贬低"产权"概念价值、忽视甚至抵制产权理论在法学上运用的倾向。更有一种较为激进的观点认为，法学领域引进产权理论会侵犯民商法物权理论。③ 观点二，所有权说。该观点又称狭义的产权学说，认为产权即"财产所有权"的简称，从财产最终归属的角度强调产权的法律属性。基于《牛津法律大词典》的阐述，产权"也称财产所有权，是指存在于任何客体之中或之上的完全权利，它包括占有权、使用权、出借权、转让权、用尽权、消费权和其他与财产有关的权利"④。当前，我国主流观点同样认可将产权等同于所有权，国内许多学者均是此观点的拥趸者。于光远教授认为："产权（财产权）也就是所有权，它是某个主体拥有作为其财产

---

① ［美］阿尔钦：《产权：一个经典注释》，转引自［美］罗纳德·H.科斯等《财产权利与制度变迁》，刘守英等译，格致出版社、上海三联书店、上海人民出版社2014年版，第121页。

② 张克维：《产权、治理结构与企业效率——国有企业低效率探源》，复旦大学出版社2002年版，第43页。

③ 郑曙光：《产权交易法》，中国检察出版社2005年版，第7页。

④ ［英］戴维·M.沃克：《牛津法律大辞典》，李双元等译，法律出版社2003年版，第913页。

的某个客体所得到的法律上的承认和保护。"[1] 我国民法学所提及的产权，除非另有解释，通常均指所有权。[2] 例如，"产权置换""产权模糊""产权界定"等。观点三，产权说。较之所有权说，财产权说所主张的"产权"概念更加宽泛。这种广义的产权，"泛指能用货币衡量评价的民事权利，亦即有财产价值的权利。它包括物权、债权、继承权等"[3]。也有学者指出，产权"就是对财产的权利，也就是对财产的广义的所有权——包括归属权、占有权、支配权和使用权；它是人们（主体）围绕或通过财产（客体）而形成的经济权利，其直观形式是对物的关系，实质上都是产权主体（包括公有主体和私有主体）之间的关系"[4]。在涉及产权的英文文献中，通常使用 Property Rights（产权或财产权）而非 ownership（所有权），揭示出产权甚于所有权的丰富内涵。观点四，经营权说。该观点认为产权不包括所有权，又称不完备产权或残缺的产权。观点五，产权解释说。该观点主张从三种不同的法学角度解释产权。其一，从权利的角度出发，将产权等同于财产权利，强调仅仅包含权利；其二，从法律关系的角度出发，认为产权是一组包含权利与义务的财产性质的法律关系；其三，从法律制度的角度出发，将产权理解为一种财产法律制度，不仅包含权利义务，而且涉及运行规则。此三种理解立足点不同，由此导致产权的外延与内涵分歧较大。

由于研究产权问题的出发点不同、侧重点相异，法学界关于产权的定义难以达成统一。然而，不可否认的是，从法学层面研究产权是一种必然趋势。经济学上的产权仅是一种客观的经济关系，强调不同的资源配置方式对经济主体及社会福利的利弊影响。而法学上的产权着重探讨在财产存在及利用过程中所形成的利益主体之间的权利、义务、责任关系。产权通过国家法律上升为国家意志，成为一种法权。

---

[1] 于光远：《序言》，载刘伟、平新桥《经济体制改革三论：产权论、均衡论、市场论》，北京大学出版社1990年版，第1—2页。
[2] 崔建远：《住房有限产权论纲》，《吉林大学社会科学学报》1994年第1期。
[3] 同上。
[4] 黄少安：《产权经济学导论》，人民出版社1995年版，第68页。

这正是本节探讨公租房产权的语境。

二 公租房的三种产权形式

关于公租房产权的内涵，本书采"所有权说"。基于所有权说，公租房的产权形式不外乎以下三种：

（一）国有产权（state-owned property rights）

由政府投资新建公租房或通过住房市场购买公租房是公租房供给的重要途径。在我国，政府是国家的代表，是国家所有权的代表人。因此，由国家投资兴建的公租房，或者由国家通过购买方式所提供的公租房，其产权归国家所有，属于国有产权公租房。

（二）集体产权（collective property rights）

集体产权，即由集体组织作为财产所有权人，对财产行使占用、使用、受益和处分的权利。集体所有权是我国公有制的形式之一，既区别于国有，也区别于私有。随着我国城市的快速发展，城市土地稀缺，用于建设公租房的用地日趋紧张。在此背景下，我国部分地方开始探索在农村集体土地上建设公租房，这种在农村集体土地上开发建设的公租房，其产权归农村集体所有，属于集体产权公租房。

（三）私有产权（private property rights）

私有产权，是指个人依法享有的能够对其财产自主地行使的权利。需要注意的是，虽然财产的使用、转让、收益等都由特定的人完全享有，但并不意味着各种权利必须不可分地仅由一个人掌握。私有财产依然具有可分割性、可分离性和可让渡性。正是这些特性，促使私有产权成为市场经济发展的助推力。由此可知，私有产权的主体并不仅仅局限于一人，而可由两个及两个以上的不同的人同时拥有。若其中每个人所拥有的不同权利具有互补重合的关系，即使外在表现显示是多人的权利行为，但实际上仍未超出私有产权的范畴。故而，判断是否属于私有产权，关键在于是否完全由私人做出行使所有权利的决策行为。在允许私人住房进入公租房运营情况下，该公租房属于私人产权。

另外，根据《关于加快发展公共租赁住房的指导意见》（建保

〔2010〕87号），"公共租赁住房建设实行'谁投资、谁所有'，投资者权益可依法转让"。此类由企业自主开发建设的公租房，其产权性质根据开发建设企业性质不同而不同，如果开发建设企业是国有企业，则属于国有产权公租房；如果属于集体性质企业开发建设，则属于集体产权公租房；如果属于私营企业，则属于私人产权公租房。

三　公租房共有产权探讨

（一）公租房共有产权之背景

我国的公租房制度起步于1998年的廉租房，此后不断探索，蜿蜒前行。其间，对于公租房到底应该定位为产权式保障还是租赁式保障，存在分歧，有的地方规定公租房"只租不售"，有的则规定公租房"可租可售"。以茅于轼为代表的部分学者反对经济适用房的产权式保障制度，认为经济适用房制度容易滋生腐败、保障能力有限，须予以废除，国家应大力发展公租房制度。① 邓宏乾教授等基于以"住有所居"取代"居者有其屋"思想，主张弱化居民住房产权私有化的观念，积极促进房屋租赁市场的发展。② 还有学者从家庭财富积累等不同视角，提出共有产权住房的思路，化解经济适用房的尴尬地位。③

2007年，江苏省淮安市首吃"螃蟹"，开始共有产权房试点。随后江苏的姜堰、如皋、苏州等城市陆续推出了试点。2013年12月24日全国住房城乡建设工作会议明确提出，"鼓励地方从本地实际出发，积极创新住房供应模式，探索发展共有产权住房"。紧接着2014年，"增加中小套型商品房和共有产权住房供应"首次载入政府工作报告。时年，住建部召开座谈会，将北京、上海、深圳、成都、黄石、

---

① 茅于轼：《我为什么反对经济适用房》，2018年1月20日，http://finance.ifeng.com/news/opinion/jjsp/20090415/543790.shtml。
② 邓宏乾：《以住有所居为目标的住房制度改革探讨》，《华中师范大学学报》2009年第5期。
③ 陈淑云：《共有产权住房：我国住房保障制度的创新》，《华中师范大学学报》（人文社会科学版）2012年第1期。

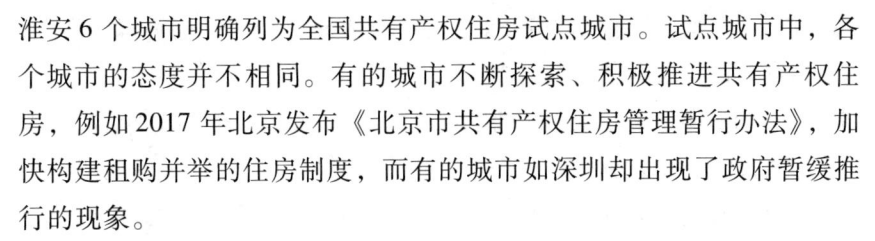

淮安6个城市明确列为全国共有产权住房试点城市。试点城市中，各个城市的态度并不相同。有的城市不断探索、积极推进共有产权住房，例如2017年北京发布《北京市共有产权住房管理暂行办法》，加快构建租购并举的住房制度，而有的城市如深圳却出现了政府暂缓推行的现象。

（二）关于公租房共有产权的三重设问

1. 公租房共有产权模式意味着什么

共有产权，是以产权为基础的一种延伸。根据阿尔钦和德姆塞茨的观点，资源作为产权束本身即具有可分性，因而产权具有一定的混合性。[①] 著名经济学家Ostrom与Williamson提出的"公共池塘资源"概念即是基于共有产权理论的典型。公共池塘资源作为一种同时具有非排他性和竞争性的物品，由不同主体共同参与其中，能够形成有效的治理制度安排。[②] 还有学者直接指出现实经济运行中的产权既不是私人产权，也不是公有产权，而是介于私人产权和公有产权相互之间的混合产权结构。公租房共有产权作为混合产权结构的一种具体表现方式，蕴含着多重意味。

首先，公租房共有产权模式意味着住房权内涵的丰富，从居住的权利到拥有住房的权利。可以说，"居者有其屋"是人类社会共同的理想。虽然传统的公租房作为租赁型住房满足了中低收入住房困难群体对"住有所居"的美好愿望，但这一层面上所实现的住房权内涵终究较为狭隘。随着我国住房问题逐渐向产权方向聚焦，公租房共有产权的提出从理论以及实践两方面对我国住房权之内涵进行了扩充。将租赁模式与产权模式相互融合，提高了我国住房保障的水平与层次。

其次，公租房共有产权模式意味着以产权的稳定性与安全保障性，形成对当事人的投资激励，实现产出水平的最大化。自古以来，

[①] 参见陈淑云、曾龙《共有产权住房在我国可行吗？》，《江汉论坛》2016年第1期。

[②] 参见［美］埃莉诺·奥斯特罗姆《公共事物的治理之道——集体行动制度的演进》，余逊达、陈旭东译，上海译文出版社2000年版，第52—57页。

"有恒产者有恒心"的观念深入人心。学界时有淡化产权意识的提议,在根深蒂固的家文化传统的冲击下,往往频频受阻、举步维艰。产权本身所具备的法律效应增强了公租房共有产权模式的稳定性以及随之而来的安全保障性。作为所有者之一的当事人能够在物质与精神上获得双重满足,从而有利于形成投资激励、实现产出的综合效应最大化。

再次,公租房共有产权模式意味着对被保障对象家庭财富积累的重视,缩小贫富差距、增进社会稳定与和谐。在公共服务领域,应遵循普惠分配原则。即使对于处于社会财富底层的群体,若忽视了该原则,则极有可能滋生社会的不稳定性。[①] 住房兼具消费品与投资品属性。在住房使用过程中,属性不同则收益有差。在住房市场价格上行期(如当下甚至预期未来很长一段时期),住房所有人充分利用住房的投资品属性,搭上家庭财富增长的快车,占据收益的有利地位;而住房使用者唯有临渊羡鱼、望楼兴叹。由此可见,虽然看似是由于住房消费方式不同导致收益差距拉大,但是实际根源在于从住房所有者或使用者身份所衍生出来的所有权与使用权不平等。[②] 迈克尔·谢若登认为,收入只能实现人的短期需求,而资产的建设却能实现对发展的本质需求。政府通过颁布政策帮助资产建设和积累,从而实现国民财富的共同增长。其中,拥有住房资产则是最具潜力的途径。[③]《论语·季氏》有载,"不患寡而患不均,不患贫而患不安"。可以说,公租房共有产权的出现在一定程度上修正了租赁型保障性住房之短,大大减轻了中低收入家庭购房负担,避免陷入恶性循环的"贫困陷阱"。拥有住房才拥有归属感,拥有归属感才产生社会向心力,社会向心力越强则人民越团结,国家才能实现长治久安、繁荣昌盛。

2. 公租房共有产权是与谁共有

易言之,"与谁共有"探讨的是公租房共有产权的主体问题。推

---

① 参见陈淑云、曾龙《共有产权住房在我国可行吗?》,《江汉论坛》2016 年第 1 期。
② 参见陈淑云《共有产权住房:我国住房保障制度的创新》,《华中师范大学学报》(人文社会科学版)2012 年第 1 期。
③ 参见[美]迈克尔·谢若登《资产与穷人:一项新的美国福利政策》,高鉴国译,商务印书馆 2005 年版,第 295 页。

进公租房共有产权，需要厘清其中共有主体的具体范围。谁有资格成为公租房共有产权的主体，谁又应排除在公租房共有产权主体的考虑范围之外，是划分公租房共有产权的基础。

首先，公租房共有产权的主体应指向中低收入住房困难群体，而排除最低收入住房困难群体。我国住房市场呈现三级结构，"高端有市场、中端有支撑、低端有保障"。对于收入较高的群体而言，其住房需求完全可以在房地产市场上得以实现。而对于最低收入群体而言，因其无法达到共有产权房的资金支付门槛，自然被排除在外。例如，2007年，淮安市推出了首批300套共有产权房，最初定价为每平方米均价2300元（每平方米低于市场价200元）。按照当时的设计门槛，人均收入低于400元/月的家庭即可申购。但截至当年底，实际申请家庭仅仅70户。经调查得知，即便是面对享有政策优惠的共有产权住房，仍然超出了低收入者的购买能力。无奈之下，淮安市只能降低门槛，将人均收入放宽到700元/月，甚至800元/月，300套住房的申请人数刚刚达到目标。对于最低收入群体而言，在未能满足或基本满足生存需要之时，考虑资产投资或财富累积显然不切实际。有学者提出，应逐渐放宽共有产权房的购入标准，面向所有无房的"夹心层"开放，覆盖至主流工薪阶层。① 还有学者认为，共有产权应分步走，短期目标放在中等潜在收入阶层身上，而长期目标可以考虑覆盖所有无住房所有权的中低收入家庭。② 虽然将共有产权形式引入公租房领域是满足产权型住房需求的过渡性举措，但不应全面放开申请对象的限制，否则商品房市场与住房保障相互掺杂，功能定位牵扯不清。若原本可交由市场解决的住房需求一股脑儿地重新回归政府的怀抱，且不论其合适与否，单就投资成本、监管成本将几近成倍地增加。市场与政府的边界若被打破，几十年来的改革倒流。公租房共有产权必须坚守面向保障对象之底线，既不可以延伸至商品房领域，

---

① 参见陈杰《共有产权房的路该如何走》，《中国房地产》2014年第11期。
② 参见陈淑云《共有产权住房：我国住房保障制度的创新》，《华中师范大学学报》（人文社会科学版）2012年第1期。

也不宜覆盖全体居民。其功能定位仅仅针对中低收入住房困难家庭，这条界线不仅应清晰刻画，还应敬畏保存。

其次，在我国住房保障发展的现阶段，政府必然应作为公租房共有产权的主体之一。一定程度上，政府成为公租房共有产权主体是其职能所决定。作为公租房共有产权的参与者，其对名下产权按照比例实现经济利益自是理所当然。但同时，政府又肩负着住房保障的公共职能，理应为社会弱势群体提供相应的帮助。那么，政府能否在双重角色中自在切换，且不造成公权力边界的模糊化则成为政府主体资格需要关注的重点。

再次，鼓励公租房共有产权主体多元化。如果说，公租房共有产权是政府和住房保障对象之间的契约，政府作为共有人一方自然毫无争议。是否允许政府之外的第三人拥有共有人身份呢？答案应予肯定。以英国共有产权住房为例，英国住房协会是负责实施和管理共有产权住房的重要主体。在性质上，它不同于具有公权力的政府，属于非营利性的社会组织。购房者量力而行出资购买住房协会所拥有住房的一部分产权，与住房协会共同成为该住房的产权主体。[①] 可见，除政府之外，第三人是否能够成为公租房共有产权的共有人，取决于保障性住房的发展方式和实际投资结构。[②] 根据"谁投资、谁所有"基本原则，[③] 我国住房保障鼓励供给主体多元化。无论是政府也好，企事业单位也罢，甚至自然人，只要进行了投资，拥有了投资者身份，那么皆可成为公租房共有产权的共有人。由此可知，公租房共有产权的共有人范围较为开放，从法规政策层面已允许对第三人的接纳。共有人的实际投资数额不同，则其享有的产权比例有差；身份类型不同，则其享有的权利类别相异。对购房保障对象而言，其依据投资份

[①] 参见黄忠华、杜雪君、虞晓芬《英国共有产权住房的实践》，《中国房地产》2014年第7期。

[②] 参见曾国安、汤梦玲《共有产权保障性住房发展需要抉择的几个问题》，《中国房地产》2015年第21期。

[③] 参见《关于加快发展公共租赁住房的指导意见》（建保〔2010〕87号）第5条"政策支持"第5款："公共租赁住房建设实行谁投资、谁所有，投资者权益可依法转让。"

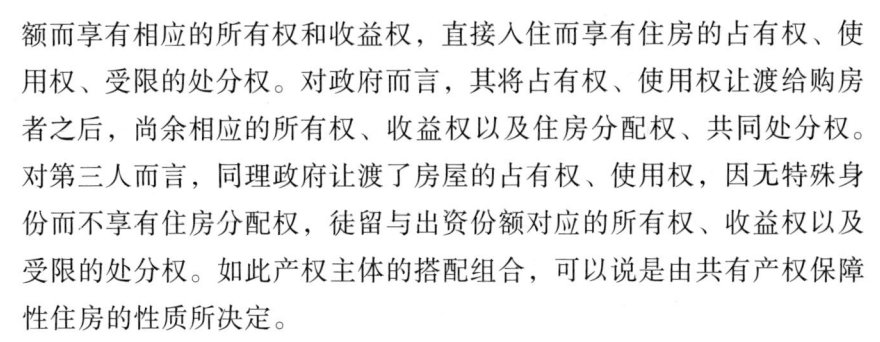

额而享有相应的所有权和收益权,直接入住而享有住房的占有权、使用权、受限的处分权。对政府而言,其将占有权、使用权让渡给购房者之后,尚余相应的所有权、收益权以及住房分配权、共同处分权。对第三人而言,同理政府让渡了房屋的占有权、使用权,因无特殊身份而不享有住房分配权,徒留与出资份额对应的所有权、收益权以及受限的处分权。如此产权主体的搭配组合,可以说是由共有产权保障性住房的性质所决定。

3. 公租房共有产权以何种方式共有

若要理解公租房共有产权以何种方式共有,首先须明确公租房共有产权的法律性质。虽然公租房与共有产权的搭配尚属新生事物,但共有产权房在我国由来已久。有学者指出,在保障房的产权交易之中,购房者所获得的权利与住房改革时期职工向单位购买公房后享有的"部分产权"(或称"有限产权")在性质上有着异曲同工之处。甚至可以说,后者这一民事权利是在共有产权保障制度下的升级。[1] 在我国住房制度改革的历史上,因部分产权的法律性质不明曾导致了实践中纠纷不断。关于部分产权的法律性质问题,学界主要存在以下几种观点:其一,单独所有权说。该学说认为部分产权乃受到特殊限制的单独所有权,并多属建筑物区分所有权。[2] 其二,租赁权说。该学说认为,职工作为购房者与售房单位之间因行政隶属和劳动关系而能够以较低价款购入住房,显然具有单位福利照顾的性质;而且单位通常担负起供水、供热、房屋修缮等义务,从这些特征来看应将该权利界定为租赁权。其三,他物权说。该学说认为职工的部分产权在权能上具有受限性,与典型的所有权存在区别,应界定为他物权。[3] 其四,共有权说。该学说通常以一些地方规章的明文规定为依据,[4] 认

---

[1] 谢九华:《论共有产权住房中部分产权的法律性质》,《建筑经济》2014年第11期。
[2] 崔建远:《住房有限产权论纲》,《吉林大学社会科学学报》1994年第1期。
[3] 同上。
[4] 例如《哈工大向校内职工出售公有住房实施办法》第18条规定:"出售公有住房产权划分:个人按标准价格购买的住房产权为学校和购房人共同所有,按双方出资比例划分产权。"

为购房人和单位按出资比例划分产权共同拥有住房产权。当时，几乎所有的住房改革政策都规定了住房再次入市售出时应按出资比例划分住房增值收益，而且单位拥有优先购买权。① 总之，学界关于共有产权公房的法律性质分歧较大。

如今各地纷纷展开公租房共有产权试点，但是共有产权性质上的不明确依然是阻拦地方实践顺利进行的拦路虎。笔者倾向从共有权说的角度理解公租房共有产权的性质以及共有方式。根据我国物权法之规定，共有包括按份共有和共同共有两种类型。共同共有之共有人共同享有所有权，按份共有之共有人按照其份额享有相应的所有权。不动产或者动产可以由两个以上单位、个人共有。看似公租房共有产权中的共有方式与按份共有最为接近，但实际上，二者仍存在显著的差别。公租房共有产权模式中，共有人以其出资份额为依据享有部分产权，但出于维护住房保障之目的，购买人并未享有其出资份额所对应所有权的完整权能，尤其在处分权上受到了限制。而《民法通则》第78条第2款规定，"按份共有财产的每个共有人有权要求将自己的份额分出或者转让"。根据该规定，按份共有人可自由转让其所享有的份额。除非各共有人事先另有约定，共有人无论以何种方式转让或向谁转让其份额，均不必征得其他共有人的许可，且一般也不受时间的限制。为了防止因某一共有人转让份额而损害其他共有人利益，《民法通则》第78条第3款赋予了其他共有人在同等条件下的优先购买权。但是如果存在多个有购买意愿的共有人时，则最终仍交由转让人决定其售予之对象。可见，在按份共有中，按份共有人享有的处分权行使空间较大，这与公租房共有产权中购买人的处分权有所差别。可见，若遵循物权法定主义，公租房共有产权的定性无法定性，产权共有方式的界定也将走入一条死胡同。

诚然，物权法定主义乃出自对交易安全之考虑，体现了立法者对权利结构变动的警惕之心。我国大陆的民法尚未将之纳入规定，

---

① 谢九华：《论共有产权住房中部分产权的法律性质》，《建筑经济》2014年第11期。

但学界普遍与之认可。因此在探讨公租房共有产权这一特殊的权利结构变动之合法性时，必然无法回避公租房共有产权与物权法定主义之相悖。如马克思所说，"无论政治的立法或市民的立法，都只是表明和记载经济关系的要求而已"。我国社会经济发生着日新月异的变化，然而法律的滞后性导致这些变化并不能同步地、及时地被反映到法律之中。可以说，物权法定主义所重视的安全与稳定之价值是以牺牲法律的灵活性为代价。为了与社会经济发展相互适宜，最常见的做法就是，一些突破传统物权法定主义的新型物权往往都是由当事人以法律行为先行设定，随后经政策认可，最后才上升到法律的层面。例如从我国农村承包经营权的产生过程即可觉察此规律。学界亦提出多种方案化解这一两难境地，例如"物权法定无视说""习惯物权承认说""物权法定缓和说"等，为创新型物权的诞生提供理论依据。公租房共有产权借助权能分离原理，使住房所有权权能在购房者与政府或其他主体之间合理分配，正是对我国社会经济发展变化的回应。以往产权型保障性住房——经济适用房正是由于产权分配不明而陷入权力寻租的陷阱，受外部性的负面影响较大；纯租赁型保障性住房并不能完全跟上住房保障需求变化的步伐且对政府资金投入的要求较高。公租房共有产权通过权利结构的微观变动，以"不求诸他人，亦不求诸他物，可径就标的物为之"[1]的方式，既创新了社会弱势群体住房权的实现方式、发挥了公租房住房保障之功效，而且减少了政府财政压力、有助于提高资源分配的效率。因此，虽然公租房共有产权的共有方式突破了物权法定的约束，但并不表示其合法性会遭受否定之虞。

综上，公租房共有产权作为一种创新型的权利结构变动，突破了传统的按份共有概念，公租房产权人之间是一种特殊的按份共有关系，且该共有方式具有合法性与合理性。

（三）推行公租房共有产权的三大难点

所谓公租房共有产权，简单来说，是指政府（或其他投资人）

---

[1] 谢九华：《论共有产权住房中部分产权的法律性质》，《建筑经济》2014年第11期。

与符合住房保障条件的购房者根据各自的出资份额共同拥有公租房产权。从具体操作过程来看，通常政府将投入到公租房的财政支出（如减免的土地出让金、其他税费等）显化为投资份额，从而获得公租房的部分产权。通过收取较低的租金，政府将公租房的占有权、使用权让渡给购房者，仅保留相应的处分权和收益权。符合申请条件的购房者按照约定价格，一次性购入剩余产权，并拥有占有、使用以及有限的处分和收益多项权能。最终形成双方以按份共有的方式共同拥有公租房产权。待购买力提高后，购房者可向政府"赎回"另一部分产权，变"共有产权"为"自有产权"；或者当购房者满足条件意欲出售其产权份额时，政府即可基于按份共有的关系优先回购，也可按照产权比例收回资金并获得相应的投资增值收益。虽然已有少数城市展开试点，但是公租房共有产权的进展情况并不理想。各地在推行公租房共有产权过程中，往往不可避免遇到以下三大难点。

1. 缺乏顶层设计，公租房共有产权实践不确定性较大

从我国住房保障的发展历程不难得出，"现有的保障住房供给分类供应体系是一种问题导向的补丁式制度设计"①。这种制度设计思路一直饱受诟病。遗憾的是，公租房共有产权依然重蹈覆辙。公租房共有产权在顶层设计上的缺位，必将导致地方政府对这一概念的认知产生偏差，而对中央政策理解上的偏差，必将导致公租房共有产权在具体实践中饱受不确定性带来的危害。有的地方政府甚至仅仅将推行公租房共有产权当作上令下达的政治任务，只管筹建共有产权公租房以完成公租房供给指标，而忽视了将住房保障、改善民生落到实处。是否应该大力支持？全面推进还是小范围尝试？一旦缺乏顶层设计，关于推行公租房共有产权的关键性问题没有解决，地方政府在实践中往往容易陷入无所适从。公租房共有产权的实践容易流于形式。

---

① 邓宏乾：《我国保障住房供给体系并轨问题研究》，《华中师范大学学报》（人文社会科学版）2012年第3期。

2. 政府定位不明，公租房共有产权政策取向摇摆

自公租房共有产权推出以来，质疑之声不绝于耳。在公租房共有产权模式中，政府扮演着多重角色。作为产权的所有者，政府可凭借其产权比例而获得相应的产权收益，此时政府作为经济人的逐利性特征表现得较为突出，以最少的付出获得最大的收益为该角色所汲汲以求。作为对社会弱势群体的援助者，政府应充分发挥其积极主动性、利用一切可利用的资源为中低收入住房困难群体提供住房援助，此时政府的社会职能发挥作用，不与社会弱势群体争利并最大限度地维护其权益以实现住房保障是该角色的必然要求。此外，作为市场经济秩序的维护者，政府还应关注公租房共有产权所占比例对房地产市场供需结构的影响。我国房地产市场表面上一派繁荣，实际供求结构失衡已成燃眉之急。一方面，面向大多数社会群体的低投入、低价位的中小户型住房供给不足；另一方面，针对少数社会尖端群体的高投入、高价位豪宅、别墅等供过于求。土地资源有限，房地产价格屡被哄抬、虚高不下，投资与投机鱼龙混杂，真正的刚性住房需求却被"美丽的泡沫"深深湮没。虽然公租房制度大行其道，但如果租赁文化难以普及、相应的配套制度不能有效建立，那么租赁市场再发达依然敌不过人们"心头的那一点朱砂痣"——住房自有，房地产市场很有可能依旧在跟跟跄跄中迈向下一个时期。而若公租房共有产权在住房市场的比例过大，那么亦将挤占房地产市场份额导致商品房住房市场陷入萎靡。总之，公租房共有产权中的政府定位越明确，则政策执行的目标越清晰、政策执行效果越理想。反之，则将因摇摆不定的政策取向而受到拖累。

3. 运行机制差异较大，公租房共有产权风险重重

受上述两个因素的影响，各地公租房共有产权的运行机制差异较大（见表2-2）。从我国公租房共有产权的六个试点城市的地方实践来看，主要存在以下四个方面的差异：第一，申购条件方面，北京的申购门槛较低而其他五个城市均设置了较为严格的门槛条件。例如有的以户籍为要求，非户籍人口则被拒之门外，地域性歧视饱受争议；有的以收入为划分依据，收入统计标准却难以真实地反映申请对象的实际经济状况。第二，产权比例方面，主要存在两种方式：其一，参照项目销售均价占同地段、同品质普通商品住房价格的比例确定；其二，按购房人出资数额确定产权比例，同时由政府设置最低出资额度。对于前者，实际操作中共有产权划分比例通常有7∶3和5∶5两种，即购房者需缴付70%或50%的价款。该方式中，政府单方面制定硬性比例标准的行为未能考虑购房者一方的购权诉求。对于后者，虽然出资份额的灵活性甚于前者，但若政府设置的最低出资额度过低则必将增加财政负担而保障作用有限，若最低出资额度偏高则可能因超出被保障对象的支付能力而偏离目标。第三，定价方式方面，各地差别较大。有的城市采取基准定价方式，例如成都市共有产权住房全产权价格综合考虑房屋建造成本、土地出让价格、税费等因素确定；有的城市直接采取政府指导定价；还有的城市定价方式与市场价挂钩并适当调低。然而，基准定价与政府指导价的定价方式并未反映市场运行规律，共有产权住房的市值变化难以显现；而低于市场价的定价方式其实已然将开发商的利润包含在内，而下降幅度却并不明确。[1]第四，退出机制方面，有的城市要求对内封闭式退出，例如深圳市共有产权保障房要么由个人增购产权完成退出，要么由政府回购。有的城市则允许在满足一定条件时上市交易，且政府拥有同等条件下的优先回购权。无论哪种方式都存在风险管控的危险。

表2-2　　　　我国六个试点城市公租房共有产权之比较

城市	申购条件	产权比例	定价方式	退出
淮安	个人或家庭收入限制；社保关系或社保年限要求；要求人均住房面积或无房	按保障对象出资份额确定产权比例，且个人出资比例不得低于60%	低于同期、同地段普通商品房销售价	购买满五年，可上市交易；未满五年，政府根据不同情况确定是否按市场价格或原配售价格回购，或因特殊原因确需转让经批准后方可上市

---

[1] 李哲、李梦娜：《共有产权住房政策的反思：定位、现状与路径》，《当代经济管理》2018年第4期。

续表

城市	申购条件	产权比例	定价方式	退出
北京	要求人均住房面积或无房	参照共有产权保障住房所在项目的销售基准价格占相邻地段、相近品质商品住房价格的比例	低于同期、同地段普通商品房销售价；以建设成本和适当利润为基础，考虑家庭购房承受能力等因素综合确定	取得所有权证后，原则上五年内不得转让，因特殊原因允许后由政府代持机构回购；取得不动产权证满五年的，可按市场价格转让所购房屋产权份额
上海	个人或家庭收入限制；要求人均住房面积或无房	参照共有产权保障住房所在项目的销售基准价格占相邻地段、相近品质商品住房价格的比例	政府指导定价	取得权证后，五年内不得转让，特殊情况需转让的由政府回购，回购价格为原销售价格加银行存款利息；满五年后允许转让，可按市场价格转让所购房屋产权份额
深圳	本市户籍；个人或家庭收入限制；社保关系或社保年限要求；要求人均住房面积或无房	按照相关法律、法规规定，申请人与建设单位在合同中约定产权限制及归属	基准定价，且不超过其市场评估价70%	未取得完全产权前转让需申请政府收购，收购价格分不超过十年和超过十年两种类型；签订买卖合同十年后，方可申请完全产权
成都	本市户籍；个人或家庭收入限制；要求人均住房面积或无房	按保障对象出资份额确定产权比例	基准定价	购买不足五年需出售的，由政府回购，禁止上市交易，回购价格为销售价加存款利息；满五年，允许上市交易，交易金额按产权比例分配
黄石	个人或家庭收入限制；要求人均住房面积或无房	按保障对象出资份额确定产权比例	政府指导定价	混合型住房租满三年后，各产权主体可依法转让其持有的份额，但不得改变其用途；另外，公益型住房租满五年后，亦可申购完全产权

（四）完善公租房共有产权的相关建议

公租房共有产权围绕"共有"与"产权"两个核心内容，契合了"有恒产者有恒心"的朴素治国思想，使中低收入家庭在自身能力有限且银行贷款困难的情况下能够借助外界的帮助获得置产需求的满足。作为租赁型与产权型相结合的一种新型住房帮扶政策，从前期投资来看，一定程度上缓解了政府的财政压力与融资困难；从后期管理来看，有助于调动保障对象身为产权者的主动性，为后期管理提供方便；从社会效果来看，通过帮助中低收入家庭增加资产积累，既提高了个体家庭的抗风险能力，而且缩小了贫富差距，增进社会和谐稳定。然而，自从公租房推出试点城市以来始终饱受非议，其实践过程亦遭受较大的阻力。通过上文的分析可以看出，这正是由于共有产权与住房保障在制度耦合上的不确定性、产权主体之间利益分配的不均衡以及公租房共有产权运行机制的设计不甚合理所导致。因此，从该三个方面出发，试提出完善公租房共有产权的相关建议。

1. 明确顶层设计，实现共有产权与住房保障之嵌合

若要明确顶层设计，首先，必须回答一个问题——共有产权嵌入到保障房到底是作为保障性住房的一个新品种、新方式，还是作为一项新的制度？如果取前者，那么公租房共有产权实际上是作为经适房、传统公租房、限价房等保障性住房之外的一个新型品种而存在；如果取后者，那么公租房共有产权则相当于是整个住房保障制度升级为全面租售并举之前的一个过渡性阶段。顶层设计上，共有产权与住房保障嵌合的方式不同，对地方政府所释放的信号亦有差别。如果公租房共有产权仅仅被视作一个新品种，那么意味着无非是我国保障性住房发展过程中又一个"查漏补缺"的"补丁"而已。按照我国住房保障过往发展的习惯来看，一旦发现现有保障性住房功能上有所欠缺，则一个新的品种会应运而生、弥补其之前所存在的漏洞。殊不知，补丁连补丁，再精美的"锦衣绣袍"最终不堪入目。其中的原因并不难理解：第一，这种问题导向式"打补丁"的顶层设计思路不仅无助于解决旧的问题，而且无疑将造成住房保障体系新的割裂。第二，共有产权公租房与其他租赁型住房保障方式作为共同从属于保障性住房体系的品种，必将导致住房保障待遇上的分配不公。第三，分配不公所产生的利益失衡问题若难以调解，则可能激化社会贫富矛盾、不利于社会稳定与和谐。简而概之，顶层设计上若将共有产权公

租房作为保障性住房的一个新品种并不明智；但如果将共有产权公租房视作我国住房保障制度升级的一个过渡性阶段，效果则大不相同。诚然，改革从来不是一蹴而就的，其艰巨复杂程度远甚于纸上谈兵。在现阶段情况下我国住房保障制度若一步到位实现全面、统一的租售并举难度太大，因此不妨通过分步走的方式变通实施。第一步，将共有产权嵌入到公租房制度之中作为试点，通过理论与实践上的经验总结再进一步推广；第二步，待条件成熟之时，以共有产权为契机实现所有保障性住房全面并轨、租售并举，建立统一而全面的新型住房保障制度。① 从顶层设计上明确共有产权公租房定位，为地方政府推行共有产权公租房指引前进的方向，增强其实践的信心。

其次，共有产权公租房在具体实践中的嵌入方式同样需要顶层设计予以明确。一旦公租房实行共有产权，那么意味着政府将逐渐丧失对公租房房源的绝对控制权，公租房房源供给的减少则不可避免。由于各个地方在城市发展水平、城市土地储量人口规模、居民住房可支付能力等多方面都存在千差万别，因此发展公租房共有产权必须考虑区域性与适宜性，而不应一刀切地全面推进。② 对于小城镇，在住房供需矛盾尚不激烈、房价水平不高的情况下，推行共有产权公租房、甚至全面推行共有产权保障房具有可行性。对于中等城市或大城市，则需考虑两方面问题：其一，房地产市场发展是否健康、住房价格是否稳定以及供求关系如何？其二，政府所拥有的或计划中的保障性住房数量能否满足无足够支付能力或无意愿购买产权的社会弱势群体之住房需要？中等城市或大城市应根据自身状况做出适宜的选择。而对于特大城市，供需矛盾普遍尖锐、住房价格高居不下，因此从长远考虑租赁型公租房相较于产权型公租房更具有发展优势。除非保障性住房结构性过剩，否则不可轻易采取共有产权的方式。总之，共有产权公租房在顶层设计上需注重因地制宜，将是否推行共有产权公租房交

---

① 参见曾国安、汤梦玲《共有产权保障性住房发展需要抉择的几个问题》，《中国房地产》2015年第21期。

② 参见陈淑云、曾龙《共有产权住房在我国可行吗？》，《江汉论坛》2016年第1期。

由地方自主决定。

2. 明晰权利与义务，协调产权主体之间的利益分配

根据《民法通则》第78条第2款的规定，"按份共有人按照各自的份额，对共有财产分享权利，分担义务"。可见，理论上按份共有人之间应严格按照其拥有的产权比例享受相应的权利并承担相应的义务。但是诚如前文所言，公租房共有产权中各产权主体之间按份共有关系具有一定的特殊性。政府将公租房的占有权、使用权让渡给购房者，而购房者的处分权受到了限制。这一特殊性导致公租房共有产权中各产权主体之间在利益分配上的冲突与矛盾。因此，应采取多重措施协调各产权主体之间的利益分配。

第一，通过合约方式构建稳定的产权关系。要想协调各产权主体之间的利益分配、合理划分各主体产权之界限，首先需保证产权关系的稳定性。通过合约方式构建私人与政府、企业等产权主体的合同法律关系。建立统一规范的公租房共有产权交易的格式合同，以明确的合同条款约定各方主体的产权份额、房屋使用维护义务、出租转让限制、收益分配等。

第二，适当减少购房者处分权的行使阻碍。购房者拥有共有产权公租房的处分权，但处分权权能并不完整。以往传统的租赁型保障性住房忽视了被保障家庭增长家庭财富的需求，共有产权与公租房相结合的方式为中低收入住房困难家庭提供了可以分阶段、一步步实现资产累积的新途径。然而，对购房者处分权的过分限制偏离了这一设想，应适当地予以放宽限制。例如，可允许购房者优先面向保障性住房备案家庭或符合共有产权住房购房条件的家庭出租，出租收益由购房者与政府（包括政府份额的代持机构）按照其各自所占的房屋产权份额进行分配，具体应在购房合同中约定。再如，可允许购房者或政府（包括政府份额的代持机构）依法将拥有的房屋产权份额用于抵押。同时，为了防止恶意抵押，可赋予政府审批特权。将政府的审批权作为一道防止随意或恶意抵押的防线，只有获得政府主管部门同意方可实施，否则不予认可。

第三，住房市场价格下行风险由产权主体共担。无论是购房者回

购剩余产权,还是政府回购购房者拥有的产权,都不可避免涉及如何确定回购价格的问题。实践中回购价格的通常确定方法是,要么以原价加定存利息的方式,要么以市场估价的方式,二者都与住房市场风云变化密切相关。例如,按照上海的相关政策,对共有产权房以五年期为界进行分别处理:购买不足五年期的,根据共有购房人的申请,可以由政府回购,回购价是原价+银行同期定期存款利息;购买期超过五年的,共有产权人拟出售的,政府享有优先购买权,但政府也可以放弃优先购买权,如果政府放弃优先购买权的,共有产权人可以面向社会出售,所得收益按约定比例与作为共有产权之一方的政府进行分配。那么,当房地产市场价格上涨,巨大差价利益诱使下政府权力寻租空间过大。而当房地产市场价格下行,政府若以原价加定存利息回购,则存在对购房者的利益输送;政府若拒绝回购,该公租房变性为商品房流入房地产市场,交由市场机制定价出售,相当于政府坐享利益、不担风险似乎也难以圆说。同理按照市场估价也面临类似症结。房地产市场何时触顶只是时间问题,基于政府对公租房共有产权保涨不保跌,一旦楼市转向,购房者回购产权所承担的风险过大,与其所受利益不相匹配,则住房保障沦为空谈。因此,应建立风险共担机制,使利益分配与风险分担挂钩。

第四,引入非营利第三方独立机构。如前文所述,政府在公租房共有产权中往往"又是运动员、又是裁判员"。不同的身份代表着不同的利益,政府肩负多重身份往往容易陷入角色利益的冲突之中。虽然有的地方成立了专门的机构代替政府持有份额并负责开发建设、分配管理等事宜,但是这些专门机构往往具有浓厚的行政色彩,缺乏独立性。在共有产权公租房的租金缴纳方面,购房者作为社会弱势群体在心理上和行动上都可能会对政府的住房保障产生过分的依赖性。如若发生"赖租"行为,政府所能采取的维权方式极为有限。而且,当参与主体之间发生产权纠纷之时,往往还面临着到底是交由公法调整还是私法调整的争议。打破传统而单一的"住户—政府"的二元模式,需要依靠引入非营利第三方独立机构。由非营利第三方独立机构代替政府行使部分权力、享有部分权利,有助于将政府从尴尬的角色身份冲突之中抽离出去，专注于政府监管者的身份，也有助于在政府与个人之间架起一座桥梁、缓和彼此之间的利益冲突。

3. 细化机制环节，实现公租房共有产权"落地"

公租房共有产权的"落地"离不开设计合理的运行机制。第一，在申购门槛上，应面向住房保障对象逐渐放宽准入标准。建议考虑取消户籍限制，保证户籍群体与非户籍群体获得住房保障的起点公平。合理划分收入标准，既要保证不因收入标准偏低导致购买力不足、资源闲置而浪费，又要保证不因收入标准过于宽松而致使住房保障的价值缩水，且应避免收入层次划分出现"夹心层"现象而导致社会不公。第二，在产权比例上，应合理划分产权配置比例。所谓"合理"体现在三个方面：首先，设定产权配置比例应考虑购房者一方合理的购权诉求。公租房共有产权由政府和购房者双方共有拥有，政府单方面制定硬性比例标准的行为未能考虑购房者一方的购权诉求，其产权划分比例若将购房者的合理意愿排除在外未免有失偏颇。政府一言堂式的契约制定行为甚至会在一定程度上削弱购房者的家庭生存权和发展权。其次，设置初始产权比例时应考虑一定的灵活性。英国作为现代意义上合作住房的发源地，其共有产权政策推行之初购房者即可依据自身情况在5%、50%和75%中择优选择；而后这一要求逐步放宽，购房者可在25%—75%之内任意选择一个最合乎切身实际情况的产权比例。我国上海地区共有产权住房的产权比例规定上，政府占30%—40%的产权、60%—70%的产权归个人，同样体现了这一特点。初始产权比例设置灵活，住房保障覆盖面更加广泛。建议综合考虑投资回收实践、公租房共有产权的流动性和资产运营的需要等多方面因素，设置一个产权购买的最低基础份额，购房者在满足基础份额条件下可依据实际情况自由选择产权比例。即使发生不得不减持产权份额的情况，原则上不可低于基础份额。再次，经政府部门批准，允许根据购房者的经济情况变化而调整产权比例。当购房者经济条件逐步改善时，允许其分阶段地购回剩余产权；当购房者遭遇经济变故时，也应允许购房者减持产权比例进行变现。增购或减持产权的行为须严格界定并经政府相关部门批准方可实施，以避免因受房地产市场价格走向影响而滋生寻租行为。第三，在定价方式上，建议以基准定价为基础并酌情考虑市场影响因素。当住房市场处于上行趋势且基准价格过于偏离市场时，可在基准价格之上适当调高，避免共有产权房价格过低而激发寻租投机之欲望；当住房市场处于下行趋势而基准价格不具有优势时，可与之适当调低，避免共有产权公租房反响平平。第四，在退出机制上，当政府所拥有的保障性住房房源充足的情况下，可允许在满足一定的限制条件时上市交易，从而使政府能够回收资金、减少财政压力；当政府所拥有的房源不足以满足购房需求的情况下，则应采取封闭式管理，购房者仅可向同样满足购房条件的其他住房保障对象出售或由政府回购。总之，公租房共有产权能否成功落地，关键在于运行机制是否能够在各主体之间合理、清晰地划分产权，使其享有权利的同时承担相应的风险、相配套的义务。在推行公租房共有产权的道路上，运行机制环节设计越科学、张弛有度，并在实践中不断得以检验，才能使其获得进一步的完善，真正契合住房保障之要义。

第五节　公租房开发建设土地供给的法律规制

公租房的开发建设离不开土地供应。土地供给是公租房开发建设的基础条件。土地供给不足，直接制约公租房开发建设的数量；供给的土地地块、区位质量不好，直接影响开发建设的公租房的吸引力；土地供给价格构成公租房开发建设成本的重要组成部分。土地资源乃不可再生资源，对于城市发展具有稀缺性。规制公租房开发建设包括对公租房开发建设土地供给的规制。

一　公租房开发建设土地供给的现状与问题

（一）公租房开发建设土地供给总体不足

公租房作为我国最主要的保障性住房，旨在为广大中低收入群体提供住房保障，是履行国家责任的体现，具有强烈的公共政策性和公共福利性。因此，公租房开发建设具有公共福利性和公共政策性，理当在土地供给上得到政府的特殊关怀。"土地资源本身的准公共产品属性衍生出了自然资源公共利用社会本位价值。"① 在这一点上，中央政府给予足够重视和明确地肯定，国务院和相关部委出台的行政法规或规章中也都提出要保障公租房开发建设的用地需求。然而事实与此刚好相反，实践中，公租房开发建设用地严重不足，对公租房开发建设形成了较为明显的制约。这种现象不是存在于某些个别地方，而是较为普遍低存在于全国各地。

究其原因，主要有以下几个方面：一是地方政府基于利益考量对公租房开发建设土地供给动力不足。在我国，土地实行严格公有制，土地资源的分配和利用权掌握在地方政府手中。在我国实行分税制的背景下，土地出让金是地方政府财政的最主要来源，"土地财政"是全国各地方政府的普遍现状。通过出让土地而获得高昂的土地出让金日渐成为地方政府的通行做法。伴随着我国城市化进程不断加快，地方政府对土地财政的依赖程度与日俱增。由于商品房开发的土地供给方式是出让，而公租房开发的土地供给方式主要是无偿划拨，在土地资源数量一定且严重短缺的情况下，供给公租房开发建设用地就意味着减少商品房开发建设用地，也就意味着地方政府财政收入的减少，因而地方政府当然缺乏给公租房开发建设供地的动力。二是现行公租房开发建设土地供给的立法规范效力层次偏低，对地方政府约束力不足。关于公租房开发建设的土地供给保障的规定主要体现在住建部发布的《公共租赁住房管理办法》和住城部、国家发改委、财政部等联合颁布《关于加快发展公共租赁住房的指导意见》（建保〔2010〕87号）之中，均属于国务院部委制定的行政规章性质，在我国法律体系中，处于效力层次较低的位阶，与法律、行政法规相比，对地方政府的约束力不足，因而执行不到位，尤其当出现地方政府的经济利益与社会利益相冲突时，更是如此。三是保障房开发建设土地供给途径单一。无偿的行政划拨是我国传统的、主流的保障性住房开发建设土地供给的方式，其本质在于"政府通过土地资源的直接投入实现对

---

① 郭洁、赵宁：《论保障房用地法律制度的创新》，《法学杂志》2014年第1期。

保障对象进行住房保障的实物补贴"①。然而，行政划拨的无偿性不仅导致了地方政府对保障性住房土地供给的排斥性，而且也限制了保障性住房土地供给的途径，形成单一化的误区，②这在一定程度上也影响着公租房开发建设土地供给量。

（二）公租房地块区位普遍较为偏远

虽然地方政府缺乏公租房开发建设土地供给的动力，但在中央政府和上级政府的要求与压力下，还是不得不为本地公租房开发建设提供一定的用地以完成考核要求。基于此，为了完成住房保障建设任务的硬性指标，地方政府往往倾向做出看似最为"经济"的选择——将较为偏远的地块划拨为公租房开发建设用地，主要集中于城乡接合部或郊区等土地市场价格较低的区位。由于公租房地块区位选址偏远，且基础配套设施较为滞后，交通、医疗、教育等基本民生需求难以满足需要，致使诸多地方的公租房在建成后不受保障对象"待见"，"弃租"现象频现，空置率居高不下。公租房的空置产生一系列连锁负面影响：首先，土地是稀缺资源，政府投入巨大的人力、财力开发建设公租房却未取得住房保障实效，无疑是对社会资源的极大浪费。其次，空置率越高，公租房社区配套的基础设施建设也会因缺乏动力而导致滞后，不仅降低了已入住人员的福利水平，而且将影响保障对象的后续申请意愿，陷入无限的恶性循环。再次，本该以民为本的社会公益项目最终沦为徒有其表的政绩工程，政府的形象有损，人们对政府的信心将受到严重打击。

（三）公租房开发建设土地被违规滥用现象时有发生

在公租房的开发建设中，地方政府既是土地的供给主体，又是用地的审核主体，集多重身份于一身，官员必须严格自律，外有强力监督问责机制，否则，政府官员滥用职权和权力寻租现象将时有发生。

---

① 邓宏乾等：《中国城镇公共住房政策研究》，中国社会科学出版社2015年版，第104页。
② 参见李新仓《城市保障房土地供应及其法律规制》，《特区经济》2012年第12期。

根据我国相关法律法规规定，我国商品房市场采取"招拍挂"的土地出让方式，获得商品房开发建设土地必须以付出高昂的土地出让金为代价。与之相反，公租房因其社会公益的本质属性而采取无偿的行政划拨方式。两种截然不同的土地供给方式人为地导致了悬殊极大的土地价差。"同地不同价"的现象给投机分子留下了机会。逐利的本性驱使他们钻头觅缝采取各种手段将妄想变为现实，寻租现象不绝如缕。从这一角度说，保障性住房土地供给的行政划拨方式是投机分子产生寻租冲动的导火索。在商品房高额土地出让金的诱使之下，公租房用地屡遭排挤，甚至出现随意改变土地用途、擅自调整规划用地指标的现象，致使公租房土地供给效果大打折扣。

二 公租房开发建设土地供给法律规制之思考与建议

（一）强化公租房开发建设土地供给的制度保障

为了克服地方政府为公租房开发建设供地动力不足，督促地方政府保证公租房建设用地需求，避免公租房建设用地选址偏远和被违规滥用，首先需要建立制度和机制，强化公租房开发建设供给制度保障。

强化公租房开发建设土地供给制度保障，建议从以下几个方面着手：第一，由国务院出面组织相关部门制定全国性的保障房用地总体规划，以每五年为一期。通过宏观层面的土地供给规划为公租房等保障性住房开发建设提供稳定且较为优质的土地供应，避免地方政府在土地资源分配上随行就市，矫正地块区位上的空间错配。第二，由省级人民政府督促本行政区域内各地方政府，根据国家保障房用地总体规划和本地实际情况，科学编制本地保障房用地年度计划。考虑到社会弱势群体的住房渴求以及保障性住房资源的紧缺程度，公租房等保障性住房开发建设的土地供给应该在城市年度土地供应计划中优先予以满足。而且，通过制订详细的保障房用地计划，将土地供给计划落实到具体地块。第三，将保障房用地纳入土地储备法定事由。2018

年新修订的《土地储备管理办法》第1条①在立法目的上仍未突破建设用地的笼统规定，现行的土地储备仍然没有区分公益性用地和经营性用地。这对注重民生、追求社会公义的保障性用地而言，缺乏行之有效的实施保证。将保障房用地纳入土地储备的法定事由，能够为公租房开发建设提供土地资源预留，实现长效。

（二）拓宽公租房开发建设土地供给渠道

土地供给途径单一是影响公租房开发建设土地供给充分性和有效性的原因之一。因此，应拓宽公租房土地供给渠道，推动公租房土地供给方式由单一性向多元化发展。

2010年住建部等三部委联合发布《关于加快发展公共租赁住房的指导意见》（建保〔2010〕87号）（以下简称《意见》），其中第5条第3款明确规定："面向经济适用住房对象供应的公共租赁住房，建设用地实行划拨供应。其他方式投资的公共租赁住房，建设用地可以采用出让、租赁或作价入股等方式有偿使用。"根据该《意见》，各地纷纷开展公租房开发建设土地供给方面的新尝试，大致总结如下：①商品房配建。房地产开发商通过"招拍挂"方式竞得土地后，将政府预先确定的配建保障性住房的要求载入土地出让合同作为中标的附属义务。②"限地价、竞配建"。当地块的竞拍价格达到政府拟定的上限价格时产生熔断效应，竞买方式转为竞报配建保障性住房的面积，竞报配建的保障性住房面积最大者中标。③土地年租制。以每年缴纳土地租金的方式取代一次性缴纳土地出让金的传统方式，减少公租房开发建设者的一次性投入的成本压力，鼓励市场主体的积极参与。该方式由北京首创，后扩至广东等地，因阻力较大，目前仍处于试行阶段。④"退二进三"。该方式缘起于20世纪90年代的产业结

---

① 《土地储备管理办法》（2018）第1条规定，"为贯彻落实党的十九大精神，落实加强自然资源资产管理和防范风险的要求，进一步规范土地储备管理，增强政府对城乡统一建设用地市场的调控和保障能力，促进土地资源的高效配置和合理利用，根据《国务院关于加强国有土地资产管理的通知》（国发〔2001〕15号）、《国务院关于促进节约集约用地的通知》（国发〔2008〕3号）、《国务院关于加强地方政府性债务管理的意见》（国发〔2014〕43号）、《国务院办公厅关于规范国有土地使用权出让收支管理的通知》（国办发〔2006〕100号），制定本办法"。

构调整，鼓励竞争力较低的中小型国有企业退出第二产业、进入第三产业，再由政府将企业退出的工业用地规划给公租房开发建设的土地供给。2017年上海首个内环内公租房、普陀区首个"退二进三"政策建设的项目——"和丰苑"已验收备案，并推出562套公租房房源。而在改建为公租房之前，该地块被市房管局认定为上海市保障性住房第五批"退二进三"申报项目。⑤利用集体土地开发建设公租房。根据《国家新型城镇化规划（2014—2020年）》第七章第五节的相关规定，"审慎探索由集体经济组织利用农村集体建设用地建设公共租赁住房"。"审慎"二字表明了国家在利用集体土地开发建设公租房的态度，同时该条款也释放出允许在集体土地建设公租房的信号。北京率先迈出第一步，2013年开工的海淀区太舟坞公租房项目成为北京利用集体土地建租赁房试点的首个开工项目。在集体土地上开发建设公租房有助于打开土地供给的制度性缺口，推动土地资源的自由流动。

（三）加强公租房土地供给监管

政府在土地资源配置上占据着绝对的垄断地位，若缺乏足够的监管则极易导致权力的膨胀、激发政府的"经济人"冲动。我国是社会主义法治国家，政府的一切权力来自人民，受人民所托并代表人民调节土地资源在各个领域内优化配置。然而土地供给方面法律监管的缺失，使得人民与政府之间的"授受"关系不断变异。公租房开发建设实践中，项目被违法转包、肆意改变土地用途等乱象因法律监管不到位而屡见不鲜。加强公租房土地供给的法律监管，主要从以下几方面着手：第一，加强对公租房土地供给规划的监管，着力避免规划不到位或者规划不落实等情况。第二，加强对公租房土地供给过程的监管，严格查处公租房用地审批滞后、非法审批等现象，为公租房开发建设用地扫除行政阻碍。第三，加强对公租房用地的监管，通过动态巡查或跟踪管理等方式严格查处随意改变公租房土地用途的违法行为。第四，建立责任追究制度，对公租房土地供给过程中的违法行为予以坚决地查处。

第二章　公租房开发建设的法律规制

（四）赋予利益相关人决策参与权

城市规划应是在政府主导下各种利益诉求相互博弈、相互权衡的一场折中的艺术。要想达到公平、公正的最佳"艺术"效果，仅靠政府"一言堂"式的决策安排则劳而少功，而应以各方利益相关人的协商、对话、谈判为前提。遵循规划编制过程中实施救济的法律程序，给予利益相关人一定的参与权，正是协商、对话、谈判的规则和基础。[1]

首先，应赋予地方政府根据各地实际情形制定用地规划的自主权。地方政府与基层接触最为直接，最能了解住房保障规划的落地性。因此，应充分听取地方政府的意见，甚至在决策程序上给予地方政府一定的决策地位，譬如允许地方政府参与到国家用地规划的制定，国家用地规划取得地方政府的认可，组成规划起草的联合性组织等。[2] 其次，应赋予公租房保障对象规划参与权。允许住房保障对象参与到用地规划的制定，能够防止"具有潜在危险性内容的规划制度，并以此实现对自己可能受到侵害权利的事前救济"[3]。政府制定用地规划的行为是一种先导性行政行为，如果在规划编制阶段就已对住房保障对象的权益造成一定的损害而不予以及时的纠正，待到具体实施之时才能转入救济程序对规划的合理性、合法性进行审查，显然有悖事前解决之基本原则。[4] 公租房保障对象的规划参与权体现于获得土地规划信息的权利、参与制定土地规划的权利、对公租房地块划拨等可申请听证的权利、对政府城市规划提出意见或者选择其他规划的权利等。再次，应赋予参与住房保障项目的开发商规划参与权。城市土地规划对房地产开发商而言同样重要。如若赋予其一定的规划参与权，听取其利益诉求，则将大大提高市场主体的参与意愿，增强公租房项目公私联合的执行效果。

---

[1] 参见陈锦富、刘佳宁《城市规划行政救济制度探讨》，《城市规划》2005 年第 10 期。
[2] 参见郭洁、赵宁《论保障房用地法律制度的创新》，《法学杂志》2014 年第 1 期。
[3] 张兵：《城市规划实施论》，中国人民大学出版社 1997 年版，第 100 页。
[4] 参见陈锦富、刘佳宁《城市规划行政救济制度探讨》，《城市规划》2005 年第 10 期。

第六节　公租房开发建设税收优惠的法律规制

政府对公租房开发建设的投资大体上可分为两种：其一为财政资金的直接投入，例如财政预算、土地出让金净收益、住房公积金增值收益扣除贷款风险准备金和管理费用后的余额；其二为财政对社会多元资金的引导投入，例如银行信贷与社会资金。[①] 由于我国金融资本市场发展不够成熟，不足以发挥应有的筹资功效，因此如何吸引社会资金投入公租房开发建设是当前颇为重要的任务之一。为此，自2010年，我国财税部门先后发布多项税收优惠政策以期推动公租房开发建设步伐。实践证明，利用税收手段降低公租房开发建设成本，对引导社会资金进入住房保障领域发挥了积极的作用。

一　公租房开发建设税收优惠之正当性

税收优惠实质上是为少数人提供了一种特权，使其虽负有相同的缴税义务但却可以减缴或免缴。[②] 对公租房的开发建设是否有必要实施税收优惠？其正当性何在？这是需要回答的问题。

首先，从权利义务角度看，税收优惠是政府将保障住房开发建设义务转移给开发企业的一种对价。住房保障义务原本应由政府承担，企业作为商品市场的一分子并不理所应当承担这一义务。实践中，房地产企业既然代替政府承担了一定的公租房开发建设义务，那么相应地，也须获得一定的对价——享有税收优惠的权利。通过政府的税收优惠政策使企业在参与公租房开发建设时获得权利与义务上的平衡。

其次，从目的看，税收优惠符合公租房制度目标，符合社会公

[①] 参见孟庆瑜等《保障性住房政策法律问题研究》，法律出版社2016年版，第114页。
[②] 参见叶金育、顾德瑞《税收优惠的规范审查与实施评估——以比例原则为分析工具》，《现代法学》2013年第6期。

益。简言之，税收优惠正当性源于"政策目标所追求的公共利益与牺牲平等课税之法益的衡量"①。公租房开发建设，工程浩大，单凭政府的一己之力难以有效为继，从根本上看最终的受损者是中低收入人群。因此，对公租房开发建设采取税收优惠，以政府让利的方式减少开发企业的负担，有助于调动企业的积极主动性，增加公租房供给，给更多的保障对象提供住房保障，符合公众的利益，实现住房保障之目标，也有助于政府从沉重繁杂的公务中暂时分身，提高政府职能之效率。因此，公租房开发建设采取税收优惠可谓"四两拨千斤"之举。

二 我国公租房开发建设税收政策及其存在的问题

公租房开发建设有多种运行模式，有的以政府为主导投资建设公租房，有的则以企业等社会力量为主开发建设公租房。在以政府为主的公租房开发建设模式中，地方政府的实力是否雄厚及其对公租房开发建设是否足够重视，是决定公租房开发建设数量与质量的关键因素，税收优惠的作用不明显。在以企业为主的公租房开发建设模式中，税收优惠力度的大小对企业的主动性之强弱产生显著的影响。因此，税收优惠政策着力的对象应该是企业为主型公租房开发建设模式。从现有法律法规看，我国对公租房开发建设的税收优惠的规定主要集中在《关于支持公共租赁住房建设和运营有关税收优惠政策的通知》（财税〔2010〕88号）、《关于促进公共租赁住房发展有关税收优惠政策的通知》（财税〔2014〕52号）以及《关于公共租赁住房税收优惠政策的通知》（财税〔2015〕139号）三个文件中。梳理上述三个规范性文件可知，我国公租房的建设与运营中主要涉及的税种包括城镇土地使用税、印花税、契税、土地增值税、所得税、房产税和营业税7种。我国现行公租房开发建设税收优惠的基本情况具体如表2-3所示。

---

① 参见叶金育、顾德瑞《税收优惠的规范审查与实施评估——以比例原则为分析工具》，《现代法学》2013年第6期。

表2-3　　　　　　公租房相关的税收优惠政策概览

税种	相关税收优惠政策
城镇土地使用税	对公租房建设期间用地及公租房建成后占地免征城镇土地使用税。在其他住房项目中配套建设公租房，依据政府部门出具的相关材料，可按公租房建筑面积占总建筑面积的比例免征建设、管理公租房涉及的城镇土地使用税
印花税	对公租房经营管理单位免征建设、管理公租房涉及的印花税。在其他住房项目中配套建设公租房，依据政府部门出具的相关材料，按公租房建筑面积占总建筑面积的比例免征建设、管理公租房涉及的印花税。对公租房经营管理单位购买住房作为公租房，免征印花税；对公租房租赁双方免征签订租赁协议涉及的印花税
契税	对公租房经营管理单位购买住房作为公租房，免征契税
土地增值税	对企事业单位、社会团体以及其他组织转让旧房作为公租房房源，且增值额未超过扣除项目金额20%的，免征土地增值税
所得税 — 企业所得税	企事业单位、社会团体以及其他组织捐赠住房作为公租房，符合税收法律法规规定的，对其公益性捐赠支出在年度利润总额12%以内的部分，准予在计算应纳税所得额时扣除
所得税 — 个人所得税	个人捐赠住房作为公租房，符合税收法律法规规定的，对其公益性捐赠支出未超过其申报的应纳税所得额30%的部分，准予从其应纳税所得额中扣除。对符合地方政府规定条件的低收入住房保障家庭从地方政府领取的住房租赁补贴，免征个人所得税（2014年、2015年增加）
房产税	对公租房免征房产税。公租房经营管理单位应单独核算公租房租金收入，未单独核算的，不得享受免征房产税优惠政策

分析表2-3可知，我国公租房开发建设税收优惠存在的主要问题是：①对公租房开发建设的税收优惠的范围有限，优惠力度不够，难以对企业开发建设公租房形成激励作用。在上列7种免缴税种中，公租房开发建设环节仅仅涉及城镇土地使用税和印花税两类。而通常企业开发房地产项目时所涉及的税收远不止于此。首先，在取得土地环节中，通过招、拍、挂方式获得土地的项目涉及契税与印花税。国有土地出让的契税税率为4%，以土地成交总价为基数计征；土地使用权出让合同须征收印花税，以土地使用权出让合同金额0.5‰计征。而我国公租房税收优惠所允许的免征契税仅仅限于公租房经营管

理单位购买住房作为公租房的情况,开发商以出让方式获得土地不仅须付出巨额出让金,而且仍须以土地成交总价为基数缴纳契税。配建公租房所占用的土地成本以及该土地所对应的契税负担悉数压在开发企业肩上,负重前行、何以致远?其次,在具体开发建设环节,涉及土地使用税与相关印花税。城镇土地使用税是指"在城市、县城、建制镇和工矿区范围内,对拥有土地使用权的单位和个人以实际占用的土地面积为计税依据,按规定税额、按年计算、分期缴纳的一种税"[1]。根据《中华人民共和国城镇土地使用税暂行条例》第4条:"土地使用税每平方米年税额如下:(一)大城市1.5元至30元;(二)中等城市1.2元至24元;(三)小城市0.9元至18元;(四)县城、建制镇、工矿区0.6元至12元。"且根据第5条内容,省、自治区、直辖市人民政府应当在上述税额幅度内根据不同情况确定所辖地区的适用税额幅度。开发建设环节的印花税税额分别由建设工程勘察设计合同金额0.5%、建筑安装工程承包合同金额0.3%以及借款合同金额0.05%三个部分组成。不少地方政府(如济南、贵阳等)为了增加公租房供给纷纷出台相关意见,规定通过招、拍、挂等方式取得出让土地,其住宅建筑总量在5万平方米以上的开发项目,开发企业须配建不少于住宅总面积5%的公租房。还有些地方(如武汉、杭州等)将标准提高至5%—10%。有的地方摸索出一套"限地价、控房价、竞配建"[2]的出让方式,例如福州市于2017年4月13日首次施行该方式。免征城镇土地使用税一定程度上减轻了房地产企业开发公租房的负担。而至于免征相关印花税,鼓励效应并不明显。英国的哥尔柏(Kolebe)曾评价:"税收这种技术,就是拔最多的鹅毛,听最少的鹅叫。"印花税则常被称为最具有"听最少鹅叫"特点的税种,侧面可知免征印花税对鼓励房地产企业开发建设公租房所起到的激励作用并不明显。接着,在销售及运营环节,通常涉

---

[1] 叶金育:《中国房地产免税:税法整合、规则与检讨》,《法治研究》2012年第10期。
[2] 即地块设定最高限制价格,竞买人报价不超过最高限制价格的,按价高者得原则确定竞得人;当报价达到最高限制价格后,竞买方式转为竞配建住宅建筑面积。

及增值税、城市维护建设税、土地增值税、印花税等。房地产开发企业建设或配建公租房,有的出售给政府、由政府回购,有的则由自己运营。税收优惠范围较窄,未能对这一环节的税收优惠(如物业管理相关的服务型税收等)做出回应。②税收优惠政策在执行上存在一定的问题。首先,公租房房源多样,税收优惠政策实际执行过程中容易出现盲区。例如,北京市海淀区政府租赁农村住房用于公租房,但相关政策并未明确规定租赁住房转作公租房是否可以同样纳入税收优惠范畴。制度上的盲区使住房出租者难以获得平等的税收优惠。其次,关于公租房经营管理单位的概念同样存在模糊性,相关规定较为笼统。公租房经营管理单位并不局限于一家,多个主体共同参与同一个公租房项目也是常情。那么是否每一位主体都可获得相同的税收优惠?需否差别对待?概念表述上的笼统性为公租房税收政策的执行带来了困难,区分受惠主体所耗费的成本无疑将影响税收优惠政策的执行效率。①

三 完善我国公租房开发建设税收优惠的相关建议

(一)对房产项目设置阶梯式税收,引导公租房等中小户型建设

为了追求高额利润,开发商往往倾向将土地打造为高端豪宅从而抬高房价。市场上的中小户型越来越少,部分城市甚至出现楼市供应结构失衡的现象。2006年,建设部等九部委联合推出《关于调整住房供应结构稳定住房价格的意见》(俗称"70/90政策"),明文规定"自2006年6月1日起,凡新审批、新开工的商品住房建设,套型建筑面积90平方米以下住房(含经济适用住房)面积所占比重,必须达到开发建设总面积的70%以上"。为了突破面积限制,部分逐利的开发商暗中要求建筑设计公司在户型设计上动手脚,用可随时拆除的分隔墙体将大户型变成中小户型以便通过审批,暗地里仍然按照大户型住宅进行对外销售。税收政策作为国家行使宏观调控职能的手段之一,无疑具有"搅动一池寒碧"之功效。从需求方着手征收阶梯式税收,

---

① 参见肖叶《公共租赁住房税收政策效应分析——以重庆公租房项目为例》,《吉林工商学报》2015年第6期。

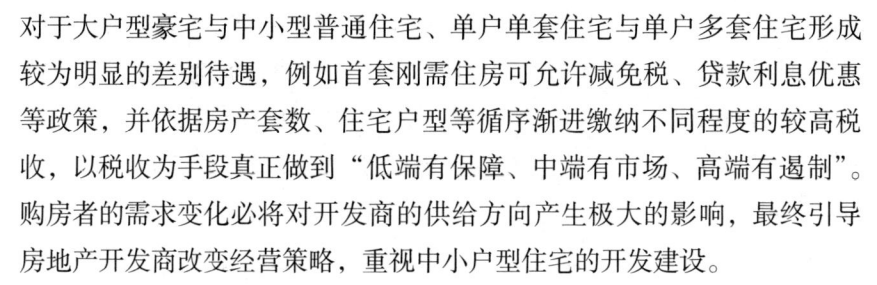

对于大户型豪宅与中小型普通住宅、单户单套住宅与单户多套住宅形成较为明显的差别待遇,例如首套刚需住房可允许减免税、贷款利息优惠等政策,并依据房产套数、住宅户型等循序渐进缴纳不同程度的较高税收,以税收为手段真正做到"低端有保障、中端有市场、高端有遏制"。购房者的需求变化必将对开发商的供给方向产生极大的影响,最终引导房地产开发商改变经营策略,重视中小户型住宅的开发建设。

(二)细化相关概念,增强税收优惠的实际可操作性

政策的生命力在于执行,政策价值的体现也在于执行,公租房税收优惠政策同样如此。由于公租房开发建设模式呈现多样化特点,实践中关于公租房的概念存在一定的认知混淆。税收优惠政策执行过程中,哪些类型的公租房模式属于税收优惠的适用对象?公租房经营管理单位租赁住房作为公租房是否同样适用税收优惠?当多个主体共同拥有公租房经营管理单位的身份时是否均享有同样的减免优惠,或是按照参与公租房开发建设、运营管理的程度不同而有所区别?从可适用税收优惠的公租房类型,到公租房开发建设、运营乃至退出等各个环节,税收优惠的相关规定均应细化且明确。任何一部法律文件,从书本文字而来,到田间地头中去,其间阻碍几何、艰辛几多,与概念范围是否清晰不无关系。从政策文件源头着手进一步细化、规范化、完善化,对政府工作人员而言,有利于减少不必要的行政成本、提高行政效率;对意欲投身公租房领域的相关主体而言,有利于在法律文件清晰的指引之下做出自身利益与社会公益相契合的最佳选择。

(三)加大公租房税收优惠力度、加强中央对地方的转移支付

加大公租房税收优惠力度,必然对企业参与公租房开发建设起到直接的激励作用,但同时地方政府首当其冲受到牵连。我国在税种的划分上,有助于稳定经济、体现分配功能且税源较广的税种,例如个人所得税、企业所得税等,通常归为中央政府的麾下或由中央与地方共享;而财产税以及过去的营业税等小税种则纳入地方政府的囊中。[①] 随着"营

---

① 参见张道庆《论中央与地方财政转移支付关系的法律调控》,《现代法学》2007年第6期。

改增"的提出,地方政府拥有的税收范围愈加狭窄。中央税与地方税的划分结果一目了然,较大份额的税收收入上缴中央,而地方政府只获得了较小的税收份额。公租房所涉及的税种之中,大部分为地方税。因此强调加大税收优惠力度,同时还须加强中央对地方的转移支付为其"输血"。"对于各国各级政府的自身收支,总是不可能完全通过税权和支出权责的划分来做到一致的。但西方各国之所以能做到各级政府的支出与收入大体一致,这主要是通过中央与地方的转移支付来解决的,以保证地方政府履行职责时有相应的财力保证。"① 中央政府可通过转移支付为其提供资金支持,加快建立中央对地方住房保障资金的转移支付机制,尽可能科学合理地测算出各级地方政府的标准收入能力与标准支出需求,适当弥补因加大公租房税收优惠而给地方政府带来的税收损失,为地方政府推行公租房制度提供资金支持。

(四) 强化税收优惠政策的监管,真正实现公租房税收优惠目的

对公租房税收优惠的监管,主要表现在三个方面:其一,监管税务机关公平、公正执行公租房税收优惠政策。我国税收优惠形式多样,例如缓缴税款、退税、税额抵扣、税收抵免、税收饶让、税收豁免、投资抵免、起征点与免征额等。为了防止地方差别对待不同公租房开发建设主体以及防止减免范围有漏、减免税率有误、减免幅度有错的情况发生,应进一步规范公租房税收优惠的审批机制,提高审批、备案的透明度。其二,监管开发企业依法缴税。刑法修正案(七)降低了违法成本,将"偷税罪"改为"逃税罪",对于满足一定条件的纳税人采取欺骗、隐瞒手段进行虚假纳税申报或者不申报的行为,不再直接追究刑事责任。② 对于税收优惠的适用对象、适用范

---

① 张馨等:《当代财政与财政学主流》,东北财经大学出版社 2000 年版,第 77 页。
② 《刑法》第 201 条:"纳税人采取欺骗、隐瞒手段进行虚假纳税申报或者不申报,逃避缴纳税款数额较大并且占应纳税额百分之十以上的,处三年以下有期徒刑或者拘役,并处罚金;数额巨大并且占应纳税额百分之三十以上的,处三年以上七年以下有期徒刑,并处罚金。扣缴义务人采取前款所列手段,不缴或者少缴已扣、已收税款,数额较大的,依照前款的规定处罚。对多次实施前两款行为,未经处理的,按照累计数额计算。有第一款行为,经税务机关依法下达追缴通知后,补缴应纳税款,缴纳滞纳金,已受行政处罚的,不予追究刑事责任;但是,五年内因逃避缴纳税款受过刑事处罚或者被税务机关给予二次以上行政处罚的除外。"

围、适用程序应从严把关，加强税务稽查、严格查处偷、逃、抗、骗、漏税及滞纳情况。既要避免从事公租房项目的房地产开发企业被误排在税收优惠之外，也要避免利用公租房税收优惠政策钻营取巧。其三，监管公租房税收优惠政策的总体运营状况。一方面，通过大数据收集摸清公租房税收优惠实际减免税的总体规模，从税收优惠的"量"上予以把控；另一方面，通过对适用优惠政策的纳税企业造册登记、对执行情况定期回访等方式，从税收优惠的"质"上予以把关。

第七节　公租房开发建设融资机制创新与法律规制

"住房保障问题的实质，是住房建设的资金问题。"[①] 公租房开发建设能否安常履顺，归根结底在于公租房开发建设融资是否顺利。公租房作为保障性住房具有很强的风险外溢性，为了走出融资困境，相关融资机制亟待创新，但与此同时不能放松对其进行法律规制。

一　我国公租房开发建设融资现状述评

基于相关数据统计，"十二五"期间全国保障性安居工程实际开工 4013.62 万套，基本建成 2878.88 万套。如此规模浩大的安居工程，融资渠道主要包括：其一，政府财政投资。主要包括中央划拨到地方的安居工程专项补助资金、地方各级政府在财政预算中安排的资金、一定比例的土地出让收益金等。其二，银行信贷资金。根据《关于认真做好公共租赁住房等保障性安居工程金融服务工作的通知》（银发〔2011〕193号），"对于政府投资建设的公共租赁住房项目，凡是实行公司化管理、商业化运作、项目资本金足额到位、项目自身现金流能够满足贷款本息偿还要求的，各银行业金融机构应按照信贷风险管理的有关要求，直接发放贷款给予支持"。其三，地方投

---

① 吕筱萍、程大涛：《中国保障性住房建设研究》，中国社会科学出版社 2013 年版，第 269 页。

融资平台。投融资平台接受政府的出资和委托，通过资本运作的方式承担公租房等保障性政府的开发建设乃至管理运营。其四，公共资金支持。公共资金特指除开政府财政支持以外的资金，例如住房公积金等。国家为了支持公租房开发建设，相关部门先后出台了三个法律文件，① 为发挥住房公积金在公租房开发建设融资中的重要作用提供了依据。不仅有助于解决住房融资之困，而且还能提高公积金利用效率。

然而，总体上看，我国公租房开发建设融资仍然面临着重重障碍，具体表现在以下几方面。

一是财政资金投入不足且缺乏稳定性。从客观的财政实力来看，地方政府事权较重、左支右绌；从主观的投资意愿来看，地方政府缺乏投资公租房的动力。《关于解决城市低收入家庭住房困难的若干意见》（国发〔2007〕24号）中已有明确规定，"土地出让净收益用于廉租住房保障资金的比例不得低于10%，各地还可根据实际情况进一步适当提高比例"。该规定在具体操作中很难落实，一方面，地方政府土地出让净收益情况极少对外公布，外界较难判断资金提取是否符合中央政策规定；另一方面，地方政府往往自行对土地出让净收益提取比例进行变通，根据审计署2010年公布的审计结果显示，多达22个城市的土地出让净收益提取比例不达标。

二是缺乏明确而有效的担保，商业银行融资意愿偏低。通常，公租房项目的融资贷款以所建住房的占用土地和在建工程为抵押。然而

---

① 2007年，财政部发布《关于印发〈廉租住房保障资金管理办法〉?的通知》（财综〔2007〕64号），首次提出住房公积金增值收益扣除计提贷款风险准备金和管理费用后的全部余额为廉租住房保障资金的渠道之一。2009年，经国务院同意，住房城乡建设部等七部委联合印发《关于利用住房公积金贷款支持保障性住房建设试点工作的实施意见》（建金〔2009〕160号），明确提出允许利用住房公积金发放的保障性住房建设贷款定向用于政府投资的公共租赁住房建设，松开了住房公积金支援公租房等保障性住房融资的闸口。2010年，住房城乡建设部、财政部、人民银行、银监会联合发布《关于印发〈利用住房公积金支持保障性住房建设试点项目贷款管理办法〉的通知》（建金〔2010〕101号），进一步提出允许经住房城乡建设部、财政部、人民银行批准的试点城市，其住房公积金管理中心可委托商业银行利用住房公积金结余资金向借款人发放贷款，专项用于经济适用住房、列入保障性住房规划的城市棚户区改造项目安置用房、政府投资的公共租赁住房建设。

在实践操作中，这两种抵押物因存在担保瑕疵而难以受到商业银行所乐见。若公租房用地为划拨用地时，则对抵押权人的优先受偿权造成不利影响。根据我国《担保法》第56条的规定，"拍卖划拨的国有土地使用权所得的价款，在依法缴纳相当于应缴纳的土地使用权出让金的款额后，抵押权人有优先受偿权"。《城市房地产抵押管理办法》第54条[1]也有同样的规定。换言之，如果银行投资的公租房项目因无法还款而不得不实行抵押变现时，不仅要将原本应缴纳的土地使用权出让金优先提取，而且还要扣除法院强制执行拍卖所产生的具体费用，最后所剩下的余款才是抵押权人可享受优先受偿权的范围。如此一来，"优先受偿权"的含金量已经大打折扣。不仅如此，由于公租房土地上的房屋承载着住房保障的重要职能，住房的抵押功能实现难度较大。为了实现公租房项目融资的目的，不少地方政府采取财政出具"担保函""承诺函"的方式向金融机构变相融资。这一做法显然违背了我国法律的相关规定。[2] 所谓"承诺函"或"担保函"并不能构成法律意义上的保证，也并不具备担保的法律效力。

三是地方融资平台政企不分、投融资风险过高。地方融资平台既无法契合单纯的"私法人"之制度逻辑，又有悖于一般"公法人"之实践特征，独立企业法人的法律属性模糊不清。[3] 从财产维度来看，地方融资平台多存在出资瑕疵且对财产缺乏独立的支配权力；从组织维度来看，多数融资平台仍然"政企难分"、公司治理结构不规范；从责任维度来看，由于主要承担盈利较少的社会公益类项目，独立融

---

[1] 《城市房地产抵押管理办法》第54条规定，"以划拨方式取得的土地使用权连同地上建筑物设定的房地产抵押进行处分时，应当从处分所得的价款中缴纳相当于应当缴纳的土地使用权出让金的款额后，抵押权人方可优先受偿"。

[2] 《中华人民共和国担保法》第8条规定，"国家机关不得为保证人，但经国务院批准为使用外国政府或者国际经济组织贷款进行转贷的除外"。《国务院关于加强地方政府融资平台公司管理有关问题的通知》（国发〔2010〕19号）第4条明确提出"坚决制止地方政府违规担保承诺行为"，并且规定"除法律和国务院另有规定外，地方各级政府及其所属部门、机构和主要依靠财政拨款的经费补助事业单位，均不得以财政性收入、行政事业等单位的国有资产，或其他任何直接、间接形式为融资平台公司融资行为提供担保"。

[3] 参见李蕊《论我国地方政府融资平台公司二维治理进路》，《法商研究》2016年第2期。

资能力较差、需借助政府的隐形担保,投融资风险太高。

四是公共资金投资渠道法律依据不足。从法律位阶来看,《住房公积金管理条例》是我国住房公积金制度的最高级别的行政法规,其法律效力远远高于国务院部委等颁布的通知、实施意见等法律规章。当前,利用住房公积金贷款支持公租房等保障性住房的开发建设仅靠较低法律效力的行政指令,与现行条例相互冲突。

五是创新型融资机制缺失,社会资金介入动力不足。根据资金来源的不同,世界上住房金融模式可以大致分为三类:强制储蓄型、合同储蓄型以及资本市场型。[①] 就我国当前情况而言,除了强制储蓄型住房金融手段之外,其余二者均不理想。在公租房开发建设投融资实践中,政府直接主导型融资方式占据主流,融资工具过于保守、利益激励机制欠缺,企业、社会融资介入动力不足,公租房开发建设的融资渠道愈趋狭窄。

二 国外住房保障融资之镜鉴

"文明新旧能相益,心理东西本自同。"[②] 国外住房保障起步较早,在保障性住房融资方面积累了较为丰富的经验。西方学者以对社会福利类型与住房保障制度为研究对象,将福利国家进行类别划分。其中以学者艾斯平·安德森在《福利资本主义的三个世界》一书中所提出的三种分类最为典型。其一,"自由主义"福利模式,以美国为代表。这种模式通常遵循市场逻辑,倾向由市场调节资源配置。有选择性地而非普救式地为贫困阶层提供住房援助,资格审核颇为严苛。其二,"保守主义"福利模式,以德国为代表。该模式在住房保障制度上既强调市场的基础性地位,又强调离不开政府的政策指导,因而称为"合作主义"福利国家模式。其三,"社会民主主义"福利模式,以新加坡和瑞典为代表。这种模式特点在于社会福利水平较高,

---

① 程世刚、张彦:《住房金融模式的国际比较及借鉴》,《现代科学管理》2003年第2期。
② 引自美国哈佛大学燕京中文图书馆里的一副对联,作者是晚清文人陈宝琛。转引自罗培新《美国新自由主义金融监管路径失败的背后——以美国证券监管失利的法律与政治成因分析为视角》,《法学评论》2011年第2期。

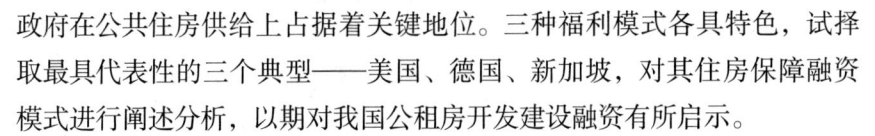

政府在公共住房供给上占据着关键地位。三种福利模式各具特色，试择取最具代表性的三个典型——美国、德国、新加坡，对其住房保障融资模式进行阐述分析，以期对我国公租房开发建设融资有所启示。

（一）国外几种典型保障房建设融资模式简介

1. 美国多元主体融资模式

1917年美国政府首次介入住房保障领域，通过建造公共住房解决中低收入者的住房难题。而以1974年《住房和社区发展法》为标志，美国住房保障制度发生了战略性转变。[①] 政府全款划拨支持公共住房开发建设的行为逐渐被叫停，对公共住房的财政投入主要用于维护和重建衰败的公共住房并逐年降低。市场机制的地位和作用逐渐提高，美国融资主体多元化、市场化成为新阶段住房保障的主调。

美国公共住房融资的具体措施包括：①住房抵押保险制度。1934年，根据《国家住宅法》成立了联邦住宅管理局（FHA），为中低收入者抵押贷款提供担保。此后还曾成立针对性机构为特定对象提供抵押担保。[②] 1992年之后，主要依靠房利美（联邦国民抵押贷款协会）和房地美（联邦住宅贷款抵押公司）为中低收入者提供住房援助。[③] 在执行抵押贷款担保时，通过对借款人的收入、购房总价、房价收入比和贷款额度进行严格的管制，防止公共资源滥用。②住房担保政策。"全国房屋贷款联盟"和"全国住房贷款协会"作为美国负责执行住房担保政策的两大主要机构，通过向全美各个银行、信贷机构提供贷款和贷款担保，帮助中低收入家庭获得房屋贷款。[④] ③税收抵免

---

① 潘小娟、吕洪业等：《外国住房保障制度研究》，国家行政学院出版社2014年版，第340—341页。

② 例如1944年，根据《士兵福利法》成立了退伍军人管理局（VA），专门为退伍军人购房提供高达100%的贷款担保和抵押贷款保险。此后还曾针对农民、农村居民、农村团体成立"农民住宅管理局"，帮助特定的困难对象提供担保。

③ 参见住房和城乡建设部政策研究中心、中治置业集团有限公司联合课题组《求索公共租赁住房之路》，中国建筑工业出版社2011年版，第45页。

④ 例如，收入为本地家庭平均收入60%以上的中低收入家庭可获得最高额度为9.7万美元的担保。贷款数额约占房价总额的80%—95%，首付款仅占房价的5%左右，还款期可长达30年，贴息利率低至6%—8%，远远低于市场利率。参见李万峰《新型城镇化进程中的保障房建设》，经济科学出版社2014年版，第162页。

计划。其中以"低收入家庭住房建设税收抵免计划"("LIHTC 计划")最为典型。只要所建住房符合公共住房建设标准,私人房地产企业即可获得其投入成本 4%—9% 的税收返还。④住房信托基金。住房信托基金由政府设立,银行、地产经纪人、开发商、低收入者等为代表组成董事会对其运营进行指导。大多数住房信托基金有专门的资金来源,每年可提供超过 7.5 亿美元用于各种住房资助,包括为无家可归者修建临时性住房、为非营利性开发商提供贷款支付工程开发前期费用等。①

2. 新加坡住房公积金融资模式

完善的住房公积金制度是新加坡住房保障制度的顶梁柱。1953年,新加坡政府颁布《中央公积金法》建立了公积金制度,中央公积金会员按每月工资的 35%—45% 强制向中央公积金局缴纳公积金。② 1968 年,《中央公积金法》进一步修改,扩充了公积金的提取范围,允许使用公积金购买政府开发建设的公共组屋。1994 年,公积金会员范围延伸到个体工商业者,允许按营业收入的 3%—8% 缴纳公积金。③ 如今,该制度覆盖面更广,所有新加坡公民以及永久居留的居民都必须参与公积金储蓄。而且该制度逐步演变为一项综合性国民储蓄机制,在养老、医疗、住房等多方面发挥了极大的优越性,"公共组屋+公积金"的制度设计颇具特色。

新加坡公共组屋的资金近乎一半来自公积金。中央公积金局以购买政府债券的方式投资,政府融资成功后以划拨或贷款的方式为"建屋发展局"(HDB)④ 提供资金支持,建屋发展局利用该投资开发建

---

① 参见住房和城乡建设部政策研究中心、中治置业集团有限公司联合课题组《求索公共租赁住房之路》,中国建筑工业出版社 2011 年第 1 版,第 49 页。

② 参见胡吉亚《英、美、新共有产权房运作模式及其对我国的有益启示》,《理论探索》2018 年第 5 期。

③ 参见盛光华、汤立、吴迪《发达国家发展保障性住房的做法及启示》,《经济纵横》2015 年第 12 期。

④ 1964 年,新加坡政府推出"居者有其屋"计划(Home Ownership Scheme),旨在解决中低收入者的住房难题。为了推动该计划实施,新加坡政府成立了一个专门的机构——"建屋发展局"(HDB),专门负责住宅建设的实施计划、施工建设及运营管理。除了由新加坡政府向建屋发展局提供低息贷款、亏损补贴等资金支持之外,新加坡住房公积金也为公共组屋的建设提供了有效的资金筹措渠道。

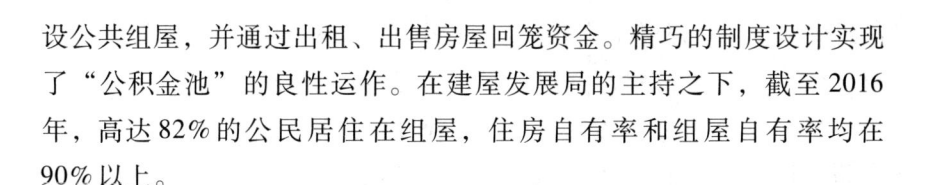

设公共组屋,并通过出租、出售房屋回笼资金。精巧的制度设计实现了"公积金池"的良性运作。在建屋发展局的主持之下,截至2016年,高达82%的公民居住在组屋,住房自有率和组屋自有率均在90%以上。

3. 德国住房储蓄信贷模式

德国的住房储蓄信贷制度堪称亮点。1924年,德国科隆成立了首家住房储蓄银行。1931年,住房储蓄信贷制度被纳入国家监管范畴。1992年,《住房储蓄法》的颁布标志着德国住房储蓄信贷模式走向成熟。目前,德国已经形成了"政府支持、市场运作、社会参与、居民自助"为特征的住房保障体系。

德国的住房储蓄信贷模式主要特点有三:其一,先存后贷、存贷结合。储户按照储贷合同在银行存钱,当所储金额达成约定比例则获得贷款权。储蓄的过程亦是信用积累的过程,为住房储蓄银行提供参考标准甄别贷款信用风险。其二,封闭运作、利率固定。只有事先缴纳存款的储户才能获得银行的建房、购房贷款,且存贷款利率保持固定,不受资本市场及其利率的波动影响。其三,专业运营、专款专用。《住房储蓄法》赋予住房储蓄银行专业从事住房储蓄业务的唯一资格,其他银行无权准入;禁止将储户存款用于风险交易、资助非住房建设项目等,并限制储户存款存放在其他银行的最高期限。其四,政府奖励、激励储蓄。政府住房储蓄奖金、购房奖励、税收优惠等方式鼓励储户向住房储蓄银行存款。[1]

(二) 国外住房保障融资模式之经验

1. 重视融资立法保障

纵观美国、德国与新加坡三个国家的住房保障发展历程,最显著的共通之处在于三者都十分注重通过立法对住房保障融资保驾护航。美国州层面的住房保障相关立法早于联邦,1926年纽约州颁布了首

---

[1] 例如当单身者年收入不超过5万马克或夫妻年总收入不超过10万马克时,该储户可获得10%的住房储蓄。

部州住房法。联邦层面关于住房金融市场的立法数量多、覆盖面广。[①] 从上至下，美国构建出一整套涵盖各类住房保障项目、住房信贷市场规范以及增进住房公平等各方面的完善的法律体系。德国住房储蓄信贷融资模式之所以能够大获成功，离不开1992年颁布的《住房储蓄法》。新加坡20世纪五六十年代制定《中央公积金法》和《住房发展法》，确保了保障性住房融资的强制性、权威性、稳定性以及可持续性。可见，有法可依是各国住房保障融资的基础和关键。

2. 提倡融资方式创新

20世纪70年代末以来，在公共住房市场化改革的背景下，各国政府开始更多地通过创新融资方式、利用市场和社会资金而非财政资金来支持保障性住房的进一步发展。但凡在住房保障有所建树的国家，在公共住房的融资方式上均建立起符合自身国情的特色融资之路，例如美国的住房抵押担保制度、新加坡的住房公积金制度、德国的住房储蓄信贷制度。随着全球金融自由化的不断蔓延，抵押贷款证券化、担保、保险等金融手段和工具都被广泛地运用于住房金融市场中。国家之间、地区之间，都在不间断地学习、调整和借鉴。不断创新的融资方式也是各国住房保障制度能够持续发展的助推器。

3. 培育良好的金融环境

美、新、德三国的住房保障融资之所以能够取得成功，与良好的金融环境密不可分。住房保障融资处于社会保障与金融市场相交合的

---

① 美国联邦层面的住房金融市场的立法较多，例如1932年颁布的《联邦住房贷款银行法》（Federal Home Loan Bank Act）建立了联邦住房贷款银行系统，用以加强储蓄与贷款银行在住房信贷市场的作用；1977年《社区再投资法》（Community Reinvestment Act）明确要求具有一定规模的储蓄机构必须为其吸收储蓄的所有地区提供信贷服务，并要求四家联邦银行对储蓄机构的业务运营状况（包括低收入和中低收入地区的贷款、投资）进行评估；1994年颁布的《住房所有权及权益保护法》（National Affordable Housing Act），规范贷款信息的公开，防止次级贷款中可能存在的掠夺性贷款行为；2008年颁布的《住房经济复苏法》（Housing Economic Recovery Act）上调低收入住房税收补贴额度，刺激住房投资者的投资；2009年颁布的《美国复苏和再投资法》（American Recovery and Reinvestment Act）设立两项低收入住房补贴项目的补充项目，即低收入住房税收补贴资助项目和低收入住房税收补贴强化项目。

重叠地带,是政策性金融体系的一部分,与外在的金融环境鸥水相依。这种"公私融合"的方式蕴含着隐蔽又复杂的潜在风险,一旦金融市场不稳定则牵连甚广。例如,美国曾有大量私营机构效仿房利美、房贷美发行住宅金融产品,投机性不断增强,导致整个金融系统面临着严重的风险。2007年次贷危机爆发后,金融市场一片萧条,住房保障融资面临"四面楚歌"。随着商业性金融规则嵌入的程度不断深化,住房保障融资对金融环境的依赖程度不断提高,培育良好的金融环境愈加重要。

三 我国公租房开发建设融资机制创新之进路

我国公租房开发建设融资机制的创新,需要以其他国家或地区的成功经验为借鉴,但最终必须落脚于我国具体国情,形成住房保障与金融市场完美契合的创新型融资机制。

(一)创新合同管理机制,引入PPP模式

将PPP模式（Public-Private Partnership）引入公租房开发建设融资是基于合同管理机制的创新。

PPP模式最早起源于英国,之后在国际上渐而获得瞩目。国际上关于PPP模式的定义并不一致,[①]但均强调"合作"内涵。在PPP模式中,政府与非政府部门秉着"合作"的精神划分各自的权利与义务,明确资产权属、社会资本的公共责任、政府支付方式及风险承担等。2004年,欧盟执委会颁布《关于公私合作及政府采购与特许欧盟法规绿皮书》,将PPP模式划分为机构型公私合作和契约型公私合

---

① 欧盟委员会认为,PPP模式是公共部门和私人部门之间的一种合作关系,目的是为了向私人部门提供系统上由公共部门的公共项目或服务。美国PPP国家委员会认为,PPP模式是介于外包和私有化之间并结合了两者特点的一种公共产品提供方式。它充分利用私人资源进行设立、建设、投资、经营和维护公共基础设施,并提供相关服务以满足公共需求。加拿大PPP国家委员会认为,PPP模式是公共部门和私人部门之间的一种合作经营关系,它建立在合作各方各自经验的基础上,通过适当的资源分配、风险分担和利益共享机制,最好地满足事先清晰界定的公共需求。世界银行认为,PPP模式是政府和社会资本就提供公共产品和服务签订的长期合同,其中社会资本承担实质风险和管理责任。

作,并成通说。① 其中,后者根据资金来源的不同可进一步分为委托类公私合作及特许类公私合作。特许类公私合作中的 BOT 模式②在公租房开发建设融资中较为常见。

现代意义的 PPP 模式在我国始于 2014 年全国两会,李克强总理提出"制定非公有制企业进入特许经营领域具体办法"。2014 年 9 月 25 日,财政部下发《关于推广运用政府和社会资本合作模式有关问题的通知》(财金〔2014〕76 号),被称为我国 PPP 模式的总动员。同年,随即发布《国务院关于创新重大领域投融资机制鼓励社会投资的指导意见》(国发〔2014〕60 号),极大肯定了 PPP 模式的运用。2015 年,多部门联合发布《关于运用政府和社会资本合作模式推进公共租赁住房投资建设和运营管理的通知》(财综〔2015〕15 号),明确提出为提高公共租赁住房供给效率,运用政府和社会资本合作模式(Public-Private Partnership)推进公共租赁住房投资建设和运营管理,该通知明确指出了适用 PPP 模式的四种公租房项目类型。③ 这些政策为公租房适用 PPP 模式进行开发建设融资提供了良好的政策环境。

如图 2-2 所示,政府部门以招标方式选择合适的投标者,与其共同组建 SPV(Special Purpose Vehicle,特殊目的项目公司)。公私双方签订的特许经营协议(又称 PPP 协议)是整个公租房融资项目的核心。根据该协议,项目公司负责公租房项目的融资、建设、运营及管理,待期限结束后将公租房项目无偿移交给政府。在整个公租房项目开发运营过程中,政府部门与投资者共同监督项目公司,利益共享、

---

① 机构型公私合作是指公、私部门合资组建工资,或者由公共部门通过在项目公司中的持股等方式实施其对私人部门的控制;而契约型公私合作是指公私部门以签订合同为基础实现双方的合作。

② BOT 模式(Build-Operate-Transfer),即"建设—经营—转让"。根据具体实践的不同情况,又出现了多种衍生模式,例如 BOOT、BOO、BOOST、BLT、BT、BTO 等。虽然名称略有区别,但实质内容大同小异。

③ 适用 PPP 模式的四种公租房项目类型分别是:(1)政府自建自管项目;(2)政府收购的符合公共租赁住房条件的存量商品住房项目;(3)符合公共租赁住房条件且手续完备、债务清晰的停工未完工程项目;(4)以企业为主建设管理的公共租赁住房项目。

风险共担。一方面能够提高公租房融资效率、增强政府融资能力;另一方面能够帮助私人投资者实现资本增值,并通过履行企业社会责任树立良好形象。

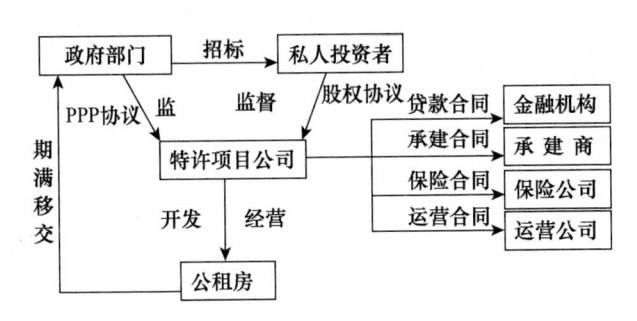

图2-2 公租房PPP模式融资的运作方式

(二) 开发新型信托产品引入REITs模式

政府利用金融衍生工具为公共项目进行融资,能够挖掘市场金融资源、提高政府融资能力。在公租房项目融资中引入REITs式即是如此。

REITs(Real Estate Investment Trusts,即"房地产投资信托"),是基于信托法原理而逐步发展起来的一种特殊商事制度。1960年,世界上第一只REITs在美国诞生,"REITs基本上是美国《国内税收法典》的产物,是一种符合其中有关免税规定的转手实体性质的独立房地产公司或信托组织"①。随后,REITs蔓延至欧洲、大洋洲,并于2000年后在亚洲国家或地区较为盛行。迄今为止,世界各国对REITs的定义并无定论。② 通常根据REITs运作模式对之予以描述,即"是一种以发行收益凭证的方式汇集特定多数投资者的资金,由专门投资

---

① [美] 特瑞斯·M.克劳瑞特等:《房地产金融——原理与实践》(第三版),龙奋杰等译,经济科学出版社2004年版,第135页。

② 美国房地产投资信托联合会(NAREIT)对REITs的定义为:"REITs是一种筹集众多投资者的资金用于取得各种收益性房地产或向收益性房地产提供融资的公司或商业信托机构。"香港《房地产投资信托基金守则》第三章对于房地产投资信托基金的定义为:"房地产投资信托基金是以信托方式组成而主要投资于房地产项目的集体投资计划。有关基金旨在向持有人提供来自房地产的租金收入的回报。房地产投资信托基金透过出售基金单位获得的资金,会根据组成文件加以运用,以在其投资组合内维持、管理及购入房地产。"

机构进行房地产投资经营管理，并将投资综合收益按比例分配给投资者的一种信托基金"①。根据不同的划分标准，REITs 分类较为复杂。②

2008 年 12 月，国务院常务会提出促进经济增长的"金融国九条"，标志着 REITs 在我国首度亮相。③《国务院办公厅关于当前金融促进经济发展的若干意见》（国办发〔2008〕126 号）紧随其后，明确提出"开展房地产信托投资基金试点，拓宽房地产企业融资渠道"。2009 年 6 月，国务院先后批准北京、上海、天津三座城市为 REITs 试点城市。2014 年，住房和城乡建设部初步确定北京、上海、广州、深圳四座城市试点方向，试点范围初步定于租赁性保障房，包括公共租赁住房、廉租房。

根据统计年鉴数据显示，我国 2017 年年末全部金融机构本外币各项存款余额高达 169.3 万亿元，其中境内住户存款 65.2 万亿元，非金融企业存款余额 57.2 万亿元。④ 庞大的社会资本揭示出我国投资渠道狭窄的局面，而 REITs 具有低风险、低价格以及专业化运作的特点，既有助于吸收中小投资者的闲散资金、开拓新的投资渠道，而且为公租房开发建设提供了资金流，一举两得。

（三）充分发挥债券市场的融资功能

根据相关资料显示，截至 2016 年年末我国债券市场余额达 63.7 万亿元，位居全球第三、亚洲第二；公司信用类债券余额 16.5 万亿元，位居全球第二、亚洲第一。⑤ 由此可见，我国债券市场已经具备相当的市场广度。

---

① 李梅贞：《通过 REITs 实现平台公司实业化转型的可行性分析》，《财会学习》2018 年第 15 期。

② 根据组织形式不同，可分为契约型和公司型；根据资金投向不同，可分为权益型、抵押型和混合型；根据运作方式不同，可分为封闭型、开放型；根据基金募集方式不同，可分为公募型和私募型。

③ "金融国九条"具体内容：（5）创新融资方式，通过并购贷款、房地产信托投资基金、股权投资基金和规范发展民间融资等多种形式，拓宽企业融资渠道。

④ 参见《中华人民共和国 2017 年国民经济和社会发展统计公报》，2018 年 3 月 1 日，http://www.stats.gov.cn/tjsj/zxfb/201802/t20180228_1585631.html。

⑤ 《中国债券市场余额达 63.7 万亿元》，2018 年 3 月 1 日，http://www.cs.com.cn/zqxw/201702/t20170228_5190103.html。

在政策层面上，2011年国家发展改革委办公厅发布《关于利用债券融资支持保障性住房建设有关问题的通知》（发改办财金〔2011〕1388号），明确肯定了发挥债券融资对保障性住房的支持作用。债券融资主要有三种方式：第一，发行地方政府债券。根据相关资料显示，2016年地方债发行出现了爆发式增长，共计发行了1159期，同比增长87.24%，规模60458.40亿元。其中，新增地方债11698.41亿元，置换债券规模为48760.00亿元。大规模发行的地方政府债券为公租房等保障性住房提供了坚实的资金后盾。第二，房地产开发商在银行间市场发行中期票据。中期票据凭借公司信用发行，无须担保、融资成本较低、发行方式较为灵活，成为各地保障性住房建设融资的优选。仅2011年，四大房企以发行中期票据的方式为保障性住房项目融资多达170亿元。[①] 第三，发行企业债。企业债的发行主体限制相对较少，而且企业债还具有规模大、期限长、利率低的相对优势。根据国家相关政策"企业债券募集资金用于保障性住房建设的，优先办理核准手续"。可见，发行企业债受到保障性住房项目融资的青睐。

（四）吸引保险资金的积极参与

根据保监会《2018年1月保险统计数据报告》显示，我国保险业总资产已经高达169052.81亿元。其中，产险公司总资产24794.66亿元；寿险公司总资产134600.24亿元；再保险公司总资产3141.03亿元；资产管理公司总资产494.46亿元。面对庞大的保险资金规模，如何有效地运用并使效益最大化，是当前保险资金负债管理的重点。

吸引保险资金参与公租房项目具有一定的可行性。首先，政策层面上，将保险金投资于不动产获得允许。2010年，《保险资金运用管理暂行办法》（中国保险监督管理委员会令2010年第9号）出台，

[①] 2011年7月26日，保利地产的临时股东大会通过发行不超过40亿元的中期票据，用于保障性住房项目的建设；继6月发布43亿元融资计划之后，首开股份8月3日再次宣布融资50亿元。此外，栖霞建设和信达地产也分别计划发行17亿元和20亿元的中期票据，用于保障房建设。上述四大房企总计融资规模达到170亿元。

从法律上明确肯定允许将保险金运用于投资不动产,并规定"投资于不动产的账面余额,不高于本公司上季末总资产的10%"。2012年,保监会下发《关于保险资金投资股权和不动产有关问题的通知》(保监发〔2012〕59号),将保险公司投资非自用型不动产的比例设定为"不高于本公司上季末总资产的20%"。2018年《保险资金运用管理办法》(保监会令〔2018〕1号)的颁布将比例再次提高至30%。其次,投资需求上,公租房等保障性住房项目符合保险资金负债管理偏好。保险公司在资产管理运作上应遵循三大原则——安全性原则、流动性原则以及收益性原则。[1] 而这三大原则共同指向一个关键点——资产负债匹配管理[2]公租房等保障新住房住项目是一种期限较长、风险较小且收益较为稳定的投资需求,恰好符合保险资金负债管理对安全性要求较高、收益率要求较低的偏好。

四 我国公租房开发建设融资法律规制的几点建议

(一)完善相关法律法规,使融资创新有法可依

通常情况下,公租房开发建设融资创新模式最初是由自下而上的力量推动而成,多停留在试点层面而未能形成气候。而且由于缺乏相关法律的同步供给,实践中往往面临着多重风险。以推行公租房REITs融资模式的法律障碍为例,我国2001年颁布的《信托法》仅在第10条[3]对信托登记进行了原则性规定,信托登记配套制度的缺失一定程度上制约了信托业的发展。虽然2017年银监会发布《关于印发信托登记管理办法的通知》(银监发〔2017〕47号)对信托登记的部分问题进行了细化规定,但该办法法律效力不高,仍然难以裨补阙

---

[1] 张代军、包薇薇:《保险资金参与保障房建设对保险机构资产负债管理的影响》,载《2012中国保险与风险管理国际年会论文集》,清华大学出版社2013年版,第261页。

[2] 资产负债匹配管理,是指保险公司通过采用各种恰当的投资渠道,使其资产和负债在数量上期限上币种及成本收益上都保持匹配,并在保险资金投资过程中时常调整资产负债结构的一种管理行为。

[3] 《信托法》第10条规定,"设立信托,对于信托财产,有关法律、行政法规规定应当办理登记手续的,应当依法办理信托登记。未依照前款规定办理信托登记的,应当补办登记手续;不补办的,该信托不产生效力"。

漏。而且根据《信托公司集合资金信托计划管理办法》规定，"单个信托计划的自然人人数不得超过 50 人，但单笔委托金额在 300 万元以上的自然人投资者和合格的机构投资者数量不受限制"。可见，房地产投资信托准入门槛依旧较高，加大了公租房 REITs 融资模式的难度。反观其他发达国家，公共住房融资与良好的法律环境密不可分。因此，若对公租房开发建设融资创新进行有效的法律规制，则必须完善相关法律法规，使融资创新模式获得法律许可的适度空间。

(二) 强化公租房融资创新的信息披露

公租房融资创新中涉及很多复杂的金融工具以及金融衍生工具，在充分利用这些金融工具发挥杠杆效应的同时，也应关注其潜在的、内生的、关联甚广的极大风险。金融市场上出现过许多设计复杂的金融产品，由于产品本身所裹挟的极大风险以及人们过于乐观的预估，法律规制曾一度虚有其表，最终危机爆发、损失惨重。强化公租房融资创新的信息披露，能够有助于投资人做出正确的判断，创造良好的融资环境。

由于为公租房提供融资的社会资本多呈现广泛而分散的特点，若使其各自披露信息，极有可能造成信息披露的体量过大、过于复杂，不仅增加了对信息披露进行监管的难度，而且也会造成信息的紊乱。因此，可建立一个中立的第三方信息咨询平台。由法律明确规定公租房融资创新模式运作过程中所需要披露的具体内容，制定专门而统一的信息披露准则，对披露不尽以及披露不实等行为予以严惩，追究相关行为人的法律责任。以法律的强制性为后盾，对信息披露的内容和程序提供细节化、技术化支持，强化公租房融资创新过程中所披露信息的真实、完整、准确与及时。

(三) 加强对评级机构的法律监管，谨慎对待公租房融资产品开发

信用评级产业背靠繁荣的金融市场发展迅速，评级对象从最初的债券逐渐扩展为包含银行贷款、金融衍生工具、政府债务等在内的诸多金融产品。在规范金融市场运行、增强投融资信心等方面发挥着重要的作用，因而被誉为投资者权益的"守护者"以及资本市场的

"看门人"。2008年国际金融危机震荡全球，本该起到风险预警作用的信用评级机构因行为失察而备受诟病。政府曾习惯于将评级机构的结论作为监管与执法的依据，相当于将一部分监管权力让渡给信用评级机构，赋予其官方认可的重要地位。对评级机构的盲目信仰导致忽略了评级机构营利的商业本性，对评级机构的监管不力纵容了其失职的风险，最终酿成了金融危机的苦果。

我国的信用评级起步于20世纪90年代末期。如今评级机构数量虽多，但由于缺乏声誉资本的积累，形成规模的屈指可数，难以发挥信用评级在促进投融资方面的独特优势。信用评级的法律监管规范多散见于各行政规章，适用范围有限、约束力较弱。中国人民银行、银监会、证监会、保监会等机构分别在各自领域范围内对评级机构进行监管，各自为政、多头监管的局面长期存在，造成法律监管规范上相互冲突。此外，由于信用评级机构的法律责任向来以行政责任、刑事责任为主，而民事责任几近空白，被评级对象或公众投资者的利益一旦受损几乎无法实现实际的损害救济赔偿，可见加强评级机构事前法律监管的重要性。公租房开发建设融资创新所涉及的利益主体关联甚广，对于融资创新产品的开发既要采取鼓励的态度予以支持，又要秉持审慎的原则严格把关，加强对评级机构的法律监管，充分发挥评级机构在防范金融风险、推动市场投融资等方面的积极效应，为公租房开发建设融资创新保驾护航。

（四）明确政府在公租房融资中的救济责任

为了鼓励社会资本积极参与公租房开发建设的融资项目，保证银行投资或者私人投资能够实现合理的利润预期，地方政府在公租房融资创新模式的实际操作中往往倾向于通过某种形式介入其中，或予以极大的政策优惠，或提供政府担保等。在公租房公共利益属性的光环之下，一些金融机构在公租房开发建设模式创新时往往存在由政府财政承担兜底责任的幻觉。而我国并不存在政府破产的先例，一旦下级政府面临财政难题则上级财政必然伸出援手。换言之，"下一级政府的所有债务实际上都是上一级政府的'或有负债'"①。因此，政府在公租房融资中应有所为有所不为，事前明确救济责任边界十分必要。

2014年国务院颁布《关于加强地方政府性债务管理的意见》（国发〔2014〕43号），明确提出"中央政府实行不救助原则"。2016年《国务院办公厅关于印发地方政府性债务风险应急处置预案的通知》（国办函〔2016〕88号）再次重申。如今，各地纷纷展开关于公租房开发建设融资创新的尝试与探索，从中央到地方对公租房开发建设融资创新项目寄予了厚望。政府伸手越多，公租房开发建设融资创新的意义也就大打折扣。因而，在公租房开发建设融资创新项目中，政府应明确自身所处的位置，不必非得亲自下场与"球员"同场竞技，而是通过法律规范设置规则，明确规定政府救济责任的边界，触发何种条件才能启动政府救济以及规制政府予以救助的方式、力度，从而避免银行资金、社会资本等对政府和金融监管机构出现无限膨胀的救助预期而导致公租房融资创新的紊乱无序。

第八节　集体土地上建设公租房的法律规制

"在集体土地上建设公租房"不仅是我国公租房供给途径的一次创新性尝试，而且也是我国土地制度的一次重大变革，存在很多法律问题。因此，对"在集体土地上建设公租房"进行法律规制具有现实的客观性与必要性。

一　集体土地上建设公租房之背景

（一）集体经营性建设用地走向市场化

"在集体土地上建设公租房"的现实可行性依赖于集体经营性建设用地走向市场化的发展趋势。

---

① 中国财政科学研究院"2017年地方财政经济运行"调研组：《高度警惕风险变形提升驾驭风险能力——"2017年地方财政经济运行"调研总报告》，《财政研究》2018年第3期。

曾一度集体土地大量流失，1998年《土地管理法》的修订矫枉过正，直接封禁了集体土地使用权的流转。①对农村集体土地使用权流转的严格限制阻碍了资源市场化配置的进程，允许国家征收集体土地的闸口助长了各地政府蠢蠢欲动的"土地财政"欲望。实践中的种种局限促使农村建设用地流转的试点改革开始启动。2004年，《国务院关于深化改革严格土地管理的决定》（国发〔2004〕28号）为农村建设用地的流转首开绿灯。②时隔四年，中国共产党第十七届中央委员会第三次全体会议通过《中共中央关于推进农村改革发展若干重大问题的决定》，主张"逐步建立城乡统一的建设用地市场"③。2013年，我国十八届三中全会通过《中共中央关于全面深化改革若干重大问题的决定》，明确提出"集体经营性建设用地入市"的重要任务，要求"在符合规划和用途管制前提下，允许农村集体经营性建设用地出让、租赁、入股，实行与国有土地同等入市、同权同价"。自此，集体经营性建设用地市场化走向明朗，全国各地纷纷启动农村建设用地流转的试点。在这一政策背景之下，"在集体土地上建设公租房"乃顺势而为。

（二）城镇化与逆城镇化的发展趋势共同发力

在城镇化等同于"去农村化"的思想误区指引下，所有的资源优先供养城市发展，以期城市的兴盛带动周边地区的崛起。然而，这种

---

① 1988年4月，第七届全国人大第一次会议通过了宪法修正案，删去了旧《宪法》第10条第4款中"禁止土地出租"的规定，同时增加了"土地的使用权可以依照法律的规定转让"的新规定。同年12月，《土地管理法》做出相应修改，明确表示"国有土地和集体所有的土地的使用权可以依法转让"。但随后颁布的《国有城镇土地使用权出让和转让暂行条例》仅将国有土地列为法律规制的对象。法律层面的文文莫莫对社会实践造成了一种依违两可的纵容，集体土地大量流失。

② 《国务院关于深化改革严格土地管理的决定》（国发〔2004〕28号）第10条提出："在符合规划的前提下，村庄、集镇、建制镇中的农民集体所有建设用地使用权可以依法流转。"

③ 2008年10月12日，中国共产党第十七届中央委员会第三次全体会议通过《中共中央关于推进农村改革发展若干重大问题的决定》，第三章第2条规定："逐步建立城乡统一的建设用地市场，对依法取得的农村集体经营性建设用地，必须通过统一有形的土地市场、以公开规范的方式转让土地使用权，在符合规划的前提下与国有土地享有平等权益。抓紧完善相关法律法规和配套政策，规范推进农村土地管理制度改革。"

政策逻辑导致的直观结果显而易见——小城市赶超成了中等城市，中等城市赶超成了大城市，大城市赶超成了特大城市……一座座城市日新月异，农民还是当初那个农民，农村依然还是当初那个农村，甚至有可能在城市资源的挤占下不胜从前。将农村变为城市，主张城市是农村发展的唯一目标和样本，这种误区往往偏离了城镇化的本意。2018年3月7日，习近平总书记在参加广东代表团审议时首次提出"逆城镇化"①的概念，"城镇化、逆城镇化两个方面都要致力推动。城镇化进程中农村也不能衰落，要相得益彰、相辅相成"②。城镇化的出现佐证了新型城镇化应更加重视"以人为本、公平共享"。

在"城镇化"与"逆城镇化"的政策背景下，"在集体土地上建设公租房"正好达成了二者之间的无缝链接。2014年3月国务院印发的《新型城镇化规划（2014—2020）》明确提出，将"审慎探索由集体经济组织利用农村集体建设用地建设公共租赁住房"。一方面，通过利用农村集体土地解决公租房开发建设的用地难题，缓解城镇化过程中城市人口与住房的激烈矛盾；另一方面，通过将城市资源以及部分人口引流至农村，实现逆城镇化对农村的反哺，有助于推动农村的经济社会发展，消弭城乡二元分裂的局面。

（三）集体土地上建设公租房的政策不断放宽

我国土地用途管控政策曾一度从严。《关于严格执行有关农村集体建设用地法律和政策的通知》（国办发〔2007〕71号）明确提出"五个严格"③，尤为强调"土地用途管制制度是最严格土地管理制度的核心……任何涉及土地管理制度的试验和探索，都不能违反国家的土地用途管制制度……单位和个人不得非法租用、占用农民集体所有

---

① 所谓"逆城镇化"，就是人口从此前的由农村向城镇集中，变为由城镇向城郊以及农村转移。

② 《人民日报：习近平提"逆城镇化"深意何在？》，http：//news.sina.com.cn/china/xlxw/2018-03-07/doc-ifxpwyhv6467302.shtml，最后访问日期2018年3月8日。

③ 《关于严格执行有关农村集体建设用地法律和政策的通知》（国办发〔2007〕71号）提出的"五个严格"是：（1）严格执行土地用途管理制度；（2）严格规范使用农民集体所有土地进行建设；（3）严格控制农村集体建设用地规模；（4）严格禁止和严肃查处"以租代征"转用农用地的违法违规行为；（5）严格土地执法监管等要求。

土地搞房地产开发"。为落实相关政策，国土资源部印发了《关于加强保障性安居工程用地管理有关问题的通知》（国土资电发〔2011〕53号），再次重申"严禁擅自利用农村集体土地兴建公共租赁住房"。但考虑到地方的实际需求，该通知为商品住房较高、建设用地紧缺的个别直辖市松了一个口子，允许其申报试点。① 经国土资源部审核批准，北京和上海成为首批两个利用集体土地建设公租房的"先行者"。② 继北京、上海顺利获批成为试点之后，关于在集体土地上建设公租房的政策走向逐渐清晰。《国家新型城镇化规划（2014—2020）》将这一政策写入其中，以"审慎探索"作为限定。之后，《关于加强近期住房及用地供应管理和调控有关工作的通知》（建房〔2017〕80号）将范围进一步扩大为"租赁住房供需矛盾突出的超大和特大城市"。同年，九部委推出《关于在人口净流入的大中城市加快发展住房租赁市场的通知》（建房〔2017〕153号），再次重申对试点工作的肯定，并在主体范围上去了"租赁住房供需矛盾突出"这一限定，而且直接将集体建设用地的用途从公租房扩大至租赁住房。③ 接着，根据《关于印发〈利用集体建设用地建设租赁住房试点方案〉的通知》（国土资发〔2017〕100号），试点范围扩大至北京、上海在内的13个城市。可见，"在集体土地上建设公租房"的时机已然到来。

---

① 《关于加强保障性安居工程用地管理有关问题的通知》（国土资电发〔2011〕53号）第3条："……坚决制止乱占滥用耕地的建设行为，严禁擅自利用农村集体建设用地兴建公共租赁住房。对于商品住房价格较高、建设用地紧缺的个别直辖市，确需利用农村集体建设用地进行公共租赁住房建设试点的，城市人民政府必须按照控制规模、优化布局、集体自建、只租不售、土地所有权和使用权不得流转的原则，制订试点方案，由省级人民政府审核同意，报国土资源部审核批准后方可试点。未经批准，一律不得利用农村集体建设用地建设公共租赁房。"

② 北京陆续启动海淀区唐家岭、朝阳区平房乡、昌平区北七家等5个试点项目；上海在闵行区七宝镇启动了试点。

③ 《关于在人口净流入的大中城市加快发展住房租赁市场的通知》（建房〔2017〕153号）进一步明确，"按照国土资源部、住房和城乡建设部的统一工作部署，超大城市、特大城市可开展利用集体建设用地建设租赁住房试点工作"。

二 集体土地上建设公租房的基本界定与地方实践

（一）集体土地上建设公租房的两个基本问题

地方政府展开"在集体土地上建设公租房"的试点工作时，首先须厘清两个基本概念——可用于建设公租房"集体土地"范围以及何谓"集体土地公租房"。看似简单的两个基本概念，理解不同则差异悬殊，甚至极有可能造成地方实践过程中偏离政策的原本方向。

1. 建设公租房的"集体土地"范围

我国《宪法》第10条以及《土地管理法》第2条以排除式表述笼统地划分国有土地与集体土地的界限，具体所指依然朦胧。[①] 若对"在集体土地上建设公租房"展开研究，厘清这一范围既是起点、也是重点。

首先，可以肯定的是公租房开发建设所基于的"集体土地"必定将耕地等农业用地排除在外。因此，用于建设公租房的"集体土地"可缩小范围为"集体建设用地"。我国《物权法》仅在第151条将有关"集体建设用地"的规定一笔带过，赋权于"土地管理法等法律"解决。因此，学者们通常根据《土地管理法》第43条[②]规定来确定集体建设用地的范围，认为集体建设用地包括以下类型：乡镇企业用地、宅基地、乡村公共设施以及乡村公益事业用地。[③] 关于集体建设

[①] 《中华人民共和国宪法》第10条规定："农村和城市郊区的土地，除由法律规定属于国家所有的以外，属于集体所有；宅基地和自留地、自留山，也属于集体所有。"《中华人民共和国土地管理法》第2条规定："中华人民共和国实行土地的社会主义公有制，即全民所有制和劳动群众集体所有制。"第8条规定："城市市区的土地属于国家所有。农村和城市郊区的土地，除由法律规定属于国家所有的以外，属于农民集体所有；宅基地和自留地、自留山，属于农民集体所有。"《中华人民共和国物权法》第151条规定："集体所有的土地作为建设用地的，应当依照土地管理法等法律规定办理。"

[②] 《中华人民共和国土地管理法》第43条规定："任何单位和个人进行建设，需要使用土地的，必须依法申请使用国有土地；但是，兴办乡镇企业和村民建设住宅经依法批准使用本集体经济组织农民集体所有的土地的，或者乡（镇）村公共设施和公益事业建设经依法批准使用农民集体所有的土地的除外。"

[③] 例如：万潋：《可直接入市的集体经营性建设用地具体范围研究》，《民商法争鸣》2017年第00期。杨遂全、孙阿凡：《农村集体经营性建设用地流转范围探讨》，《西北农林科技大学学报》（社会科学版）2015年第6期等。

用地与集体经营性建设用地的区分,学界观点大致可分为三类:其一,将集体经营性建设用地做广义理解,认为集体经营性土地与集体建设用地并无二致。其二,将集体经营性建设用地做中义理解,认为宅基地不应包含其中。① 其三,将集体经营性建设用地做狭义理解,认为集体经营性建设用地的范围仅仅限定为乡镇企业用地。对于以上三种观点,较为主流的看法是集体建设用地和集体经营性建设用地是上位概念与下位概念的关系。至于可供开发建设公租房的集体经营性建设用地范围,则需具体问题具体分析。

第一,就宅基地而言,宅基地的取得与村民身份挂钩,是农民最为重要的生产生活资料。如果允许在宅基地上开发建设公租房,将对农民最基本的生存利益带来威胁。第二,就乡村公共设施和公益事业用地而言,在现行规定不够细化、不够明确的语境下,一旦放开限制必定会造成对"公共利益"的过分解读以至于侵犯村民权益。接着,就乡镇企业用地而言,经过多年的探索与发展,乡镇企业已从最初的单一集体制演变为私营、股份合作、公司等多种企业性质并存的现状;而乡镇企业用地从最初的自用演变为共用、租赁、拍卖等多种形态并存的局面。② 由于土地权能的受限以及企业自身经营管理上的短板,乡镇企业用地较为粗放、用地效率普遍偏低。若将乡镇企业用地用于开发建设公租房,则有助于提高土地的利用效率,实现物尽其用。综上,笔者认为,建设公租房的"集体土地"范围应做狭义解释,限于乡镇企业用地。

2. 何谓"集体土地公租房"

论及何谓"集体土地公租房",可从相关概念的对比中寻找答案。

---

① 例如学者党国英提出"扣除掉农户宅基地外的其余村庄占地"均可视为集体经营性建设用地的范围。(参见党国英《推进城乡要素平等交换》,《前线》2013 年第 12 期。)学者王桂芳提出集体经营性建设用地的范围包括"乡村集体经济组织和农民个人能投资进行各种非农业建设所使用的土地",而宅基地属于非经营性集体建设用地。[王桂芳、彭代彦:《农村集体经营性建设用地"三同"流转与农地矛盾转型》,《河南工业大学学报》(社会科学版)2014 年第 1 期。]

② 参见杨遂全、孙阿凡《农村集体经营性建设用地流转范围探讨》,《西北农林科技大学学报》(社会科学版)2015 年第 6 期。

国有土地公租房与集体土地公租房是同属于"公租房"大范畴内的同位概念，土地权属不同造成了二者多方面的差别；而小产权房与集体土地公租房虽都是基于集体土地建设而成，但二者在法律本质上存在根本性区别（见表2-4）。

表2-4 集体土地公租房、国有土地公租房与小产权房的对比

类别	集体土地公租房	国有土地公租房	小产权房
土地所有权	集体所有	国家所有	集体所有
城乡规划	符合	符合	不符合
资金来源	集体组织筹资或政府出资	政府财政、银行信贷、地方投融资平台、公共资金、社会资本等	私人自筹
申请对象	中低收入住房困难家庭	中低收入住房困难家庭	无限制条件
营利方式	只能租赁	可租可售	出售、租赁
收益水平	低	低	高
法律属性	试点探讨	合法	非法

通过表2-4比较可知，集体土地公租房的概念为：在符合城乡规划与尊重农民意愿的前提下，由集体组织自行筹资或政府出资，在农村集体用地上开发建设的面向中低收入住房困难家庭提供的只租不售的临时性住房。

（二）集体土地上建设公租房之地方实践动因

地方政府是推动"在集体土地上建设公租房"的先驱、主导力量。在国家法律尚未给予明确指示的时候，地方政府出于多种动因而展开试点。

1. 缓解公租房开发建设的"用地荒"

在住房保障初期，需要大规模开发建设公租房等保障性住房，从而完成保障房数量上的原始积累。然而，城市土地资源有限，地方政府对土地财政的特殊偏好是导致公租房开发建设陷入用地荒的重要因

素之一。在国土资源部的官网上对"保障房用地落实"进行信息检索，相关信息主要集中在 2011 年至 2013 年，近些年关于保障性住房用地落实情况的消息在公开的媒体平台上甚为少见。随着近些年城市建设用地需求呈刚性扩张趋势发展，而国家新增建设用地指标却日趋收紧，国有土地上开发建设公租房的路径越走越窄，集体土地所蕴含的潜能越来越突出。地方政府接二连三地着手试点在集体土地上开发建设公租房，最直接的动因即在于缓解公租房开发建设的"用地荒"。

2. 化解政府与农民之间的征地矛盾

征收是"国家强制性收购民事主体的财产以实现公共利益的一种制度"[①]。我国宪法从根本法的高度确立了土地征收制度。[②]《土地管理法》《土地管理法实施条例》以及《物权法》均对土地征收制度进行了细节性和可操作性的规定。这些立法条文均遵循了利益位阶的思路，认为国家利益大于农民集体利益，为政府出于公共利益而征收农民集体土地的行为提供了合法性背书。然而，土地征收的三大原则——"公用征收目的性原则""合法性原则"以及"公平补偿原则"[③] 在各地实践中并没有得到切实的执行。首先，公用征收目的中关于"公共利益"内涵的缺失造成了地方政府的过度解读。其次，地方政府在征收农村集体土地过程中一些合法的不合理行为造成了与农民之间矛盾激烈。根据《土地管理法实施条例》和《征收土地公告办法》相关规定，[④] 我国土地征收实行事中或者事后补偿的制度，

---

① 高富平：《重启集体建设用地上市场化改革的意义和制度需求》，《东方法学》2014 年第 6 期。
② 《宪法》第 10 条规定："国家为了公共利益的需要，可以依照法律规定对土地实行征收或者征用并给予补偿。"
③ "公用征收目的性原则"即征收必须出于公共利益需要目的；"合法性原则"即征收必须依照法律规定的权限和程序。"公平补偿原则"即征收必须实现予以公平补偿。
④ 中华人民共和国国土资源部令第 10 号《征用土地公告办法》："第十五条因未按照依法批准的征收土地方案和征地补偿、安置方案进行补偿、安置引发争议的，由市、县人民政府协调；协调不成的，由上一级地方人民政府裁决。征地补偿、安置争议不影响征收土地方案的实施。"《土地管理法实施条例》第 25 条第 3 款："……对补偿标准有争议的，由县级以上地方人民政府协调；协调不成的，由批准征收土地的人民政府裁决。征地补偿、安置争议不影响征收土地方案的实施。"

即使被征收人对补偿标准、安置事项等存在异议，土地征收依旧可以获批并且强制执行。而且，我国现行的土地征收补偿无法反映被征土地的实际市场价值。我国现行土地征收补偿分为土地补偿、青苗补偿、地上附着物补偿以及被征地人员的安置补助四种形式。虽然2013年取消了"土地补偿费和安置补助费的总和不得超过土地被征用前三年平均年产值的30倍"的限制，但安置补助仍受到"最高不得超过前三年平均年生产值的15倍"的限制，且只有后三种赔偿类型直接发放到农民手中。可见，政府与农民就集体土地征收上存在较大的矛盾。在集体土地上开发建设公租房，有助于挖掘土地的储值潜力、增加农村集体资产，为农民带来长期而稳定的租金收益，缓和地方政府与农民之间的激烈矛盾并增进社会稳定与和谐。

3. 促进城乡经济、社会发展一体化

长期以来，城市与农村之间的资源流动呈现单向的特点，几乎所有具有可流转性的资源均自农村出发往城市输送。在近乎母爱式资源转移的背景下，城市发展远超农村。一个城乡断裂的社会是一个不健康的社会，一个城乡疏离的国家是一个不稳定的国家，城乡二元结构已经成为目前我国经济社会发展的严重阻碍。放开农村集体土地上的桎梏、鼓励在集体土地上开发建设公租房，为促进城乡经济、社会一体化发展带来了希望的福音。在集体土地上建设公租房，有助于推动城市资源向农村回流形成反哺之效。在保持集体土地所有权性质的前提下盘活农村集体土地，既不造成集体土地的流失，也有助于农民增收。当乡村的基础设施日趋完备、基本公共服务愈加周全、与城市的差距越来越缩小时，农村得天独厚的地理环境优势必将对城市市民产生巨大的吸引力。届时，城乡之间的资源流动将呈双向性，城乡二元分割的壁垒将得以突破，而这正是地方政府致力于"在集体土地上建设公租房"的强大动力。

（三）集体土地上建设公租房之实践模式及其法律关系

"在集体土地上建设公租房"的实践模式通常存在两种类型：其一，集体主导型；其二，政府主导型。两种类型意味着不同的操作模式，也意味着利益相关主体之间存在着不同的法律关系。

1. 模式一：集体主导型

集体主导型是指由集体组织负责提供土地并筹措资金用来开发建设公租房，待房屋建成之后，再由集体统一面向公租房对象招租，公租房的后期运营与管理一般均由集体组织全权负责。政府通过行政手段对房屋用途、租赁价格以及承租对象进行限定，同时给予一定的政策优惠和财政补贴，从而保证农村集体组织能够在政府的限制范围内维系其所有者权益，达到公益与私益的平衡。

从法律关系的角度分析，集体主导型模式里存在两种法律关系：其一，农村集体组织与公租房对象之间存在着房屋租赁法律关系；其二，政府与农村集体组织之间存在着行政管制法律关系。前者决定了"在集体土地上建设公租房"的直接目的能否实现，城市中低收入住房困难群体能否获得较低租金的租赁住房，农村集体组织和农民能否得到长期而稳定的租金收益。而后者决定了"在集体土地上建设公租房"不偏离政策初衷，在住房保障的社会公益与农村集体经济之间维持一个巧妙的平衡点，在适租对象的可承受范围内增加集体财产收益。

在各地实践中，集体主导型模式在运作细节上并不完全一致。例如在公租房开发建设的资金上，有的由农村集体组织自行投资，有的通过与其他单位、个人以土地使用权联营、入股等方式借助农村集体组织之外社会资本的力量进行融资。后者增进了农村集体组织与社会资本之间集体土地联营（入股）的合同法律关系，双方可就作价联营或入股的土地范围、规划用途、联营（入股）期限、联营（入股）的方式、收益分配等内容做出明确的规定，划分各自的权利与义务。在公租房建成后的招租上，有的是由集体向公租房对象收取租金；有的则是由政府出面与农村集体组织签订房屋租赁合同，再由政府出租给中低收入住房困难对象。①

---

① 北京海淀区唐家岭集体用地公租房项目即是如此。该项目共可提供公租房 2176 套，由海淀区住房保障事务中心按照市场价格整体趸租，租期十年，再统一按照低廉的公租房价格向公租房对象进行出租。

2. 模式二：政府主导型

政府主导型是指由集体组织提供建设用地，政府与之签订土地租赁合同获得集体建设用地的使用权并全权负责公租房项目的融资、建设、招租、运营等具体运作事项，集体组织的收益仅限于土地租金收益。在政府主导型模式中，集体收益来源较为单一、收益相对较少，与此同时所承担的经营风险也较小。地方政府几乎承担了公租房从开发建设到后期运营的一条龙服务。

从法律关系的角度分析，政府主导型模式所涉及的法律关系并不复杂。首先，政府与集体经济组织之间存在着土地租赁合同关系。其次，政府与中低收入住房群体之间存在着房屋租赁关系。前者是政府主导型模式能否顺利实施的核心。考虑到公租房的特殊性质，对于政府与农村集体组织之间签订的土地租赁合同，在合同解除条件上应予以严格的限制，以此维护该租赁关系在合同期限内的稳定性。当发生一方违约的情形时，应穷尽采取合适的方式督促违约方履行合同，或以经济补偿等方式承担违约责任，不可随意触及解除合同的最后红线。地方政府作为该模式的主导者，以民事主体的身份参与其中，各方主体都处于平等的民事主体地位。因而，地方政府不应仰仗公权力的威严或借助社会公共利益之名，损害农村集体组织的经济利益。为了维护集体土地公租房的胜利果实、推动集体土地公租房的可持续发展，政府与农村集体组织应就调整土地租赁价格、土地租赁合同期限届满后的延续问题以及地上所建住房的归属问题等进行平等磋商，科学合理地设定双方的权利与义务。

三 集体土地上建设公租房之法律障碍

"在集体土地上建设公租房"的优势之处非常明显，但至今仍处于试点阶段，而这与其所面临的法律障碍不无关系。

（一）突破了集体建设用地的法定用途，合法性存在争议

我国现行的《土地管理法》第 43 条在用地主体和土地用途两方

面为集体建设用地做出限制。① 用地主体只有符合法律规定的用途才可享有使用集体土地的权利，大致可分为四种情形：其一，乡镇企业建设厂房；其二，村民建设自住住宅；其三，乡（镇）村集体建设公共设施；其四，乡（镇）村集体从事公益事业建设。而"在集体土地上建设公租房"与前三种情形丝毫不沾边，与第四种情形之间略有牵连。虽然法律条文并未细化"公益事业"的范畴，但从集体建设用地的所有权权属关系来看，此处的"公益事业"应不以营利为目的并且与集体成员生产生活切身利益需求息息相关，例如农村医疗卫生、教育培训、文化娱乐、扶贫济困、养老育幼、妇儿保护等。② 然而，"在集体土地上建设公租房"不仅是一项营利性项目，而且服务对象也是集体成员之外的群体。

此外，根据《土地管理法》第63条③，明文禁止农民集体所有土地的使用权用于非农业建设，无论是以出让、转让还是以出租的形式均被排除在法律之外。而"在集体土地上建设公租房"的立足点恰恰在于农村集体土地使用权的流转。这一法律条文从根源上阻绝了在集体土地上建设公租房的推广之路。虽然中央以政府特别许可的方式对地方政府在集体土地建设公租房的实践予以肯定，但是这种特殊的处理方式合法性不足。政府租赁农村集体建设用地的民事行为效力可疑，当利害关系人以政府的许可开发行为为对象提起行政诉讼，政府的行政行为缺乏合法的注脚。

（二）集体土地担保能力欠缺，公租房开发建设融资受阻

公租房开发建设融资难在集体主导型模式中较为突出。一则，公

---

① 《中华人民共和国土地管理法》第43条："任何单位和个人进行建设，需要使用土地的，必须依法申请使用国有土地；但是，兴办乡镇企业和村民建设住宅经依法批准使用本集体经济组织农民集体所有的土地的，或者乡（镇）村公共设施和公益事业建设经依法批准使用农民集体所有的土地的除外。"

② 广义的农村公益事业还应包含诸如道路、沟渠、河道、桥梁等公共设施建设。但是由于《土地管理法》将公共设施与公益事业处于并列的位置，故而此处的"公益事业"做狭义解释。

③ 《中华人民共和国土地管理法》第63条："农民集体所有的土地的使用权不得出让、转让或者出租用于非农业建设；但是，符合土地利用总体规划并依法取得建设用地的企业，因破产、兼并等情形致使土地使用权依法发生转移的除外。"

租房投资项目回收见效较慢、集体土地建公租房尚存法律障碍,因此对社会资金吸引力不足。二则,集体财产担保价值不高,金融贷款难度较大。出于风险管控的需要,金融机构发放贷款时要求申请者提供担保物。对农村集体而言,除了土地具有较高的不动产价值之外,并无多少可供担保的财产。相关法律对集体建设用地上设置担保权的严格限制增加了申请贷款的难度。一边是现行法的严令禁止(如《担保法》第 36 条及第 37 条①、《物权法》第 183 条及第 184 条的规定②),另一边是激发集体土地市场化价值的迫切渴望。集体土地担保能力的欠缺,成为公租房开发建设融资的一大阻碍。

(三)集体内部缺乏有效的决策机制,个体权益易受侵犯

根据我国相关法律,集体所有的土地依照法律属于集体所有,由村集体经济组织或者村民委员会经营、管理。③ 通常由农村集体组织或村民委员会代表其内部成员对外享有并行使权利,个体利益的实现以集体利益的增加为基础。可见,农村集体组织与农民个体之间在利益上具有高度的重合性和一致性。但"农村集体"概念抽象,如何使农民个体的意志完全体现在农村集体组织的整体决策中,如何把集体生产资料所带来的生产利益与"农村集体"暂时性剥离并分配给农民,使之真切地从集体利益中获利,是集体土地公租房发展过程中的难题。

由于集体内部缺乏有效的决策机制,农民个体的权益往往容易受到农村集体组织的侵犯。一般来说,表现最为突出的为农民的表决权

---

① 《中华人民共和国担保法》第 36 条第 3 款:"乡(镇)、村企业的土地使用权不得单独抵押。以乡(镇)、村企业的厂房等建筑物抵押的,其占用范围内的土地使用权同时抵押。"第 37 条第 2 款规定:"下列财产不得抵押:(二)耕地、宅基地、自留地、自留山等集体所有的土地使用权。"

② 《中华人民共和国物权法》第 183 条:"乡镇、村企业的建设用地使用权不得单独抵押。以乡镇、村企业的厂房等建筑物抵押的,其占用范围内的建设用地使用权一并抵押。"第 184 条规定:"下列财产不得抵押:(二)耕地、宅基地、自留地、自留山等集体所有的土地使用权,但法律规定可以抵押的除外。"

③ 《中华人民共和国民法通则》第 74 条:"……集体所有的土地依照法律属于村农民集体所有,由村农业生产合作社等农业集体经济组织或者村民委员会经营、管理。已经属于乡(镇)农民集体经济组织所有的,可以属于乡(镇)农民集体所有。"

以及受益权易受侵害。首先，农民个体难以行使表决权，集体事项的最终决定权往往落在少部分人手里。或出于农村青壮年多外出打工而难以召集有效人数之原因，或出于长期以来忽视农民表决权之惯性使然，集体经济组织或村民委员会负责人等往往成为某项决定的拍板人。集体经济的抗风性能力不强，集体土地公租房隐含的风险亦不容小觑。如若经营成功，则一荣俱荣；如若遭遇险阻，则一损俱损。集体成员能否顺畅地行使表决权是维护其自身权益的关键。其次，农民个体的利益与集体利益具有高度的黏合性，在尚未建立有效的利益转换机制的前提下，农民的受益权容易被集体利益所淹没。集体土地公租房所获得的收益难以公平且合理地分配给农民，其中重要的原因在于缺乏对权力的监督，少数乡镇村干部成为集体利益的解说人，利益转换机制的缺位也导致集体内部成员只能望梅止渴。这些与在集体土地上开发建设公租房的初衷相悖甚远。

四　集体土地上建设公租房之法律规制路径

集体土地公租房在试点实践中仍存在较大的风险，对之进行法律规制具有重要的现实意义。

(一) 修改《土地管理法》，实现土地物权平等

随着我国市场经济发展程度的不断深入，2004年《土地管理法》的相关条款与市场配置的基本规律相违背，成为市场经济深入发展的绊脚石，关于修改《土地管理法》的呼声日益高涨。

《宪法》第10条规定"土地的使用权可以依照法律的规定转让"，为集体建设用地使用权流转预留出一定的上位法空间，成为修改《土地管理法》第43条与第63条的宪法根据。2017年，《土地管理法（修正案）》（征求意见稿）发布，集体建设用地用于工业、商业等经营性用途并经依法登记的，则允许土地所有权人通过出让、出租等方式交由单位或者个人使用。现行《城市房地产管理法》关于城市规划区内的集体土地必须先征收为国有后才能出让的规定，新增加了"法律另有规定的除外"，与《土地管理法》修改相呼应。相关法律的修改，遵循了中共十八届三中全会《决定》中实现集体经营

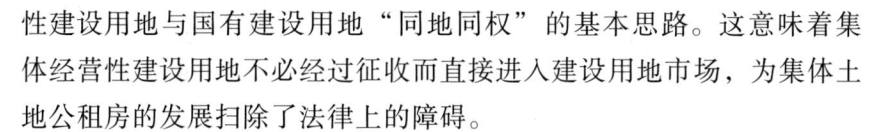

性建设用地与国有建设用地"同地同权"的基本思路。这意味着集体经营性建设用地不必经过征收而直接进入建设用地市场，为集体土地公租房的发展扫除了法律上的障碍。

(二) 允许集体土地设定抵押，建构风险释缓机制

中共十八届三中全会释放了农村土地抵押的政策信号，之后国家颁布不少政策文件放松了对农村土地抵押的严格管制。[①] 学界对于在集体土地设定抵押的观点通常分为支持、反对以及审慎适用三类。不同的立论在于对当前农民生活实际情况、农业生产状况以及农村社会现状的认识存在差别。如今，农村土地的财产功能愈加凸显而社会保障功能逐渐淡化。允许集体土地设定抵押正是对于不断变化的农村经济、社会状况而做出的适时调整。我国物权立法之初，正处于集体建设用地使用权市场化的探索阶段，在集体建设用地使用权的立法上采取了较为灵活的规定。根据我国《物权法》第135条的规定，"建设用地使用权人依法对国家所有的土地享有占有、使用和收益的权利，有权利用该土地建造建筑物、构筑物及其附属设施。"该法律条文并未将不同性质的建设用地区分开来，也为日后地方赋权性政策埋下了伏笔。允许集体经济组织将集体土地设为抵押物，能够借助土地蕴含的财产价值实现公租房项目的融资。

同时，建构风险缓释机制与集体土地设定抵押相互配合十分必要。例如，在抵押主体上，对抵押人的经济能力应提出一定的要求；宜将抵押权人限定为专门的政策性金融机构——土地银行，从而保持土地资产公有性质、防止发生土地兼并；在抵押的客体上，实行区分制度，只有农村经营性建设用地可用于抵押；在抵押的运行上，在土

[①] 2014年11月，中共中央办公厅、国务院办公厅印发《关于引导农村土地经营权有序流转发展农业适度规模经营的意见》；2014年12月2日，中共中央办公厅和国务院办公厅再次联合印发《关于农村土地征收、集体经营性建设用地入市、宅基地制度改革试点工作的意见》；2015年8月24日国务院发布《关于开展农村承包土地的经营权和农民住房财产权抵押贷款试点的指导意见》（国发〔2015〕45号）；2016年3月中国人民银行会同相关部门出台《农村承包土地的经营权抵押贷款试点暂行办法》和《农民住房财产权抵押贷款试点暂行办法》等政策文件，从立法的宏观层面提出了农村土地抵押的指导思想、基本原则以及相关配套措施。

地面积、抵押物价值、抵押期限等多方面予以从严把控；此外，通过建立土地抵押风险基金、强制保险、政府或担保公司增信机制等方式分担集体土地抵押风险。① 风险缓释机制一旦建立，有助于增强集体成员的土地抵押信心，也为集体内部成员利益提供了一道保护网。

（三）集体土地所有权主体法人化，建立行之有效的决策机制

目前，学界关于集体土地所有权主体的观点大致可分为三类：国有化、私人化以及法人化。② 前两种观点弊端较为明显。虽然将农村集体土地收归国有不仅契合社会主义主流意识，而且有利于形成农村集体土地的规模效应，但是实现难度较大。集体土地私有化的主张与社会主义公有制有违、政治风险较大，且容易造成土地兼并、分配不公。相比之下，集体土地所有权主体法人化是最佳途径。通过赋予"农民集体"法人资格使之成为健全且适格的权利行使主体，既维持了现状、保证了土地所有权的集体属性，同时使集体与个体保持各自的独立。

在法律上，可以将集体组织塑造成以地域为基础的法人，以独立的名义、独立的集体资产从事民事活动，并且在集体资产范围内独立地承担民事责任。借鉴法人的治理结构，形成意思机构、执行机构和监督机构。以在集体土地公租房为例，村民大会可视作集体的最高权力机构；人数较多的情况下，可由全体村民代表组成的村民代表大会作为法人的权力机构，对是否在集体土地建设公租房形成共同决策。决策做出之后，由村民大会或者村民代表大会选举产生的村委会作为执行机构，主导具体事宜并对村民大会或村民代表大会负责。村委会主任作为该集体法定代表。考虑到集体土地公租房直接牵涉村民的切身利益，因此可考虑建立一个由利益相关人代表——村民代表组建的监察机构对村委会的工作进行监督。总之，通过借鉴法人的"三权分立"，构建起一套行之有效的决策机制，保障农民权益得以顺利实现。

---

① 张坤、胡建：《农村土地抵押中的风险释缓：域外比较与中国实践》，《河北法学》2017年第8期。

② 刘云生：《农村土地国有化的必要性与可能性探析》，《河北法学》2006年第5期。

第三章 公租房分配准入的法律规制

公租房的分配准入是指住房保障部门通过设置一定的限制条件并严格审查申请者资格，筛选出符合条件的住房困难群体，使之依据申请程序获得入住公租房的机会。公租房的分配准入的门槛是否合理，公租房的分配程序是否公平，在很大程度上决定了公租房的住房保障功能能否得到最大化发挥。

第一节 公租房分配准入的立法价值取向

一 公租房分配准入立法价值要素之考量

庞德认为："在法律史的各个经典时期，无论在古代和近代世界里，对价值准则的论证批判或合乎逻辑的适用，都曾是法学家们的主要活动。"[1] 可见，法的价值问题是法律科学的一个基础性命题。英国法学家彼德·斯坦与约翰·香德从"法律目的"的意义上解释"法律价值"，认为"作为法律的首要目的，恰是秩序、公平和个人自由这三个基本的价值"[2]。美国法学家博登海默认为法律价值在于正义与秩序。[3] 我国法学界自20世纪80年代初引入"法律价值"之

---

[1] ［美］罗尔斯·庞德：《通过法律的社会控制》，沈宗灵译，商务印书馆1984年版，第55页。
[2] ［英］彼德·斯坦、约翰·香德：《西方社会的法律价值》，王献平译，中国公安大学出版社1990年版，第4页。
[3] 博登海默在《法理学：法律哲学与法律方法》中通过论述"法律的性质和作用"探讨正义与秩序，其意义与"法律价值"相近，着重从法律的客观属性和功能上予以解释。

后，关于法价值的表述同样众说纷纭。在自由、安全、平等、公正、秩序、效率、正义等广泛的法价值之中如何甄别出适合我国公租房分配准入的立法价值要素？关键在于从公租房分配准入行为性质以及制度功效两方面进行考量。

从行为性质上看，公租房的分配准入是公权力对私权利的一种合法性调整与干涉，是一种典型的政府行政行为。行政主体通过行使行政职权将公租房资源分配给适格的申请对象，对特定的行政相对人产生积极的法律效果，符合行政给付行为的典型特征。公权力来源于私权利的授权，正因为一国领域内的所有社会成员在一定范围内让渡部分的私权利才能成就公权力的普适性与权威性，因此，公权力理应为保障私权利而存在，致力于调整或解决私权利之间的冲突，维持良好而稳定的社会秩序。这一天然使命注定了政府在行使行政职权时必须公开、公平、公正地对待每一位行政相对人。所有的社会成员只要符合公租房准入条件，均应平等地享有申请公租房的自由，不受任何外来因素的干扰或歧视。

从制度功效上看，公租房的分配准入处于实现住房保障的中心环节，是实现社会弱势群体住房权的关键跳板，也是社会长治久安的重要保障。马克思认为："'价值'这个普遍的概念是从人们对待满足他们需要的外界物的关系中产生的"[1]，易言之，具备客体能够回应主体需要的属性即"价值"，法的价值同样如此。"法的价值在于能够满足人意欲通过法而实现的目的和追求，并因价值主体——人的存在而产生意义。"[2] 公租房分配准入的立法价值同样应该因"人的存在"而富有意义。从古至今，"安居"之梦世代相传，有宅才有家，有家才有国。对公租房分配准入的立法价值要素进行甄别，不仅应考虑社会弱势群体的居住安全，还应顾及整个社会的和谐秩序，体现公租房分配准入法律制度的内在精神。

---

[1] 《马克思恩格斯全集》第19卷，人民出版社1964年版，第406页。
[2] 周灵方：《法的价值冲突与选择——兼论法的正义价值之优先性》，《伦理学研究》2011年第11期。

二 公租房分配准入立法价值取向之整合

没有任何一项法价值可以凭借其独有的特性而延伸至无限的应用空间，也没有任何一项法价值因暂时性的屈尊而湮没其独特且重要的属性。对于法价值而言，并无优劣之分，而是基于客体的条件、主体的需求对不同的法价值进行整合。通过价值整合的技术手段，在众多法价值中做出最适合公租房分配准入法律制度的选择。

（一）有序的自由

博登海默曾言，"在一个正义的法律制度所必须予以充分考虑的人的需要中，自由占有一个显要的位置，要求自由的欲望乃是人类根深蒂固的一种欲望，这种欲望连小孩都有……整个法律和正义的哲学就是以自由观念为核心而建构起来的"[1]。对自由的原始欲望源于个体的人性，而个体对自身自由的不懈追求共同推动着整个社会向前发展。公租房分配准入法律制度同样应对"自由"予以重视。

自由应作为公租房分配准入的立法价值取向之一。当遭遇家庭变故、经济困境、不可抗力等因素而陷于住房困境之时，公民既享有申请公租房的自由，也应享有基于自身利益判断而放弃某次配租方案的自由。法律只为个体的自由选择提供一定的可能性，至于个体最终是否做出选择以及做出何种选择，纯粹出于个体的自由意志，法律并不强人所难。公租房分配准入法律制度应为个体的选择自由预留足够的空间，保护个人意志免受不理性的制度因素阻挠。须注意，正如古罗马法学家西塞罗曾说："我们都是法律的奴隶。正因为此，我们才是自由的。如果没有法律所强加的限制，每一个人都可以随心所欲，结果必然是因此而造成的自由毁灭。"当个体追求自由的行为与他人发生不可避免的冲突时，另一重要的立法价值——秩序则成为缓释个体之间自由冲突的出口。

如果说自由源于内在的本性欲望，那么秩序则源于外在的力量约

---

[1] ［美］博登海默：《法理学：法律哲学与法律方法》，邓正来译，中国政法大学出版社1999年版，第278—279页。

束。学界关于秩序的定义不尽相同，有学者认为"法律的秩序价值是指法律创造并保障社会稳定，主体和谐相处的功能。如果说自由是人类社会必须显示出的一种动态美的必要性的话，那么秩序则是人类社会必须显现出的一种静态美的必要性"①。有学者提出，"秩序，是社会政治经济文化等社会关系依一定的规范、制度体系所形成的有序的样态"②。有学者介绍道，"人与人之间和谐的有条理的状态"以及"人和事物存在和运转中具有一定一致性，连续性和确定性的结构、过程、模式等"，二者皆为秩序。③还有学者主张，"秩序是一种安宁、和平、有序的社会合法状态"④。可见，稳定、和谐、有序、规则、一致……乃秩序价值的核心指向。公租房分配准入立法价值以"有序的自由"为取向，即意味着当社会弱势群体追求其自由的行为发生冲突时，必须将冲突保持在一定的"秩序"之下。通过设置一定的实体规则或程序规则，缓解社会成员之间的矛盾，使公租房分配准入维持在稳定、有序、持续的节奏之中达成和谐。总之，秩序和自由都是公租房分配准入立法不可偏废的价值取向，秩序之下方有自由可言。

（二）有效率的公平

从语义上看，"有效率的公平"重心在于"公平"二字。通常，公平总被视作正义的可替代语。我国古代"不患寡而患不均"的朴素公平思想至今仍然成为正义的衡量尺度。西方早期学者同样将公平视作与正义等同，亚里士多德更将公平视作"百德之总"，根据表现形式和具体内容不同将公平进行分类，对后世产生了深远的影响。⑤20世纪以来，罗尔斯关于"作为公平的正义"之论述成为"迄今为止西方社会上所有对公平价值观念所做的解释中最令人满意的一

---

① 谢晖：《法律双重价值论》，《法律科学》1991年第6期。
② 唐政秋：《论我国社会保障立法的价值取向》，《求索》2004年第1期。
③ 卓泽渊：《法的价值论》，法律出版社1999年版，第177页。
④ 李龙、周刚志：《良法价值构造论》，《南都学坛》2003年第3期。
⑤ 关淑芬：《论公平原则》，《杭州师范大学学报》（社会科学版）2013年第3期。

种"①。公平渐而成为现代法律制度之中一项最基本、最重要的立法价值。公租房作为维护社会弱势群体住房利益以及个人尊严的载体，从推行之初便闪耀着公平的光辉。所有符合公租房条件的社会成员都应获得公平的申请机会，都应遵循分配的既定规则、接受准入权利的赋予而不能任由特权赐予或掠夺，或以伪造虚假申请材料等方式践踏公平。

20世纪60年代，随着经济分析法学的出现，"效率"作为法的基本价值开始备受关注。代表人物波斯纳认为："正义的第二种含义——也许是最普通的含义——是效率。"②对于公平与效率的关系，大致存在三类观点：为经济学家所推崇的效率优先论；以罗尔斯为代表的学者所拥趸的公平优先论以及美国经济学家阿瑟·奥肯等提出的公平与效率无先后之分论。如果说公平的实质在于如何处理社会经济中的各种利益关系，那么效率的实质则在于如何实现社会资源的有效配置。③例如在公租房分配准入中，首先应设置统一而详明的申请条件删选出符合条件的申请者，公租房分配准入条件越明确则"应保未保"概率越低。其次应建立资产动态监控，制定规范的租赁格式合同范本，简化公租房分配准入的程序，在保证公平的同时提高资料审查的行政效率。再次，既要明确申请人权利救济的有效途径，也要明确违法行为的责任承担，从而引导人们的行为预期、增加公租房的有效申请。总之，在公租房分配准入的立法价值取向中，应强调以公平为优先、兼顾效率，亦即"有效率的公平"。

（三）有差别的平等

"平等"是人类文明史上永恒的追求。欧洲启蒙运动的思想家们从自然法中得出一项重要的结论——人人生而平等，这是与生俱来的

---

① ［英］彼得·斯坦、约翰·香德：《西方社会的法律价值》，王献平译，中国法制出版社2004年版，第106页。
② ［美］理查德·A.波斯纳：《法律的经济分析》下，蒋兆康译，中国大百科全书出版社1997年版，第31页。
③ 杜乐其、石宏伟：《论社会保障法的价值理念》，《昆明理工大学学报》（社会科学版）2007年第5期。

天赋权利。正是在他们的努力下,"平等"二字因其强烈的伦理色彩被法律所推崇,渐而成为法律所追求的价值理念。19世纪法国学者皮埃尔·勒鲁在《论平等》一书开篇写道:"现在的社会,无论从哪一方面看,除了平等的信条外,再没有别的基础。"① "平等是一种神圣的法律,一种先于所有法律的法律,一种派生出各种法律的法律。"② 可见,平等在一定意义上甚至成为法律的精神与生命。G. 拉德布鲁赫曾言:"法律的平等即构成了人的本质的平等之法律权能,并不存在于人类和人类团体之中,而是由法律规则赋予人类的。"③ 公租房分配准入法律制度的意义则在于此。公租房分配准入法律制度承载着住房保障之重任,应立足于平等之基础为社会弱势群体居住权的实现提供法律的支持。在满足公租房准入条件的前提下,无论工作职业、教育水平、道德层次、社会关系等条件差异,都平等地享有获得公租房准入资格的权利以及对他人依照法定规则轮候排序予以尊重的义务。

平等并非源自人事实上的相同与一致,反而是以人与人之间形貌不一、能力有别为基础,是一种"强不齐以为齐"的制度安排。④ 公租房分配准入法律制度应以"有差别的平等"作为立法价值取向,针对不同的情况在一定程度上予以适当的不同对待。在轮候配租的过程中,应对特殊家庭予以优先照顾。例如,家庭成员包括耄耋老者或垂髫幼儿,申请人或与其同住家庭成员身患重病或做过大型手术,申请人身体遭受重度残疾、享受国家定期抚恤补助的优抚对象、退役军人、省部级以上劳动模范、成年孤儿或者受重点拆迁工程影响的家庭等。在公租房的选房环节,同样应考虑各家庭的不同特殊需求。例如,对于包含老者、幼儿、行动不便者的家庭则考虑分配较低楼层的公租房。虽然这些差别性待遇打破了平等的外在形式,却体现了平等的内涵精神,亦更高程度地与住房保障之本义相契合。

---

① [法] 皮埃尔·勒鲁:《论平等》,王允道译,商务印书馆1988年版,第1页。
② 同上书,第20页。
③ [德] G. 拉德布鲁赫:《法哲学》,王朴译,法律出版社2005年版,第133页。
④ 胡玉鸿:《平等概念的法理思考》,《求是学刊》2008年第5期。

第二节 公租房分配准入的基本原则

一般意义上的基本原则,是指那些"贯彻始终并能反应适用对象的客观需要及其规律的准则"[①]。由于各地方对我国公租房分配准入基本原则缺乏统一的认知,实践中相关立法差异较大。厘清公租房分配准入的基本原则有助于深化认识,引导地方公租房分配准入的有序推进。

一 公平正义原则

对公平正义的追求是推动社会进步的动力。就公平而言,有学者认为,公平与平等语义相同。例如莱翁·狄骥说:"公平的一般形式便是平等。"[②] 也有学者主张"平等是公平的基础,公平是平等的进一步发展的结果"[③]。还有学者将"社会公平"与"分配公平"等同,提出"社会应当平等地对待所有应当平等地获得这种平等待遇的人,也就是说,社会应当平等地对待所有应当绝对平等地获得这种平等待遇的人。这就是社会的和分配的正义所具有的最高的抽象标准"[④]。就正义而言,罗尔斯的《正义论》为之做出最佳注解,"正义是社会制度的首要价值,正像真理是思想体系的首要价值一样"[⑤]。其论述突出了正义在社会制度中的重要地位。在历史长河中,公平与正义始终是人类不懈的追求。

对保障对象而言,平等保护原则是关键。户籍要求不应成为公租

[①] 尹力:《中国调解机制研究》,知识产权出版社2009年版,第44页。

[②] [法] 莱翁·狄骥:《宪法论》第1卷,钱克新译,商务印书馆1959年版,第90页。

[③] 林嘉:《社会保障法的理念、实践与创新》,中国人民大学出版社2004年版,第137页。

[④] [英] 弗里德里希·冯·哈耶克:《法律、立法与自由》第二、三卷,邓正来译,中国大百科全书出版社2000年版,第118页。

[⑤] [美] 约翰·罗尔斯:《正义论》,何怀宏、何包钢、廖申白译,中国社会科学出版社2009年版,第1—2页。

房分配准入的门槛,城市户口或农村户口均应获得平等对待。为了保证公租房分配的结果公平,应重视公租房分配的程序正义。权力机关审核材料、制定配租方案等行为均应受到法律的监管,符合程序正义的要求。对公租房配租而言,公平分配不等于平均分配。马克思在阐述按劳分配时已经注意到,平等权利的实现总会受到一定条件的制约,[①] 恩格斯同样发现,在一定情况下公平分配与平均分配存在差异。罗尔斯在《正义论》中对二者之间的差异做出了具体阐释,提出了"差异性原则"。当部分群体因社会经济条件的不足而处于弱势地位时,正义的天平应向之倾斜、扭转不公平的正义而达成实质正义。公租房分配准入过程中同样如此。"中低收入""住房困难"均属于相对概念,不同地区的整体薪资水平、消费水平、房地产市场状况、住房传统等各不相同,地域的差异性应在公租房分配准入中有所反映,不可一刀切式地平均分配。

二 科学原则

科学之初是与哲学相对的概念,最早出现在实证主义研究中,指"将研究对象分为多门学科去研究的学问"。近代洋务运动引入大量西学,古词"格致"因强调穷究事物而求得理性认识与"科学"内涵一致,"科学"亦可唤作"格致"。科学性原则要求一切从客观实际出发,遵循自然与社会规律,运用合适的理论、方式、途径等,追求正当的价值目标。

在公租房分配准入中,科学原则发挥着重要作用。坚持科学原则,应做到以下几点:其一,立足于我国国情、住房保障的发展阶段并结合地方实际情况,制定因地适宜的申请条件和配租方案。其二,采取先进的技术支持收集大数据,定期反馈公租房分配准入中的运作情况,根据实践中得来信息及时调整相关措施。其三,积极面对市场环境以及住房保障政策方面的变化,始终朝着住房保障的目标坚定不移。

[①] 《马克思恩格斯选集》第3卷,人民出版社1995年版,第305页。

三 公开原则

公开原则曾一度在我国行政法中讳莫如深。随着行政法治的深入发展，如今行政公开成为政治体制改革中的焦点。从当今世界大多数国家关于行政公开原则的规定来看，均采用"概括公开+明确限制公开事项"的立法体例，遵循"公开为原则、不公开为例外"的制度模式，强调政府信息公开范围的最大化。[①] 这也是我国政府信息公开制度完善与发展的方向，也是我国现代民主政治的应有之义。

通常，行政公开原则包含两方面的内容："一是行政机关的行政决策活动及其过程公开；二是行政机关制定或决定的文件、资料、信息情报公开。"[②] 前者指向动态过程的公开，后者指向静态资料的公开。具体到公租房分配准入则表现为，一方面，公租房分配准入所涉及的相关程序必须公开。住房保障部门在制定公租房分配准入条件时，设计公租房分配准入的程序、拟定公租房配租方案以及公租房分配准入的具体分配工作等所有相关行政决策活动均应公开。行政机关以社会大众看得见的方式从事公租房分配准入的具体行政工作，让公租房分配准入在阳光下运行，不仅能够提高工作人员的行政自律性，而且也有助于消弭对公租房分配准入公正与否的误解。另一方面，公租房分配准入所涉及的信息资料等必须公开。除涉及国家安全、商业秘密、个人隐私等法律明确不能公开的以外，住房保障部门在公租房分配准入中所制定的分配条件、申请流程、配租方案、审核结果等所有相关文件、资料、信息等均应向社会公开，并且选择公众较为方便的传播渠道、地点予以公开，合理设定公开期限。

四 便捷原则

便捷原则多出现在商法基本原则之中，强调力求加快交易过程、促

[①] 黄全：《论政府信息公开的原则体系》，《江苏大学学报》（社会科学版）2014年第1期。

[②] 吴建依：《论行政公开原则》，《中国法学》2000年第3期。

成各方主体高效率地达成交易目的。由此可见,便捷原则多指向程序便捷,通过程序的优化设置、减少不必要的环节成本,促成程序高效。

公租房分配准入中同样应强调便捷原则。程序便捷意味着,住房保障部门在设计审核机制时应避免不必要的重复性工作,公租房申请者以尽可能方便的途径递交材料、在合理期间内等候审核,从而提高公租房分配准入过程的速度、避免现实中"迟到的非正义"。目前在实践中,有的地方实行严格的三级审核制。公租房申请材料层层递交、级级审查,工作任务的重叠不仅加重了住房保障部门的人力成本,而且也会让一二级审核机关搪塞了事、浮于形式。强调便捷原则,要求住房保障部门必须谨记服务型政府的要义,为申请者服务、急其之所急,减少无意义的形式审批、以申请者方便获取的方式告知审核进展、尽可能缩短等候配租的时间。

第三节 公租房分配的主体

公租房分配的主体推动了公租房资源的优化配置。探究公租房分配的主体是研究公租房分配准入乃至公租房运营、管理、退出等环节的基石。

一 关于"主体"的基本内涵

单从语义拆解来看,"公租房分配的主体"可细分为两个问题:何谓"主体"以及何谓公租房分配语境下的主体。前者着重主体的一般性特征,后者则探讨公租房分配中主体的特殊性。

(一)关于"主体"的认知

主体概念最早体现在民事活动中。罗马法上有三种关于"人"的表达:"homo"指生物人,包括没有人格的奴隶;"persona"偏指各种身份;而"caput"由原本的"头颅"之意,逐渐引申为权利义务的主体,表示法律上的人格。[1] 公元前3世纪中叶以前,罗马法的适

---

[1] 王楚云:《民事权利能力概念的罗马法溯源》,《法制博览》2014年第3期。

用范围仅局限于罗马公民。随着罗马帝国不断对外开疆辟土，公民法已经不足以解决帝国疆域内的复杂问题。因而，在法律上呈现出公民法与万民法花开并蒂的局面。在罗马法中，生物人是否享有法律上的人格是由血缘、财产等身份要素决定。身份的不平等自然导致法律上人格的不平等。易言之，唯有罗马市民才具有完全的民事权利主体资格。在此阶段，主体理论的内涵仅以自然人为基础。

"法人"这一专业法学术语，最早是由12—13世纪的意大利注释法学派创设。当时关于"法人是以团体名义的多数人集合"的表述与如今法人概念的表述存在一定差距，前者用以表明团体的法律地位，而后者着重强调法人是一种独立存在的抽象人格。1794年，普鲁士邦普通法典中出现制定法上的法人概念，1896年德国民法典予以采用并在世界范围内产生深远的影响。[1] 法人作为民事主体，与自然人一样具有相应的权利能力、行为能力以及责任能力，参与社会生活与市场活动等。

随着近现代社会的不断发展，主体概念逐步渗透到政治范畴，从对个人国民主权的认可逐步衍生出行政主体。大陆法系与英美法系国家均对行政主体制度予以认可。行政主体的内涵应包括以下五个方面：其一，行政主体须为两人以上的团体。维护社会公共利益是行政主体活动之目的，唯有社会成员的组织体才能担当此任。其二，行政主体应享有自身的利益。行政主体享有利益的范围不局限于人身权益、财产权益，还包括自我组织、自我管理和自我发展的权利。其三，行政主体应具有独立的权利与义务。无论是自然人、法人还是行政主体，任何主体都是权利与义务的归属体。不同之处在于，人与生俱来的价值、尊严等决定了自然人作为权利与义务归属体的身份；而民事活动中的法人制度与行政活动中的行政主体制度则是法律拟制的成果。行政主体应具有独立的权利与义务是其利益享有在法律层面的具体表达。其四，行政主体应保持独立的意志。行政主体依据自身意志从事行政活动的行为必须在法律允许的范畴之内，而不得肆意强调

---

[1] 参见张俊浩主编《民法学原理》，中国政法大学出版社1997年版，第162—163页。

意志独立而对其他主体造成利益侵害。其五，行政主体应独立承担责任。行政主体以公共利益为代表，实现公共利益不应以不法侵犯或肆意牺牲个人利益为代价。建立现代国家国家赔偿制度，即行政主体承担责任的具体表现。①

总之，随着社会生活的发展，主体概念的内涵亦不断得以丰富。关于主体的认知，早已不再仅仅局限于对个体价值的尊重与认可。民事活动中，民事主体的范围从自然人延伸至法人，不仅适应了社会生活的变化，而且也使得自然人的民事活动空间得以更加广阔。行政领域内，主体的范围从自然人发展为行政主体，以更先进的管理组织形式为社会公众提供公共服务。

（二）公租房分配语境下的"主体"

从公租房分配的终极责任承担来看，政府在公租房分配主体中占据着绝对的席位。没有任何一个国家保障房资源的分配能够脱离政府的职能范畴。随着现代政府职能的转变以及出于提高公共服务质量等方面的考虑，政府之外的其他主体逐渐出现在公租房事务中发挥着作用。例如，荷兰第三方非营利组织。荷兰的社会住房比例在全欧洲首屈一指，2011年曾占到了荷兰住房总量的31.2%，故而被誉为"住房社会主义国家"②。政府的职能主要表现在通过颁布住房政策以及住房福利制度等对社会住房进行调控，③ 社会住房的实际运作更多地以私人住房协会为主导。但在社会住房分配准入的具体环节中，荷兰住房协会所发挥的作用远甚于地方政府，尤其20世纪90年代以后，荷兰社会住房分配实行"代尔夫特模式"（Delft模式），由住房协会统一运作社会住房分配中的几乎所有事宜。④

---

① 参见薛刚凌《行政主体之再思考》，《中国法学》2001年第4期。
② 胡毅、张京祥、吉迪恩·博尔特、皮特·胡梅尔：《荷兰住房协会——社会住房建设和管理的非政府模式》，《国际城市规划》2013年第3期。
③ 例如，荷兰政府负责公布对申请者的收入标准要求，全国范围内均采取政府规定的统一的收入标准；荷兰政府为申请者必须获得居住许可等。
④ 住房协会负责公布可供出租的社会住房状况以及对申请者的要求。有意向的申请者可向住房协会提交相关申请资料，由住房协会根据公开而客观的标准进行审核，对符合条件者进行排序、配租。

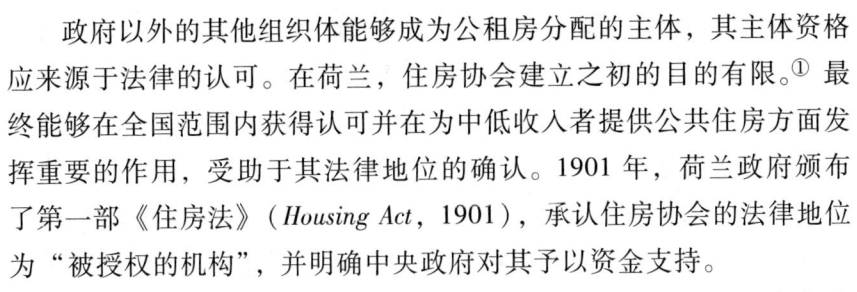

政府以外的其他组织体能够成为公租房分配的主体,其主体资格应来源于法律的认可。在荷兰,住房协会建立之初的目的有限。① 最终能够在全国范围内获得认可并在为中低收入者提供公共住房方面发挥重要的作用,受助于其法律地位的确认。1901 年,荷兰政府颁布了第一部《住房法》(Housing Act,1901),承认住房协会的法律地位为"被授权的机构",并明确中央政府对其予以资金支持。

总之,在公租房分配语境下论及"主体",首先,可以肯定该主体指向的并非负责公租房分配事宜的个别自然人,而是一种法律拟制的结果,即政府这一行政主体。政府作为公租房分配的行政主体必须对分配结果承担相应的行政责任与法律责任。其次,在公租房语境下,主体的内涵得以丰富。公租房并非传统意义上的典型公共产品,而是一种准公共产品。随着社会力量在公租房领域内的逐步深入,公租房分配的主体并不局限于政府,亦可表现为其他社会组织在法律认可并授权的情况下参与到公租房的分配之中。

二 我国公租房分配主体的地方选择

(一) 北京:产权单位不同分配主体不同

依据《北京市公共租赁住房申请、审核及配租管理办法》(京建法〔2011〕25 号)第 13 条及第 14 条规定,北京市公租房分配主体依据产权单位不同而有所差别。对于市、区县人民政府所属机构以及投资机构、房地产开发企业持有的公租房,区县住房保障管理部门是其公租房分配之主体。公租房产权单位接受区县住房保障管理部门的监督指导,在房屋具备入住条件 60 天前编制配租和运营管理方案。经批准,交由区县住房保障管理部门在区县政府网站上公布配租公

---

① 荷兰住房协会建立之初主要分为三种类型:一是应大众要求谋求足够住房而联系在一起的协会,例如解决工人阶级住房问题的协会;二是为了改善已有的住房而联合起来的协会;三是通过内部成员合作而成立的、仅向内部成员提供服务的住房协会,如鹿特丹政府、天主教派等。参见 Andre Ouwehand, Gelske van Daalen, *Dutch Housing Association*, Delft: Delft University of Technology Press, 2002。

告、审核申请、安排摇号配租、公示等一系列公租房分配工作。对于社会单位建设持有的公租房，配租工作交由社会单位组织实施，优面向本单位取得公租房备案资格的职工配租。编制配租方案上，社会单位须接受市、区县住保部门的监督指导；在公租房申请对象的资格审核上，社会单位与市、区县住房保障管理部门共同负责审核，前者负责审核入围摇号家庭的人口、收入等情况，后者负责审核职工家庭住房情况；在公租房的公示途径上，审核结果应在社会单位网站公示；设置摇号配租程序上，应参照社会公开摇号配租程序确定；配租成功后，承租家庭应与公租房产权单位签订《北京市公共租赁住房租赁合同》，并报市、区县住保部门备案。若房源有剩余，则由住保部门对外公开配租。或由市、区县人民政府指定机构收购并公开配租。

由上可知，北京市公租房分配主体中，区县住房保障部门是公租房分配的核心主体，社会单位作为投资公租房开发建设的所有权人同样具备公租房分配主体的资格。社会单位之所以能够获得公租房分配主体资格来源有二：其一，《关于加快发展公共租赁住房的指导意见》中的相关规定——"谁投资、谁所有"；其二，我国《物权法》第39条规定，"所有权人对自己的不动产或者动产依法享有占有、使用、收益和处分的权利"。

(二) 上海：区政府指定运营机构

根据《上海市市筹公共租赁住房准入资格申请审核实施办法》（沪房管规范保〔2013〕3号），公租房分配的相关工作主要是由"区（县）公共租赁住房申请受理机构"负责。

从具体实践来看，通过对上海市公租房申请受理点的整理，[①]"区（县）公共租赁住房申请受理机构"主要包括区街道办、社区事务受理服务中心以及各公共租赁住房投资运营有限公司三种类型。对比三者的法律性质，街道办是市辖区人民政府或不设区的市人民政府

[①] 《上海市筹公共租赁住房准入资格申请受理窗口》，2020年3月14日，http://fgj.sh.gov.cn/zjw/bmcx/20181029/34910.html。

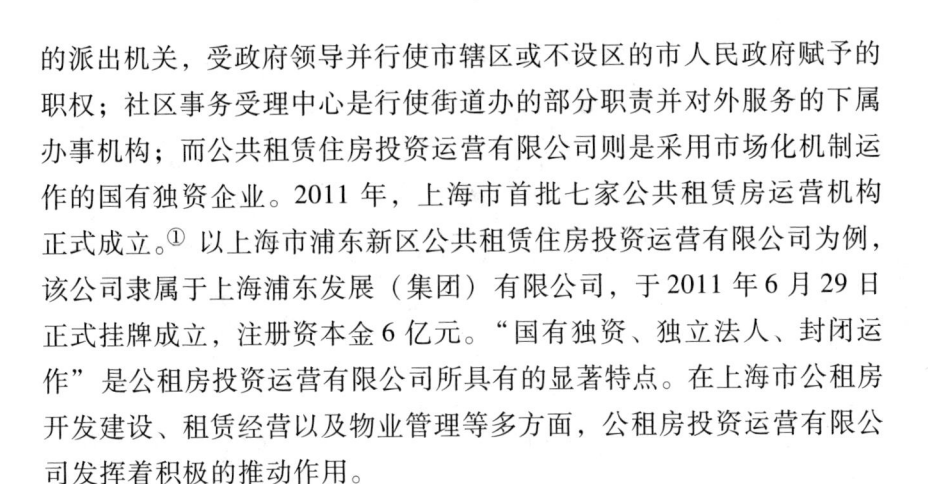

的派出机关，受政府领导并行使市辖区或不设区的市人民政府赋予的职权；社区事务受理中心是行使街道办的部分职责并对外服务的下属办事机构；而公共租赁住房投资运营有限公司则是采用市场化机制运作的国有独资企业。2011年，上海市首批七家公共租赁房运营机构正式成立。① 以上海市浦东新区公共租赁住房投资运营有限公司为例，该公司隶属于上海浦东发展（集团）有限公司，于2011年6月29日正式挂牌成立，注册资本金6亿元。"国有独资、独立法人、封闭运作"是公租房投资运营有限公司所具有的显著特点。在上海市公租房开发建设、租赁经营以及物业管理等多方面，公租房投资运营有限公司发挥着积极的推动作用。

上海市政府发布《本市发展公共租赁住房的实施意见》（沪府发〔2010〕32号）为公租房运营机构成为公租房分配主体提供了政策依据。根据该意见，公租房运营机构为按照公司法相关规定组建的、采取市场机制运作的、以保本微利为营运目标并着重致力于公共服务的法人单位。该规定对公租房投资运营有限公司的地位和作用给予了肯定。

（三）广州：三级主体、多方配合

当若干行政部门参与其中，如何确定公租房分配之主体决定着公租房分配的责任承担或责任的分配。各个地方对此规定各不相同，广州则选择三级主体、多方配合的方式。

从广州市公租房分配的层级架构来看（见图3-1），住房保障部门内部上下级之间存在行政隶属关系，下级行政机关接受上级行政机关的监督与指导。公租房申请由街道办事处（镇政府）负责受理、初审及公示，经区住房保障部门会同区民政部门复核后，报市住房保障部门公示和批准。市住房保障部门掌握着公租房分配的最终决定权，成为公租房分配的核心主体。无论是市（区）民政部门，或是

---

① 其中包括上海市卢湾区公共租赁房投资运营管理有限公司、上海市虹口公共租赁住房投资运营有限公司、上海徐汇惠众公共租赁住房运营有限公司等，分别属于卢湾、虹口、徐汇、长宁、杨浦、普陀6个中心城区。其中，包括徐汇区有2家分别从事公租房运营管理和建设（筹措）的公司。

国土规划、监察、审计、公安、税务等其他部门，因行政部门的职能要求而承担配合工作，成为公租房分配的辅助主体。

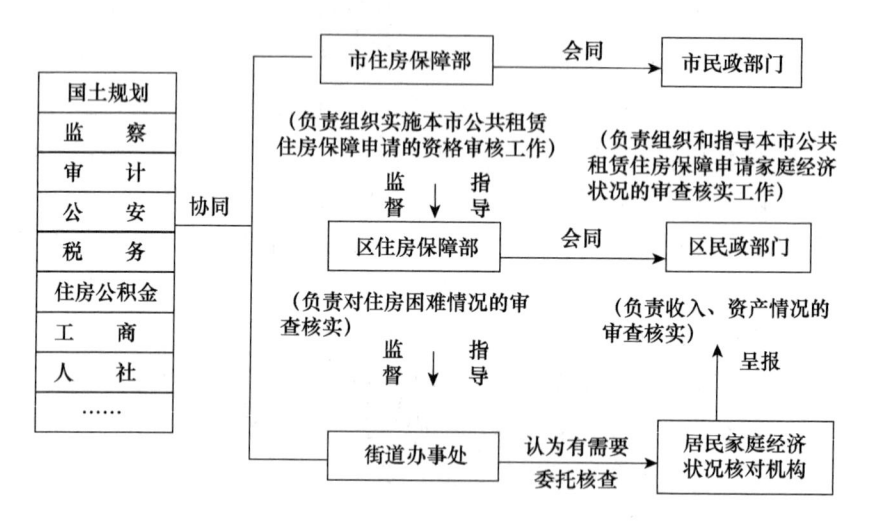

图 3-1 广州市公租房分配的层级架构

（四）武汉：全市统筹、各区分类

《武汉市公共租赁住房租赁管理暂行规定》（武房发〔2011〕150号）第6条，明确规定公租房应遵照"全市统筹、各区负责、分类管理"的原则。市房管部门统筹全市公租房的租赁管理工作，具体负责编制公租房年度计划、房源调配及租赁监督管理工作；各区具体的责任主体则为区人民政府。

由图 3-2 可知，武汉市公租房分配以区为单位，区人民政府是统领本辖区公租房分配工作的责任主体，本辖区内公租房的申请、审核、配租、退出管理相关工作均由其负责。街道办负责公租房申请的受理与初审，区房管部门负责审核申请家庭的住房状况并提出审核意见，而区民政部门负责对申请家庭的收入状况是否符合规定提出审核意见。在区人民政府为主导的分配体系中，各部门就其部门职能之便相互协作，共同参与到公租房分配之中。

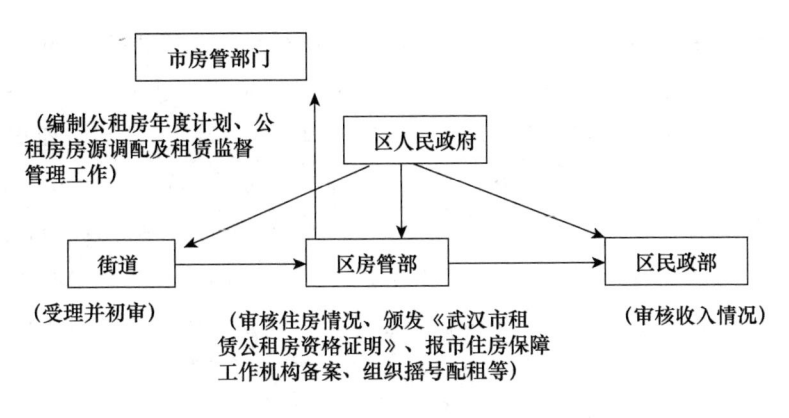

```
                    市房管部门
（编制公租房年度计划、公
租房房源调配及租赁监督          区人民政府
管理工作）

        街道            区房管部              区民政部
      （受理并初审）   （审核住房情况、颁发《武汉市租    （审核收入情况）
                    赁公租房资格证明》、报市住房保障
                    工作机构备案、组织摇号配租等）
```

图 3-2 武汉市公租房分配的层级结构

三 我国公租房分配主体的两大趋势

根据唯物辩证法，共性存在于个性之间。虽然各个地方在公租房分配上的做法并不相同，但是地方实践反映出我国地方政府在选择公租房分配主体上的两大趋势。

（一）基层化趋势

公租房分配主体的基层化趋势有迹可循。公租房制度面向社会底层的中低收入住房困难群体，公租房的分配意味着政府与社会弱势群众最直观、最近距离的接触。基层政府是链接国家与人民的纽带，在社会空间位置上具有优势，对社会弱势群体的住房需求有着较为敏锐的"嗅觉"，能够凭借其优势的前沿位置获得第一手信息、较为准确地甄别出住房保障需求之真伪。在公租房分配中，基层政府往往成为"战斗"在一线的重要主体。

"基层政府"一词使用广泛，在不同语境中内涵有差。根据我国《宪法》第30条规定，我国行政区划共包含五个级别：中央、省级行政区、地级行政区、县级行政区以及乡级行政区。基层政府即层级最低的行政区划，在城市是指不设区的市、市辖区一级；在农村是指乡、民族乡、镇一级。由于公租房制度在农村并未落地。因此，在公租房语境下谈及基层政府，仅指城市区划里不设区的市、市辖区一级。出于行政管理的需要，我国城市基层政权通常设有自己的派出机关，即街道办事处。在公租房分配中，城市基层政府占据着重要地位。通常，街道办事处是直接面向公租房申请对象、处理公租房分配事务的第一主体。街道办事处受理公租房申请之后，再转交其他相关部门负责审核，继而实现基层政府内部部门的职能运转。

公租房分配主体的基层化趋势面临着多重压力。在行政环境上，基层政府面临着直接而复杂的具体行政环境。我国正处于社会转型的关键时期，基层政府成为了各种利益冲突与社会矛盾的交汇点，能否经受住社会转型带来的阵痛是基层政府必须直面的难题。在行政主体上，基层政府建设的受重视程度与所承担事务的繁重程度并未形成正比，基层政府行政人员的职业素养与行政能力仍然欠缺，将影响行政效率的提升。在行政资源上，基层政府在行政区划中级别较低，可动用的行政资源有限，难以负荷繁重的公租房分配事务。在行政方式上，基层政府在行政方式上往往容易陷入结果导向型的误区，而忽略了对程序合理性的足够关注。[1] 总之，公租房分配主体呈基层化趋势发展，应注意加强基层法治政府的建设。通过行政环境的不断改善、行政资源的适度倾斜、行政主体的素养培育等方式，为基层政府主动承担公租房分配责任提供足够的动力和支持。

（二）多元化趋势

公租房供给主体的多元化昭示着政府角色的逐步转型以及社会力量地位的逐步提升，而这一趋势对公租房分配主体的选择也产生了一定的影响。

"政府增加或者减少一项职能，以及采取何种方式、通过何种途径行事，最终的评判标准都是能否为公民提供更好的公共服务。"[2] 公租房分配主体的选择亦不例外。如上文所述，基层政府在处理公租房分配上面临着多重压力，在财权与事权上的不相匹配容易造成行政效率低下的被动局面。对于单位公租房、产业园区公租房等特殊情

---

[1] 参见马龙军《基层政府依法行政的困境及其对策分析》，《理论观察》2015年第4期。

[2] 财政部科研所课题组：《政府购买公共服务的理论与边界分析》，《财政研究》2014年第3期。

况，允许企事业单位、产业园区管委会等主体在政府有关部门的监督下从事公租房分配。由于这些主体对单位职工或园区企业情况更加熟悉，一定程度上有利于提高公租房分配效率。此外，一些地方建立了专门的住房保障公司负责公租房开发建设与分配、管理，使政府从事必躬亲转型为监督指导。

第四节　公租房分配准入的条件

一　我国公租房分配准入条件的立法文本梳理

（一）国家层面有关公租房分配准入法定条件的立法规定

自2014年《关于公共租赁住房和廉租住房并轨运行的通知》发布，廉租房与公租房从此并轨运行，廉租房并入了公租房体系之中而统称为"公租房"。国家层面上关于公租房分配准入的条件以《关于并轨后公共租赁住房有关运行管理工作的意见》规定得最为全面，即"并轨后公共租赁住房的保障对象，包括原廉租住房保障对象和原公共租赁住房保障对象，即符合规定条件的城镇低收入住房困难家庭、中等偏下收入住房困难家庭，及符合规定条件的新就业无房职工、稳定就业的外来务工人员"。概括起来，国家层面上对于公租房的分配准入条件大致包括收入标准、住房状况、就业情况三个方面。

国家层面上有关公租房分配准入的条件规定得较为笼统，这与立法者所处的宏观地位相关。我国地域辽阔，不同地区之间经济水平、文化传统等差异较大，国家层面上的规定只能勾勒出方向性的关键条件，而无法通过一刀切的既定标准予以约束。对于公租房分配条件中细节化、数字化的问题应交由各地方政府因地制宜来确定。

（二）部分城市有关公租房分配准入法定条件的立法梳理

根据《公共租赁住房管理办法》，各直辖市和市、县级人民政府住房保障主管部门可根据本地区实际情况制定公租房分配准入的具体条件，报本级人民政府批准后实施并向社会公布。现选取北京、上海、深圳、重庆、武汉、昆明六个公租房制度较为健全的城市作为样本，以其有关公租房管理的地方性法规或者地方政府规章为例，进行较为系统的对比与总结（见表3-1）。

以上六个城市中，深圳市和广州市将是否超生列入了公租房分配准入的条件之一，①而其他城市均未将超生作为公租房分配准入的法定条件。广州市对公租房申请人的年龄进行了限制，规定"具有完全民事行为能力且年满30周岁的单身申请人可独立申请；年满16周岁的孤儿，具有完全民事行为能力的，也可以独立申请"。而其他城市通常仅规定申请人年满18周岁。此外，广州市颁布的《来穗务工人员申请承租市本级公共租赁住房实施细则》中，将是否有犯罪违法记录作为公租房限定条件之一。②尚未在其他城市的相关法规中看到类似规定。但收入、住房、户籍、工作、社保几个方面是各城市公租房分配的基本条件。

收入标准是界定是否为公租房保障群体的最为直观的判断标准之一。各城市在遵循"中低收入"的总要求之下，大多制定了公租房分配准入的具体收入标准，并呈现以下几个特点：其一，收入的统计标准不同。北京、深圳与广州以年收入为衡量基准；重庆、武汉与昆明以月收入为衡量基准。以年收入为衡量基准需要较多的统计数据，通常较为全面；而以月收入为衡量标准，幅度波动通常较大。其二，收入的内涵较为抽象。六个城市的地方性法规或地方性政府规章中，只有《重庆市公共租赁住房管理实施细则》明确规定了"月收入包括工资、薪金、奖金、年终加薪、劳动分红、津贴、补贴、养老金、其他劳动所得及财产性收入。不包括基本养老保险费、基本医疗保险费、失业保险费、工伤保险费、生育保险费等社会保险费和住房公积

---

① 《深圳市保障性住房条例》第7条规定："申请轮候公共租赁住房，应当符合下列条件：……（五）申请人及其配偶无违反国家计划生育政策超生子女行为，或者虽有违反国家计划生育政策超生子女的行为，但已依法接受处理并自处理之日起满五年。"《来穗务工人员申请承租市本级公共租赁住房实施细则》第4条："（一）来穗时间长、稳定就业的来穗务工人员。此类人员须同时符合以下条件：……5. 申请人及其配偶未违反计划生育政策。"

② 《来穗务工人员申请承租市本级公共租赁住房实施细则》第4条："……（一）来穗时间长、稳定就业的来穗务工人员。此类人员须同时符合以下条件：……6. 申请人及共同申请的家庭成员没有犯罪记录及在申请之日前5年内没有公安机关作出的处以行政拘留、责令社区戒毒、强制隔离戒毒、收容教育、收容教养等治安违法记录（以下简称犯罪违法记录）。"

第三章　公租房分配准入的法律规制

表3-1　部分城市公租房分配准入地方性法规和地方政府规章比较

文件	收入	住房	户籍	工作	社保
《北京市公共租赁住房申请、审核及配租管理办法》（京建法[2011]25号）	根据家庭人数确定家庭年收入	家庭人均住房使用面积15平方米（含）以下	本市户籍		
《上海市市筹公共租赁住房申请人资格审核实施办法》（沪房管规范[2013]3号）	家庭收入符合上款规定标准	本人及家庭成员在本市均无住房	外省务工人员	来京连续稳定工作一定年限	能够提供同期暂住证明、缴纳住房公积金证明或社会保险证明
	上海市未设标准，由各区（县）政府制定具体标准，并可适时调整	本市人均住房建筑面积不超过15平方米，且未享受本市廉租住房、共有产权保障住房政策	本市常住户口	与本市单位签订一年以上（含一年）劳动合同	在沪缴纳社会保险金达一定年限
	同上	同上	持有《上海市居住证》或《上海市临时居住证》	与本市单位签订一定年限的劳动合同	
《深圳市公共租赁住房轮候与配租暂行办法》（深建规[2013]10号）	收入及财产总额均有限制	无住房，且未享受其他住房保障政策	有户籍限制，现役军人除外		申请人参加本市社保累计缴费达一定年限

— 185 —

续表

文件	收入	住房	户籍	工作	社保
《广州市公共租赁住房保障办法》（穗府办规〔2016〕9号）《来穗务工人员申请承租市本级公共租赁住房实施细则》（穗保规字〔2017〕1号）	申请时上一年家庭可支配收入、家庭资产净值符合政府公布的收入标准	无住房或人均建筑面积有限制，在申请之日前5年内在本市没有房产权转移，且未享受购房优惠政策	申请人及共同申请人应当具有本市城镇户籍（有例外）	在本市工作或居住	
		在本市无自有产权住房，在本市未承租直管公房或者单位自管公房，且申请时在本市未享受公共租赁住房（含廉租住房）保障	持有《广东省居住证》3年以上，且申请时仍在有效期内	与本市用人单位签订2年以上期限的劳动合同；或在本市办理了工商登记的企业出资人或者个体工商户经营者	在广州地区参加社会保险连续缴费（含补缴）满2年或者5年内累计缴费满3年，且申请时处于在保状态
《重庆市公共租赁住房管理实施细则》（渝国土房管发〔2011〕9号）	有收入来源具有租金支付能力，且符合政府规定收入限制（有例外）	无房或家庭人均住房建筑面积低于13平方米；直系亲属在主城区具有住房资助能力的除外	取消收入限制	在主城区有稳定工作	

第三章 公租房分配准入的法律规制

续表

文件	收入	住房	户籍	工作	社保
《武汉市公共租赁住房暂行规定》(武房发〔2011〕150号)	家庭上年度人均月收入低于规定的收入标准（有例外）	无房或人均住房建筑面积低于规定的住房标准；未享受其他住房保障政策	申请人具有本市城镇常住户口	有稳定工作	
	上年度申请人及共同申请人月均收入低于规定的收入标准（有例外）	本人及其配偶在本市范围内无房且本市范围内直系亲属无住房资助能力	新就业职工持《武汉市居住证》	申请人已与用人单位签订一年以上（含一年）期限的固定劳动（聘用）合同	在所在城区连续缴纳一年以上的社会保险金或住房公积金
《昆明市公共租赁住房管理暂行办法》(昆明市人民政府公告第77号〔2012〕)	中等偏下收入	无住房或者人均住房建筑面积低于18平方米；申请之日前3年内有转让私有产权住房的不得申请	具有当地城镇户籍		

— 187 —

金"。《昆明市公共租赁住房管理暂行办法》第19条以"个人所得税工资、薪金所得减除费用标准"为参照标准，间接规定了"收入"的内涵。其他城市的相关规定均较为笼统地以"收入"二字概括，未能明确具体内涵范围，容易造成公租房申请人的错误判断，大大提高了无效申请或申请有误的概率，增加了住房保障部门的审核成本。其三，财产状况作为收入的补充条件。深圳市除了设置"家庭人均年收入或者单身居民年收入"为条件之外，还要求"家庭财产总额或者单身居民个人财产总额不超过本市规定的租赁保障性住房的财产限额"。昆明市也以负面清单的形式将"财产超过一定限额的"作为申请人及共同申请人不得申请公租房的条件之一。其四，少数城市在收入标准之外规定了例外情况。例如《重庆市公共租赁住房管理实施细则》第2条规定"市、区政府引进的特殊专业人才和在主城区工作的全国、省部级劳模、全国英模、荣立二等功以上的复转军人住房困难家庭不受收入限制"。《武汉市公共租赁住房租赁管理暂行规定》第16条规定："市、区政府引进并纳入'黄鹤英才计划'的特殊专业人才和在市区工作的市级以上劳模、英模，荣立二等功以上的复转军人住房困难家庭和个人不受收入和毕业年限限制。"

住房状况同样也能较为直观地反映申请者的实际情况。各城市相关立法文本关于住房状况上的条件设置，分为以下方面：其一，限制住房面积。各地方性法规或地方政府规章中对于公租房申请者的住房面积通常都予以了明确的规定。要求申请者无房或者人均住房面积低于某一上限，是考察住房状况条件的基本配备。其二，严禁一个申请者重叠适用不同住房优惠政策。上海、深圳、广州、武汉均明确规定，申请公租房的条件之一为未享受其他住房保障政策。其三，直系亲属在本市范围内有住房资助能力[①]的应予以排除。直系亲属是指和自己有直接血缘关系或婚姻关系的人，如配偶、父母、子女、祖父

---

① 《武汉市公共租赁住房租赁管理暂行规定》第11条第5款："……住房资助能力即申请人父母、子女或申请人配偶的父母在本市拥有2套及2套以上住房，且人均住房建筑面积达到35平方米以上。"

母、外祖父母。基于公序良俗和法律规定,夫妻之间具有辅助义务、父母和子女之间有抚养义务以及对应的扶养义务。如果公租房申请人的直系亲属在本市范围内有住房资助能力,通常可以合理地推断为其获得住房的可能性较高。重庆市以及武汉市在制定公租房分配准入政策时已经注意到了这一点。其四,对于申请之日前一定年限内的房产产权转移予以限制。《深圳市公共租赁住房轮候与配租暂行办法》(深建规〔2013〕10号)第7条第3款明确规定:"申请人及其配偶、未成年子女或者其他共同申请人……在申请受理日之前3年内未在本市转让过或者因离婚分割过自有住房。"

关于户籍限制与否也是各城市关注的重点。根据《公共租赁住房管理办法》,国家层面的立法文件在户籍问题上选择了回避,将自主权交由地方。各个地方根据实际情况采取了不同的规定。六个城市中仅有重庆完全放开了户籍限制,其他城市也大多逐渐放开了户籍限制。唯有深圳市仍然设置了较为严格的户籍限制。根据《2017年第一季度中国城市研究报告》,深圳成为最具人口吸引力的城市。[①] 深圳是外来务工人员聚集程度较高的城市,而土地资源极为有限。据统计,在2020年之前深圳的可开发土地不足50平方公里。紧张的人地关系促使深圳未敢放开户籍限制。

此外,各城市对申请者的工作年限和缴纳社保的情况普遍进行了规定。其一,工作年限与社保情况方面,对非户籍人口的限制严于户籍人口。北京和昆明两个城市对于户籍人口均未设置工作年限与缴纳社保的任何规定,户籍人口的申请条件较其他城市最为放松。而对于非户籍的申请者则从工作年限以及社保缴纳等方面予以限制。上海市和武汉市均对拥有户籍的申请者提出了工作要求,前者要求拥有本市户籍的申请人必须与本市单位签订一年以上(含一年)劳动合同,后者更为简单,仅要求有稳定工作;而对于非户籍的申请者则提出了双重标准,前者不仅与本市单位签订一年以上(含一年)劳动合同

---

① 《2017年城市人口吸引力排名榜公布:深圳排名第一》,2018年5月10日,http://www.mrcjcn.com/n/222329.html。

而且必须在沪连续缴纳社会保险金达到一年以上，后者要求申请人已与用人单位签订一年以上（含一年）期限的固定劳动（聘用）合同且在所在城区连续缴纳一年以上的社会保险金或住房公积金。深圳市和广州市则更为严苛。深圳市要求申请人参加本市社会保险（养老保险或者医疗保险，不含少儿医疗保险）累计缴费 3 年以上，申请人具有大学本科及以上学历或者中级及以上职称的，参加本市社会保险累计缴费 1 年以上；而广州市对拥有户籍的申请者仅提出在本市工作或居住的要求。其二，仍有少数城市对于年限标准未做具体的数字化规定。《北京市公共租赁住房申请、审核及配租管理办法》将外省市来京人员的工作状况笼统地规定为"连续稳定工作一定年限"，交由各区县人民政府结合本区县产业发展、人口资源环境承载力及住房保障能力等实际确定具体条件。

二　我国公租房分配准入条件存在的若干问题

公租房分配准入条件的立法文本是各个地方公租房分配准入具体实践的重要依据。通过对国家层面以及部分城市立法文本的梳理与分析，从中发现了我国公租房分配准入条件上所存在的若干问题，主要表现在以下几个方面：

（一）公租房申请对象定位偏差

国家为公租房分配准入的条件定下了两大基调——中低收入和住房困难。地方在公租房实施细则中追加了其他条件，用力过猛则导致公租房门槛过高、保障范围狭小的问题。例如，有的城市在公租房分配准入的条件中设置了年龄限制，规定年满十八周岁且有稳定的收入来源才可申请。这条规定将部分已满十六周岁而未满十八周岁，以自己劳动收入作为主要生活来源的住房困难群体排除之外，有失公允。此外，较多城市将拥有城市户籍、缴纳一定年限的社保等作为公租房分配准入的条件，往往忽视了新就业人员对公租房的迫切需求。公租房申请对象定位存在偏差，应保而未保的现象必然导致公租房政策的含金量缩水、住房保障的社会效果大打折扣。

(二) 户籍限制有违公平

如今人口流动十分频繁，许多城市外来人口比例颇高。公租房分配准入中的户籍限制导致他们在为城市贡献劳动红利的同时却不能同等地享受住房保障。从对住房的需求程度来看，非户籍的外来流动人口由于缺乏当地根基往往是最急需住房保障的人群目标，尤其是新就业的大学生、农民工等群体。即使非户籍人口收入更低或住房困难更严峻，也难以获得申请公租房的权利；而当地人口凭借户籍优势却能以较低的申请成本获得较高的申请效率。公租房分配准入的户籍限制沉重打击了外来人口参与城市建设的积极性，户籍限制下不平等的住房保障模式阻碍了城市劳动力的顺畅流动，违背了公租房制度所蕴含的社会公平之价值追求。

(三) 收入和住房标准规定不合理

我国公租房分配准入的收入条件不合理。首先，仅以家庭收入为衡量标准不能客观地反映申请者的实际经济状况。我国公租房形式多样，有单位公租房、人才公租房等，申请者的经济状况不能完全在收入中得以反映。例如企事业单位公租房的申请对象收入之外的福利较多，而福利条件较差的申请者生活成本更高、家庭可抗意外风险的能力较差。仅以时间将收入分为年收入、月收入并以此作为衡量标准，并不合理。其次，只看收入而不顾支出则有失公允。申请者的收入状况始终处于动态变化之中，仅仅审核净流入而不顾及支出是以形式公平掩盖实质公平的表现。对于家庭结构比较复杂的申请者，老人的医疗费用、未成年子女的教育抚养费用开销可观。因此，简单地以"收入"一个端口作为公租房分配准入的限制条件有失公允，不能正确地反映申请者对公租房需求的缓急程度。再次，个别群体面临阶段性住房难题却因收入不符合条件而被排除。重庆市曾因对月收入规定不合理而导致收入条件不符但遭遇阶段性住房困难的部分年轻人、外来务工人员无法申请公租房。①

三 我国公租房分配准入条件的完善建议

公平、合理、科学的公租房分配准入条件，是筛选公租房申请者的第一道"安检"。各地在摸索公租房分配准入具体条件过程中深一脚、浅一脚地向前探路，所设条件的不完善之处亟待解决。

（一）精准定位保障对象，合理设置分配准入条件

因地域差异等因素，公租房分配准入条件的制定权由地方所有。地方制定公租房分配准入条件时，既要考虑中低收入住房困难群体迫切诉求，又要顾及当地社会经济的承载容量。

首先，应精准定位保障对象，避免条件设置过多、门槛过高而造成对保障对象的"误伤"。通常，除了收入和住房标准外，地方往往设置一些其他条件作为补充，以保证申请者具有一定的支付能力或符合当地政府政策等为目的。补充条件设置过多，极易导致公租房申请门槛太高、应保而未保，大大缩小了公租房的适用范围，引发政府"懒政"的质疑。

其次，应合理设置公租房分配准入的相关条件。条件的合理性主要表现在三个方面：其一，无论社会地位、家庭背景、学历程度、户籍归属等因素，申请者只要符合住房保障要求均可平等地获得申请公租房的权利。公租房申请准入的条件应按照轻重缓急为制定依据，以中低收入和住房困难为核心，其他辅助性、补充性条件都必须围绕"住房保障"之要义，不能带有任何偏见或歧视。其二，设置具体条件时应考虑全面。例如，划定公租房分配准入的收入线时，应予以综合性考虑。不应仅仅参照当地人均收入，而应考虑家庭结构复杂程度、家庭收入总和、家庭住房面积以及住房支出、教育支出、医疗支出等在家庭收入中的比例因素。在统计公租房申请对象的收入数据

---

① 根据《重庆市公共租赁住房管理实施细则》，"单身人士月收入不高于2000元，2人家庭月收入不高于3000元，超过2人的家庭人均月收入不高于1500元"。然而实践中部分年轻人和外来务工人员收入并不一定很低，但确实存在阶段性住房困难的问题。

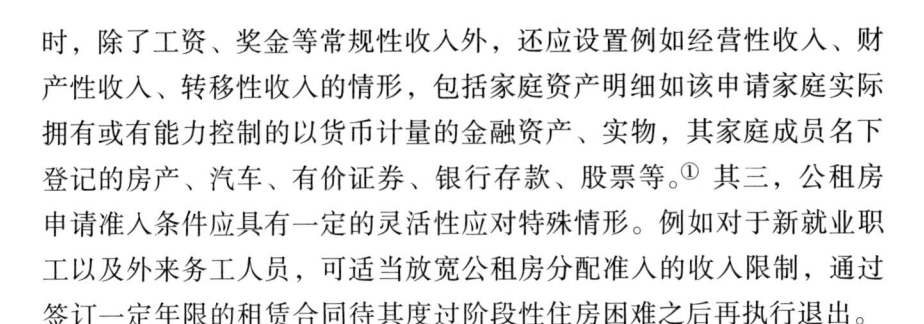

时，除了工资、奖金等常规性收入外，还应设置例如经营性收入、财产性收入、转移性收入的情形，包括家庭资产明细如该申请家庭实际拥有或有能力控制的以货币计量的金融资产、实物，其家庭成员名下登记的房产、汽车、有价证券、银行存款、股票等。[①] 其三，公租房申请准入条件应具有一定的灵活性应对特殊情形。例如对于新就业职工以及外来务工人员，可适当放宽公租房分配准入的收入限制，通过签订一定年限的租赁合同待其度过阶段性住房困难之后再执行退出。

（二）探索社会参与机制，避免"关门造法"

通常，公租房分配准入条件由当地政府部门讨论后直接决定。这种"关门造法"的行为往往导致政策与实践相脱节。公租房分配准入条件的制定不仅事关立法技术，而且与城市规划、公共管理、社会经济等多方面密切挂钩。其中一些条件的参数如何确定十分困难，需要行政机关对其辖区范围内公租房保障对象的范围、收入、住房情况等多方面进行充分而翔实的数据统计，还需要组织有关专家进行科学而合理的论证。公租房分配准入过程中所涉及的利益相关主体，如公租房的申请对象、已入住公租房的承租对象、公租房配建小区的商品房业主、单位或产业园区的相关负责人等均应参与其中。由行政部门负责人、相关行业专家代表以及利益相关主体代表共同对于公租房分配准入的条件予以论证。通过听取多方面的意见以及信息反馈，确定科学可行的公租房分配准入条件，实现"应保尽保"，也为公租房后期审核程序减少不必要的障碍。

（三）实行动态调整机制，及时反馈社会经济变化

收入水平以及住房困难程度是一个相对概念，在不同的社会环境，经济水平内涵会有所变化。通过对部分城市地方性政府规章的总结，却发现公租房分配准入条件的相关规定已经停滞多年而未加以调整（见表3-2）。有的自政策自生效以来沿用至今；有的临近失效却未能及时接上；有的严重超出政策法定期限却仍然发挥着指导作用。

[①] 侯国跃、朱伦攀：《我国城市保障性住房准入机制的缺陷与完善》，《法学杂志》2011年第S1期。

法律真空与法律失灵的出现预示着修改旧法与制定新法确有必要。①近些年来，我国经济发展迅猛、社会状况日新月异、人口流动量极大、人均 GDP 逐年上升，公租房分配准入的条件设置上却未能反映现实需求，极有可能造成相关条件的限额标准设置不合理的情况。因此，为了适应经济社会发展需要，增强公租房分配准入的公平性与合理性，应该对公租房分配准入条件实行动态的调整，避免与实践脱节。

表3-2　　　　部分城市地方性政府的调整情况

相关立法文件	生效日期	失效日期	有效期限	时效性
《北京市公共租赁住房申请、审核及配租管理办法》（京建法〔2011〕25号）	2011年12月1日	未规定	未规定	有效
《上海市市筹公共租赁住房准入资格申请审核实施办法》（沪房管规范保〔2013〕3号）	2013年2月21日	2017年12月31日	4年	失效
《深圳市公共租赁住房轮候与配租暂行办法》（深建规〔2013〕10号）	2013年11月29日	2018年11月29日	5年	有效
《广州市公共租赁住房保障办法》（穗府办规〔2016〕9号）	2016年7月26	2021年7月26日	5年	有效
《重庆市公共租赁住房管理实施细则》（渝国土房管发〔2011〕9号）	2011年2月11日	未规定	未规定	有效
《武汉市公共租赁住房租赁管理暂行规定》（武房发〔2011〕150号）	2011年9月1日	2013年9月1日	2年	失效

---

① 殷冬水：《法律滞后三论》，《行政与法》（吉林省行政学院学报）1998年第2期。

第三章　公租房分配准入的法律规制

续表

相关立法文件	生效日期	失效日期	有效期限	时效性
《昆明市公共租赁住房管理暂行办法》（昆明市人民政府公告第77号〔2012〕）	2013年1月1日	未规定	未规定	有效

第五节　公租房分配准入的程序

一　程序正义：公租房分配准入之关键

程序是指根据已定的规则、顺序、步骤做出决策的动态化过程。正当的程序，不仅符合法律规范的既定要求，还应契合社会伦理道德的无形约束；既要辅助实体正义增进其有效性、有用性，还应无须外在因素而彰显其独立的价值。"正义不仅应得到实现，而且要以人们看得见的方式加以实现。"所谓"看得见的方式"，意即"程序正义"。这一著名法谚为程序正义做出了最本初、最恰当的诠释，也为公租房分配准入指明了关键。

程序正义是英美法系国家的一种法律文化传统和观念。1216年《英国大宪章》第39条[1]提出"正当法律程序"思想为其雏形，之后《美国联邦宪法》和修正案中亦得以体现。"程序的控制之所以重要，就是因为在实体上不得不赋予行政机关很大的权力。"[2] 为了减弱主观不确定因素的影响，防止任意性的决策，提高结果的合理性、既判力，程序正义发挥着重要的作用。迈克尔·D. 贝勒斯认为程序的价值"来自程序本身的令人感到满意的东西"[3]，诸如程序过程中的平等对待、平等参与、被当事人及时知晓、及时处理利益关系等，即使

---

[1] 1216年《英国大宪章》第39条："除依据国法（the law of the land）之外，任何自由民不受监禁人身、侵占财产、剥夺公民权、流放及其他任何形式的惩罚，也不受公众攻击和驱逐。"

[2] 王名扬：《英国行政法》，中国政法大学出版社1987年版，第63页。

[3] ［美］贝勒斯：《法律的原则》，张文显等译，中国大百科全书出版社1996年版，第32页。

这些程序本身的东西对增进结果的准确性并无助力,但法律程序依然应予以维护。① 联邦最高法院法官杰克逊亦言:"程序的公正和合理是自由的内在本质,如果可能的话,人们宁愿选择通过公正的程序实施一项暴戾的实体法,也不愿意选择通过不公正的程序实施一项较为宽容的实体法。"② 可见,程序正义体现了一种可欲的理性价值需求。这就是程序正义的魅力所在。

在公租房分配准入的过程中,一方是掌握分配主动权的政府部门,一方是被动接受审核结果的社会弱势群体。政府对公租房分配准入的结果拥有绝对的话语权,通过程序对政府权力的制约则显得尤为重要。根据程序正义,公租房分配准入的程序应当符合以下几个要件:一是住房保障部门审核分配公租房的行政权力应受到程序的制约,不得人为性地随意妄为;二是公租房分配准入的行政相对人能够参与到行政权行使的过程中,保障其知情权、表达权及监督权;三是行政效率必须以合理性为基础,不得损害行政相对人的合理权益;四是当行政相对人权利受到损害时,应为其提供相应的救济途径,使其能够遵循公租房分配准入的既定程序维护其合法权益。③

二 我国部分城市公租房分配准入的法定程序之梳理

目前,我国各城市关于公租房分配准入法定程序的规定在细节上各不相同,但申请、审核与公示是任何一个城市公租房分配过程中的必经程序,现从三方面予以梳理。

(一)基本程序之一:申请

"申请"是法定程序的第一环节,标志着公租房分配准入程序的启动。申请主体是否明确、申请方式是否便捷、申请材料是否详细,直接关系申请人的申请成本。

第一,申请主体。各城市均将单身人士和家庭作为公租房的申请

---

① 参见孙笑侠《法的现象与观念》,山东人民出版社2001年版,第308页。
② 转引自陈瑞华《刑事审判原理》,北京大学出版社1997年版,第57页。
③ 参见马丽芳《程序正义理念下的公租房准入机制研究》,《中共贵州省委党校学报》2014年第2期。

第三章 公租房分配准入的法律规制

主体。其中若以家庭为申请单位，则须由一名家庭成员提出申请，其他仅作为共同申请人，且申请人的行为视同于家庭成员的共同行为。但关于家庭成员范围，各地规定不一。有的城市规定申请人、配偶、未成年子女及已成年单身子女均属于范围之内，例如北京；有的城市规定范围限于主申请人配偶和未婚子女，例如上海；有的城市笼统规定为"具有法定赡养、抚养或者扶养关系并共同生活的人员"，例如深圳、广州以及重庆；甚至还有的城市尚未在立法文件中具体定义，例如武汉、昆明（见表3-3）。

表3-3　　　　　　部分城市公租房申请主体的法律规定

地区	法条规定
北京	公共租赁住房申请家庭成员包括申请人、配偶、未成年子女及已成年单身子女。申请家庭应当推举一名具有完全民事行为能力的家庭成员作为申请人［其中，家庭包括"单身（未婚、离异、丧偶）"家庭］
上海	单身人士或者家庭可以申请本市公共租赁住房准入资格。单身人士申请的，本人为申请人。家庭申请的，应当确定一名主申请人，其他家庭成员为共同申请人；其他家庭成员的范围限于主申请人配偶和未婚子女。申请家庭主申请人办理申请、申报等事项的行为，视同申请家庭全体成员的行为
深圳	家庭申请的，应当确定一名成年家庭成员为申请人，其他家庭成员应当为共同申请人；单身居民申请的，该单身居民为申请人。家庭成员，是指具有法定赡养、抚养或者扶养关系并共同生活的人员
广州	（一）城镇户籍中等偏下收入住房困难家庭申请公共租赁住房保障的，原则上以家庭为单位申请。申请家庭应当推举1名具有完全民事行为能力的家庭成员作为申请人，其他家庭成员为共同申请人。共同申请人与申请人之间应当具有法定赡养、抚养、扶养关系 （二）具有完全民事行为能力且年满30周岁的单身申请人可独立申请；年满16周岁的孤儿，具有完全民事行为能力的，也可以独立申请
武汉	（一）家庭申请公共租赁住房的，全体成员为共同申请人，应推举一名符合申请条件的成员作为申请人 （二）单身居民申请公共租赁住房的，本人为申请人 （三）新就业职工本人为申请人，其配偶、未成年子女和父母需要共同申请的，为共同申请人

续表

地区	法条规定
重庆	（一）家庭申请的，需确定1名符合申请条件的家庭成员为申请人，其配偶和具有法定赡养、抚养、扶养关系的共同居住生活人员为共同申请人 （二）单身人士申请的，本人为申请人。未婚人员、不带子女的离婚或丧偶人员、独自进城务工或外地独自来渝工作人员可以作为单身人士申请 （三）多人合租的，合租人均需符合申请条件，且人数不超过3人，并确定1人为申请人，其他人为共同申请人
昆明	一个家庭或者单身人士，只能申请租赁1套成套住房；单身人士也可以申请合租1套成套住房或者宿舍型住房。以家庭为单位申请的，需确定一名符合申请条件的家庭成员为申请人，其他家庭成员为共同申请人。单身人士申请的，本人为申请人。申请人须年满18周岁，并具备完全民事行为能力

第二，申请渠道。从公租房申请方式来看，各城市均提出了到现场提交书面申请的要求，受理机构多为户籍所在地、经常居住地、单位所在地的街道办事处或乡（镇）人民政府（见表3-4）。深圳市公租房开通网上预约系统。申请者提前在网上预约时间，届时凭借预约单到相关部门提交书面材料。如预约时间有冲突，可至少提前24小时登录系统完成修改。若失约则仅有一次重新预约的机会。此外，重庆市是全国最先采用书面申请和网络申请两种渠道的城市。申请者既可在现场提交书面申请，也可在相关网页上提交申请并查看轮候排序、房源信息、分配进程等。

表3-4 部分城市公租房申请方式的法律规定

城市	模式	公租房分配的程序
北京	三级审核、两级公示	提出申请—三级审核（申请人户籍所在地街道办事处受理申请并审核、区县住房保障管理部门复核、市住房保障部门备案）—两级公示（街道办事处公示、网络媒体等公示）—轮候—摇号配租—签订合同
上海	一级审核、一级抽查	提交申请—区受理窗口受理及初审—市住房保障机构抽查

续表

城市	模式	公租房分配的程序
深圳	两级审核、两次公示	提交申请—区受理窗口受理—区保障部门会同区民政、社会保障、工商、公安、税务等部门以及街道办事处初审、公示—市住房保障部门会同有关部门终审、网上公示—纳入轮候数据库—选房—签订租赁协议
广州	两级审核、两次公示	提交申请—街、镇（居委）受理—街、镇住房保障工作人员初审、初示—街、镇报区住房保障部门及民政部门复核—市住房保障部门公示—轮候—配租
武汉	两级审核、两次公示	提出申请—街道办事处受理申请—街道办事处初审、公示—区房管部门会同区民政部门审核—区房管部门在区人民政府政务网站、武汉市房地产市场信息网和有关媒体上公示—发给《武汉市租赁公共租赁住房资格证明》，并报市住房保障工作机构备案
重庆	两级审核、一次公示	提交申请—申请点受理并初审—市公共租赁房管理局复审—市公共租赁房管理局公示—轮候—配租
昆明	三级审核、三次公示	提出申请—户籍（居住证）所在地乡（镇）人民政府、街道办事处受理—乡（镇）人民政府、街道办事处初审—区住建（保障）部门会同相关部门复审—市住建（保障）部门终审—配租

第三，申请材料。从各城市地方性法规或地方性规章来看，除了北京之外，公租房需要提交的申请材料通常都有较为明确的条文规定（见表3-5）。通常大致包含以下方面：①《公共租赁住房申请表》；②身份证明；③婚姻状况证明；④收入证明；⑤住房证明；⑥社保证明；⑦家庭成员证明；⑧一定期限的劳动合同证明；⑨户籍证明；⑩资产证明。对于申请者而言以上十份申请资料的准备工作中，有的较为简单，而有的申请资料则较为复杂，需要向有关部门申请以获得有效力的证明。

表 3-5　　部分城市公租房申请材料的法律规定

城市	地方性法规或者规章的相关条款	申请材料
北京	《北京市公共租赁住房管理办法（试行）》（京建住〔2009〕525号）《北京市公共租赁住房申请、审核及配租管理办法》（京建法〔2011〕25号）	无具体规定
上海	《上海市市筹公共租赁住房准入资格申请审核实施办法》（沪房管规范保〔2013〕3号）第7条	①（申请表含单位初审意见）②③⑤⑥⑧⑨等
深圳	《深圳市保障性住房条例》（深圳市第五届人民代表大会常务委员会公告第三十八号〔2011〕）第29条《深圳市公共租赁住房轮候与配租暂行办法》（深建规〔2013〕10号）第9条	①②③④⑤⑦⑨⑩+学历职称证明+计划生育证明等
广州	《广州市公共租赁住房保障办法》（穗府办规〔2016〕9号）第24条	①③④⑤⑨⑩等
武汉	《武汉市公共租赁住房租赁资格审核流程》（武房发〔2013〕64号）第1条	①②③④⑤⑨+申请人所在单位签署的协助管理承诺书等
重庆	《重庆市公共租赁住房管理实施细则》（渝国土房管发〔2011〕9号）第3条第4项	①②③④⑤⑥⑧等
昆明	《昆明市公共租赁住房管理暂行办法》（昆明市人民政府公告第77号〔2012〕）第21条	①②③⑤⑥⑧⑨⑩等

（二）基本程序之二：审核

申请程序以申请人为主导，由申请人自己承担保证所交申请真实、准确且充足的责任。而审核程序则以政府行政机关为主导，严格把关甄别出真正符合条件的公租房保障对象。

第一，审核模式。在公租房分配准入的审核程序中，有的采取"一级审核、一级抽查"模式，例如上海；有的采取"两审一公示"模式，例如重庆；有的采取"两审两公示"模式，例如深圳、广州、武汉；有的采取"三审两公示"模式，例如北京；还有的采取"三审三公示"模式，例如昆明（见表3-6）。

表3-6　　　　　　部分城市公租房的申请审核模式

城市	模式	公租房分配的程序
北京	三级审核、两级公示	提出申请—三级审核（申请人户籍所在地街道办事处受理申请并审核、区县住房保障管理部门复核、市住房保障部门备案）—两级公示（街道办事处公示、网络媒体等公示）—轮候—摇号配租—签订合同
上海	一级审核、一级抽查	提交申请—区受理窗口受理及初审—市住房保障机构抽查
深圳	两级审核、两次公示	提交申请—区受理窗口受理—区保障部门会同区民政、社会保障、工商、公安、税务等部门以及街道办事处初审、公示—市住房保障部门会同有关部门终审、网上公示—纳入轮候数据库—选房—签订租赁协议
广州	两级审核、两次公示	提交申请—街、镇（居委）受理—街、镇住房保障工作人员初审、初示—街、镇报区住房保障部门及民政部门复核—市住房保障部门公示—轮候—配租
武汉	两级审核、两次公示	提出申请—街道办事处受理申请—街道办事处初审、公示—区房管部门会同区民政部门审核—区房管部门在区人民政府政务网站、武汉市房地产市场信息网和有关媒体上公示—发给《武汉市租赁公共租赁住房资格证明》，并报市住房保障工作机构备案
重庆	两级审核、一次公示	提交申请—申请点受理并初审—市公共租赁房管理局复审—市公共租赁房管理局公示—轮候—配租
昆明	三级审核、三次公示	提出申请—户籍（居住证）所在地乡（镇）人民政府、街道办事处受理—乡（镇）人民政府、街道办事处初审—区住建（保障）部门会同相关部门复审—市住建（保障）部门终审—配租

第二，审核方式。行政机关对申请材料的审核方式通常分为形式审核和实质审核两种。形式审核，是指行政机关依据职权对申请人提供资料的形式要件进行审核，又称"常人标准"，即"一个智力中等

的正常人所具有的判断能力标准"①。审核内容包括所申请资料数量是否齐全、是否符合法定形式、与请求事项是否关联、受理或审核机关是否有管辖权等。例如有的城市规定《公共租赁住房申请表》一式两份，非户籍的公租房申请人需提供身份证和居住证。而实质审核，是指行政机关依据职权对申请人提供资料的实质要件进行审核，主要审核申请材料的真实性、合法性，判断申请人是否具有公租房相关地方法规或规章赋予的主体资格、申请人与共同申请人之间的法律关系是否清楚、证明材料是否合法真实有效等。例如，申请人提交相关材料的原件与复印件时，行政机关应联系相关单位对该材料进行核实。

第三，审核期限。如表3-7所示，绝大多数城市都明确规定了审核期限，例如北京、广州、武汉、重庆；仍有少数城市含糊其辞，例如深圳市在复审环节仅规定"区主管部门应当将审查合格的住房保障申请及有关申报材料一并报市主管部门，由市主管部门会同有关部门进行审核"②，并未规定复审的具体期限。昆明市公租房审核的复审、终审程序中同样未设置明确期限。③

表3-7　　　　　　部分城市公租房的申请审查期限

地区	文件	审查期限
北京	《北京市城市廉租住房管理办法》（京政发〔2007〕26号）④	初审：为正式受理申请家庭材料后20个工作日内，完成材料审核、入户调查和组织评议工作 复审：区（县）住房保障管理部门应自收到申请材料之日起10个工作日内完成对申请资料的复审 备案：市住房保障管理部门自接到区（县）住房保障管理部门上报材料之日起8个工作日内完成备案工作

---

① 章剑生：《行政许可审查标准：形式抑或实质——以工商企业登记为例》，《法商研究》2009年第1期。

② 参见《深圳市保障性住房条例》（深圳市第五届人民代表大会常务委员会公告第三十八号〔2011〕）第34条第1款。

③ 参见《昆明市公共租赁住房管理暂行办法》（昆明市人民政府公告第77号〔2012〕）第22条第3项。

④ 依据《北京市公共租赁住房申请、审核及配租管理办法》（京建法〔2011〕25号）第7条规定："……审核及公示时限按现行廉租住房审核及公示时限执行。"

续表

地区	文件	审查期限
上海	《上海市市筹公共租赁住房准入资格申请审核实施办法》（沪房管规范保〔2013〕3号）	初审：居住证年限、社会保险缴纳年限、劳动合同期限和婚姻状况核查主要以申请人提交的材料和单位初审意见为依据，在受理后的5个工作日内完成。住房状况核查由区（县）住房保障机构实施，在受理机构受理之日起20个工作日内完成，并出具核查结果报告 抽查：市住房保障机构进行一定比例的抽查
深圳	《深圳市保障性住房条例》（深圳市第五届人民代表大会常务委员会公告第三十八号〔2011〕）	初审：区主管部门应当自收到或者受理住房保障申请之日起三十个工作日内，会同区相关部门以及街道办事处进行审查 复审：市主管部门会同有关部门进行审核
广州	《广州市公共租赁住房保障办法》（穗府办规〔2016〕9号）第24条	初审：街道办事处（镇政府）应自接到申请材料之日起20个工作日内进行初审并在申请受理所在地公示，公示时间不少于20日 复审：区住房保障部门应会同民政部门自收到申请对象信息和初审意见之日起30个工作日内进行复核，公示时间不少于20日
武汉	《武汉市公共租赁住房租赁资格审核流程》（武房发〔2013〕64号）	初审：街道办事处应当自正式受理申请登记之日起15个工作日内对申请人的家庭户籍人口、家庭收入和住房状况等进行调查核实。区民政部门应当自收到街道办事处报送材料之日起15个工作日内对申请人家庭收入状况提出审核意见 复审：区民政部门应当自收到街道办事处报送材料之日起15个工作日内，对申请人家庭收入状况提出审核意见。区房管部门应当自收到区民政部门转送或街道办事处报送材料之日起15个工作日内，就申请人家庭现住房状况提出审核意见
重庆	《重庆市公共租赁住房管理实施细则》（渝国土房管发〔2011〕9号）	初审：自申请点受理申请之日起20个工作日内初审机构完成初审，提出初审意见 复审：市公共租赁房管理局自收到初审材料之日起7个工作日提出复审意见
昆明	《昆明市公共租赁住房管理暂行办法》（昆明市人民政府公告第77号〔2012〕）	初审：乡（镇）人民政府、街道办事处应当自受理之日起的15个工作日内调查核实。对调查核实符合规定条件的，在7个工作日内完成初审并进行公示 复审、终审：五华、盘龙、官渡、西山、呈贡区和三个国家级开发（度假）区住建（保障）部门应当会同相关部门复审。市住建（保障）部门会同相关部门进行终审 其他县（市）区、开发（度假）园区住建（保障）部门应当会同相关部门对初审通过的申请人进行复审；公示期满无异议的，对复审通过的申请人进行联合终审，并报市住建（保障）部门备案

（三）基本程序之三：公示

审核结果是整个审核程序的结晶，对审核结果进行公示，既是保障公民知情权的表现，同时也是接受社会大众监督的重要方式。

第一，公示期限。根据相关政策，武汉规定初审后与复审后的公示期均为7日；昆明市规定初审、复审、终审的"公示期不少于7个工作日"；重庆只在复审后设置了公示，期限同样为"不少于7个工作日"。北京市公租房初审与复审的公示期限较长，均设置"期限为15日"；深圳市采取了"公示期不少于十五日"的立法技术表达。广州市对于初审和复审的审核结果直接规定为"公示时间为20日"。然而遗憾的是，上海对于审核结果并未规定具体的公示期限。总体来看，全国各地的公示期一般为7日至20日不等。如果公示期限设置较短，可能导致利益相关人或其他社会大众错过公示信息；而如果期限过长，对于已经通过审核的公租房对象而言时间成本消耗太大。

第二，公示地点。根据相关政策，深圳与昆明的公租房地方性法规或规章中未提及公示地点，其他城市均有涉及。重庆市相关规定较为简单，仅规定"在市公共租赁住房信息网上进行公示"。北京市规定初审结果应当在申请人户口所在地、居住地及工作单位进行公示，复审结果在区（县）政府网站或规定的范围内进行公示；武汉市规定初审后在申请人户籍、居住地社区和现工作单位显著位置张榜公示，复审后在区人民政府政务网站、武汉市房地产市场信息网和有关媒体上再次公示；广州市规定初审结果在申请受理所在地公示，而复审结果在市住房和城乡建设委员会网站上公示。总之，公示地点应选择与申请人关系最为密切的地点，例如户口所在地、居住地、工作单位等。

三 我国公租房分配准入的法定程序之不足

公租房资源具有有限性，需通过申请人的主动申请由行政机关加以审核并以公示的方式接受监督，从而判断申请人是否能够获得入住公租房的资格。通过对我国部分城市公租房分配的法定程序进行梳理,其中存在以下不足之处。

(一)缺乏匹配机制,信息审核难度增加

由于个人信息申报体系、信用评估制度、税收申报等匹配机制不完善,公租房相关机构在审核申请者的资料时难度较大。例如在审核收入材料时,个人或用人单位提供的证明并不能完整地反映申请者的真实收入水平。如今,城镇居民的收入来源较广,不仅包括工资性收入,还包括转移性收入、财产性收入、经营净收入。股票、债券、资本、保险等投资收入以及灰色收入的存在大大增加了审核难度。在信息不对称的情况下,投机者为了获得公租房的准入资格而通过不法手段逃避审核或伪造证明材料。缺乏匹配机制,相关部门审核公租房申请者材料时可能存在严重的误差。不该获取公租房保障资源的家庭成功搭上了便车,而本该受到保障的家庭却被挤占了资源,公租房的社会公益性因此而大打折扣,无法发挥其最大化效能。

(二)审核机制不合理,行政效率较低

我国公租房分配往往由不同级别机关逐级审核,各级机关的审核工作内容并未明确,设置多重级别层层审核的必要性论证不足,容易导致行政效率低下。公租房分配的受理与初审机构通常为街道社区的办事处,既要受理公租房申请,进行形式审核,又要组织人手进行入户调查。但由于基层政府部门行政事务繁杂、人手不足,审核工作容易流于形式。而对于上级相关部门而言,往往依据社区、街道办事处或民政部门的审核意见进行判断。有的地方甚至规定了多级审核,重复性审核既增加了工作强度、浪费了行政资源,而且消磨了申请者的耐心。例如,上海市关于上级部门抽查的程序设计,由于缺乏详细而具体的可操作性规定而形同空文。如此产生的审核结果可靠性不足,亦缺乏公信力。一旦审核出现问题,上下级审核机构难以分清责任而互相推诿。审核机制不合理,行政效率自然较低。

(三)申请者的程序性权利未能得到充分保障

首先,申请者知悉公租房分配准入程序的权利未能得到充分保障。由于全国性的行政规章规定较为粗放、多数地方的相关立法缺位,许多公民对公租房分配准入的程序并不了解。申请公租房应准备哪些材料、向哪些机构以何种方式提交申请、须经历哪些审核流程、审核未通过时如何维权等，诸如这些问题本该在相关法律法规中予以明文规定，避免朝令夕改徒增申请成本。其次，申请者对公租房分配准入的程序救济权未能得到充分保障。程序救济分为事前、事中、事后救济。公租房分配准入程序制定之初未能为利益相关人提供参与途径，审核过程之中未能提供接受社会监督的渠道，公示结果出来之后亦未明确事后救济的方式。

（四）分配准入程序缺乏监督，审核结果公信力不足

我国公租房分配准入程序缺乏监督，主要表现在两方面。其一，公租房分配准入的工作质量缺乏监督。由于我国公租房需求量旺盛，负责分配准入的相关部门工作量沉重。逐级审核、多头行政的局面导致行政人力成本较大，工作人员对公租房资料的审核容易产生懈怠。而且碍于审核机制不合理，内部之间极易产生责任推诿，同级部门之间与上下级之间的监督体制尚不完善，工作质量难以保证。其二，公租房分配准入中存在违规现象。由于缺乏监督体制，负责公租房分配准入的部分工作人员为一己私利而违规操作。本该获得配租资格的申请对象被排除在外，而本该被否决的申请对象却安然无恙。权力寻租的出现反映了监督体制的缺位，审核结果难以为人信服。

四　我国公租房分配法定程序之完善建议

（一）建立个人信息管理系统，提高审核效率

完善的个人信息管理系统应包括以下几个方面：其一，建立居民收入申报制度。首先，立法应赋予申请人主动申报的义务，未能履行或是虚假履行均应承担相应的法律责任。[①] 其次，以个人身份证号码作为个人财富代码制度，法定个人财富代码在各领域的强制性应用，建立个人收入档案。[②] 以健全的身份证号码管理制度为依托，对于诸

[①] 侯国跃、朱伦攀：《我国城市保障性住房准入机制的缺陷与完善》，《法学杂志》2011年第S1期。

[②] 黄泽勇：《个人纳税主动申报制度的困境与生成》，《社会科学》2007年第1期。

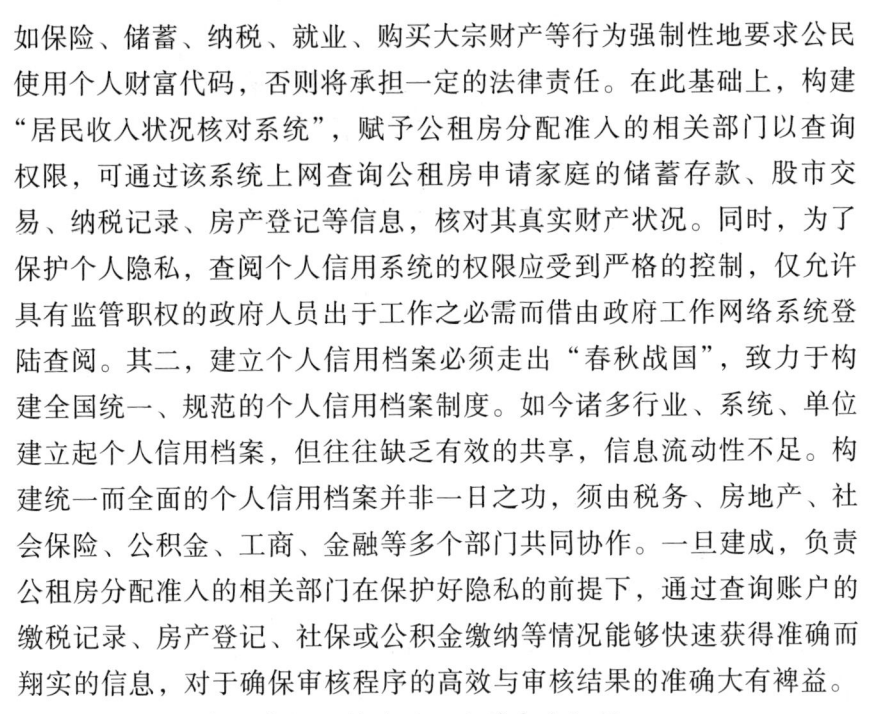

如保险、储蓄、纳税、就业、购买大宗财产等行为强制性地要求公民使用个人财富代码，否则将承担一定的法律责任。在此基础上，构建"居民收入状况核对系统"，赋予公租房分配准入的相关部门以查询权限，可通过该系统上网查询公租房申请家庭的储蓄存款、股市交易、纳税记录、房产登记等信息，核对其真实财产状况。同时，为了保护个人隐私，查阅个人信用系统的权限应受到严格的控制，仅允许具有监管职权的政府人员出于工作之必需而借由政府工作网络系统登陆查阅。其二，建立个人信用档案必须走出"春秋战国"，致力于构建全国统一、规范的个人信用档案制度。如今诸多行业、系统、单位建立起个人信用档案，但往往缺乏有效的共享，信息流动性不足。构建统一而全面的个人信用档案并非一日之功，须由税务、房地产、社会保险、公积金、工商、金融等多个部门共同协作。一旦建成，负责公租房分配准入的相关部门在保护好隐私的前提下，通过查询账户的缴税记录、房产登记、社保或公积金缴纳等情况能够快速获得准确而翔实的信息，对于确保审核程序的高效与审核结果的准确大有裨益。

（二）明确各级审核工作范围，完善审查机制

鉴于公租房审核机制不合理，因此应通过各级审核机构工作范围的明确化，杜绝责任推诿的行为。首先，通过国家立法以列举的方式穷尽公租房审核工作的具体内容。其次，各省市基于上位法的规定根据实际情况细化公租房分配准入的程序，在各部门之间进行明确的工作责任划分。再次，加强审核力度和动态监测。负责初审的相关基层部门是整个审核体系的重中之重。通过定期或不定期的巡查、抽查，增加入户调查的频率；建立数字档案，每一次调查结果与调查意见均应入档，为复审或终审提供参考依据，并接受上级审核机关的监督与检查。同时发挥其他相关部门协查的作用，提高审核的准确率，对公租房申请人的基本状况进行动态监测。总之，通过明确上下级之间以及相关部门之间的审核内容、审核范围，清晰地划分职责权限，完善审查机制。

（三）细化书面告知程序和公示程序，维护申请者权利

"法律程序最重要的功能就是可以通过当事人自己的参与和选择

而使结果正当化,并从而获得其公正性。"① 公租房分配准入的程序中,细化书面告知程序与公示程序有助于保障申请人的知情权与参与权。具体表现在以下几个方面:当申请人提交申请材料时,受理机构有义务将申请的流程、注意事项、期限起讫等相关内容书面详细告知申请对象。如果申请材料形式正确且内容上无缺漏,受理机关应当受理;如果申请材料不全或形式有误,受理机关应当一次性书面告知申请人需要补正的全部内容,让其在规定期限内补交。当公租房申请人的申请要求未能通过审核时,审核机关应该秉着"谁审核、谁负责"原则及时将审核结果、理由、依据乃至救济的途径,一并书面告知申请对象,尤其在出具审核理由时,不应公式化地给出"不符合相关条件"或者"不符合相关规定"的审核意见,而应将审核理由具体化。当公租房分配准入进入不同的阶段时,应将相应情况进行公示。申请前,应将公租房项目介绍、申请的流程、受理机关、材料准备等相关内容进行公示;通过每一级审核机关的审核时,应将公租房的审核结果、申请对象及家庭人员组成等重要信息进行公示,尤其在得出最终审核结果时,公示必不可少。公示内容应尽可能涵盖与申请有关的各项信息,同时注意申请者隐私的不过度曝光;公示期限应明确且合理,保障利益相关人的知情权;公示地点的选择应最大范围让公众知悉公示内容,便于社会监督;并且建立公示后的异议处理机制,维护申请者的合法权益。

(四) 加强内外监督,引入律师复评机制

加强对公租房分配准入程序的内外监督,建全多样化、多层次的监督方式,有助于防范公租房分配准入过程中权力寻租等腐败行为,保护相关者的切身利益。首先,在公租房分配准入的内部监督方面,上级部门应严格遵循相关程序对下级部门的审核行为进行动态监督,明确各个级别、各个环节工作部门的责任承担,贯彻落实问责机制;同级各独立部门之间也应加强彼此之间的互相监督,将公租房审核结

---

① 马丽芳:《程序正义理念下的公租房准入机制研究》,《中共贵州省委党校学报》2014年第2期。

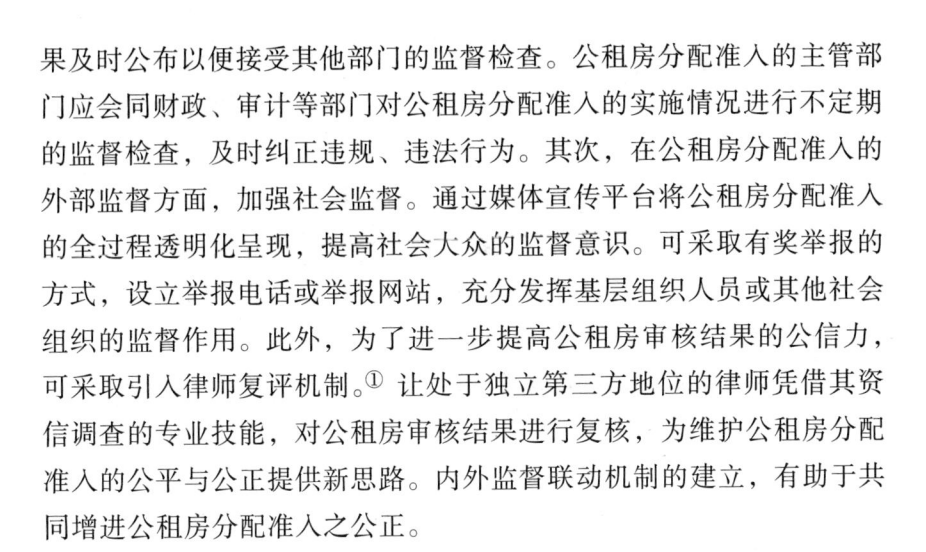

果及时公布以便接受其他部门的监督检查。公租房分配准入的主管部门应会同财政、审计等部门对公租房分配准入的实施情况进行不定期的监督检查，及时纠正违规、违法行为。其次，在公租房分配准入的外部监督方面，加强社会监督。通过媒体宣传平台将公租房分配准入的全过程透明化呈现，提高社会大众的监督意识。可采取有奖举报的方式，设立举报电话或举报网站，充分发挥基层组织人员或其他社会组织的监督作用。此外，为了进一步提高公租房审核结果的公信力，可采取引入律师复评机制。[1] 让处于独立第三方地位的律师凭借其资信调查的专业技能，对公租房审核结果进行复核，为维护公租房分配准入的公平与公正提供新思路。内外监督联动机制的建立，有助于共同增进公租房分配准入之公正。

第六节 公租房分配准入的轮候配租机制

经过申请、审核、公示的公租房分配程序之后，公租房申请对象终于获得公租房准入资格。由于公租房资源不足而获得准入资格的群体甚众，因此即使获得准入资格并不代表能够马上入住公租房，而应按照一定的规则顺序进行轮候，依次配租。轮候配租机制在公租房分配准入中发挥着重要的作用。

一 公租房分配的轮候配租机制之内涵

"机制"一词，最早源于希腊文，本初之意为机器的构造与工作原理。生物学与医学领域同样擅用"机制"一词，用来表示生物机体结构组成部分之间的相互关系，以及其间发生的物理或化学性质的各种关系变化。渐而"机制"一词引申至经济、社会等不同领域，并产生了各种不同的机制，例如经济机制、市场机制、公司运行机制、社会管理机制等。通过对各种不同机制的比较得知，理解"机

---

[1] 马丽芳：《程序正义理念下的公租房准入机制研究》，《中共贵州省委党校学报》2014年第2期。

制"一词需要把握两个方面：其一，事物各个组成部分或构成要素是机制存在的前提；其二，各个部分或要素之间的关系协调和相互作用是机制运行的动力。

公租房轮候配租机制，是指已经通过公租房审核及公示的申请对象进入轮候环节并遵循既定的规则有秩序地获得房源配租的一种公租房分配准入的运行方式。其中，轮候环节与配租环节之间存在着一种前后相继的关系。当前公租房房源供不应求，任何获得公租房准入资格的申请对象都不能跳过轮候环节而直接进入配租环节；进入配租环节的公租房对象因特殊原因可放弃配租而选择重新轮候，但放弃配租的自主选择权不可无限制地使用，超出规定次数则应重新回到公租房分配准入的起点，重新申请。可见，公租房轮候配租机制是公租房分配准入的有机组成部分，轮候与配租之间衔接是否得当对整个分配准入系统能否发挥最大效率产生重要的影响。

二　公租房轮候配租机制之借鉴

（一）荷兰：从分发模式到选择模式

在欧洲国家中，荷兰的公租房在全国住房中比重甚高。荷兰的公租房分配经历了从分发模式到选择模式的转变，对英国、法国等其他国家公租房分配模式产生了重要的影响。

1. 分发模式

1947年，荷兰中央政府颁布《住房分配法》，将"分发模式"确定为公租房的主要分配模式。分发模式是指，在地方政府住房主管机构或住房协会登记注册后，经审核符合公租房条件的申请者根据一定的规则排队等候选房，若公示无异议则可获得公租房租赁权的一种分配方式。[1]如图3-3所示，其中大致包括注册、轮候、选房、公示、入住五个步骤。荷兰分发模式中的轮候规则为计分制，根据注册时间以及其他各种客观因素共同形成的总分制作为轮候顺序的判断标准，

---

[1] Jeanet Kullberg, "From Waiting Lists to Adverts: The Allocation of Social Rental Dwellings in the Netherlands", *Housing Studies*, Vol. 12, No. 3, 1997, pp. 393-403.

第三章 公租房分配准入的法律规制

分值越高者越有机会优先选房。决定分值高低的客观因素种类较多，例如缺少住房、因城市更新或失火而失去住房、家庭房间不足、离婚、工作单位与居住地点路途遥远等。除了一般性的轮候计分制之外，荷兰政府额外设置了特殊的例外规则，对于因社会动荡或身体健康等特殊原因而造成的紧急住房需求者，地方政府住房机构赋予其额外的优先权能够优先获得分配。此类申请者选择的空间则有所限制。①在选房时，申请者通常拥有两次拒绝配租方案的机会，超过次数则将进入轮候队伍重新再次等待。

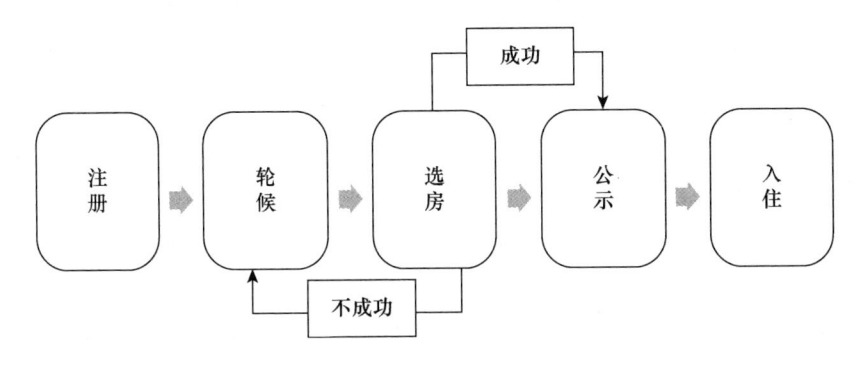

图 3-3 荷兰公租房分发模式示意图

分发模式因其操作流程较为简单而被荷兰、英国等欧洲多数国家所采用，但是分配效率低下以及公租房分配信息的不透明两个主要问题致使该模式遭受诟病。住房协会拥有赋予优先权的特别权力，可基于"需要"而自由选择某一轮候者使其优先配租公租房。何谓"需要"？当时的法律并未明文规定。对"需要"内涵的界定不清导致优先权的适用范围过于广泛而随意，造成了实践过程的复杂与混乱。不同的优先权之间常常相互矛盾，有的申请者甚至通过欺诈等手段妄图捷足先登，工作人员遇到摩洛哥人名等少数民族申请者时甚至可能出于种族歧视而直接跳过……可见，轮候配租规则不合理是造成公租房

---

① 胡金星、陈杰：《公共租赁住房分配模式的国际比较》，《城市问题》2013 年第 6 期。

分配效率低下的直接原因。此外，申请者在选房配租环节，并不能看到该区域所有的空置公租房信息。信息不透明直接导致了申请者所能选择的范围十分有限，加之拒绝配租的次数有限，公租房分配往往不尽如人意。而且，对于选房成功者的信息公示上，仅对申请情况、申请成功等信息进行泛泛的公示，申请成功者身份信息等重要信息并未完全披露，从而导致一些少数民族群体被差别对待的事件未能及时曝光。

2. 选择模式

为了克服分发模式的缺点、提高分配的效率以及公平性，1990年荷兰中央政府在代尔夫特市试点一种新的分配模式——"选择模式"。与分发模式最大的不同在于，该模式增加了广告环节，即当地政府或住房协会先行通过报纸、电视、网络等媒体工具公布空置公租房的广告信息以及申请条件，使得人们能够根据自身需要和住房偏好而判断是否提出申请。通过填写申请表格并将自身信息资料一并寄回住房协会向其反馈，才能进入之后的注册、轮候等环节，改变过去被动选择到主动选择，从而提高公租房的配租成功率。其他环节与分发模式大同小异。因此，该模式又称"代尔夫特模式（Delft model）"或者"广告模式"（Advert model）。[1] 该模式逐渐成为荷兰公租房最为主要的分配模式。20世纪90年代末期，约85%的荷兰住房协会采用了该模式。[2] 随后，该模式在英国、澳大利亚等发达国家中推广，并成为国际上较为典型的公租房分配模式。

选择模式是对分发模式的改良，在轮候规则上变动较大。首先，取消了过去单一的计分制度，而将申请者划分为两种类别：其一，首次租户；其二，迁移型租户。对于前者，以年龄为依据划分先后顺序；对于后者，则以租住现有住房时间长短为依据进行排序。其次，

---

[1] Jeanet Kullberg, "Consumers' Responses to Choice-based Letting Mechanisms", *Housing Studies*, Vol. 17, No. 4, 2002, pp. 549 – 579.

[2] MEA Haffner, JSCM Hoekstra, "Housing Allocation and Freedom of Movement: A European Comparison", *Tijdschrift Voor Economische En Sociale Geografie*, Vol. 97, No. 4, 2010, pp. 443 – 451.

收紧优先权的适用范围。对于离婚、住房过度拥挤等较为普遍的情况不再赋予该类申请者优先权。最后，进一步明确了公示的内容。配租成功后，相关媒体将公布每套公租房申请人的数量以及申请成功者的具体资格条件，方便接受社会大众对比监督。在配租方案上，该模式强调申请者的主动性与自由性。首先，申请者选房的地理范围扩大，不再局限为当地的公租房，次区域或区域内的公租房均可申请。其次，可租赁的公租房信息更加全面，申请者可先行主动选择满意的住房再向住房协会反馈。最后，选房时不再收到拒绝次数的限制，更大程度地满足其住房偏好。①

随着实践的不断展开，选择模式的不足之处逐渐浮出水面。新的轮候排序规则带来了新的问题，以年龄或租住现有住房时间为轮候排序依据导致了年轻者以及在城市刚刚起步者在公租房分配中处于极为不利的尴尬位置。年轻者通常工作经验、社会阅历较少，薪资水平普遍较低、经济水平条件有限，住房困难亟待解决。而城市起步者既渴望在城市中大展拳脚，又受困于白手起家的艰难，租赁较为低廉的安定住宅之需求十分迫切。然而，新的选择模式下所制定的分类轮候规则忽视了此类群体的住房需要，造成了新的社会歧视。虽然该模式的分配效率得以提高，但公平性大打折扣。

(二) 香港：分类轮候、长者优先

我国香港地区在公屋配租上拥有一套较为成熟的体系。在公屋的轮候方面，通常分为一般申请与非长者一人申请并制定了不同的轮候规则。

对于非长者一人申请，该类群体租住公屋的数量上每年都受到了配额的限制，并且设置了计分制度进行轮候排序。根据2015年新修订的《公共租赁房屋申请须知》，非长者一人申请的计分方法以其成功登记公屋申请时的年龄计算，② 分数高低决定了公屋申请者轮候的

---

① 参见胡金星、陈杰《公共租赁住房分配模式的国际比较》，《城市问题》2013年第6期。

② 计分方法如下：(a) 在计分制下，18岁申请人将获0分，19岁获9分，20岁获18分，每一岁加9分，以此类推，直至59岁获369分为止。(b) 申请人年届45岁时，可获一次性额外分数60分。(c) 申请人如果现居于公屋单位，包括由房协营运的租住房屋会被扣30分。(d) 申请人在登记申请后每多等一个月可多得1分。

秩序先后。不论基于健康或个人问题及在任何情况下，申请人不得要求优先安排配屋。

一般申请可细分为一般家庭、"高龄单身人士"优先配屋计划、"共享颐年"优先配屋计划、"天伦乐"优先配屋计划四种。① 其中，一般家庭申请获得登记后，房屋署会按照登记日期的先后次序、人数和所选择地区依次办理审核和选房手续，若符合条件的对象参加其他一些特别配屋计划可获得优先权。② 香港房屋委员会以维持一般申请者的平均轮候时间约三年为目标（配额及计分制下的非长者一人申请者例外），③ 轮候时间的计算排除了申请过程中的冻结期间。④ 除此之外，为了提高公屋资源的使用效率，香港房屋委员会根据公屋资源情况推出了"特快公屋编配计划"，解决部分受欢迎程度较低的公屋配租问题。该计划所推出的公屋单位分布于各区的公共屋邨，有的单位无论在环境、交通、社区服务、购物及医疗设施等方面均属理想，但因曾涉及不愉快事件，又或层数、座向、单位的设计等较为逊色等原因而难以配租成功。透过"特快公屋编配计划"，符合资格的申请者可获得提高入住公屋的机会，申请者在拣选公屋单位时可自行拣选、并未有地区限制，且有的公屋单位附有租金宽减期。需要注意的是，申请者全家或个别成员若通过其他渠道获得住房，则取消其申请资格。⑤

在配租阶段，一般情况下香港房屋署采用电脑随机的方式进行配

---

① 毛小平：《香港公屋准入管理模式及其对内地的启示》，《北京交通大学学报》（社会科学版）2015年第4期。

② 例如对于参加"高龄单身人士"优先配屋计划、"共享颐年"优先配屋计划且符合资格的申请者，通常会比一般家庭申请较早获得处理；对于参加"天伦乐"优先配屋计划且符合资格的申请者，将会比一般家庭申请缩短6个月的轮候时间。

③ 房委会于每季结束后约五个星期之内，会把最新季度的平均轮候时间上载至房委会/房屋署网页。最新2017年9月底的一般申请者平均轮候时间为4.6年，当中长者一人申请者的平均轮候时间为2.6年。

④ 例如申请者尚未符合居港年期规定；申请者正等待家庭成员来港团聚而要求暂缓申请；申请者在狱中服刑等。

⑤ 根据香港房屋委员会《公共租住房屋申请须知》（2017年5月修订版）规定：在轮候期间，如申请人一家或个别的家庭成员已经循其他安置类别获成功编配公屋（包括房委会各项调迁计划）或加入现有公屋户籍（包括由房协运营的租住房屋），又或透过房委会/房协辖下各项资助置业计划成功购买单位，其公屋申请或个别家庭成员的申请资格将会被取消。

租,并综合考虑申请家庭人数、单位配租标准以及剩余公屋资源状况。符合资格的申请人可享有三个(每次一个)"配租建议",若无可被接纳的正当理由①而无辜拒绝房屋署的三次配租机会,则将引致取消申请,申请人可于取消申请通知信发出日期起计15天内提出书面上诉,一年期满才能获得机会重新轮候。对配租有特殊要求的对象,经过审核具备家庭及/或健康理由,并获得有关政府部门或机构(如社会福利署、医院管理局)的推荐,房委会在资源许可的情况下,可以尽可能满足申请者的特殊配租需求。

三 我国公租房轮候配租机制之现状

目前,我国尚未制定统一的公租房轮候配租机制,各省市关于公租房轮候配租的规则制定也各不相同。现选取较为典型的城市,通过对其公租房轮候配租机制的考察,探讨我国公租房轮候配租机制之实然现状。

(一)北京:公开摇号、有序选房

从《北京市公共租赁住房申请、审核及配租管理办法》(京建法〔2011〕25号)的章节设计可知,北京市公租房分配准入过程省去了轮候配租机制。北京市公租房申请对象通过住房保障部门的审核之后,所有享有配租资格的对象重新处于同一起跑线申请配租。

公开摇号是北京市公租房配租的主要方式。根据公租房房源情况,区县住房保障管理部门负责制订公开摇号分配计划,经区县政府批准并报市住房保障工作领导小组办公室备案后实施,同时在区县政府网站向社会公布。从北京公租房配租的具体步骤来看(见图3-4),先后需经历两次公开摇号。第一次摇号,目的在于从众多获得配

---

① 只有以下情况方"可被接纳"为拒绝接受配屋建议的理由:(a)申请人备有由相关机构(如医院管理局)发出的支持文件,内容清楚说明申请人不能接受所编配公屋单位的健康理由。(b)申请人备有由相关部门或机构(如社会福利署)发出的支持文件,内容清楚说明申请人基于社会因素不能接受所编配的公屋单位。(c)申请人备有文件,足以证明因离港或住院治疗而不能如期签署租约。如申请人能提出充分理由拒绝配屋建议并获房委会接纳,房委会会因应其特别需要而做出额外的配屋安排。

租资格的意向登记者中确定入围名单。提前将公租房配租的相关信息悉数公布，之前通过审核的公租房对象在规定时限内到指定地点进行意向登记，按照一定规则①摇号确定入围配租的名单并再次复核。第二次摇号，目的在于让配租对象有序选房。通常存在两种公开摇号方式：第一种方式，通过摇号确定选房的顺序；第二种方式，分组对应不同套型并直接摇出顺序号与对应房号。若有家庭退出公租房而空置的，公租房产权单位可根据最近一次摇号顺序号依次递补。两种方式都将遵循优先家庭②在前、普通家庭在后的顺序。

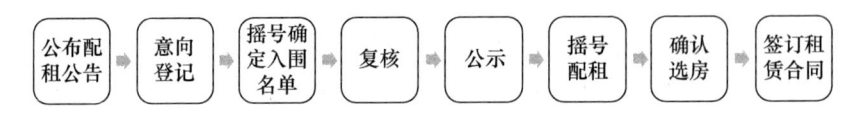

公布配租公告 → 意向登记 → 摇号确定入围名单 → 复核 → 公示 → 摇号配租 → 确认选房 → 签订租赁合同

图 3-4　北京市公租房配租程序示意图

北京市公租房配租机制采取摇号方式，以一种看似公平的方式掩盖了实质性公平，弊端亦十分明显。由于摇号的随机性较大，能否入围配租名单以及能否配租心仪住房全凭虚无缥缈的运气，而未能考虑客观实情。轮候太久或因房源不佳而放弃、空置，久而久之则容易引发负面情绪，不利于社会和谐稳定。而且摇号方式若缺乏监督仍然存在暗箱操作的可能。2009 年武汉市经济适用房摇号中的"六连号"丑闻即为例证。

（二）深圳：建立轮候册、选房方式灵活

深圳市制定了公租房轮候配租机制的专门性法规——《深圳市公共租赁住房轮候与配租暂行办法》（深建规〔2013〕10 号），住房保障主管部门建立起了全市统一的公租房轮候册，对全市公共租赁住房轮候与配租实行监督管理。

---

① 通常按照登记先后顺序以及房源与家庭数量比不超过 1∶1.2 来确定入围名单。
② 对于廉租住房、经济适用住房和限价商品住房轮候家庭：申请家庭成员中有 60 周岁（含）以上老人、患大病或做过大手术人员、重度残疾人员、优抚对象及退役军人、省部级以上劳动模范、成年孤儿这些情况，均可优先配租。

从深圳市公租房轮候配租的流程来看，轮候册的建立在整个机制运作中发挥着重要作用。无论是确定公租房配租的入围名单，还是依次选房环节，均遵照公租房适格对象在轮候册的先后顺序。深圳市公租房的轮候申请方式分为首次集中轮候和日常轮候递补两种。通常首次集中轮候截止后，公租房实行日常轮候，申请人轮候顺序依受理回执号的先后确定，依序排在首次轮候末位申请人之后。为了解决当条件相同的情况下申请者序列问题，深圳市规定了首次集中轮候排序的五种具体方法。①当其他四种方法穷尽之时，市主管部门才可通过抽签的方式确定轮候排序。此外，深圳市公租房轮候配租机制中，尤为看重对公租房对象的资格审核。当公租房对象申请轮候时，接受轮候申请材料的市、区主管部门应当对申请材料进行核查；载入轮候册之后，市主管部门应当会同规划国土、人口计生、公安等部门，对在册轮候人的住房、计划生育、户籍等情况进行不定期核查；入围名单确定后，配租单位会同相关主管部门，对入围名单内申请人的申请材料进行核查。核查合格的，在市、区主管部门及配租单位网站公示5个工作日。公示无异议的，方可进入选房名单。层层核查最大限度地降低了公租房弄虚作假的概率。在选房环节，配租单位可根据可供房源数量、户型面积和选房名单三种选房方式选择其中一种组织选房，并且允许选择其他符合公开、公平和公正原则且已在配租方案中明确的方式。与轮候机制的谨慎性不同，选房环节更侧重灵活性。在优先配租方面，《深圳市公共租赁住房轮候与配租暂行办法》第20条第2款规定"区政府筹集建设的公共租赁住房，可以优先面向本区户籍的在册轮候人配租"，并未规定对部分特殊弱势群体的优先照顾。

总体来说，深圳市公租房轮候配租机制最大的特点在于轮候册的建

---

① 首次集中轮候排序的具体方法是：（一）按照申请人轮候基准时间的先后排序；（二）两名及以上申请人的轮候基准时间同为入户时间且相同的，先在本市缴纳社会保险者排序靠前；同为社保时间且相同的，先入本市户籍者排序靠前；（三）两名及以上申请人的轮候基准时间分别为入户时间和社保时间且同年同月的，先入本市户籍者排序靠前；（四）两名及以上申请人的入户时间相同且社保时间也相同的，按照身份证载明出生日期的先后排序；（五）身份证载明出生日期仍相同的，由市主管部门通过抽签的方式确定轮候排序。

立。如果公租房申请条件的适格对象提出轮候申请便可载入轮候册。但是户籍歧视较为严重，对深圳市户籍人口可优先配租，这种行政照顾是以牺牲公租房轮候册中排序在前的非户籍人口的序列权益为代价，对非深圳户籍公租房申请对象造成了一定的打击（见图3-5）。

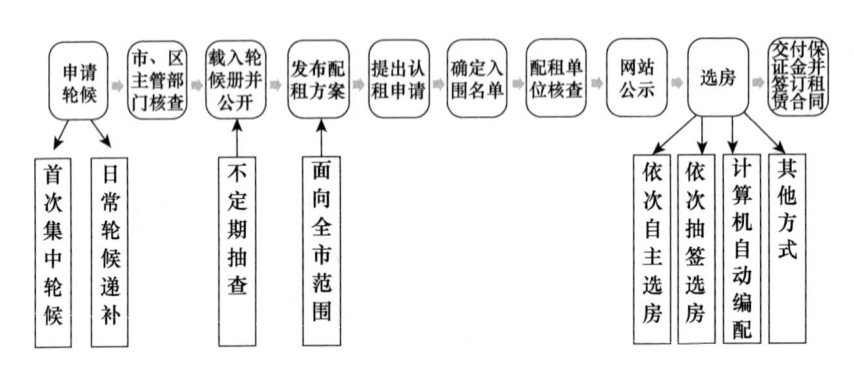

图3-5 深圳市公租房配租程序示意图

（三）烟台：综合评分制

根据《市中心区城市中等偏下和低收入住房困难家庭保障性住房轮候配租规则》（烟建住房〔2015〕58号）的规定，由市住房保障中心发布公告，获得分配资格的保障对象在规定期限内到户籍所在地的街道办事处提出配租申请，市住房保障中心采取综合评分的方式在申请家庭中确定轮候配租顺序，确定期限依顺序组织选房。

综合评分制是烟台市公租房轮候配租机制的一大特色。如表3-8所示，采取百分制，根据七项标准进行打分，其中特殊情况与轮候时间两项标准为额外加分。当申请者分值相同时，则依次按照保障资格时间、落户时间、平均年龄、人均年收入四项标准进行权衡。① 计分方式精确到天的细节设计体现出该评分机制追求公平的较真态度。轮候配租机制全面性、科学性越强，则社会接受度、认可度越高，离实

---

① 当2户及2户以上保障对象的综合评分出现相同分值时，则依次按照保障对象取得住房保障资格时间先后（以月份为准）、保障对象落户时间长短（以夫妇双方当中落户时间长的一方为准，精确到天）、夫妇双方平均年龄大小（精确到天）、家庭人均年收入多少确定轮候配租顺序。

质公平的距离也就越近。

表3-8　烟台市公租房轮候配租序列之综合评分计算方法

评分标准	分值	计分方法
保障对象夫妇平均年龄	20分	60岁及以上为满分，计分年龄精确到天，不足60岁的，计分公式为：20×平均年龄天数/（60×365）
保障对象夫妇落户时间	20分	以夫妇双方当中落户时间长的一方为准，60年及以上为满分，计分时间精确到天，不足60年的，计分公式为：20×落户时间天数/（60×365）
家庭人口数量	20分	1人户10分、2人户15分、3人户（含）以上20分
家庭人均年收入	20分	低保家庭20分；低保边缘家庭17分；低保边缘收入线以上至家庭人均年收入23728元（含）14分；家庭人均年收入23728－29660元（含）10分
家庭人均现住房建筑面积	20分	20×（15－人均住房建筑面积）/15
特殊情况	—	市级（含）以上劳模加5分；军烈属和优抚对象加5分；在房屋征收范围内无经济能力回购产权调换房屋的被征收人家庭加5分；一等残疾加5分，二等残疾加4分，三等残疾3分，四等残疾加2分。一个家庭满足多项加分条件的，可以累积加分
轮候时间	—	以保障对象首次取得住房保障资格的年度和保障性住房配租的年度之差为基准，1个年度加2分

四　我国公租房轮候配租机制之选择

由前文可知，荷兰的公租房轮候配租机制并非从一开始就受到肯定，而是在社会的质疑声中不断改进，先后经历了分发模式到选择模式的演变。香港地区的公屋轮候配租机制同样也是在一次次的跟跑中总结教训。我国公租房起步较晚，公租房轮候配租过程中必然遇到这样或那样的问题。或借他山之石，或就地取材，我国公租房轮候配租机制应做出如下选择：

（一）科学设计公租房轮候配租机制，减少不确定因素干扰

目前，我国不少地区仍采取公开摇号的公租房轮候配租方式，不

确定因素较大。公租房不同于普通的有限资源，蕴含着对社会弱势群体的公共救济之特性。假若全凭运气决定住房保障对象配租成功与否违背了公租房分配准入的科学性原则，无法反映住房困难的轻重缓急。科学设计公租房轮候配租机制，一则强调轮候配租程序衔接之科学，例如北京市在首次摇号确定名单后进行复核，以免因等候时间长而情况变化未能知悉。二则强调轮候配租的顺序安排之科学，例如建立轮候册或采取积分制，所采取的排序标准应能反映轮候成本、住房困难、收入高低以及特殊情形等确定性因素，尽可能减少随机性、不确定性因素的干扰。

（二）公租房轮候配租应切实体现人文关怀

观国内外运行较为成熟的公租房轮候配租机制，无不彰显着对特殊弱势群体的人文关怀。对长者的尊敬之心，对伤残孤病者的同理之情，对劳动模范的倡导之风……当公租房的相关法律法规与上述（包括但不限于）人文关怀相结合时，这样的法律法规因蕴含人性的光辉而更能实现预期的法律目的，达到更好的社会效果。鉴于荷兰的经验教训，优先配租的范围应予以明确而不能笼统地以"需要"概之。优先配租范围越明确则实践中暗箱操作的可能性越低。需注意，人文关怀不应徒有其表。例如，深圳市曾规定申请人或共同申请人残疾类型为肢体残疾的，统一安排建筑面积约63平方米的无障碍住房，但若无障碍住房面积超出本应获得的标准，则按照市场价格缴纳租金。若不接受，则可选择普通住房。[①] 看似对弱势群体的特殊照顾，却极有可能导致经济水平较差的肢体残疾者最终因无力负担63平方米的无障碍住房而被迫"自愿"选择普通的住房。

（三）信息公开与个人隐私保护相结合，勘定知情与隐私之边界

信息公开，是公租房轮候配租机制公平公正的制度性保障。荷兰

---

① 参见《2015深圳残疾人公租房配租流程指南》相关规定，以及《深圳市住房保障署关于面向残疾人配租公共租赁住房有关事项的通告》："（三）无障碍用房配租规则：1. 申请人或共同申请人残疾类型为肢体残疾的，可选择无障碍住房，也可按配租面积标准选择普通住房；申请人或共同申请人残疾类型为非肢体残疾的，只能按配租面积标准选择普通住房；2. 选择无障碍住房的，超出其家庭人口数对应配租面积标准的部分应按市场租赁评估价格缴纳租金。"

公租房轮候配租的分发模式之所以遭受质疑，与其当时信息公开化程度不高有关。之后实行的选择模式以之为鉴，增加设置了广告环节，大大提高了信息公开程度，使社会大众能够及时获知公租房项目状况、申请条件以及申请方法等；同时配租成功的公示内容也得以明确，列出了配租成功者的重要信息状况方便接受大众监督以及其他申请对象进行比对。《中华人民共和国政府信息公开条例》至今实施已有十年，将政府权力置于阳光之下，有利于接受群众监督。我国各城市在公租房轮候配租同样也应注重信息公开，追求信息公开内容、途径、方法越来越科学化、普遍化。

政府信息公开作为一种公共行为，不应突破个人信息保护的底线。有的地方将身份证、联系方式、家庭住址等信息不做任何隐匿的完全公开，恐怕有过度公开之嫌。若被不法分子利用，将导致严重的后果。如果简单粗暴地将个人信息加以公示，不仅有违信息公开之初衷，同时也暴露了审查机制之脱节，动摇了群众对政府行政能力之信心。因此，信息公开需把握好边界，通过特殊技术处理将信息公开与个人隐私保护相结合。例如，随着信息技术的不断发展，各地开始推进建设"智慧城市"。通过加大对政府信息公开平台的技术把关，增设"隐私识别"模块，当政府发布信息时一旦涉及个人隐私则将进行自动预警提示。在如今的大数据时代，个人信息保护越来越受到关注，公开政务信息是政府应尽的义务，而保护个人信息更是一份应担的责任。勘定知情与隐私之边界，才能实现信息生态之欣欣向荣。

第七节　公租房分配准入的异议处理机制

公租房异议处理机制是针对公租房分配准入纠纷的一种解决机制。如果公租房分配准入中的异议之声得不到重视、负面情绪得不到及时疏通，则必将动摇公民对法治国家、法治政府、法治社会的信心。因此，建立一套行之有效的公租房分配准入异议处理机制既是对实践中矛盾与冲突的回应，也是依法治国的必然要求。

一 公租房分配准入之"异议权"

"异议权"是探讨公租房分配准入异议处理机制的起点,也是公租房分配准入异议处理机制的核心。马克思曾言:"没有无义务的权利,也没有无权利的义务。"公租房申请人既然承担了在规定时间、规定地点递交申请材料并且保证材料真实性的义务,那么当审核机关拒绝其公租房申请或下达错误的处罚决定等其他侵害其合法权益的情形之时,申请人理应享有对行政机关的相关行政行为提出异议的权利。此外,住房保障部门接受社会大众对公租房相关公示信息提出的异议,有责任、有义务对异议进行核查。由此可见,公租房分配准入之"异议权"包含以下两层含义。

第一,公租房分配准入之异议权是一种救济权。救济一词在法学领域由来已久。《布莱克法律辞典》将之解释为"一种用来主张权利或对侵害权利的行为加以阻止、矫正、责令赔偿的方法;一种赋予权利受到侵害的一方当事人诉诸法庭或其他方式的补救性权利,权利包含着救济"[1]。《牛津法律大辞典》提出,"救济是纠正、矫正或修正已发生或业已造成伤害、危害、损失或损害的不当行为……相应的,救济是一种纠正或减轻性质的权利,这种权利在可能的范围内会矫正由法律关系中他方当事人违反义务行为造成的后果"[2]。可见,法律意义上的"救济"与普通语境中特指用金钱或物资帮助灾区、生活困难者的"救济"内涵并不相同。救济权作为一项专业的基本法律术语,地位毋庸置疑。关于救济权的内涵常因使用场合不同而产生不同的表达。在民法领域,救济权的地位尤为凸显,"如果把民法视作一系列旨在保护有关利益的相互关联的权利链条,原权利就是这个权利链条的始端,而救济权则是这个权利链条的末端,是民事权利能否

---

[1] Black's Law Dictionary, West Publishing Group, 1999, p. 163.
[2] [英]戴维·M. 沃克:《牛津法律大辞典》,李双元等译,法律出版社2003年版,第764页。

获得最终实现的有效保障和最后依托"[1]。与自力救济相对,司法救济权(又称诉讼权)作为权利保护的最后一道屏障对于实现公民基本权利意义重大。随着学界对救济权研究的不断深入,救济权也逐渐突破了部门法的限制,而在人权领域占据一席之地。有学者指出,人权语境下的救济权主要包括保障权、救援权和补偿权三类。[2] 然而,理解本书公租房分配准入异议处理机制中所强调的"异议权"时,应做狭义解释,尤指行政司法救济权。行政复议请求权与行政诉讼请求权是行政法赋予行政相对人最重要的救济权。当行政机关做出不当或违法行政行为导致行政相对人的利益受到损害时,行政相对人可以通过行政复议以及行政诉讼的途径要求行政机关改变、撤销其具体行政行为或凭借相关裁决获得相应的补救和赔偿。公租房分配准入的异议处理机制就是为了维护受到住房保障部门不当或违法行为而遭受损害的申请人之权利、化解住房保障部门与公租房申请人之间矛盾与冲突而建立的纠纷解决机制。

第二,公租房分配准入之异议权还是一种监督权。《中华人民共和国宪法》第41条规定:"中华人民共和国公民对于任何国家机关和国家工作人员,有提出批评和建议的权利;对于任何国家机关和国家工作人员的违法失职行为,有向有关国家机关提出申诉、控告或者检举的权利,但是不得捏造或者歪曲事实进行诬告陷害。对于公民的申诉、控告或者检举,有关国家机关必须查清事实,负责处理。"为确保宪法赋予公民监督权得以实现,我国其他法律如《刑事诉讼法》第84条、《刑法》第254条等均做出了明确规定。我国公租房分配准入中,为了保证公租房分配的公平与公正,住房保障部门应将公租房审核结果、轮候状况、配租结果等信息及时向社会予以公示。对公示对象有异议的,住房保障部门接受举报并有义务进一步核查。这个过程中所凸显的公租房分配准入制异议权实质是一种监督权,是由宪法

---

[1] 张维:《权利的救济和获得救济的权利——救济权的法理阐释》,《法律科学》(西北政法大学学报)2008年第3期。

[2] 林喆:《公民基本人权法律制度研究》,北京大学出版社2006年版,第91—92页。

赋予公民的一项广泛的民主权利。

二 公租房分配准入异议处理机制之基本要求

在任何资源分配、利益相争的场域，冲突和纠纷是必然的，异议也同样必然存在。恰如其分地处理好异议，将对事物的完善和发展起着积极的推动作用。社会学家齐美尔曾提出"安全阀理论"，认为正是冲突"清洁了空气"，"它通过允许行为的自由表达，而防止了被堵塞的敌意倾向的积累"。[①] 科塞等社会学家甚至直接道明："一个没有冲突的社会将是毫无生机、沉闷乏味的社会。"[②] 社会学家关于冲突的观点也为公租房分配准入异议处理机制之必要提供了立足点。对待公租房分配准入中所产生的异议，必须以理性的观点去看待。承认其存在之必然性与必要性，是构建公租房分配准入异议处理机制的前提。厘清基本要求，是构建公租房分配准入异议处理机制的基石。

（一）保证公租房分配准入中的所有异议都能得到回应

有异议就应该有回应异议的机构、解决异议的途径。如果公租房分配准入中的异议找不到释放的出口，则好比堵塞的洪流得不到及时的疏浚，最终将埋下隐患、泛滥成灾。公租房分配准入异议处理机制的第一要义，即保证公租房分配准入中产生的所有异议都能得到回应。中央立法文件方面，《公共租赁住房管理办法》第9条提出了异议复核制，将复核权交原审核部门，要求在规定期限内再次审核。[③] 各地方立法文件中，有的仍缺乏对异议处理的相关规定，"合格的进行公示；不合格的书面告知申请人并说明理由"草草了事。有的设置

[①] [美] L. 科塞：《社会冲突的功能》，孙立平等译，华夏出版社1989年版，第25页。

[②] [美] 戴维·波普诺：《社会学》，李强等译，中国人民大学出版社2007年版，第147页。

[③] 根据《公共租赁住房管理办法》第9条的规定，申请人有权对公示结果提出异议，复核机构是市、县级人民政府住房保障主管部门，复核机构复核时须会同有关部门，在有关部门的协助下完成申请材料的再次审核，复核期限限定在15个工作日，复核结果应当书面告知申请人。

了双重复核制,例如根据《深圳市保障性住房条例》第33条的规定①,先由原审核部门——区主管部门进行复核,若仍有不服则向上一级市主管部门申请复核。

(二)保障最低限度的程序正义

程序正义既有利于实现实体正义,同时也具有独立的存在价值,即程序的德性。②"使法律程序成为可能、与人性相一致从而为人所尊重所接受的那些品质",必须体现"形式公正"和"人道",③ 所言即指程序正义。公租房分配准入中,异议处理机制不完善正是程序正义不到位的具体表现。程序正义的判断标准并不复杂,一般人均可凭借其认知做出是否正义的判断。"我们可以根据人类的共同心理需求,提出一种可适用于所有现代文明社会的最低限度程序正义要求。"④ 公租房分配准入中,政府相关部门凭借优势地位以及行政职权单方面做出拒绝公租房申请的行政决定,而行政相对人只能默默接受而无法提出异议捍卫本应获得的合法权益。显然,如此公租房分配准入的程序设计并不符合正义的指向。

最低限度程序正义要求包含以下五个方面:程序中立、程序参与、程序公开、程序效率以及程序经济。程序中立,要求相关部门在处理公租房异议时应站在中立的立场,平等地、无偏袒地对待当事双方。程序参与,要求赋予权益已经或可能遭受损害的当事人以充分的参与权与表达权,以合法的途径捍卫其自身权益。这不仅出于正义的需要,也出于维护个人意思自治以及给予基本尊重,让正义以看得见的方式去实现、以感受得到的温度抚慰人心。程序公开,要求公租房异议处理的过程以及结果(除涉及隐私或秘密之外)均应向当事人

---

① 《深圳市保障性住房条例》第33条规定,"在公示期内,对公示内容有异议的,应当以书面形式提出。由区主管部门对异议应当予以核实,并公布核实结果。拒不配合审查、经审查不合格的或者因公示期内有异议经核实异议成立的,由区主管部门驳回其申请,并书面说明理由。申请人对区主管部门驳回申请的决定不服的,可以向市主管部门申请复核。"

② 刘莘、刘红星:《行政纠纷解决机制研究》,《行政法学研究》2016年第4期。

③ 陈端洪:《法律程序价值观》,《中外法学》1997年第6期。

④ 陈瑞华:《程序正义论——从刑事审判角度的分析》,《中外法学》1997年第2期。

或社会公开,恰如法官休厄特所言,"不仅要主持正义,而且要人们明确无误地、毫不怀疑地看到是在主持正义,这一点不仅是重要的,而且是极为重要的"①。程序效率,要求公租房分配准入的异议应该及时有效地予以处理。公租房是为解决社会弱势群体单凭自力而难以承担住房压力而存在,公租房申请人捍卫自身权益的相关异议被拖延多久,那么他们在住房压力的泥沼里也将随之继续挣扎多久,异议处理部门的行政效率正是实现正义的推动器。程序经济,要求公租房异议处理的成本应控制在理性范围内。波斯纳曾言,"对于公正正义的追求,绝不能无视追求它的代价"。在我国,公租房申请对象千千万万,公租房分配准入中产生的异议之数势必不可小觑。如果异议处理过于烦琐、成本代价过于昂贵,最终将导致人们心有戚戚、望而却步。②

(三) 坚持司法最终原则

在任何一个成熟的法治国家,司法最终是得到普遍遵循的基本原则。司法最终原则是指,"所有涉及个人自由、财产、隐私甚至生命的事项,不论属于程序性的,还是实体性的,都必须由司法机构通过亲自'听审'或者'聆讯'做出裁判,而且这种程序性裁判和实体性裁判具有最终的权威性"③。

公租房异议处理机制中,司法救济应成为当事人权利救济的最后一种手段,也是维护其权益的最后一道防护网。受我国历史上朴素诉讼主义思想的影响,由处于中立位置的法院处理公租房的相关异议能够给予提出公租房异议的当事人以一种踏实的信赖感。根据联合国大会《关于司法独立的基本原则》第4条的规定:"不应对司法程序进行任何不适当或无根据的干涉,法院做出的司法裁决也不应加以修改。"④ 该规定即表明了司法独立之立场以及司法裁决之权威。我国

---

① [英] 丹宁勋爵:《法律的训诫》,杨百揆等译,群众出版社1985年版,第76页。
② 参见刘莘、刘红星《行政纠纷解决机制研究》,《行政法学研究》2016年第4期。
③ 陈瑞华:《刑事诉讼的前沿问题》,中国人民大学出版社2000年版,第225页。
④ 陈咏秋:《联合国人权公约和刑事司法文献汇编》,中国法制出版社2000年版,第212页。

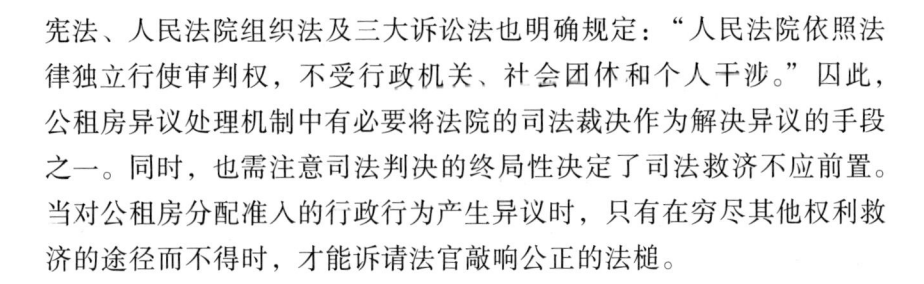

宪法、人民法院组织法及三大诉讼法也明确规定："人民法院依照法律独立行使审判权，不受行政机关、社会团体和个人干涉。"因此，公租房异议处理机制中有必要将法院的司法裁决作为解决异议的手段之一。同时，也需注意司法判决的终局性决定了司法救济不应前置。当对公租房分配准入的行政行为产生异议时，只有在穷尽其他权利救济的途径而不得时，才能诉请法官敲响公正的法槌。

三　我国公租房分配准入的异议处理机制之构成

（一）我国行政纠纷解决机制构成之参考

我国公租房分配准入中的异议通常集中表现在利益相关者对住房保障部门批准或否决公租房申请的行政决定上。鉴于住房保障部门在公租房分配准入中的行政主导地位以及对公租房申请资料进行审核的行政行为性质，在我国公租房分配准入异议处理机制的设计上，可以参照行政纠纷解决机制。

行政纠纷解决机制，是指"各种行政纠纷解决途径、制度的总和或体系，其主旨在于化解行政纠纷"[①]。单从行政机关作为纠纷的解决主体，或者仅凭借"行政"二字，并不能判断某一制度是否属于行政纠纷解决机制。例如，人民法院并非行政机关，但其主持的行政诉讼属于行政纠纷解决机制。行政裁决和行政仲裁虽然表明了"行政"二字，但由于以特定民事纠纷为对象因而不一定归属其中。而富有中国特色的信访制度虽然没有"行政"二字却通常被认为属于行政纠纷解决机制。总而言之，判断某一制度是否属于行政纠纷解决机制，应结合制度的具体内涵来分析。

学界从不同的角度出发对行政纠纷解决机制之构成进行了深入的研究。日本学者棚濑孝雄从纠纷解决过程类型化的角度，依据"纠纷是由当事者之间自由的'合意'，还是由第三者有拘束力的'决定'来解决"为基轴，将行政纠纷解决机制划分为"根据合意的纠纷解

[①] 刘莘、刘红星：《行政纠纷解决机制研究》，《行政法学研究》2016年第4期。

决"和"根据决定的纠纷解决"。① 前者是指当事双方以某种方式就达成合意从而化解纠纷的方式，譬如和解、调解；后者是指独立第三人做出某项指示终结当事双方之间的纠纷，譬如司法判决。该观点为我国行政纠纷解决机制的分类提供了参考。随着现代行政的不断发展，行政纠纷类型愈加多样化，越来越多的学者开始关注多元行政纠纷解决机制。有学者从公民需求为视角，通过定量经验研究发现我国公民往往倾向通过（准）司法渠道和党政渠道的"双轨制"来解决行政纠纷，且不同社会群体在渠道选择上的偏好也各不相同，呼吁行政纠纷解决机制的理论研究与制度建设应了解并尊重民愿。② 有学者基于法社会学的"纠纷三阶段"理论，从"对制度的描述"转向对"纠纷处理过程的描述"，认为有必要在我国行政领域引入 ADR。③ 还有学者提出应创新社会管理方式，既要发挥传统途径（如行政复议、行政诉讼、信访、行政调解、行政仲裁和立法直接解决）在化解个案纠纷中的作用，也要借助新兴手段和媒介（如市长公开电话、首长接待日、电视问政、微博问政）应对行政适当、公益维护的新问题。④ 总体而言，现代行政行为的多样化导致了行政法利益上的多样化，而行政法上利益的多样化必然会导致社会主体解决行政纠纷的需求多样化，学界关于构建多元化行政纠纷解决机制的呼声亦随之水涨船高。

（二）我国公租房分配准入异议处理机制的内容

我国公租房分配准入异议处理机制之构成是否复制了多元化行政纠纷解决机制？答案当然是否定的。虽然多元化行政纠纷解决机制迎

---

① ［日］棚濑孝雄：《纠纷的解决与审判制度》，王亚新译，中国政法大学出版社2002年版，第7页。

② 程金华：《中国行政纠纷解决的制度选择——以公民需求为视角》，《中国社会科学》2009年第6期。

③ ADR，即 Alternative Dispute Resolution 的缩写，译为"替代性纠纷解决机制"。广义的 ADR，是指法院审判以外的所有非诉纠纷解决方式；而狭义的 ADR 则偏重于依据当事人之间的合意来解决纠纷的"合意型"非诉讼纠纷解决方式。参见蔡仕鹏《法社会学视野下的行政纠纷解决机制》，《中国法学》2006年第6期。

④ 林莉红：《法治国家视野下多元化行政纠纷解决机制论纲》，《湖北社会科学》2015年第1期。

合了现代行政的现实需求，有助于通过多种方式疏通积怨、化解矛盾，但是从某种角度出发，我国行政纠纷解决机制之所以演变为一种多元化的发展趋势，是相关法律制度不够完善、公民法律意识不强等原因导致行政相对人不得不采取多元化方式维护其权益力争化被动为主动的无奈之举，例如信访制度即是典型。信访制度将定纷止争作为唯一宗旨，效仿古代"击鼓鸣冤"的方式突破了司法程序的严格限制，实现下情上达的诉求目的。社会群众对信访的执念不仅损害了司法权威，而且利用非正常手段上访以博得关注的方式破坏了社会安定与团结。而我国公租房分配准入异议处理机制的目的显然在于，尽可能通过完善的制度化设计化解公租房分配准入中产生的异议。换言之，将公租房分配准入中的相关异议以制度内的规则予以解决，尽可能减少因异议外溢而不得已诉诸其他多元化纠纷解决方式的可能性。公租房分配准入异议处理机制之构成应赋予异议人维护自身利益的主动权，积极促成异议的解决。

1. 有限制地适用协商或调解

依据传统行政法"行政权不得被处分"的观点，协商与调解的合意型纠纷解决方式往往被排除在异议处理机制之外。翁岳生教授曾言，"行政机关应严守依法行政原则能成立和解之余地不多，（并且）行政诉讼兼有确定国家行政权合理行使之功能，难以容许当事人私自互相让步、达成和解"[1]。又如陈弘毅教授所言："和解只宜用于私法领域，涉及宪法即其他公法事务或公共行为的主要问题，更适合司法解决而非调解（和解）。"[2] 总之，持此类观点者无一不认为行政行为不存在讨价还价的余地，行政权力的法定性注定了行政部门行使行政职权时不具有自由处分性，不应自由地做出放弃或转让其权力的选择。我国公租房分配准入中，住房保障部门审核申请、依法公示、分配资源的行政行为显然是具有公法性质的行政行为。单从公租房分配

---

[1] 翁岳生主编：《行政法》下，中国社会科学出版社2002年版，第1462页。
[2] 陈弘毅：《调解、诉讼、公正——对现代自由社会中儒家思想的思考》，《金陵法律评论》2001年第1期。

准入的结果来看,要么申请人通过审核获得配租公租房的机会,要么申请人因条件不过关而被排除在公租房资源分配之外,不可能出现模棱两可的分配准入之结果。可见,住房保障部门在公租房分配准入过程中所拥有的自由裁量权极为有限。

在公租房分配准入的异议处理机制中,协商或调解的异议处理方式所能发挥作用的空间不大并不意味着对该两种方式的绝对性拒绝或屏蔽。通常,公租房分配准入中所产生的异议原因可以归纳为"行政机关利用其优越地位,有意识地或无意识地给当事人造成困难。这种困难可以由于行政机关改变态度而消灭"[1]。然而,现行的行政救济程序"建立在审查机关积极主动地行使职权,必须纠正被审查主体违法行为的基础之上"[2]。这种积极的职权主义模式并未给行政部门预留自我反省、纠正错误的空间。根据《行政诉讼法》第62条的规定:"人民法院对行政案件宣告判决或者裁定前,原告申请撤诉的,或者被告改变其所作的行政行为,原告同意并申请撤诉的,是否准许,由人民法院裁定。"可见,即使住房保障部门已经认识到自身行为的违法性或不合理性,哪怕已经改变了态度、撤销了原具体行政行为,实现了行政救济的直接目的,但只要原告不撤诉,法院将依法继续进行审查。行政救济程序的严谨性是出于对原告处于相对弱势地位的考量,但不可否认同时也造成增加诉讼成本、降低诉讼效率的结果。我国公租房分配准入异议处理机制应以此为鉴。

因此,我国公租房分配准入异议处理机制应适当地对合意型纠纷解决方式(如协商、调解)留出一个闸口。从启动的时机来看,协商或调解可以发生在审查机关立案至最终裁决做出之前的全过程中。[3] 无论处于行政复议程序或是行政诉讼程序,均可提出。从适用的限制来看,由于构建公租房分配准入异议处理机制,并不仅仅是涉及个案

---

[1] 王名扬:《法国行政法》,中国政法大学出版社1988年版,第545页。
[2] 张玉录:《行政协商:构建和谐社会的行政救济法基础——兼论法律移植与本土资源的对接》,《聊城大学学报》(社会科学版)2005年第5期。
[3] 同上。

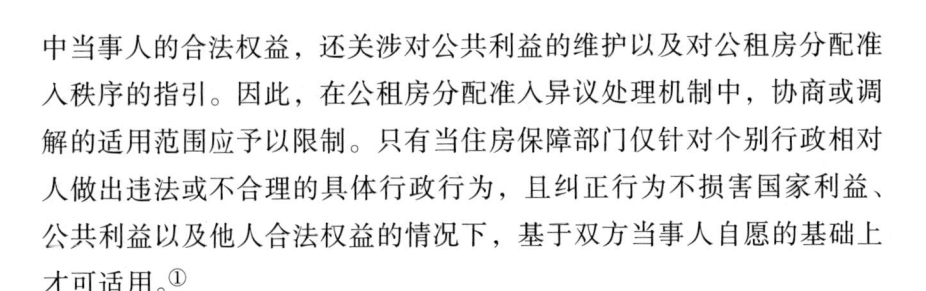

中当事人的合法权益，还关涉对公共利益的维护以及对公租房分配准入秩序的指引。因此，在公租房分配准入异议处理机制中，协商或调解的适用范围应予以限制。只有当住房保障部门仅针对个别行政相对人做出违法或不合理的具体行政行为，且纠正行为不损害国家利益、公共利益以及他人合法权益的情况下，基于双方当事人自愿的基础上才可适用。①

2. 行政复议前置，行政诉讼终局

行政复议与行政诉讼是实现权利救济的重要渠道。根据《行政诉讼法》第44条的规定，当事人通常可以采取三种方式实现其权利救济：其一，自由选择模式。对于同时满足行政复议法与行政诉讼法受案范围的情况，当事人拥有自由选择何种救济途径的权利，既可先行经过行政复议随后再走诉讼程序，也可经行直接向法院起诉。尤其对于已过行政复议失效但未过行政诉讼失效的情形，法院不得以未经行政复议为理由而拒绝受理案件。其二，复议前置模式。对于我国相关法律所规定的部分特殊情形，行政相对人对行政行为不服而寻求法律救济途径时，应当先行选择向行政复议机关申请行政复议，而不能跨过复议程序直接向法院起诉；如果对复议决定仍有不服或者行政复议机关拒不处理，才能向法院提起诉讼。② 其三，复议终局模式。顾名思义，对于法律规定的特殊案件，行政复议机关所做出的复议决定具有终局效力，哪怕行政相对人不服复议决定而向法院起诉，法院将拒绝受理。③ 出于理论与实践的多方面考虑，我国公租房分配准入异议处理机制应设置行政复议前置、行政诉讼终局的模式。

首先，依据穷尽行政救济原则，我国公租房分配准入异议处理机制中行政复议应予以前置。所谓穷尽行政救济原则，即当行政相对人

---

① 黄学贤、孟强龙：《行政调解几个主要问题的学术梳理与思考——基于我国理论研究与实践发展的考察》，《法治研究》2014年第2期。

② 邵清清：《行政复议与行政诉讼的衔接模式探讨》，《广西教育学院学报》2013年第3期。

③ 谢尚果：《行政复议与行政诉讼衔接机制之反思与重构》，《河北法学》2013年第2期。

借由行政程序获得权利救济之前，不能取得司法救济，而只有当所有的行政救济手段均已穷尽却仍无法化解行政相对人与行政机关之间的矛盾时，才可诉诸司法途径寻求权利救济。英美等西方国家行政法往往将穷尽行政救济原则奉为圭臬。例如美国行政裁决中的行政法官制度以及英国的行政裁判所制度均体现了这一原则。在英美等西方国家，通常绝大部分行政争议往往经由法院受理之前的纠纷解决机制予以解决，只有在迫不得已的情况下行政异议才会进入法院诉讼程序，这也成为英美行政法治的独特见解之处。该原则渐而为世界上大多数国家所接受并认可。我国著名学者王名扬最早阐述这一原则，通过介绍美国联邦最高法院在 1969 年麦卡特诉美国案的判决，从保证行政机关的自由裁量权，维持行政程序连续发展而不受妨碍，保护行政机关的自主独立性，促使行政机关充分收集、分析相关事实协助司法审查，节约法院有限的人力、财力成本以及避免当事人超越行政程序而降低行政效率六个方面详细列举了穷尽行政救济的必要性。[①] 随后越来越多的学者开始对穷尽行政救济原则予以关注。目前，一个较为流行且通俗的观点认为，"一个国家在正常情况下，行政复议案件应当数倍于行政诉讼案件，行政复议应当成为解决行政争议的主渠道"[②]。然而，从我国实务界来看，行政复议的制度优势与功能效用并未充分显现出来。我国公租房分配准入异议处理机制中将行政复议前置正是遵循穷尽行政救济原则的具体体现。

其次，从实践预期效果来看，我国公租房分配准入异议处理机制应设置行政复议前置而行政诉讼终局。通常，评价纠纷解决机制存在四个标准——纠纷的解决、满意的程度、社会效果和代价。[③] 我国公租房申请对象数量较为庞大，公租房分配准入中产生的异议之数自然也很可观。如若赋予异议者以自由选择救济方式的权利，从相关数据统计来看，我国绝大多数公民通常倾向于跳过行政复议而径直诉诸法

[①] 参见王名扬《美国行政法》，中国法制出版社 1995 年版，第 652—653 页。
[②] 甘藏春：《关于行政复议基础理论的几点思考》，《行政法学研究》2013 年第 2 期。
[③] ［日］棚濑孝雄：《纠纷的解决与审判制度》，王亚新译，中国政法大学出版社 2002 年版，第 27 页。

院。如此一来，则将导致公租房分配准入异议涌向法院而不堪重负。须知，行政诉讼所具有的公正性、权威性是以烦琐的诉讼程序与高昂的诉讼成本为代价；而行政复议素来以方便快捷、方式灵活、成本低廉等优点见长。因此，若要以较小的代价加速纠纷解决、提高满意程度、起到良好的社会效果，行政复议前置而行政诉讼终局是我国公租房分配准入异议处理机制的必然选择。

总而言之，我国分配准入异议处理机制的理想状态是应形成异议分流解决的体系。充分发挥行政复议和行政诉讼各自的制度优势，实现二者之间分工明确、有效衔接。通过行政复议前置，解决公租房分配准入中的绝大多数异议问题；只有少数复议结果难以服众或者复议机关拒绝受理的案件能进入诉讼程序，坚守行政纠纷作为异议处理机制最后一道关卡的地位。

第四章 公租房使用退出的法律规制

第一节 公租房使用退出的立法价值目标

公租房作为政府或者其他公共部门提供的，用以解决城市中低收入群体阶段性住房困难的租赁型保障房，既不是政府向社会整体提供的纯公共产品，也不是专属于社会部分群体的福利分房，而是为保障社会弱者适足住房权而为的行政给付。为实现公租房的公平分配、保证公租房住房保障功能的充分发挥，政府不仅要设置合理的分配准入条件，进行严格的使用监管，还要设计配套的使用退出机制。目前，各地的公租房多数都已经投入使用，公租房法律规制的重心从分配准入移转到使用退出阶段，多进少退、只进不退等公租房使用退出问题频现，公租房使用退出立法的重要性凸显。与公租房分配准入立法一样，公租房使用退出立法必须要有明确的效用追求和目标指向，即立法价值目标。否则，公租房使用退出的立法活动可能陷入无的放矢的境地，造成公租房使用退出法律制度旨趣不明，公租房使用退出法律规制张弛失度的问题。

一 公租房使用退出立法价值要素的选择

公租房使用退出法律制度同所有法律制度一样，都有着由自由、公平、正义、效率、安全和秩序等法的价值要素构成的立法价值目标。然而，不同法律制度根据其功能和性质上的差异，对法的价值要素有着不同的取舍和组合，进而形成了不同的立法价值目标。以房地产法律制度为例，商品房法律制度与保障房法律制度就有着不同的立法价值目标，前者更加注重效率，而后者更加注重公平。即使是同属于公租房法律制度的公租房分配准入法律制度与公租房使用退出法律制度的立法价值目标也存在差别，前者较后者更加尊重保障对象自主选择是否使用以及如何使用公租房的自由，而后者比前者更加注重维护保障对象使用公租房的安全。公租房使用退出的立法价值目标究竟如何？与公租房分配准入的立法价值目标比较只能管窥一二，而不能见其全貌，知其根本。要明确公租房使用退出的立法价值目标，需要从公租房使用退出立法价值要素选择的决定性因素——公租房使用退出法律制度的性质和功能上加以分析。

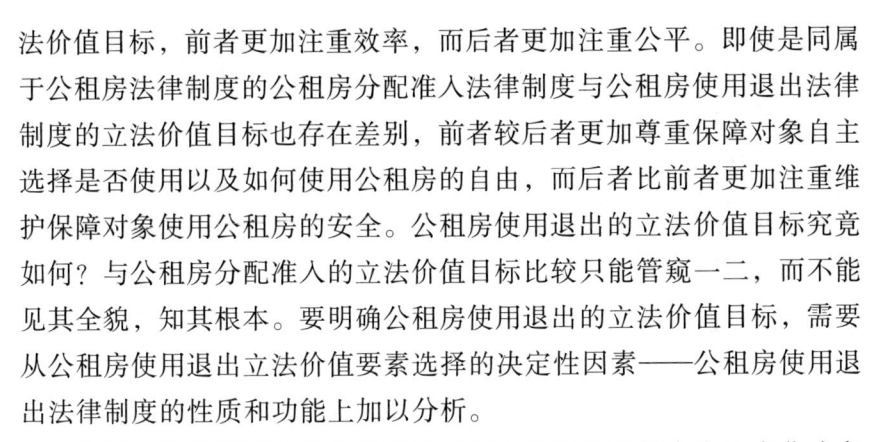

公租房的使用退出是指公租房承租人在因经济能力发生变化或者违法违约使用公租房等情形导致其不再符合承租资格的情况下，主动或者被动地结束对公租房的使用，并由政府依照法定程序收回公租房的过程。尽管学界常以公租房的退出指代公租房的使用退出，但是笔者认为，在法学意义上，二者存在差别。公租房的退出可以做广义的理解，也可以做狭义的理解。广义的公租房退出是指公租房制度中的一切退出过程，不仅包括"人的退出"，即公租房的使用退出；还包括"房的退出"，即公租房因为被承租人购买或者被转为其他用途，性质发生改变而退出保障房序列。狭义的公租房退出仅指"房的退出"，重点在于"房"，而不在于"人"。公租房使用退出作为分配准入和使用监管的后阶段，关注的是"人"，即保障对象的资格。公租房使用退出法律制度设置了自愿主动退出和规制被动退出两种使用退出路径。前一种路径尊重保障对象的自由选择，对于符合资格条件者，在租赁合同到期时，住房保障主管部门不是依职权直接决定续租问题，而是视保障对象是否申请续租，分别启动续租的审核程序和退租的执行程序，尽量实现对保障对象租住自由的满足。后一种路径则体现着法律的强制力，由住房保障主管部门依职权终止不适格承租人的住房保障资格，强制违法或者严重违约使用公租房的承租人退出公租房，矫正"不应保却保"，做到"能保尽保"，努力实现"应保尽保"，以维护正常的公租房使用秩序。

公租房使用退出法律制度顺承公租房的分配准入法律制度和公租房使用监管法律制度,并与之构成一套规制公租房配置的法律规则体系。这一规则体系实现了对公租房"分配准入—租住使用—使用退出—再次分配准入"过程的法律规制,保证了在原承租人因为不再具备获得住房保障的资格而退回公租房后,公租房依照法定程序被再次分配给获得准入资格的保障对象。公租房使用退出是分配准入和使用监管的结果,也是再次进行分配准入的前提,可谓公租房循环利用和合理配置的关键环节。所有社会公共资源配置法律规制的关键环节都要特别注意公平和效率这两项重要的法价值,公租房使用退出的法律规制亦不例外。公租房使用退出法律制度一方面要求政府运用行政权力努力实现分配正义,满足社会弱者基本的住房需求,践行社会公平原则;① 另一方面以公租房资源的优化配置为目标,通过法律上的强制保证公租房的循环使用和有效分配,体现分配的效率性。

公租房使用退出法律制度的性质和功能决定了公租房使用退出的立法价值目标聚焦于自由、安全、公平与效率这四种法价值要素。这四种法价值要素共同构建起公租房使用退出的立法价值目标体系,并且其他法价值要素可以在这个立法价值目标体系中得以体现。以正义价值为例,公租房使用退出的立法应当以正义为最高价值和终极追求,但正义价值的最高性和终极性也决定了其与上述四种法价值要素处于不同层面,后者只是前者的侧面展现或者说具体体现。如果说"正义有着一张普洛透斯似的脸"②,那么自由、安全、公平和效率等价值要素都是识别正义脸庞的面部特征。立法者通过排列组合自由、安全、公平和效率勾勒出公租房使用退出正义价值的具体相貌。因此,在公租房使用退出立法的诸多价值要素中,自由、安全、公平和效率是公租房使用退出立法的基本价值取向。

---

① 参见胡玉鸿《正确理解弱者权利保护中的社会公平原则》,《法学》2015年第1期。
② [美]博登海默:《法理学:法律哲学与法律方法》,邓正来译,中国政法大学出版社1999年版,第252页。

二　公租房使用退出立法的基本价值取向

（一）自由：公租房使用退出立法的基本价值取向之一

自由是一种重要的社会价值，当然也是一种重要的法价值。与哲学和政治学等其他学科意义上的自由价值不同，作为法价值的自由，关注人的自主行为与法律规则之间的关系。无论是政治自由、经济自由，还是社会自由，经法律调整即转化为作为法价值的自由。作为法价值的自由与法律权利有着密切的联系，权利可以被理解为法律所允许的自由，而自由也常常被视为一种法律上的权利。"自由是做法律所许可的一切事情的权利。"① 尽管学界对于自由的理解各异，但可以肯定的是"自由无论在哪个领域，都是人与外界的一种关系，是人的一种自主状态或者自为状态"②。具体到公租房使用退出法律制度中，作为立法的基本价值取向之一，自由体现在公租房使用退出法律规则对于保障对象退出公租房使用的自由意志和自主行为的保障方面。

公租房使用退出立法以设定权利（力）义务的方式明确公租房使用退出法律关系中承租人享有自由的范围和实现自由的方式。公租房使用退出不同于普通租赁住房承租人的使用退出，公租房的社会保障属性决定了承租人的意思自治较多地受到公权力的干预。首先，公租房使用退出立法应当肯定公租房承租人主动退出公租房的自由，对于收入好转或者通过其他方式获得住房不再需要租住保障房的承租人，法律确认其在告知住房保障主管机关和通知出租人的情况下，有权解除公租房租赁合同，自愿主动地退出。其次，公租房使用退出立法应当划清强制退出过程中住房保障主管部门权力与公租房承租人权利之间的界限。既要防止住房保障主管部门滥用权力对承租人使用退出行为干预过度，也要防止住房保障主管部门对承租人滥用权利拒不退出

---

① ［法］孟德斯鸠：《论法的精神》上，张雁深译，商务印书馆1961年版，第154页。

② 张文显：《法理学》（第三版），高等教育出版社2007年版，第317页。

的行为干预不足。一方面，需要控制住房保障主管部门的权力，保护承租人合法使用公租房的自由，住房保障主管部门只有在法定事由发生后，依法定职权并通过法定程序才能终止承租人对于公租房的使用，强制承租人退出公租房；另一方面，也要规制承租人的使用退出行为，承租人不具备资格而非法占用公租房或者以法律所禁止的方式使用公租房时，承租人的自由使用已经逾越了合法边界，住房保障主管部门有权终止其对于公租房的使用并要求其退出公租房。

公租房使用退出立法授权住房保障主管部门依法干预公租房承租人的使用退出不是对于承租人自由的压制和戕害，而是对于承租人自由的合法限制。公租房是政府为城市中低收入群体提供的数量有限的租赁型保障房，保障对象只有通过申请、审核、轮候和配租等一系列法律程序后才能获得公租房的使用权，并且保障对象一旦获得公租房配租即意味着其他保障对象获得住房保障的机会减少，只有等待已获得使用权的保障对象退出公租房后，才能通过配租获得公租房的使用权。这说明公租房是一种具备有限的竞争性或者排他性的准公共产品，[①] 承租人滥用使用权非法侵占公租房的行为不仅会侵害到其他急需住房保障的社会弱者使用公租房的自由，也会损害作为每一个社会成员自由基础条件的公共利益。公租房使用退出立法授权住房保障主管部门对于公租房承租人使用退出的合法干预意在以法律引导和约束公权力对社会成员之间权利义务的分配进行调整，防止和缓释社会成员之间自由的冲突，实现公共利益，促进公共福利，尽量实现每个社会成员都能有居住自由，免予漂泊无依、居无定所。

（二）安全：公租房使用退出立法的基本价值取向之二

安全是一项重要的法价值。然而，这一价值并未得到应有的重视，翻阅法学经典，自由、正义、公平和秩序等价值是法理学家们的宠儿，安全只是时有时无地作为法价值之一出现。自近代以来，安全价值不再是法价值体系中可有可无的部分，而在现代社会，安全已经

---

① See W. Ver Eecke, "Public Goods: An Ideal Concept", *Journal of Socio-Economics*, Vol. 28, No. 139, 1999, p. 156.

成为一项不可或缺的法价值。特别是在贝克教授提出"发达文明中存在一种风险命运"①的风险社会理念后，通过法律保证社会安全成为法学研究的重要课题，安全价值成为基本的法价值之一。相较于自由和公平等已经经过法学家数个世纪论证和批判过的法价值，我们对于安全价值的内涵与外延及其在法价值谱系中地位的认识还有待加深。什么是安全？不同时期的不同社会有着不同的安全需求，对于安全有着不同的定义。例如，在安全价值尚未得到足够重视的时代，安全被视为一种派生性的法价值，指"享受其他价值在时间上的真实的或被认知的延伸的可能性"②；之后，安全作为一项相对独立的基本法价值被学者定义为"通过法律力求实现的、社会系统基于其要素的合理结构而形成的安定状态"③；也有学者将安全视作法价值冲突的中心，认为"法律在调整和平衡错综复杂的利益关系时，为了实现人的安全利益，法律及其他规范必须阻止外部危险因素的破坏和干扰，同时尽可能地发挥救济和帮助之效能"④。无论如何定义安全，其总是相对于危险或者风险而存在，并以合理有序与和平安定为基本内容。

安全作为一种法价值被提出伊始，秩序与安全价值之间的关系便成为决定安全价值在法价值谱系中地位的关键。然而，秩序与安全的关系问题是一个困难的问题，学者们对此有着不同的认识。博登海默认为，"秩序这一术语将被用来描述法律的形式结构"而"安全则被视为一种实质性价值"，⑤并且他还赞同这样一种观点："从最低限度来讲，人之幸福要求有足够的秩序以确保诸如粮食生产、住房以及孩子抚养等基本需要得到满足；这一要求只有在日常生活达致一定程度

---

① ［德］贝克：《风险社会》，何博闻译，译林出版社2004年版，第20页。
② Christian Bay, *The Structure of Freedom*, Stanford, 1958, p. 19. 转引自［美］博登海默《法理学：法律哲学与法律方法》，邓正来译，中国政法大学出版社1999年版，第314页。
③ 安东：《论法律的安全价值》，《法学评论》2012年第3期。
④ 张洪波：《以安全为中心的法律价值冲突及关系架构》，《南京社会科学》2014年第9期。
⑤ ［美］博登海默：《法理学：法律哲学与法律方法》，邓正来译，中国政法大学出版社1999年版，第219页。

的安全、和平及有序的基础上才能加以实现,而无法在持续的动乱和冲突状况中实现。"① 这种观点将秩序与安全视为同一层次的法价值,秩序属于形式性价值而安全属于实质性价值。有学者在此基础上进一步提出:"安全是社会内在的属性,秩序是社会外在的属性。"② 也有学者认为,安全与秩序并非同一位阶的法价值,二者存在包含关系。学者一般认为安全包含于秩序:"秩序总是意味着某种程度的关系的稳定性、结构的一致性、行为的规则性、进程的连续性、事件的可预测性以及人身财产的安全性。"③ 也有学者持相反的观点,认为:"秩序是安全的基础和基本保障,安全的价值位阶高于秩序,或曰安全包含秩序。"④ 笔者认为,在法价值谱系中,秩序处于基础地位,秩序构成安全的基础,没有秩序则无安全可言;安全相较于秩序是位阶更高的法价值,合理有序是安全的基本内容,安全本身即意味着有序,无序必然是不安全的,然而有序并不等于安全,安全在有序的基础上还追求和平安定。

居住安全是社会安全的重要内容,公租房是国家保障公民居住安全的基本措施,而公租房使用退出法律制度是公租房发挥居住安全功能的必要条件。公租房使用退出立法应将安全作为基本价值取向,引导公权力积极发挥作用保证公租房退出的有序性与安定性,维护公租房租赁法律关系的相对稳定,增强保障对象对于住房保障的获得感和安全感。其一,立法需要限制出租人的公租房租赁合同解除权行使,将公租房使用退出建立在维持公租房和平安定使用的基础上。出租人解除租赁合同意味着租赁关系提前结束,承租人需要搬离租赁房屋,

---

① Law and Order Reconsidered: Report of the Task Force on Law and Law Enforcement of the National Commission on the Causes and Prevention of Violence, Washington, 1970, p. 3. 转引自[美]博登海默:《法理学:法律哲学与法律方法》,邓正来译,中国政法大学出版社1999年版,第293页。

② 安东:《论法律的安全价值》,《法学评论》2012年第3期。

③ 张文显:《法哲学范畴研究》,中国政法大学出版社2001年版,第196页。

④ 李克武:《论我国公司登记立法价值取向的选择》,《华中师范大学学报》(人文社会科学版)2009年第2期。

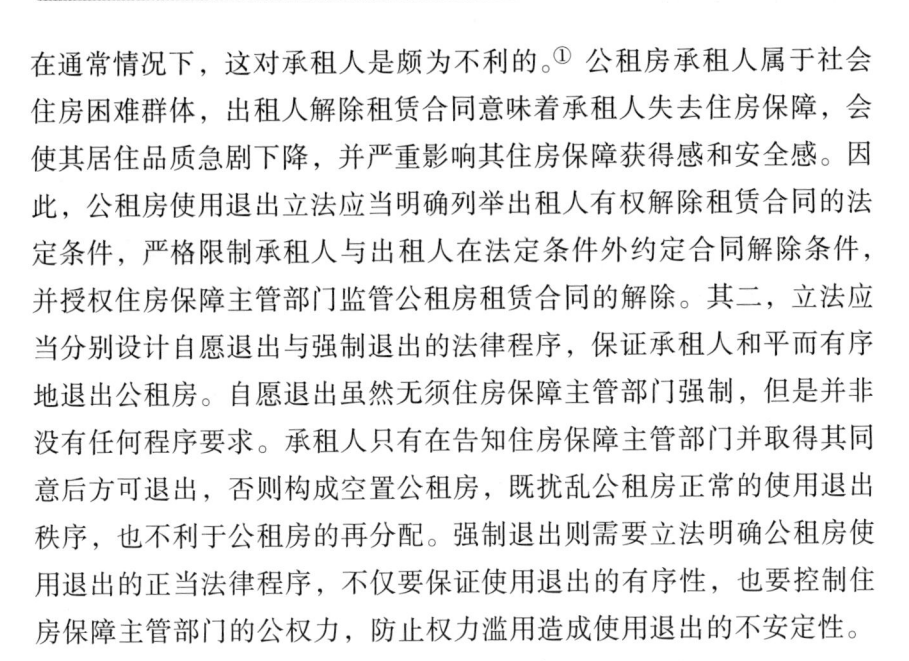

在通常情况下，这对承租人是颇为不利的。① 公租房承租人属于社会住房困难群体，出租人解除租赁合同意味着承租人失去住房保障，会使其居住品质急剧下降，并严重影响其住房保障获得感和安全感。因此，公租房使用退出立法应当明确列举出租人有权解除租赁合同的法定条件，严格限制承租人与出租人在法定条件外约定合同解除条件，并授权住房保障主管部门监管公租房租赁合同的解除。其二，立法应当分别设计自愿退出与强制退出的法律程序，保证承租人和平而有序地退出公租房。自愿退出虽然无须住房保障主管部门强制，但是并非没有任何程序要求。承租人只有在告知住房保障主管部门并取得其同意后方可退出，否则构成空置公租房，既扰乱公租房正常的使用退出秩序，也不利于公租房的再分配。强制退出则需要立法明确公租房使用退出的正当法律程序，不仅要保证使用退出的有序性，也要控制住房保障主管部门的公权力，防止权力滥用造成使用退出的不安定性。

（三）公平：公租房使用退出立法的基本价值取向之三

凡是存在利益分配的场域，就存在着基于公平观念的价值判断。法律作为分配利益的重要手段，应当力求符合社会的公平观念，以公平为价值取向。公平与正义一样，含义是古老而又常新的，并且公平与正义常常合称为"公正"，作为一个价值范畴存在。哲学、政治学和法学等社会科学上常常将公平与正义不加区别地通用或者并用，将公平视为一种每个社会成员各得其所、平等对待的观念。柏拉图和亚里士多德等先贤将公平、平等和正义等范畴都视为美德，认为公平正义是"给人恰如其分的所得"，是社会成员等级"合乎比例的不平等"。② 自近代以降，社会成员的等级被消除，平等、独立的人格成为政治体制和法律制度构建的基石，公平作为一种重要的社会价值与平等一起作为正义的重要内容，意指合乎情理地差异化对待每一位社会成员。罗尔斯阐释其社会正义论的第二个原则——差异原则时对此

---

① 周珂：《论保障性住房租赁合同的特殊性》，《甘肃社会科学》2016年第5期。
② 参见李纪才《"合乎比例的不平等"与"比值相等"——柏拉图、亚里士多德的公平思想》，《上海行政学院学报》2009年第6期。

有着经典的表述:"社会的和经济的不平等应该这样安排,使它们被合理地期望适合于每一个人的利益,并且依系于地位和职务向所有人开放。"① 建设福利国家和实践法律社会化的过程中,立法开始关注政府运用公权力干预分配以保护社会弱者权利的积极义务,社会公平成为一项重要的法律原则,公平价值的内涵得以发展,更加强调为因客观环境或者自身能力而处于弱势的社会成员给予帮助和支持。

从有等级的公平到保护弱者的公平,公平价值的内容随着公平观念的转变而不断演进。正如恩格斯在《论住宅问题》中所言,"公平始终只是现存经济关系的或者反映其保守方面,或者反映其革命方面的观念化、神圣化的表现",而"关于永恒公平的观念不仅因时因地而变,甚至也因人而异"。② 公平是一个历史的范畴,不同的社会环境会产生不同的公平观念,公平价值的内涵也会有所区别。在一般意义上,哲学范畴中的公平观念是指公正合理地对待社会成员,禁止不合理的歧视,以比例相等作为必要条件。公平价值的基础是哲学上的公平观念,将社会公认的是非道德观念和人身财产权益的合理分配作为判断标准。作为法价值的公平重点关注的是机会公平和结果公平,反映在立法上就是法律制度应当以公平作为基本原则,保证法律关系中权利、义务和责任的比例相等,强调实体与程序相适应,并且注重对于社会弱者权利的保护,以达成社会成员之间利益以及社会成员个体利益与整体利益的均衡。

公租房是政府投资兴建或由政府提供政策支持、社会力量投资兴建的租赁型保障性住房,以保障城镇中低收入居民的基本住房需求为目标,本身就体现着社会公平原则。使用退出作为公租房制度的基本环节之一,其法律规制应当以社会公平为其基本价值取向。作为社会弱者的保障性住房,公租房并非"普惠性"的福利,而仅提供给难以自力满足住房需求的中低收入居民使用。一旦公租房承租人的收入

---

① [美]约翰·罗尔斯:《正义论》,何怀宏等译,中国社会科学出版社1998年版,第56页。

② 《马克思恩格斯选集》第3卷,人民出版社1995年版,第211—212页。

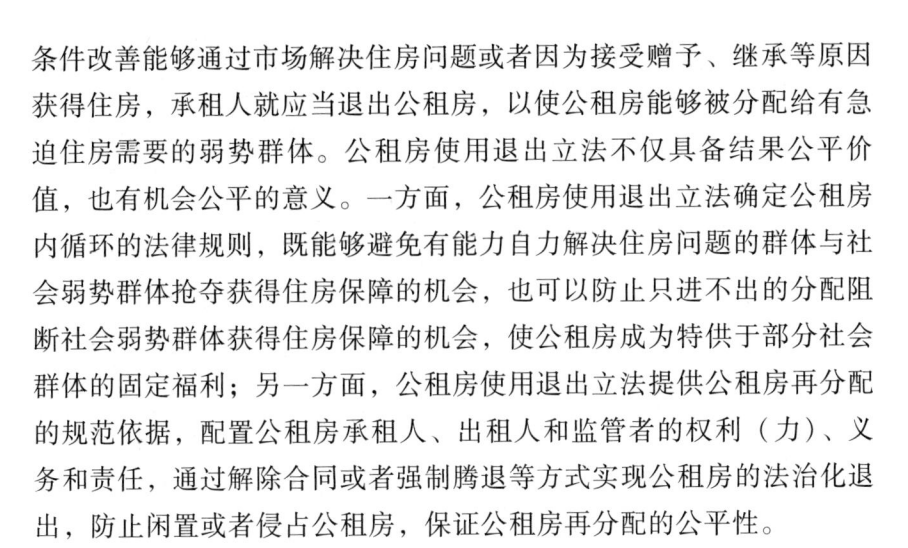

条件改善能够通过市场解决住房问题或者因为接受赠予、继承等原因获得住房，承租人就应当退出公租房，以使公租房能够被分配给有急迫住房需要的弱势群体。公租房使用退出立法不仅具备结果公平价值，也有机会公平的意义。一方面，公租房使用退出立法确定公租房内循环的法律规则，既能够避免有能力自力解决住房问题的群体与社会弱势群体抢夺获得住房保障的机会，也可以防止只进不出的分配阻断社会弱势群体获得住房保障的机会，使公租房成为特供于部分社会群体的固定福利；另一方面，公租房使用退出立法提供公租房再分配的规范依据，配置公租房承租人、出租人和监管者的权利（力）、义务和责任，通过解除合同或者强制腾退等方式实现公租房的法治化退出，防止闲置或者侵占公租房，保证公租房再分配的公平性。

（四）效率：公租房使用退出立法的基本价值取向之四

效率是一个重要的经济概念，主要有三种含义：一是投入产出率，即投入的成本与产出结果之间的比率；二是帕累托效率，也称帕累托最优，指社会资源分配的理想状态——任何一种资源的重新配置都不可能使一个人的福利增加而不使另一个人的福利减少；三是社会整体效率，即社会生产对于社会成员生活质量的改善和提升，意味着社会生产力的进步发展。社会活动领域的效率从经济效率衍生而来，指以价值最大化为目标的社会资源配置。长期以来，法学的视野局限于自由、公平和正义等道德范畴的法价值，对源自经济领域的效率关注不足，甚至不认为效率是一种法价值。直到20世纪经济法学派产生并以最优化配置和使用社会资源实现价值最大化为目标追求时，效率的法价值地位才真正凸显出来。英国学者拉菲尔甚至提出，以好坏、善恶或者是非等抽象标准来衡量正义夸大了具体正义背后的价值观的任意性，正义的标准最终取决于"效用"，从而将法律中的正义价值从公平正义转向效率正义。[①] 可见，在以发展为时代主题的当下，效率的地位已经丝毫不亚于自由和公平等任何一项基本的法价值。

---

① 参见张文显《二十世纪西方法哲学思潮研究》，法律出版社1996年版，第585—587页。

效率有着不同层次的含义，包括实体效率与程序效率、个体效率与社会效率、近期效率和长期效率。① 现代法治强调由个人本位转向社会本位，实体法与程序法并行，服务于全面可持续的社会发展。因此，效率价值取向的选择过程中应当实体效率与程序效率并重，优先社会效率和长期效率。有学者认为，效率价值的适用范围大致有三种情况：一是资源配置上的效率，要求资源优化配置，提高资源利用率；二是收入分配上的效率，以有利于扩大再生产和创造更多财富为目标；三是特定资源，如法律资源配置和利用上的效率，强调将效率作为配置特定资源的首要价值标准。② 一方面法律直接规制社会资源和收入的分配，法律规则的内容应当符合提高资源利用率和社会价值创造能力的要求；另一方面法律本身也是一种重要的社会制度资源，其通过法的制定（即立法）和法的实施（包括守法、执法和司法）进行初次分配和再分配，而分配法律资源同样需要注重效率，立法效率、执法效率和司法效率都是效率价值的具体表现。其中，立法是法律资源的初始分配，是法律运行的起点，决定着一项法律制度的基调，因此，立法的效率价值取向尤其值得关注。

公租房使用退出立法以效率为基本价值取向主要体现在尽量减少退出成本、简化退出程序和提高退出收益三个方面。其一，减少退出成本。无论是商品房还是保障房的退租都需要一定的成本支出，以效率为基本价值取向的公租房使用退出立法旨在降低这些成本支出。在承租人因租赁期限届满需要退出公租房而又尚未在住房市场获得住房的期间，公租房使用退出立法的过渡期制度为承租人提供了缓冲，既减轻了承租人的退出负担，也减少了退出过程中住房保障主管部门、公租房出租人和承租人之间的摩擦，从而实现了退出成本的降低。其二，简化退出程序。公租房使用退出立法不仅需要设计与公租房使用退出实体条件配套的退出程序以实现承租人的高效退出，还需要提供

---

① 参见李克武《论我国公司登记立法价值取向的选择》，《华中师范大学学报》（人文社会科学版）2009 年第 2 期。

② 参见张文显《法理学》（第三版），高等教育出版社 2007 年版，第 325—328 页。

方便快捷的退出纠纷解决机制实现纠纷的有效解决。因出租人在承租人违法或者严重违约使用公租房的情况下解除租赁合同导致退出纠纷时，公租房使用退出立法提供了多种纠纷解决程序，包括启动民事诉讼或者行政强制执行，供承租人选择以保证公租房使用退出纠纷的高效解决。其三，提高退出收益。公租房使用退出立法既关注减少退出成本和简化退出程序，也以提高退出收益为目标。立法不仅构建公租房使用退出的引力机制激励承租人在能够自力满足住房需要时主动退出，也设计公租房使用退出的压力机制强制不适格的承租人被动退出，实现公租房资源的优化配置。

三 公租房使用退出立法价值取向的整合

由于社会群体的利益需求分化和价值偏好差异，在特定的时空环境下，法的价值要素之间会相互竞争，发生冲突。作为调整人的行为的社会规范，法律应当有明确和相对稳定的价值尺度，将自由、安全、公平和效率等价值要素排列组合成一个序列，尽可能地防止价值要素互相掣肘影响法律作用的发挥。然而，社会是一个充满利益冲突且变动不居的集合体，法价值序列会因为社会制度的不同而有所差异。在法律运行的过程中，虽然没有普适价值尺度可供遵循，但是无论是立法、执法、司法还是守法都需要根据具体情况进行价值要素整合。尽管这种整合无法消除法价值之间的冲突，但选择形成的价值序列能够降低冲突的强度和频率，将冲突控制在法律制度所能允许的范围内，形成明确的法价值导向，避免法律规则在创制、执行和适用过程中陷于低效和混乱。法律规则创制阶段，即立法阶段，是法价值整合的基础阶段。在立法阶段，法价值整合不涉及个案的价值判断，而是在法律规制中理顺法价值之间的逻辑关系，为法律执行和适用过程中的价值整合工作奠定基础。公租房使用退出立法阶段的价值整合决定公租房使用退出实践的价值取向，因此，在立法阶段需要将自由、安全、公平和效率统筹协调为一个有机的价值体系。

立法对于法价值的整合总是遵循一定的原则进行。首先，法价值的整合应当遵循协调原则。法价值之间虽然存在冲突，但是法价值之间并非完全互斥而是存在调和空间。法价值总是成体系地共生而不是孑然地独存，因此，立法在面临法价值冲突问题时，应当优先采取统筹兼顾的立场进行调和，避免武断地进行非此即彼的选择。其次，在必须进行选择时，应当遵循法益权衡原则。法价值是抽象的，或源于道德伦理或体现经济追求，不结合法价值所指向的具体法益很难进行权衡比较。立法过程中应当将法价值的选择问题转变为法益权衡问题，使价值冲突具象化为权力和利益的冲突以便判断。最后，法价值的整合应当坚持法适应性与法安定性相结合的原则。法价值的基础性整合是通过立法完成的，执法或者司法过程中的再整合不能与立法的价值导向相违背。这就意味着立法阶段的价值整合必须处理好法适应性与法安定性的关系。一方面，频繁地通过修订法律整合法价值虽然有利于保持法律的适应性，但是会极大地伤害法律的安定性，有损于法律的公信力和权威性；另一方面，长期无视社会发展对于法价值整合的需要不进行法律修订将会使法律规则严重滞后于社会现实，尽管保全了法律的安定性，但法律规则将难逃因为丧失适应性而变为一纸空文的命运。

自由、安全、公平和效率这四项价值之间都或多或少地存在一些冲突，这是由社会活动需求的多样性和主体利益的多元性决定的。在立法整合法价值的过程中，最值得关注的自由与安全、公平与效率的冲突与协调。法学研究对此多有成果，可以直接运用于公租房使用退出立法的价值整合。就自由与安全的关系而言，现代社会的自由是安全保障的自由，安全与自由是伴生的。当然，自由与安全也存在竞争，自由的过度膨胀将危及安全而维系安全的制度也可能转而成为自由的威胁。公租房使用退出立法应当控制自由与安全的阈值——公权力干预私权利的限度，既要引导公权力适度干预公租房退出，保证退出的有序进行，又要防止公权力过度干预影响租住自由和退出自由。公租房使用退出作为社会保障资源分配的环节之一，不可避免地会面临公平与效率的价值整合。在经济发展过程中市场对资源配置发挥根本作用，效率无疑是关键的价值，而与经济发展水平相适应的社会保障制度作为对经济弱势群体的帮助，其遵循社会公平原则。公租房是我国住房保障制度的重要组成部分,其使用退出立法应当公平优先兼顾效率,在保证分配公平的基础上实现公租房资源的优化配置。

第二节　公租房使用退出的条件

公租房使用退出的条件即公租房承租人与出租人约定或者法律规定的公租房使用退出标准。其不仅为公租房使用监管提供依据,也有利于及时对违法和违约使用公租房的行为做出反应,保证公租房退出顺利进行。《公共租赁住房管理办法》规定了公租房使用退出的法定条件,并且这些条件也被以格式条款的方式订入各地住房保障主管部门提供的公租房租赁标准合同中,作为公租房租赁合同终止的法定情形。公租房租赁合同的行政合同性质决定了尽管法律并不禁止承租人自主约定退出条件,但是以法定退出条件为主要关注对象。与约定退出条件相比,法定退出条件具有强制性的特征。公租房使用退出法定条件的强制性意味着公租房使用退出的法定条件不仅不能通过公租房承租人与出租人之间的约定排除,而且法定条件一旦成就,承租人就应当退出公租房。如果承租人无正当理由拒不退出的,住房保障主管部门可以通过行政强制执行的方式强制承租人退出公租房并根据具体情形追究承租人的法律责任。公租房使用退出的法定条件则由《公共租赁住房管理办法》和各地关于公租房管理的政府规章规制,而公租房使用退出的约定条件适用《合同法》中关于租赁合同解除的规定即可。因此,本节重点关注公租房使用退出的法定条件。

一　公租房使用退出条件的理论依据

公租房是一种重要的社会保障资源,公租房使用退出条件的设置直接关涉公租房资源分配的合理性问题。这决定了无论是公租房使用退出法定条件还是公租房使用退出约定条件都不能毫无依据地随意设置,而是必须符合公租房制度的政策目标和基本精神。就政策目标而言,公租房制度产生之初是为弥补住房保障制度失灵,以解决"夹心层"住房困难。在廉租房与公租房并轨,公租房成为保障性住房制度建设的重心后，公租房制度的政策目标定位于保障新市民和城市中低收入群体的最基本住房需求。有学者专门研究了公租房制度的基本精神，认为基本精神是攸关制度发展方向、功能定位的根本问题，公租房制度的基本精神至少包括公共性、有限性、流动性和市场化四项。[①]笔者赞同这种观点，但认为公租房制度意在完善住房社会保障，让社会成员共享发展成果，注重社会实质公平的实现，公租房制度的基本精神还需要补充公平性。上述政策的目标和基本精神集中体现于社会保障理论、资源有限性理论和可持续发展理论等一系列公租房基础理论之中，构成了公租房使用退出条件正当性的来源。

（一）社会保障理论

社会保障制度是国家立法强制建立，通过国家财政和社会力量保障家庭和个人基本生活需要，对公民在年老、疾病、失业、遭遇灾害和面临生活困难时给予物质帮助，以提高整体生活水平和社会公平发展的法律制度。社会保障理论起源于福利经济学，社会保障经济学是福利经济学的一个重要分支。福利经济学，在20世纪20年代盛行于英国，并扩展到多数欧美发达国家。其主要内容包括以下两点：一是社会资源的配置在什么条件下能够达到最优状态以及如何实现资源配置的最优状态；二是国民收入需要如何分配才能使全体社会成员的福利达到最大化。[②] 1942年，英国经济学家贝弗里奇在《社会保险和相关服务》的报告（也称《贝弗里奇报告》）中系统全面地正式提出现代社会保障理论，即以国家为主体建立普遍性、统一性、政府责任与公民义务相结合的社会保障制度。[③] 以《贝弗里奇报告》为基石构建的社会保障理论认为，国家有义务通过对国民收入进行分配（包括初次分配和再分配）满足社会成员基本生活需要，保证生活困难的社会成员能够获得与当时经济发展水平相适应的物质帮助，以增进其自身和社会整体的福利水平。

---

① 王学辉、李会勋：《追问公租房制度的基本精神》，《理论探讨》2012年第3期。
② 参见郭伟和《福利经济学》，经济管理出版社2001年版，第201页。
③ 参见周爱国《〈贝弗里奇报告〉研究》，《湖北社会科学》2007年第1期。

社会保障理论视域下，社会保障制度虽然萌生于福利经济学，但是当其发展成为一项国家法律制度时，其功能便不再局限于经济方面，而是对经济、政治和社会发展都起到积极作用。首先，社会保障理论深受凯恩斯主义的影响，社会保障制度被视为国家对市场的干预，以矫正"市场失灵"所产生的分配不公和低收入者生活困难等问题，具有调节收入分配和保证再生产顺利进行的经济功能。其次，社会保障制度具有巩固政权为政府提供合法性的政治功能。一方面，社会保障制度是维护政治稳定和缓解统治压力的产物，体现国家对于公民的生存照顾义务，并以国家法律确定政府职责和保证履行；另一方面，社会保障制度服从于现实的政治抉择和政策目标，与国家的治理体系和治理能力相适应，是一项确保国家长治久安的政治措施。最后，社会保障制度被称为"社会安全网"和"社会稳定器"，具有生存保障和社会促进功能，能够化解社会矛盾，促进社会公平。[1] 社会保障制度的功能定位决定了每一项具体的社会保障制度都应当有利于国家的经济发展、政治稳定和社会进步。

公租房制度是住房保障制度必不可少的组成部分，是社会保障制度的一个子系统。作为公租房制度的重要内容，公租房使用退出条件的设定需要坚持普遍性、统一性、政府责任与公民义务相结合的基本原则，以促进住房市场的有序健康发展，实现全体人民住有所居的社会政策目标。虽然公租房使用退出条件同时作为公租房租赁合同解除和终止的条件时，并不绝对排除公租房承租人与出租人的意思自治空间，但是根据社会保障的基本原则，法律必须设定公租房使用退出的法定情形，并对出租人与出租人的意思自治进行必要限制。公租房使用退出的条件需要与公租房准入条件相匹配。为了保证公租房使用退出的有序进行和建立柔性化退出机制，在资格性退出条件方面，可以略微宽松于准入条件，但是不能严于准入条件，否则就会导致"应保未保"的结果。当然，公租房使用退出的条件也不能无限地放宽，让不再符合公租房保障对象资格的使用人和不遵守公租房使用规则的承

---

[1] 参见林嘉主编《社会保障法学》，北京大学出版社2012年版，第12—13页。

租人继续占用公租房，损害公租房的保障性。

（二）资源有限性理论

当前，相较于我国人民日益增长的美好生活需要，社会资源具有稀缺性，或者说有限性，具体表现在以下两个方面：一是由于发展不均衡，社会资源空间分布不均造成的资源相对有限；二是由于发展不充分，社会资源总量不足造成的资源绝对有限。为尽可能地满足人民日益增长的美好生活需要，应当优化配置社会资源，实现有限资源的效用最大化。尽管社会资源主要通过市场配置，但并非所有的社会资源都以市场为主要配置方式。社会保障资源不仅十分有限，而且具备公共性和非营利性，其分配并非以效率优先，而是更加注重实质意义上的社会公平正义。因此，社会保障资源需要政府直接向特定对象提供或者运用公权力对其配置加以干预，才能保证社会保障资源的充分供给和有效利用。

公租房是一种重要的住房保障资源，由政府财政投入开发建设或者由政府提供财政支持引导开发建设，并在建成后由政府通过准入机制配租给保障对象。然而，我国当前的政府财政体制决定了政府财政对于公租房开发建设的投入总量不足、分布不均，公租房的供给相对于保障对象的需求而言十分有限，不能够支撑起"应保尽保""人人住有所居"的住房保障目标。一方面，政府财政预算约束下，只有十分有限的财政资金可以用于开发建设公租房，在人口净流入量大、城市化进程快的大城市，公租房增量不及保障对象的增量，公租房需求缺口大；另一方面，各级政府和各地政府投入到公租房开发建设中的财政资金数额各异，公租房数量分布不均衡，而公租房的不动产属性又让其难以在空间上实现调配，公租房会因为分布不均而出现相对不足。为了让数量有限的公租房充分发挥其住房保障功能，政府除了加大财政投入增加公租房的有效供给外，还需要运用公权力干预公租房的分配，保证公租房被符合资格的保障对象使用。其中，最重要的干预措施就是建立与公租房分配准入制度配套的使用退出制度，及时清退不符合资格和不合理使用公租房的承租人，让急需公租房的保障对象获得帮助，实现公租房的循环利用。

(三) 可持续发展理论

可持续发展由联合国环境与发展委员会于1987年在《我们共同的未来》的报告中提出。经过社会实践和经验理论的发展与完善，可持续发展理论的体系得以完善和发展。可持续发展也不再仅是一种发展的理念，而是成为各个国家的发展战略，强调"整体的""内生的"和"综合的"发展内涵，以处理好人与自然之间的关系为可持续能力的"硬支撑"，以处理好人与人之间的关系为可持续能力的"软支撑"。[①] 当前，可持续发展理论的涵括范围已经超越了经济增长和资源环境保护，延伸到经济、政治和社会发展的各个方面，是科学发展观的重要内容和基本要求。其中，社会保障可持续发展理论是可持续发展理论在社会保障领域的表现，重点关注社会保障与经济发展水平、政府社会保障职能和社会公平正义之间的关系。由于社会保障的"刚性驱动"，社会保障的基线一旦确定，只宜上升不能下降。[②] 可持续发展理论视域下，政府需要确定合理的社会保障基线，协调当下的短期社会保障目标与长远的社会保障战略之间的关系。

确定公租房的社会保障基线就是确定公租房的分配准入和使用退出条件。公租房使用退出条件具有两方面的可持续发展意义：一是使用退出条件的设置使得不符合条件的公租房承租人退出公租房，有利于住房保障资源的循环利用，实现缓解公租房紧张和提升公租房品质的目标，维持着公租房制度的张力和生命力；二是使用退出条件的设置能够激励保障对象自力更生，积极改善自身的住房条件，在达到使用退出水平时主动退出公租房，进而推高住房保障基线，提升公租房保障水平。在满足"住有所居"的住房保障刚性要求和社会资源有限的约束下，保持公租房制度持续有效运转的关键就是科学合理地设定公租房的使用退出条件，形成公租房使用退出的引力机制和压力机制，保证公租房的合理使用和正常流转。

[①] 参见牛文元《可持续发展理论的内涵认知——纪念联合国里约环发大会20周年》，《中国人口·资源与环境》2012年第5期。

[②] 参见林毓铭、夏林林《社会保障可持续发展的理论要义与复杂性视阈》，《社会保障研究》2011年第1期。

二 我国公租房使用退出条件的现状考察

我国尚缺一部住房保障基本法律，作为城镇住房保障法规的《城镇住房保障条例》也尚在征求意见的过程中，《公共租赁住房管理办法》和各地方有关公租房管理的地方性法规或者地方政府规章是规范公租房管理的直接法律依据。公租房租赁合同中的合同解除条件和房屋腾退情形往往是各公租房管理办法中使用退出条件以格式条款订入的结果。因此，梳理公租房使用退出条件的立法文本，并通过分类归纳将其类型化是考察公租房使用退出条件现状的重要途径。

（一）公租房使用退出条件的立法文本梳理

2012年住建部出台的《公共租赁住房管理办法》（以下简称《办法》）在第27条、第29条、第30条和第31条中对公租房使用退出条件做出了较为详尽的规定。其中，第27条第1款[①]规定了承租人应当退回公租房的五种情形。该《办法》第29条和第30条分别规定了承租人累计6个月以上拖欠公租房租金和合同期限届满后未按规定提出续租申请应当腾退公租房的情形。该《办法》第31条第1款[②]则集中规定了三种承租人不再符合住房保障对象资格，应当腾退公租房的情形。归纳起来，《公共租赁住房管理办法》共规定了5项应当退回公租房的条件和5项应当腾退公租房的条件，总共10项公租房使用退出的条件。承租人一旦符合其中任意一项条件，就应当退出公租房承租人行列。

除了住建部出台的《公共租赁住房管理办法》外，各地方有关公租房管理的地方性法规或者地方政府规章也结合本地方的住房保障政

---

① 《公共租赁住房管理办法》第27条第1款规定："承租人有下列行为之一的，应当退回公共租赁住房：（一）转借、转租或者擅自调换所承租公共租赁住房的；（二）改变所承租公共租赁住房用途的；（三）破坏或者擅自装修所承租公共租赁住房，拒不恢复原状的；（四）在公共租赁住房内从事违法活动的；（五）无正当理由连续6个月以上闲置公共租赁住房的。"

② 《公共租赁住房管理办法》第31条第1款规定："承租人有下列情形之一的，应当腾退公共租赁住房：（一）提出续租申请但经审核不符合续租条件的；（二）租赁期内，通过购买、受赠、继承等方式获得其他住房并不再符合公共租赁住房配租条件的；（三）租赁期内，承租或者承购其他保障性住房的。"

第四章 公租房使用退出的法律规制

策需要和实践情况对公租房使用退出条件做了细致的规定。这些规定中的公租房使用退出条件多数都与《公共租赁住房管理办法》中设定的使用退出条件相同,但是这些规定中的解除公租房租赁合同情形和收回公租房条件又各有不同,昭示着地方公租房使用退出制度的实践逻辑。笔者选取北京、上海、重庆、武汉、昆明和深圳等公租房制度较为健全且退出条件有所特色的城市作为样本,以其有关公租房管理的地方性法规或者地方政府规章为例,公租房使用退出的条件主要包括11种情形(见表4-1)。

表4-1 地方性法规和地方政府规章规定的公租房使用退出条件

序号	使用退出条件
1	通过购买、获赠、继承等方式获得其他住房或者其他形式的政策性保障房,超出公共租赁住房申请面积标准
2	承租人收入超过政府所规定的申请公租房标准
3	无正当理由连续空置公租房6个月以上
4	在公租房中从事违法活动
5	采取提供虚假的证明材料等欺骗方式获得公租房
6	转借、转租、抵押或者擅自互换公租房
7	连续2个月未缴纳公租房租金或者拖欠公租房租金累计达到6个月以上
8	承租人因故意或者重大过失,造成公租房严重毁损
9	改变公租房的使用性质或者用途,尤其是将公租房用于经营性用途
10	违反物业管理公约并且拒绝整改
11	其他违法或者严重违反公租房租赁合同的情形

城市	法规或者规章的相关条款	使用退出条件
北京	《北京市公共租赁住房管理办法(试行)》(京建住〔2009〕525号)第17条、第18条	(1)(3)(5)(6)(7)(9)
上海	《本市发展公共租赁住房的实施意见》(沪府发〔2010〕32号)租赁管理机制部分	(1)(6)(9)(10)

续表

城市	法规或者规章的相关条款	使用退出条件
重庆	《重庆市公共租赁住房管理暂行办法》（渝府发〔2010〕61号）第37条、第38条	（1）（3）（4）（5）（6）（7）（9）（11）
武汉	《武汉市公共租赁住房租赁管理暂行规定》（武房发〔2011〕150号）第47条、第48条	（1）（2）（3）（4）（5）（6）（7）（11）
昆明	《昆明市公共租赁住房管理暂行办法》（昆明市人民政府公告第77号〔2012〕）第39条、第40条	（3）（4）（5）（6）（7）（9）（11）
深圳	《深圳市保障性住房条例》（深圳市第五届人民代表大会常务委员会公告第三十八号〔2011〕）第45条	（3）（6）（7）（8）（9）（11）

在现有实践经验基础上，由住建部起草送审，经国务院法制办公室会同住房城乡建设部研究并修改的《城镇住房保障条例（征求意见稿）》第24条和第25条不再区分退回公租房和腾退公租房的条件，对包括公租房在内的保障房使用退出条件整合提炼为5种。并且，该征求意见稿第24条后段对于承租人收入状况发生变化，不再符合保障条件时是否应当退出公租房的问题进行了柔性处理，规定于此情形，承租人可以按照市场租金标准继续承租保障性住房，不一定要腾退公租房（见表4-2）。

表4-2 《城镇住房保障条例（征求意见稿）》规定的公租房使用退出条件

序号	使用退出条件
1	承租人通过购买、继承、受赠等方式获得其他住房，不再符合保障条件
2	无正当理由累计6个月以上未缴纳租金，经催缴仍不缴纳
3	无正当理由连续6个月以上未在配租的公租房中居住
4	出租、转租、出借、擅自调换或者转让公租房
5	毁损、破坏公租房，擅自改变公租房用途、结构和配套设施，拒不恢复原状或者不当使用造成重大损失

此外，《城镇住房保障条例（征求意见稿）》吸收借鉴了《重庆

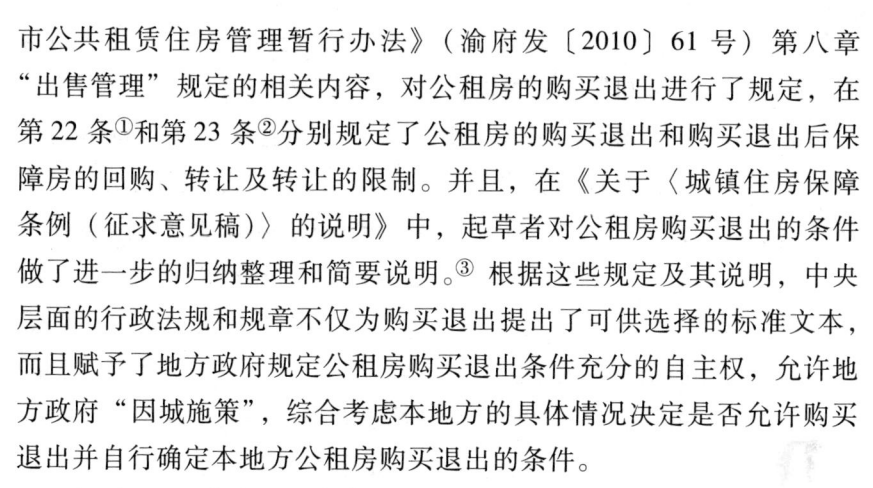

市公共租赁住房管理暂行办法》（渝府发〔2010〕61号）第八章"出售管理"规定的相关内容，对公租房的购买退出进行了规定，在第22条①和第23条②分别规定了公租房的购买退出和购买退出后保障房的回购、转让及转让的限制。并且，在《关于〈城镇住房保障条例（征求意见稿）〉的说明》中，起草者对公租房购买退出的条件做了进一步的归纳整理和简要说明。③根据这些规定及其说明，中央层面的行政法规和规章不仅为购买退出提出了可供选择的标准文本，而且赋予了地方政府规定公租房购买退出条件充分的自主权，允许地方政府"因城施策"，综合考虑本地方的具体情况决定是否允许购买退出并自行确定本地方公租房购买退出的条件。

（二）公租房使用退出条件的分类归纳

目前，已经有学者对公租房使用退出的类型展开过初步研究，比较典型的分类主要有以下四种。一是从公租房使用退出机制的设计角度将公租房使用退出从理论上划分为功能性退出、奖励性退出和强制性退出。二是考察世界各个国家或者地区公租房使用退出的实践，将公租房退出机制总结为租金调节退出、违规强制退出和严厉惩罚退出

---

① 《城镇住房保障条例（征求意见稿）》第22条规定："承租人连续租赁保障性住房不少于5年，且符合保障性住房配售条件的，经出租人同意，可以购买承租的保障性住房，并遵守配售保障性住房的有关规定。但是，直辖市、市、县人民政府规定禁止出售配租保障性住房的除外。出售政府投资建设的配租保障性住房的收入管理，应当遵守财政部门的有关规定。"

② 《城镇住房保障条例（征求意见稿）》第23条规定："承购人购买保障性住房未满5年的，不得转让保障性住房；确需转让的，由直辖市、市、县人民政府按照原购房价格并考虑折旧和物价水平等因素予以回购。承购人购买保障性住房已满5年的，可以转让保障性住房，并按照配售合同约定的产权份额向直辖市、市、县人民政府补缴相应价款，直辖市、市、县人民政府在同等条件下享有优先购买的权利；承购人也可以按照配售合同约定的产权份额补缴相应价款，取得完全产权。但是，直辖市、市、县人民政府规定不得转让或者不得补缴相应价款取得完全产权的除外。"

③ 《关于〈城镇住房保障条例（征求意见稿）〉的说明》表述为："连续租赁不少于5年且符合配售条件的，可以购买；购买保障性住房未满5年且确需转让的，由政府回购，已满5年的，可以转让并按照合同约定的产权份额向政府补缴相应价款，政府在同等条件下享有优先购买权，也可以按照合同约定的产权份额补缴相应价款取得完全产权，直辖市、市、县人民政府也可以规定禁止出售配租的保障性住房、不得转让配售的保障性住房或者取得完全产权。"

三种。① 其中,租金调节退出针对收入超过政府所规定的申请公租房标准的情形,退出机制相对弹性;而违规强制退出和严厉惩罚退出则针对提供虚假材料骗取公租房和违法或者严重违约使用公租房的情形,退出机制刚性并且后者还会追究承租人的行政责任甚至是刑事责任。三是根据我国《公共租赁住房管理办法》以及地方公租房管理办法中有关公租房使用退出的规定,将公租房使用退出分为自觉退出和惩罚性退出,其中自觉退出指不满足条件的承租人自行退出公租房,而惩罚性退出则指由于法律规定的条件具备承租人的违法或者严重违约行为,由政府收回公租房强制承租人退出公租房并惩罚承租人违法行为的退出形式。② 四是将公租房使用退出分为正常退出、强制退出和购买退出三类。③ 这种分类也是针对我国公租房使用退出情形进行的分类,但是相较于前一种分类更加突出客观条件标准,考虑的情形也更全面。前述公租房使用退出类型的梳理为公租房使用退出条件的分类归纳提供了有益的思路,但是由于学科视野和研究面向的差异,这些关于公租房使用退出的类型划分并不十分周延。在梳理公租房使用退出条件相关立法文本的基础上,笔者吸收借鉴上述有关公租房使用退出的类型划分,采取多种标准将公租房使用退出划分为不同的类型,并分别对应不同的公租房使用退出条件。

首先,依公租房使用退出的法律效果是否按照承租人退出公租房的主观意愿发生,公租房使用退出可以分为自愿退出和强制退出两类。自愿退出是指由于承租人主观上自愿退出公租房而最终发生公租房使用退出效果的情形。自愿退出的条件包括积极条件和消极条件,积极条件是承租人提出主动退出申请,消极条件是承租人的使用退出不符合强制退出条件。如果承租人的使用退出符合强制退出条件则不

---

① 参见陈险峰、刘友平《公共租赁房退出机制及其政策选择》,《城市问题》2016年第6期。

② 参见曹小琳、余楚喜《公租房准入和退出管理的问题与对策研究——以重庆市为例》,《建筑经济》2012年第6期。

③ 参见罗婷《公租房退出机制的地方立法分析——以北京等11省市的政府规章为分析样本》,《西南政法大学学报》2012年第4期。

存在自愿退出适用的空间。因为法律规定的使用退出情形出现或者约定的公租房租赁合同解除条件成就而发生的公租房使用退出属于强制退出。前文从立法文本中梳理出的公租房使用退出条件均属于强制退出条件。在强制退出中，强制退出条件成就后在公租房所有权人或委托运营单位通过诉讼要求承租人退出公租房之前，承租人自行退出公租房的属于自觉退出。自觉退出的条件是承租人收入超过政府所规定的申请公租房标准、合同期限届满后未按规定提出续租申请等既非违法也非严重违约的情形，承租人可以在公租房所有权人或其委托运营单位安排的合理过渡期限届满之前自觉完成退出。如果承租人存在采取提供虚假的证明材料等欺骗方式获得公租房、在公租房中从事违法活动等违法或者严重违约行为的，住房保障主管部门可以责令承租人限期退回公租房，并对承租人进行行政处罚。此时，公租房使用退出具有一定的惩罚性，承租人应当在住房保障主管部门规定的期限内完成退出行为，逾期不退出公租房的，住房保障主管部门可以依法申请法院强制执行。

其次，根据公租房承租人退出公租房时公租房租赁合同期限是否届满，公租房使用退出可以分为期限届满前退出、到期退出和逾期退出三种。在公租房租赁合同期限届满后，承租人未按照规定提出续租申请或者提出申请但是经审核不符合续租条件而退出公租房的情形属于到期退出。到期退出是公租房租赁合同履行完毕，出租人和承租人权利义务终止后发生的公租房使用退出，是公租房使用退出的最一般情况，因此也被称为正常退出。合同期限届满前退出是指在合同期限届满之前，法律规定或者合同约定的公租房租赁合同解除或者终止条件成就，承租人在公租房租赁合同解除或者终止后退出公租房。合同期满前退出可分为自愿退出和强制退出两类，相应地，合同期满前退出的条件包括自愿退出和在违法或者违约使用公租房的情形。在合同期满前强制退出和合同到期退出的情况下，承租人应当在住房保障主管部门规定的期限或者公租房所有权人或其委托运营管理单位安排的合理过渡期限内完成退出。如果在规定期限或者过渡期限内承租人未及时退出公租房，则属于逾期退出。法律法规规定和公租房租赁合同约定的重点在于期限届满前的公租房使用退出条件。

最后，公租房使用退出可以根据承租人退出公租房是否影响其申请公租房的资格分为资格丧失型退出、资格限制型退出和资格保留型退出。在承租人通过购买、获赠、继承等方式获得其他住房或者其他形式的政策性保障房和承租人收入超过政府所规定的申请公租房标准的条件下，承租人退出公租房将会导致其丧失申请公租房的资格。所谓资格限制型退出是指法律法规规定公租房承租人在退出公租房之后的一定期间内不得再次申请公租房甚至是任何保障性住房和政策性住房。从我国各地现行的公租房管理办法来看，对于再次申请公租房的限制期限一般为五年，但是各地的资格限制型退出条件有所不同。有的地方仅将采取提供虚假的证明材料等欺骗方式获得公租房作为资格限制型退出的条件，如《北京市公共租赁住房管理办法（试行）》（京建住〔2009〕525号）第18条[①]规定不如实申报家庭住房情况骗取公租房的，承租人应当退出公租房，骗租行为记入信用档案，5年内不得申请政策性住房。而有的地方则将上述行为作为资格限制型退出的条件，如根据《重庆市公共租赁住房管理暂行办法》（渝府发〔2010〕61号）第38条[②]的规定，上述行为会发生公租房租赁合同解除，收回公租房，并且行为记入信用档案，5年内不得申请公租房的后果。除上述情形外，一般公租房使用退出条件都属于资格保留型退出条件。

此外，承租人在退出时能否购买所租住公租房的部分或者全部产

[①] 《北京市公共租赁住房管理办法（试行）》第18条规定："违反本办法规定，不如实申报家庭住房等情况，骗租公共租赁住房的，由产权单位解除租赁合同，承租家庭应当退出住房并按房屋产权单位规定的标准补交租金；骗租行为记入信用档案，5年内不得申请政策性住房。"

[②] 《重庆市公共租赁住房管理暂行办法》："公共租赁住房承租人和购买人有下列行为之一的，解除租售合同，收回公共租赁住房，其行为记入信用档案，5年内不得申请公共租赁住房：（一）采取提供虚假证明材料等欺骗方式取得公共租赁住房的；（二）转租、出借的；（三）改变公共租赁住房结构或使用性质的；（四）承租人无正当理由连续空置6个月以上的；（五）拖欠租金累计6个月以上的；（六）在公共租赁房中从事违法活动的；（七）违反租赁合同约定的。"

权,可以分为使用权退出和购买退出。如前文所述,公租房退出包括"人的退出"和"房的退出",公租房使用退出以"人的退出"为关注重点。所谓使用权退出是指仅存在"人的退出",不存在"房的退出",承租人退出公租房时不能购买所租住公租房的部分或者全部产权,公租房由政府收回并重新配租。购买退出是指"人的退出"附带着"房的退出",承租人退出公租房时通过购买所租住公租房的部分或者全部产权,使公租房的性质发生转变,暂时或者永久的退出公租房体系,政府不能再将公租房进行配租。根据《公共租赁住房管理办法》第3条的规定,公租房的保障形式仅限于租赁,承租人在退出公租房时不能购买所租住公租房的部分或者全部产权。而《城镇住房保障条例(征求意见稿)》的规则设计在态度上发生了转变,允许承租人在退出公租房时购买公租房的部分或者全部产权,在第22条规定了公租房的购买退出条件,并在第23条规定了购买退出后保障房的回购、转让及转让的限制。多数地方,如北京、上海和武汉等城市均采取公租房"只租不售"的原则,未规定公租房的购买退出,仅有重庆等少数城市对公租房的购买退出进行了规定。按照《城镇住房保障条例(征求意见稿)》的相关规定,购买退出的条件是连续租住公租房不少于5年且符合配售条件。由于公租房的租赁期限一般不超过5年,连续租住公租房不少于5年就意味着公租房购买退出首先必须符合公租房到期正常退出或者自愿退出的条件,不能是强制退出。符合配售条件表明承租人除了符合到期正常退出或者自愿退出的条件外,还必须符合产权型保障性住房的配售条件。

三 我国公租房使用退出条件存在的主要问题

考察我国公租房使用退出条件的现状可知,我国的公租房使用退出条件已经初步体系化,但是仍然存在不足之处,有待立法加以完善。就我国公租房使用退出条件立法的不足之处,有学者从保障房立法的整体倾向上找原因,认为这是由于我国现有保障房立法"重分配、轻流转"的倾向十分明显，忽视了分配之后的监管和退出环节。① 也有学者从我国公租房退出机制的地方立法中发现使用退出条件设计存在欠缺合理性和全面性的问题，具体表现在三个方面：一是对承租人条件不适格退房条件的规定不完善，二是不适当地增加了承租人因政府征收征用而退出公租房的情形，三是对解除合同条件列举得不够全面。② 前述两种观点分别从整体立法和具体规定两个层面指出了我国公租房使用退出条件存在的部分问题，但是笔者基于前文的考察梳理和归纳分析认为公租房使用退出条件存在的主要问题在于立法层次较低，不够全面、合理和缺乏必要的弹性三个方面。

首先，我国公租房使用退出条件的立法层次较低，导致公租房使用退出条件的法律效力不强，影响公租房使用退出的法律效果。就一般法理而言，公租房使用退出条件的法律效力与其立法层次或者说法律位阶正相关，公租房使用退出条件的立法层次越高，公租房使用退出条件的法律效力越强。目前，我国公租房使用退出条件的立法仅有《公共租赁住房管理办法》以及各地方制定的公租房管理办法，而且这些地方公租房管理办法多为暂行或者试行办法，立法层次较低。这就导致公租房使用退出条件缺乏强制力和约束力，尽管公租房使用退出条件成就，但承租人通常不会自愿或者自觉退出公租房，住房保障主管部门考虑到强制退出面临强大的执行压力也往往缺乏执行动力，公租房"退出难"问题凸显。根据国务院审计署发布的《2013年城镇保障性安居工程跟踪审计结果》（2014年第22号公告）显示，有4.75万户不符合条件家庭违规享受住房保障，各地开展的包括公租房使用退出在内的保障房腾退清理工作收效甚微。这种状况甚至引发了一些学者对于法律规制公租房使用退出的质疑："保障房的退出如

---

① 参见陈耀东、任容庆《我国保障房退出机制的法律检视：以产权型保障房与租赁型保障房界分为标准》，《天津法学》2014年第1期。
② 参见罗婷《公租房退出机制的地方立法分析——以北京等11省市的政府规章为分析样本》，《西南政法大学学报》2012年第4期。

果运用法律规制，则由于执法成本高，难以取得理想效果。"① 笔者认为，公租房使用退出必须法治化，当前"退出难"问题的症结恰恰在于立法层次较低，法治化水平不高。

其次，我国公租房使用退出条件不够全面、合理。如上文的梳理和归纳，《公共租赁住房管理办法》以及各地方制定的公租房管理办法对于公租房使用退出条件的列举都不够全面（见表4-1），或者缺少对于自愿退出条件的规定或者没有充分列举强制退出的情形。当然，囿于立法技术，公租房使用退出条件尤其是强制退出条件较为繁杂，不宜采取穷举的方式将所有的退出条件列举在法条之中，但是应当列举重要的公租房使用退出条件，并以兜底条款应对公租房使用退出条件列举的不周延性和社会情势变迁导致的使用退出条件变化，保证公租房使用退出条件的全面性。我国公租房使用退出条件除了欠缺全面性外，部分使用退出条件还存在合理性不足的问题。最为人指摘的是将承租人户籍变动或者承租人不具备本地户籍作为公租房使用退出的条件。在公租房制度探索初创阶段，多数地方的公租房仅针对具有本地户籍的住房困难群体，公租房承租人不具备本地户籍或者户籍发生变动将不再符合公租房申请资格需要退出公租房。例如《北京市公共租赁住房管理办法（试行）》（京建住〔2009〕525号）第2条规定北京市的公租房是"面向本市中低收入住房困难家庭等群体出租的住房"，"本市"指的是具有本市户籍。随着公租房制度的发展，《关于加快发展公共租赁住房的意见》提出"可以将新就业职工和有稳定职业并在城市居住一定年限的外来务工人员纳入供应范围"。目前，一些地方已经不再将具备本地户籍作为申请公租房的必要条件，相应地，承租人户籍变动或者承租人不具备本地户籍也不再作为公租房使用退出的条件。但是仍然有一些地方将承租人户籍变动或者承租人不具备本地户籍也作为公租房使用退出的条件。

最后，我国公租房使用退出条件还存在缺乏必要弹性的问题。公

---

① 武中哲：《保障房退出的政府动机、执法成本与制度建构》，《山东财经大学学报》2016年第6期。

租房使用退出可以分为自愿退出和强制退出，而强制退出又可以分为自觉退出和惩罚性退出。公租房使用退出条件的弹性程度应当根据使用退出类型的不同而有所不同。从自愿退出、自觉退出到惩罚性退出，公租房使用退出的强制性逐渐增强，使用退出条件的刚性相对越大。对于惩罚性退出，法律应当采取刚性的退出条件，一旦承租人符合使用退出条件就应当在法定期限内退出公租房，不存在弹性化渐进退出方案适用的空间。对于自愿退出和自觉退出，法律应当对退出条件保持适度的弹性，不完全采取刚性的退出条件，承租人符合使用退出条件的，可以采取弹性化渐进性退出方案，让承租人能够在一定期限内连续地完成退出。这种弹性退出条件不仅能够减少公租房使用退出的执行阻力，而且有助于公租房与其他保障性住房和住房租赁市场有效衔接。例如，在承租人收入超出政府所规定的申请标准的情况下，不宜采取"一刀切"的方式让超出者一律即时退出，而是应当采取"逐级提租"的方式让承租人能够分阶段地完成退出。然而，在《公共租赁住房管理办法》和各地方制定的公租房管理办法中，鲜有类似"逐级提租"的弹性化渐进退出方案，公租房使用退出条件刚性有余而弹性不足。

四 公租房使用退出条件的经验借鉴

世界多数发达国家和地区都有比较成熟的公租房制度，其公租房使用退出条件的立法经验值得我们思考和借鉴。相较于欧美发达国家和地区的社会住房制度，韩国的国民租赁住宅制度和我国香港公屋制度与我国内地公租房制度在功能定位和运营管理方面情况相似，对我国内地公租房使用退出条件更加具有借鉴意义。

韩国的国民租赁住宅是面向韩国中低收入人群的一种租赁型保障房。根据韩国《租赁住宅法》和《关于国民租赁住房建设等特别措施法》的相关规定，韩国的国民租赁住宅以低于市场租金的价格出租给保障对象，并且采取以 2 年为单位的定期租赁。国民租赁住宅承租人可以续签方式更新租赁合同，但是最长租赁使用期限为 30 年。与我国的公租房一样，承租人只能租住国民租赁住房，不得转租国民租赁住房，也不得将租赁权以任何形式转让给他人。国民租赁住宅的使用退出条件包括以伪造、假冒等不正当方式获得租赁住房等七项。① 其中，有两项使用退出条件具有借鉴价值。一是将租赁权让与作为使用退出条件。我国公租房使用退出仅将转租作为使用退出条件，没有考虑到承租人将租赁权转让给他人的情形，应当将这一情形补充作为使用退出条件。二是租赁期间开始后的前3个月没有入住配租的租赁住房应当退出。我国未将配租完成后一定期间内未入住作为公租房使用退出的条件，仅规定了无正当理由连续空置公租房6个月以上需要退出公租房，承租人配租后未入住公租房也需要适用无正当理由连续空置公租房6个月的使用退出条件。但是，承租人未入住公租房和入住之后无正当理由空置公租房应当属于不同的客观情形，应当分别作为不同的使用退出条件，并且前者的期限应当短于后者。

我国香港公屋制度在早期并未设计使用退出条件，公屋是一种长期福利，即使公租房承租人的经济条件改善也无须退出公屋。20世纪70年代中期，香港经济高速发展的同时住房保障需求也迅速扩大，部分承租人在经济条件改善甚至已经拥有私有住房后仍然没有退出公屋，导致越来越多轮候申请人对这种不退出的公屋制度产生不满和怀疑。这推动香港房屋委员会及房屋署在1987年着手调整以往的政策制度，施行"公屋住户资助政策"。根据该政策，凡是租住公屋满10年的承租人需要每两年申报一次收入情况，如果收入超过法定标准或者未申报收入情况则必须承担额外附加的租金。随后，香港房屋委员会及房屋署在前述政策的基础上出台"维护公屋资源合理分配政策"改进确定承租人是否必须承担额外附加租金的标准，不再单纯以收入作为唯一的标准，而是将收入和净资产值共同作为标准。

对于没有按照要求完成两年一次申报财产的承租人，应当按照市

---

① 国民租赁住宅的使用退出条件包括以下七项：（1）以伪造、假冒等不正当方式获得租赁住房；（2）将租赁权转让给他人或者将租赁住房转租给他人；（3）租赁期间开始后的前3个月没有入住配租的租赁住房；（4）连续3个月以上未缴纳租赁费及物业管理费；（5）未经事业主体同意，擅自改造、扩建租赁住房或者变更租赁住房及其附带设施用途；（6）故意损坏租赁住房及其附带设施；（7）租赁合同期间获得其他住房。

场租金缴纳公屋租金,并且在一年之内退出公屋。① 若承租人的收入稍微超过法定标准的,承租人无须退出公屋,而是可以缴付额外租金继续租住公屋。承租人的收入和净资产值均超过法定标准的,承租人应当退出公屋。此外,为了保证承租人合法使用公屋,香港房屋委员会还制定了《立法会房屋事务委员会屋邨管理扣分制》,规定承租人在违法或者严重违约使用公屋的,应当退出公屋。对于提供虚假材料或者伪造证明骗取公屋的承租人,根据香港《房屋条例》第 26 条的规定,不仅应当退出公屋,还应当承担罚款或者监禁等法律责任。香港的公屋退出条件有三项可借鉴之处:一是将收入和净资产值共同作为标准,并且采取弹性退出条件;二是采取管理扣分制度实现合法使用与使用退出的有效衔接,尽可能保证违法或者严重违约使用公租房情形的全面性;三是突出惩罚性退出的法律强制力,建立惩罚性退出与行政法律责任和刑事责任的直接联系。

五 我国公租房使用退出条件的完善建议

针对现存问题,借鉴韩国国民租赁住宅和我国香港公屋使用退出条件的经验,公租房使用退出条件可以从整体立法和具体规定两个层面加以完善。首先,在整体立法上,需要尽快通过《城镇住房保障条例》,加快《住房保障法》的立法进程,为公租房使用退出条件提供位阶较高的法律依据。在《城镇住房保障条例》和《住房保障法》出台之前,为保证《公共租赁住房管理办法》和各地方的公租房管理办法能够有效执行,需要制定有关公租房使用退出条件的实施细则。由于《公共租赁住房管理办法》的法律位阶较低,难以实现公租房惩罚性使用退出条件与刑事责任的直接联系。《城镇住房保障条例(征求意见稿)》第 47 条后段规定"构成犯罪的,依法追究刑事责任",将公租房使用退出条件引致我国《刑法》。然而,在法律未明确提供虚假材料或者伪造证明骗取公租房规定属于犯罪的情况下,提供虚假材料或者伪造证明骗取公租房的行为很难在真正意义上触犯

---

① 参见符启林《住房保障法律制度研究》,知识产权出版社 2012 年版,第 243 页。

《刑法》规定的犯罪。实践中，也鲜有因为提供虚假材料或者伪造证明骗取公租房而构成犯罪，依法被追究刑事责任的案例。这使得提供虚假材料或者伪造证明骗取公租房的违法成本较低，需要在加快制定上位法的同时，增强法律之间的联动，激活引致条款，借助《刑法》增强公租房使用退出条件尤其是惩罚性退出条件的法律效力。

其次，需要将公租房使用退出条件设计得更加全面，消除不合理的公租房使用退出条件。就公租房使用退出条件的全面性而言，一方面需要对自愿退出、惩罚性退出、资格丧失型退出和资格限制型退出等使用退出类型的重要退出条件充分列举，并设置兜底条款应对公租房使用退出条件列举的不周延性和社会情势变迁导致使用退出条件的变化；另一方面需要实现公租房使用退出条件与公租房分配准入、使用监管的相关规定及其实施细则的有效衔接，如将公租房管理扣分办法和公租房使用退出条件有效衔接。如第四章第一节所述，广州参照香港《立法会房屋事务委员会屋邨管理扣分制》制定的《广州市保障性住房小区管理扣分办法（试行）》（穗住保〔2010〕65号）对公租房承租人不合法使用公租房的行为进行扣分管理，以扣分达到一定扣分数或者扣分次数作为承租人使用退出的条件。目前，我国多数地方还未对公租房使用采取扣分管理办法，将扣分管理办法与使用退出条件相衔接值得地方公租房管理办法采用。就公租房使用退出条件的合理性而言，各地的公租房管理办法应当消除将承租人户籍变动或者承租人不具备本地户籍作为公租房使用退出条件的情况。各地公租房管理办法应当将外来务工人员纳入到公租房的保障范围，而不是狭义地理解为仅包括具有本市户籍人口，让不具备本市户籍的外来人口强制退出公租房。

最后，我国公租房使用退出条件应当刚柔并济，让公租房的自愿退出和自觉退出的条件保持必要的弹性。对于惩罚性退出，法律应当采取刚性的退出条件，一旦承租人符合使用退出条件就应当在法定期限内退出公租房，并承担相应的法律责任。而对于承租人经济条件改善不再符合公租房申请条件的情形，应当采取"逐级提租"的方式让承租人分阶段完成退出。在使用退出条件的衡量标准上，借鉴香港

"维护公屋资源合理分配政策"的相关规定,以收入和净资产值共同作为衡量标准,保证公租房使用退出条件的实质公平,并且对公租房使用退出条件做如下设定:在公租房承租人收入稍微超出法定标准但是不足以完全自力解决住房问题的条件下,将公租房承租人应当支付的租金与承租人的收入挂钩,逐级提租直到公租房承租人应当按照高于市场租金标准支付公租房租金的情况时,强制承租人退出公租房;在公租房承租人的收入和净资产值均超过法定标准的情形下,强制承租人退出公租房。为保证弹性的公租房使用退出条件执行,应当建立配套的承租人收入和主要财产申报制度,要求承租人按时(如每年一次或者每两年一次)申报收入和主要财产的情况。如果承租人拒绝按时申报收入和财产情况,由住房保障主管部门责令其在一定期限内完成申报,逾期未申报的应当退出公租房。

第三节 公租房使用退出的程序

公租房使用退出程序是指公租房退出过程中所应当遵循的步骤、方式、方法、顺序和期限。广义地来看,公租房使用退出程序指一切与公租房使用退出过程有关的程序,包括民事程序、行政程序和刑事程序。如《公共租赁住房管理办法》第29条后段规定了公租房使用退出程序中的民事程序,[①] 而该办法第27条第2款后段的规定则指向了公租房使用退出的行政程序。[②] 狭义地来看,公租房使用退出程序仅指公租房使用退出的行政程序,是公租房行政管理程序的一个有机组成部分,在内容上与公租房的分配准入程序和使用监管程序相衔接。鉴于《公共租赁住房管理办法》及各地制定的公租房管理办法在性质上属于行政规章,只能规定行政程序的具体内容,不能设置民事程序和刑事程序的具体内容,有关民事程序和刑事程序的规定仅是

---

① 《公共租赁住房管理办法》第29条后段规定:"拒不腾退的,公共租赁住房的所有权人或者其委托的运营单位可以向人民法院提起诉讼,要求承租人腾退公共租赁住房。"
② 《公共租赁住房管理办法》第27条第2款后段规定:"逾期不退回的,市、县级人民政府住房保障主管部门可以依法申请人民法院强制执行。"

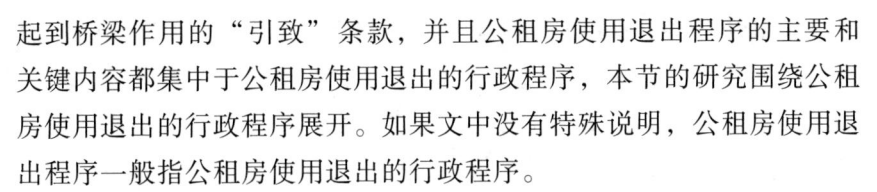

起到桥梁作用的"引致"条款,并且公租房使用退出程序的主要和关键内容都集中于公租房使用退出的行政程序,本节的研究围绕公租房使用退出的行政程序展开。如果文中没有特殊说明,公租房使用退出程序一般指公租房使用退出的行政程序。

就公租房使用退出过程而言,公租房使用退出是整个公租房运营管理过程的重要组成部分,需要遵循程序开展。程序约束着公租房使用退出过程,同时也是公租房使用退出过程的有机组成部分。就公租房使用退出机制的构成而言,公租房使用退出机制包括实体性要素和程序性要素,公租房使用退出程序是公租房使用退出机制的程序性要素,决定着公租房使用退出机制的运行效果。就公租房使用退出行为而言,符合法定程序是公租房使用退出行为的合法性要件之一,只有符合法定程序的公租房使用退出行为才具有合法性,其效力将得到司法审查或者行政复议的支持,否则就会因为构成违法而被撤销或者变更。公租房使用退出程序与公租房使用退出条件共同作用,保证公租房使用退出的合法有序进行。

一 公租房使用退出程序的意义

公租房使用退出程序的意义即公租房使用退出程序的积极作用。公租房使用退出过程是一个行政过程,公租房使用退出程序属于行政程序,公租房使用退出程序的积极作用是行政程序积极作用在公租房使用退出领域的具体体现。行政法学界对于行政程序的积极作用有着不同的认识。有的学者从功能价值的角度认识行政程序的积极作用,将行政程序的功能价值归纳概括为促进行政过程民主化和理性化、促进行政过程法治化、保障行政过程中的公民权利、提高行政过程的效率、减轻法院对于行政过程完结后的司法审查和增强行政过程的可接受性六个方面的内容。[①] 有的学者则从具体作用的角度认识行政程序的积极作用,认为行政程序以保障行政权正确行使并且保护行政相对人合法权益为目的,具有规范和控制行政权、保护行政相对人合法权

---

① 参见张步峰《正当行政程序研究》,清华大学出版社2014年版,第62—64页。

益、保障行政效率和促进行政民主四项作用。① 以上两种观点，虽然表述有所不同但是核心内容大同小异，主要意义都集中于促进行政过程民主化、保证行政过程法治化、规范和控制行政权力、保护行政相对人合法权益和提高行政过程效率。根据行政程序意义的一般理论，公租房使用退出程序作为一项具体的行政程序，其意义主要有促进公租房使用退出过程民主化、保证公租房使用退出过程法治化、规范和控制住房保障主管部门行政权力行使、保护公租房承租人合法权利和提高公租房使用退出过程效率五个方面。

（一）促进公租房使用退出过程民主化

基于民主主义原理，民主行政是现代行政法的重要理念和基本原则。民主行政要求行政机关在依法行使行政权力的过程中，必须尊重、听取并吸纳可能受到行政权力影响的行政相对人的意见。尤其是在以协商民主、反思性法以及公私法融合为基础的合作行政背景下，在制度选择上更应当注重合作式行政程序的设计与推广以及程序参与主体在协商程序中的积极义务。② 首先，公租房使用退出程序一般性地确定了公租房使用退出所应遵循的步骤、方式、方法、顺序和期限，排除了公租房使用退出过程中可能出现的特殊利益或特殊关系带来的影响，让公租房承租人能够平等参与到公租房使用退出过程。其次，公租房使用退出程序让公租房使用退出过程能够公开透明地进行，公租房承租人以及一般公众都能够知悉公租房使用退出的情况，有效参与使用退出过程，并且对公租房使用退出过程进行民主监督。最后，公租房使用退出程序明确使用退出过程的行动规则，为住房保障主管部门与公租房承租人相互合作完成公租房使用退出提供了途径。公租房使用退出程序不仅增强了住房保障主管部门的主体意识，也增强了公租房承租人的参与意识和退出公租房的自觉性，让公租房使用退出过程免予落入传统行政管制下"命令—服从"模式的窠臼，

---

① 参见皮纯协《行政程序法比较研究》，中国人民公安大学出版社2000年版，第19—22页。

② 参见喻少如《合作行政背景下行政程序的变革与走向》，《武汉大学学报》（哲学社会科学版）2017年第2期。

成为一个通过住房保障主管部门与公租房承租人之间平等协商对话和理性说服论证的过程。

(二) 保证公租房使用退出过程法治化

公租房使用退出程序将公租房使用退出过程中住房保障主管部门应当做出的行政行为按照时间顺序排列组合成环环相扣的程序链条,并且标准化程序链条上每个环节的具体步骤、方式、方法、顺序和期限,形成公租房使用退出行为的规定动作,把公租房使用退出的全过程都纳入到法治化的轨道。详言之,公租房使用退出程序的法治化功能主要体现在以下三个方面:一是通过标准化的手段规范公租房使用退出行为的时间顺序和方法步骤,有效防止使用退出过程中的恣意性和随机性,增强公租房使用退出结果的可预测性和可接受性;二是以程序合法作为实体有效的前提,明确逾越法治化轨道的公租房使用退出行为不仅无法发生公租房使用退出的法律效果,而且需要承担违反法定程序的法律后果,以敦促住房保障主管部门依法行使职权,认真完成规定动作;三是以正当程序原则弥补法定程序规定可能存在的不完备性,即使公租房使用退出的程序链条上存在薄弱环节,也可以通过正当程序原则得到补强。正当程序原则弥补公租房使用退出程序的内容包括事先告知公租房承租人、向公租房承租人说明使用退出的理由、听取公租房承租人的陈述和意见、事后为公租房承租人提供救济途径等。

(三) 规范和控制住房保障主管部门行政权力行使

公租房使用退出是公租房运营管理的重要环节之一,兼具服务行政和规制行政的性质。从服务行政的维度来看,公租房的使用退出目的在于实现住房保障资源的再分配。公租房使用退出程序发挥着规范住房保障主管部门行政权力行使的作用,保证住房保障主管部门积极履行职责,做到"应退尽退",让有限的公租房资源能够实现优化配置,解决最急需住房群体的困难,努力实现"应保尽保"。从规制行政的维度来看,公租房使用退出是维持公租房正常使用秩序的必要行政手段。公租房使用退出程序具有控制住房保障主管部门行政权力的功能,保证公租房使用退出的规范化和平稳化进行,防止住房保障主管部门滥用行政权力，不适当地扩张或者限缩公租房使用退出的条件和范围，侵害公租房承租人合法使用公租房的权利。根据行政法的权责一致原则，住房保障主管部门在公租房使用退出过程中拥有的行政权力应当与其所承担的责任相适应，权力为了履行职责而设定。公租房使用退出程序与公租房使用退出条件相配合，在公租房使用退出条件成就时，住房保障部门既不能消极地不履行行政职责，也不能滥用行政权力，而是要按照公租房使用退出程序所规定的步骤、方式、方法、顺序和期限行使权力，确保公租房使用退出的正常开展。

（四）保护公租房承租人合法权利

在公租房使用退出法律关系中，住房保障主管机关的权力对应着公租房承租人的义务，公租房承租人的权利对应着住房保障主管机关的职责。公租房使用退出程序保护公租房承租人合法权利与其规范和控制住房保障主管部门行政权力行使的意义相伴生，但是面向有所不同。在公租房使用退出过程中，公租房承租人的合法权利包括实体权利和程序权利，公租房使用退出程序既保护公租房承租人的程序权利，也保护公租房承租人的实体权利。公租房承租人在使用退出过程中，享有要求由中立的裁判者主持程序和做出决定的权利、被告知的权利、听证权、平等对待权、要求决定者为决定说明理由的权利、程序抵抗权和申诉权等程序权利，① 公租房使用退出程序通过事先告知、说明理由、听取陈述和意见、事后提供救济途径等程序保护了公租房承租人的上述程序权利。程序规定了实现实体结果的步骤、方式、方法、顺序和期限，程序权利服务于实体权利所指向的法律权益或法律结果，实体权利的内容在程序权利行使过程中实现具体化、得到发展、获得救济，甚至是被创设出来。公租房使用退出程序通过保护公租房承租人的程序权利实现对公租房承租人实体权利的保护和救济。

（五）提高公租房使用退出过程效率

公租房使用退出程序具有中介性和技术性，为实现公租房使用退出结果的实现提供路径和方案，这就保证了公租房使用退出程序能够

---

① 参见王锡锌《行政过程中相对人程序性权利研究》，《中国法学》2001年第4期。

起到提高公租房使用退出行为效率的作用。首先,公租房使用退出程序将公租房使用退出过程的每个步骤优化组合为顺序明确的标准化程式,形成专门且固定的方式、方法和步骤,为公租房使用退出行为按部就班、有条不紊地进行提供了条件,能够有效防止推诿和行政不作为现象。其次,公租房使用退出程序在保证实现公租房优化配置目标的前提下尽量简化使用退出程序,避免步骤过于烦琐、方法过于复杂,并且根据情况设置简易程序保证公租房使用退出的迅速实现。再次,公租房使用退出程序为公租房使用退出过程的各个环节设置明确的时间节点,将违反期限的行为认定为违法并课以法律责任,通过时效制度保证使用退出行为能够连续不断地高效完成。最后,公租房使用退出程序中设置了公租房承租人的参与程序,让公租房承租人能够及时反映意见,减少了公租房使用退出过程中的障碍以及因此而发生行政争议的可能性,保持公租房使用退出的正常有序进行,有助于提高公租房使用退出过程的效率。

二 公租房使用退出程序的基本原则

公租房使用退出程序是关于公租房使用退出机制步骤、方式、方法、顺序和期限的过程性和操作性规定,主要包括两个方面的内容:一是"点",即公租房使用退出机制的构成要素,包括公租房承租人、住房保障主管部门和公租房使用退出条件等,是静态和固定的,决定着使用退出程序的基本框架;二是穿插于"点"之间的"线",即公租房使用退出机制的流程和手续,是动态和可变的,决定着使用退出程序的手段和期限。贯穿于"点"和"线"之间,共同构成的公租房使用退出程序始终,并对公租房使用退出程序的设计和运行带有普遍指导作用的基本行为准则就是公租房使用退出程序的基本原则。公租房使用退出程序的基本原则是公租房使用退出程序一般抽象理论和公租房使用退出程序具体规则之间的中介,将公租房使用退出的立法价值融会到公租房使用退出程序之中,并且在必要时以立法价值理念补充具体规则的缺漏,保证公租房使用退出程序意义的实现。一般而言,行政程序法的基本原则主要包括公开原则、公正公平原则、参与原则、效率原则、信赖保护原则以及正当程序原则。[①] 作为公租房使用退出领域内的行政程序，公开原则、公正原则和参与原则直接影响着公租房使用退出程序内容的科学性和实施效果的有效性。

（一）公开原则

公开原则要求公租房使用退出程序的设计以及运行过程，除涉及国家机密、个人隐私和商业秘密外，必须向公租房承租人以及社会公众公开。公租房使用退出过程中政府制作或者获取的信息，包括根据《住房保障档案管理办法》（建保〔2012〕158号）的规定建立的公租房保障对象档案和房源档案在内，都应当按照《政府信息公开条例》和《住房保障档案管理办法》的相关规定进行信息公开。在公开方式上，对于不涉及国家机密、个人隐私和商业秘密的一般信息和资讯，住房保障主管部门应当通过新闻媒体、政府网站和公租房运营管理平台及时、准确地提供给承租人以及社会公众；对于涉及国家机密、个人隐私和商业秘密的信息，不得不正当地使用、泄露或者散布，如公租房住房保障对象档案涉及个人隐私的，根据《住房保障档案管理办法》第24条[②]的规定，档案的内容只可以供公租房承租人本人查阅，而不得对外公布，以免损害公租房承租人的合法权益。

公租房使用退出过程中，事前公开住房保障主管部门职权的方式具体有两种情形：一是在《公共租赁住房管理办法》和各地方制定的公租房管理办法中明确规定住房保障主管部门的一般性职权，并将这些规定通过新闻媒体、政府网站和公租房管理服务平台向公租房承租人以及社会公众公开，如《公共租赁住房管理办法》在第34条至第37条中规定住房主管部门的行政处罚权就属于对于住房主管部门一般性职权的事前公开；二是在具体的使用退出过程中，住房保障主管部门在做出让承租人退出公租房的决定之前有必要向承租人告知做

---

① 参见江国华《中国行政法（总论）》，武汉大学出版社2012年版，第385—393页。
② 《住房保障档案管理办法》第24条规定："住房保障档案信息公开、利用和查询中涉及国家秘密、个人隐私和商业秘密的，应当严格执行法律法规的保密规定。查询、利用所获得的档案信息不得对外泄露或者散布，不得不正当使用，不得损害住房保障对象的合法权益。"

出决定的职权依据，让承租人能够明确知晓，如在公租房惩罚性退出过程中，住房保障主管部门在对公租房承租人进行行政处罚时，需要根据《行政处罚法》第31条①的规定进行信息公开和告知。公租房使用退出决定做出的过程属于住房保障主管部门的行政执法过程，公租房使用退出的条件和手续都应当向公租房承租人及社会公众公开，并且由于公租房使用退出直接关涉承租人权利，住房保障主管部门可以在必要时举行公开的听证会。为保证公租房承租人能够及时救济其权利，住房保障主管部门应当公开使用退出的行政决定，如果不公开则决定不能发生法律效力，不具有执行力。

（二）公正原则

公正原则是指住房保障主管部门应当平等、公平地对待公租房承租人，合理考虑相关因素，依照法律规定的步骤、方式、方法、顺序和期限，合乎情理地开展公租房使用退出活动，以实现公租房使用退出过程的公平正义。首先，住房保障主管部门应当平等、公平地对待公租房承租人，做出使用退出决定时排除各种可能造成不平等或者不公平的因素。这具体表现为平等性和公平性两个方面：在平等性上，住房保障主管部门应当恪守法律面前人人平等的原则，在决定承租人是否应当退出公租房以及依法强制执行时，仅以法律规定的使用退出条件为标准，不能因为承租人不具有本市户籍而区别对待；在公平性上，住房保障主管部门应当在公租房使用退出过程中贯彻公平价值理念，相同条件同等对待，不同条件区别对待，以使用退出程序的公平保证使用退出结果的公平。其次，住房保障主管部门在公租房使用退出过程中不仅要考虑法律规定的使用退出条件、国家住房保障政策的要求，还要考虑承租人的具体情况、承租人的意见以及使用退出决定对承租人可能造成的效果和影响。住房保障主管部门在行使自由裁量权做出公租房使用退出的决定时，应当遵循比例原则采取必要、适当，有利于最大限度保护承租人权益的措施，并严格遵循程序规定的

---

① 《行政处罚法》第31条规定："行政机关在作出行政处罚决定之前，应当告知当事人作出行政处罚决定的事实、理由及依据，并告知当事人依法享有的权利。"

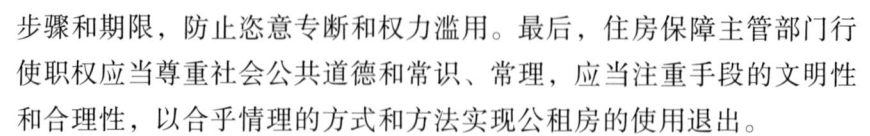

步骤和期限，防止恣意专断和权力滥用。最后，住房保障主管部门行使职权应当尊重社会公共道德和常识、常理，应当注重手段的文明性和合理性，以合乎情理的方式和方法实现公租房的使用退出。

（三）参与原则

参与原则要求公租房使用退出程序的设计以及依照程序运行的行政过程应当尽可能为公租房承租人及利害关系人提供参与的机会和条件，充分考虑其对公租房使用退出决定的意见和建议，保护公租房承租的知情权、陈述权、申辩权和申请权。就承租人参与公租房使用退出而言，知情既是前提和基础，也是起始和开端。与公开原则以信息公开的方式保护承租人的知情权不同，参与原则要求住房保障主管部门应当通过法律文书或者口头的形式直接向承租人说明做出行政决定的理由，并告知承租人依法享有的权利。例如，在公租房惩罚性退出条件具备时，住房保障主管部门做出要求承租人退出公租房并且处罚承租人的，住房保障主管部门除了说明理由和告知权利外，还应当依法通知承租人参与公租房使用退出程序的方式和时间。如果公租房承租人就行政处罚要求听证的，住房保障主管部门应当按照《行政处罚法》第 42 条①的规定向承租人通知举行听证的时间和地点，让承租人能够参与听证。

承租人实质参与公租房使用退出过程的核心和关键在于从程序上确保陈述权和申辩权的合法行使。根据行政程序法理论，陈述权和申辩权都是行政相对人所享有的重要程序性权利，二者虽然经常在行政法规定中相伴随出现，但是在内涵和外延上有所不同：陈述权是提出自己意见和主张的权利，而申辩权是申述理由和进行辩解的权利。② 参与原则要求住房保障主管部门在公租房使用退出过程中不得剥夺或

---

① 《行政处罚法》第 42 条第 1 款第 2 项规定："行政机关应当在听证的七日前，通知当事人举行听证的时间、地点。"

② "陈述权是指当事人对行政机关及其工作人员实施行政强制所认定的实施及使用法律是否准确、适当，陈述自己的看法和意见的同时也提出自己的主张和要求。申辩权是指当事人针对行政机关及其工作人员提出的证据和处理决定，提出不同意见，申述理由，加以辩解，是意见交锋的过程。"法律出版社法规中心编：《中华人民共和国行政强制法配套解读》，法律出版社 2012 年版，第 22—23 页。

第四章 公租房使用退出的法律规制

者克减承租人的陈述权。住房保障主管部门听取承租人陈述,并依法做出处理是公租房使用退出程序的基本环节。申辩权是承租人根据事实和法律对住房保障主管部门做出使用退出决定提出抗辩和反驳,以消除或者减轻不利后果的权利。与陈述权不同,申辩权是承租人的一种防御性权利,其行使需要以获得住房保障主管部门的告知为前提,只有住房保障主管部门告知承租人使用退出决定做出的事实、理由和依据之后,承租人才能有针对性地提出抗辩和反驳。整个公租房使用退出过程中住房保障主管部门具有主导和优势地位,为防止其滥用职权、恣意决定,应当保护承租人的申辩权,以权利制约权力。

公租房使用退出程序可以由住房保障主管部门依职权启动,也可以依承租人的申请启动。为保证公租房使用退出程序的正常启动和展开,承租人的申请权受到法律保护。根据我国的行政法律法规和行政程序法理论,行政相对人的申请权实际上是一类权利,可以具体表现为多种权利,诸如申请许可权、申请回避权、申请听证权、申请调查权、申请更正权、申请延期权、申请重开行政程序权和申请救济权等。[1] 具体到公租房使用退出程序中,参与原则要求法律保护的承租人申请权中最值得重视的是申请听证权、申请调查权和申请救济权。申请听证权作为一项启动听证程序的权利,能够保障承租人陈述权和申辩权的充分行使。在住房保障主管部门做出承租人应当退出公租房的决定前,承租人有权申请听证,要求住房保障主管部门听取承租人的意见和辩解后再做出决定。申请调查权是公租房承租人认为使用退出过程中存在住房保障主管部门尚未调查清楚的事实可能影响到使用退出决定的最终做出时,申请住房保障主管部门进行行政调查的权利。申请救济权是承租人在公租房使用退出过程中以及公租房使用退出完成后,享有的请求有权国家机关救济其权利的一系列程序性权利,主要包括行政复议请求权、行政诉讼请求权、行政赔偿请求权等。公租房承租人在住房保障主管部门做出使用退出决定后,如果不

---

[1] 参见章志远《行政相对人程序性权利研究》,《中共长春市委党校学报》2005年第1期。

服该决定，可以请求复议机关审查决定，也可以向人民法院提起行政诉讼。

三 我国公租房使用退出程序立法的主要问题

随着各地公租房配租完成并交付使用，公租房多进少退、只进不出的现象普遍存在，"退出难"已经成为公租房运营管理的主要问题，严重制约了公租房政策目标的实现。[①] 分析公租房"退出难"的原因时，多数学者认为公租房使用退出的制度供给不足是公租房"退出难"的根本原因，住房保障主管部门的执法不严是公租房"退出难"的直接原因。如果我们进一步分析就不难发现，公租房使用退出的制度供给不足和住房保障主管部门的执法不严共同指向公租房使用退出程序立法欠缺的问题。与公租房使用退出条件的立法状况相同，我国公租房使用退出程序立法也没有一部住房保障基本法律为其提供充足的上位法依据，目前公租房使用退出程序的直接立法仅有《公共租赁住房管理办法》和各地方有关公租房管理的地方性法规或者地方政府规章。除此之外，公租房使用退出程序只能适用相关的行政程序法律规范。例如公租房使用退出过程的信息公开应当按照《政府信息公开条例》的规定执行。如果承租人的使用退出属于惩罚性退出，住房保障主管部门在对其进行行政处罚时，应当遵守《行政处罚法》中有关做出行政处罚决定的规定。此外，各地方的住房保障主管部门在公租房使用退出过程中，还应当遵循本地方已经制定实施的行政程序规定，如《湖南省行政程序规定》《山东省行政程序规定》和《江苏省行政程序规定》等。笔者无意于对所有有关公租房使用退程序立法规定进行全面、广泛的检讨，而是聚焦于《公共租赁住房管理办法》以及各地方制定的公租房管理办法中公租房使用退出程序立法文本的不足之处。

[①] 参见肖伊宁、高珊《我国保障性住房退出机制：问题及对策》，《山东行政学院学报》2014年第8期。

第四章　公租房使用退出的法律规制

（一）程序设计不统一

作为公租房使用退出机制步骤、方式、方法、顺序和期限的过程性和操作性规定，公租房使用退出程序应当具有标准化和一致性的特征。然而，从《公共租赁住房管理办法》和各地方有关公租房管理的地方性法规或者地方政府规章的法律文本来看，公租房使用退出程序的设计存在较大差异。《公共租赁住房管理办法》第四章"使用与退出"在立法上将公租房使用退出分为"退回"和"腾退"两种类型，分别规定于第27条和第29条至第31条。这种"退回"与"腾退"二分的使用退出立法模式下，"腾退"采取民事方式实现退出，仅"退回"适用公租房使用退出程序。多数地方的地方性法规或者地方政府规章不区分公租房的"退回"和"腾退"，无论何种条件成就而导致的使用退出都适用公租房使用退出程序。例如，《深圳市保障性住房条例》第46条①规定了一套较为完备的公租房使用退出程序：公租房承租人应当在收到解除合同或者终止合同通知之日起30日内退出——公租房承租人有正当理由无法按时退出的，可以申请临时延长居住期限；公租房承租人无正当理由逾期不退出的，住房保障主管部门应当责令其退出——拒不执行的，住房保障主管部门可以依法申请法院强制执行。《杭州市公共租赁住房建设租赁管理暂行办法》（杭政办〔2011〕20号）第28条②规定，住房保障主管部门有权取消公租房承租人的住房保障资格，并且按照合同约定收回公租

---

① 《深圳市保障性住房条例》第46条规定："保障性住房被主管部门收回或者按照原销售价格基础上综合考虑住房折旧和物价水平等因素后确定的价格有偿收回的，原租赁或者购买保障性住房的家庭或者单身居民应当自收到解除合同或者终止合同通知之日起三十日内搬迁，并办理相关手续。有正当理由无法按期搬迁的，可以向主管部门申请临时延长居住期限，临时延长的期限不得超过六十日。在延长的期限内应当按照政府相关部门发布的同期同区域同类型普通商品住房的市场租赁指导价缴纳相应的租金。无正当理由逾期不搬迁的，主管部门应当责令其搬迁，并按照政府相关部门发布的同期同区域同类型普通商品住房的市场租赁指导价收取逾期的租金；拒不执行的，主管部门可以依法申请人民法院强制搬迁。"

② 《杭州市公共租赁住房建设租赁管理暂行办法》第28条规定："承租人有下列情形之一的，住保房管部门有权取消其租赁资格，并按照合同约定收回公共租赁住房；承租人不配合的，可申请法院强制执行：（一）采取隐瞒事实、提供虚假资料、伪造证明材料等手段，骗租公共租赁住房的；（二）无正当理由，累计6个月以上未实际居住的；（三）累计6个月以上未缴纳租金的；（四）擅自将公共租赁住房转租、出借给其他人员居住的；（五）擅自改变房屋结构或装修现状的；（六）不再符合本办法规定的申请条件，未按要求及时办理退出手续的；（七）存在违反公共租赁住房使用规定和合同约定其他行为的。"

房,如果承租人不配合,住房保障主管部门可以申请法院强制执行。由此可见,即使多数地方的公租房使用退出过程适用公租房使用退出程序,各地公租房使用退出程序也存在较大差异,在步骤和方法等方面都缺乏一致性,甚至可能存在矛盾之处。根据我国《立法法》第91条①的规定,《公共租赁住房管理办法》和地方政府制定的公租房管理办法效力等同,地方公租房使用退出程序适用本地方政府制定的公租房管理办法,可以不适用《公共租赁住房管理办法》规定的公租房使用退出程序。这决定了在当前的立法状况下,我国公租房使用退出程序设计难以统一。

(二)程序内容粗疏

我国的行政立法普遍存在"重实体,轻程序"的现象,公租房使用退出立法亦然。虽然《公共租赁住房管理办法》以及各地方制定的公租房管理办法都采取将公租房使用退出条件与公租房使用退出程序配套规定于同一法律条文的立法方式,但是就规则内容所占的比重而言,公租房使用退出条件占据着条文的主要内容,关于公租房使用退出程序的规定不过寥寥数语,对诸多必要的公租房使用退出程序及程序要件没有规定,而且即使是有所规定也存在疏失之处。其一,公租房使用退出程序内容粗放,往往只有和步骤、顺序有关的框架性规定,没有关涉方式和方法的操作性规定,欠缺有关期限的节点性规定。这导致公租房使用退出尽管有基本流程,却因为没有明确的方式、方法和期限要求而缺乏可执行性,难以对住房保障主管部门和承租人形成强有力的拘束。以《公共租赁住房管理办法》第27条为例,虽然该规定确定了住房保障主管部门责令限期退回和依法申请人民法院强制执行前后相衔接的公租房使用退出程序框架,住房保障主管部门可以根据该步骤和顺序开展公租房使用退出程序;但是该规定没有对住房保障主管部门责令承租人限期退回公租房决定的做出提出明确的期限要求,不仅直接影响到公租房使用退出程序的效率,甚至可能

---

① 《立法法》第91条规定:"部门规章之间、部门规章与地方政府规章之间具有同等效力,在各自的权限范围内施行。"

第四章　公租房使用退出的法律规制

导致住房保障主管部门恣意行使权力或者怠于履行职责。

其二，公租房使用退出程序内容不健全，存在诸多疏漏之处。这集中体现在公租房使用退出程序本身不完整和公租房使用退出程序与相关法律制度缺乏有效衔接两个方面。一方面，公租房使用退出程序本身不完整，《公共租赁住房管理办法》和多数地方制定的有关公租房管理的地方性法规或者地方政府规章都只规定了公租房强制退出程序，没有规定承租人主动退出公租房的程序，只有少数地方的公租房管理办法规定了主动退出程序。① 另一方面，公租房使用退出程序与相关法律制度和程序缺乏有效衔接，无论是《公共租赁住房管理办法》还是各地方制定的有关公租房管理的地方性法规或者地方政府规章都存在公租房使用退出程序与公租房租赁合同的终止或者解除制度、公租房使用监管制度和公租房使用退出的法律责任制度衔接不足的问题。例如《公共租赁住房管理办法》第四章虽然集中规定了公租房使用与退出的条件和程序，但是该章的所有规则条文都是直接规定"退回"和"腾退"的程序，对公租房租赁合同的终止或者解除只字未提，公租房租赁合同的终止或者解除制度与公租房使用退出程序的关系在立法上无法得以明确，两者难以有效衔接。

其三，公租房使用退出程序的部分内容不合理，影响使用退出过程中承租人的退出意愿和住房保障主管部门的执法效果。其中，过渡期设定不合理的问题备受关注。② 以《公共租赁住房管理办法》第 31 条③为例，该条存在三大缺陷：一是有权设定过渡期限的主体不适格，

---

① 例如《北京市公共租赁住房申请、审核及配租管理办法》（京建法〔2011〕25 号）第 24 条规定："承租家庭自愿退出公共租赁住房的，承租人需向产权单位提出书面申请，办理相关腾房手续，在规定期限内腾退住房。公共租赁住房产权单位在与承租人解除租赁合同 10 个工作日内，应当书面通知承租人原申请所在区县住房保障管理部门。"

② 参见罗婷《公租房退出机制的地方立法分析——以北京等 11 省市的政府规章为分析样本》，《西南政法大学学报》2012 年第 4 期。

③ 《公共租赁住房管理办法》第 31 条规定："公共租赁住房的所有权人或者其委托的运营单位应当为其安排合理的搬迁期，搬迁期内租金按照合同约定的租金数额缴纳。搬迁期满不腾退公共租赁住房，承租人确无其他住房的，应当按照市场价格缴纳租金；承租人有其他住房的，公共租赁住房的所有权人或者其委托的运营单位可以向人民法院提起诉讼，要求承租人腾退公共租赁住房。"

应当是住房保障主管部门,而不是公租房所有权人或其委托运营单位;二是对过渡期的时长规定不够明确,仅要求过渡期"合理"不具有可操作性;三是对过渡期满后不腾退的处理的强制性不足,容易滋生"赖租"现象。多数地方的公租房管理办法也规定了过渡期以及相关的程序性事项,笔者选取公租房使用具有代表性的城市公租房管理的地方性法规或者地方政府规章作为样本(见表4-3),分析发现各地方的过渡期以及相关的程序性事项差异较大。就过渡期的设定而言,根据太原市和深圳市的规定,经承租人申请,住房保障主管部门可以决定设定过渡期,而根据北京市和广州市的规定,过渡期由住房保障主管部门依职权设定。就过渡期的长度而言,北京市规定的过渡期仅为2个月,而广州市规定的过渡期为6个月,并且对于经审核不再符合公共租赁住房保障资格的承租人,如果其确实无法在6个月的过渡期内完成腾退还可以申请续租1年。尽管过渡期的差异性设置符合"因城施策"的立法需要,但上述过渡期规则差异较大反映出在设置标准上存在不够合理的问题。

表4-3　　　　　　部分城市过渡期及相关的程序性事项

城市	相关条款	过渡期	相关的程序性事项
北京	《北京市公共租赁住房管理办法(试行)》(京建住〔2009〕525号)第16条	2个月	承租家庭不符合承租条件暂时不能腾退承租住房的,租赁合同期满后给予2个月过渡期,过渡期内按同类地段类似房屋市场租金收取租金。过渡期届满后承租家庭仍不退出承租住房的,按房屋产权单位规定的标准收取租金,具体在租赁合同中约定;拒不退出行为记入信用档案
重庆	《重庆市公共租赁住房管理实施细则》(渝国土房管发〔2011〕9号)"六、退出管理(四)退出规定"	3个月	承租人在租赁合同期满或终止后,不符合租住条件但暂时无法退房的,可以给予3个月过渡期。过渡期内按公共租赁住房租金标准的1.5倍计收租金
太原	《太原市公共租赁住房管理暂行办法》(并政发〔2011〕23号)第29条	不超过6个月	退出确有困难的,经个人申请、房管部门同意,可适当延长租住期(不超过6个月),延长期内,租金按规定价格的1.5倍收取

续表

城市	相关条款	过渡期	相关的程序性事项
广州	《广州市公共租赁住房保障办法》（穗府办规〔2016〕9号）第40条、第42条	6个月，经审核不再符合公共租赁住房保障资格的承租人确实无法在过渡期内腾退的，可申请续租1年	承租人未按期提交申报材料进行资格期满审查的（不可抗力除外），承租人应自保障期限届满之日起1个月内结清有关费用并腾退公共租赁住房，暂时无法腾退的，给予6个月的过渡期，过渡期内按公布的同期公共租赁住房租金标准计租，不给予租金减免。过渡期满，逾期拒不腾退的，按照同期、同区域、同类型普通商品住宅市场租金的2倍计租，出租人可依法申请人民法院强制执行，并可将其行为载入本市个人信用联合征信系统 经审核不再符合公共租赁住房保障资格的承租人应在1个月内结清有关费用并腾退公共租赁住房，暂时无法腾退的，给予6个月的过渡期。其中，原按优惠租金标准计租的，过渡期内按公房成本租金标准的50%计租；原按租金核减方式计租的，过渡期内可核减的租金为原租金减免额的50%。过渡期满，承租人须腾退公共租赁住房；确实无法腾退的，可申请续租1年，并按照公布的同期公共租赁住房租金标准计租，不给予租金减免；1年期满后必须腾退公共租赁住房，逾期拒不腾退的，按照同期、同区域、同类型普通商品住宅市场租金的2倍计租，出租人可依法申请人民法院强制执行，并可将其行为载入本市个人信用联合征信系统
深圳	《深圳市保障性住房条例》（深圳市第五届人民代表大会常务委员会公告第三十八号〔2011〕）第46条	不超过2个月	承租人应当自收到解除合同或者终止合同通知之日起30日内搬迁，并办理相关手续。有正当理由无法按期搬迁的，可以向主管部门申请临时延长居住期限，临时延长的期限不得超过六十日。在延长的限期内应当按照政府相关部门发布的同期同区域同类型普通商品住房的市场租赁指导价缴纳相应的租金。无正当理由逾期不搬迁的，主管部门应当责令其搬迁，并按照政府相关部门发布的同期同区域同类型普通商品住房的市场租赁指导价收取逾期的租金；拒不执行的，主管部门可以依法申请人民法院强制搬迁

四 我国公租房使用退出程序立法的完善建议

我国公租房使用退出程序立法应当针对程序设计不统一和程序内容粗疏的问题，从整体立法和具体规定两个层面加以完善。具体而言，可以从统一设计公租房使用退出程序、补充规定主动退出程序、提高强制退出程序的可操作性和合理设定过渡期四个方面完善公租房使用退出程序。

（一）统一设计公租房使用退出程序

我国公租房使用退出程序设计不统一是因为缺乏一部位阶高于《公共租赁住房管理办法》和地方政府制定的公租房管理办法的住房保障立法对公租房使用退出程序做出规定。从我国的住房保障立法规划来看，正在制定过程中的《城镇住房保障条例》是当前可能得以通过实施的位阶最高的住房保障立法。如果《城镇住房保障条例（征求意见稿）》得以通过，公租房使用退出程序将统一适用《城镇住房保障条例（征求意见稿）》第26条①。笔者认为，《城镇住房保障条例（征求意见稿）》搭建的公租房使用退出程序框架符合公租房使用退程序的基本原则，唯有"由作出决定的政府申请人民法院强制执行"中的"政府"应当修改为"住房保障主管部门"以保持做出决定主体与申请强制执行主体的一致性。公租房使用退出程序应当在此框架下具体规定公租房使用退出过程应当遵循的步骤、方式、方法、顺序和期限。公租房使用退出不宜区分为"退回"和"腾退"，分别适用行政程序和民事程序，无论何种条件成就而导致的使用退出都适用公租房使用退出程序，以防止住房保障主管部门职责遁入民事权利义务关系之中，影响公租房使用退出的效果。当然，这并不意味着一切公租房使用退出都必须适用公租房使用退出程序，例如在公共租赁住房的所有权人或者其委托的运营单位提起民事诉讼解除公租房租赁合同的情形下，合同司法解除后，公租房使用退出适用民事执行程序。

公租房使用退出程序从手段和期限两个方面拘束着公租房使用退出过程，无论是主动退出还是强制退出都应当遵循公租房使用退出程

---

① 《城镇住房保障条例（征求意见稿）》第26条规定："承租人、承购人依照本条例规定，应当腾退保障性住房但拒不腾退的，市、县级人民政府住房保障部门应当依法作出责令其限期腾退的决定。承租人、承购人对决定不服的，可以依法申请行政复议，也可以依法提起行政诉讼。承租人、承购人在法定期限内不申请行政复议或者不提起行政诉讼，在决定规定的期限内又不腾退的，由作出决定的市、县级人民政府依法申请人民法院强制执行。"

序展开。同时，公租房使用退出程序也是公租房使用退出过程的有机组成部分，与公租房使用退出条件共同作用保证公租房使用退出的合法有序进行。相较于公租房使用退出条件，公租房使用退出程序具有中介性和技术性的特征。这决定了公租房使用退出程序与公租房使用退出过程具有同构性，贯穿于公租房使用退出过程，连通着公租房使用退出过程的各阶段。具体的公租房使用退出程序，诸如申请、审核、告知、公示和听证等都作为程序性构成要素嵌入到整个公租房使用退出过程。因此，公租房使用退程序应当根据公租房使用退出过程统一设计，将各项具体的公租房使用退出程序安排在合适位置以保证其功能充分发挥和公租房使用退出程序本身的协调一致。公租房使用退出程序的统一设计是为了调和实定法中公租房使用退出程序规范的冲突和矛盾之处，而不是要实现公租房使用退出程序规范的整齐划一。受住房保障政策取向、住房保障需求和公租房运营状况等地方实际因素的制约，各地的公租房使用退出程序立法不能等量齐观，而是应当"因城施策"，在不与上位法抵牾的前提下，根据本地实际具体规定公租房使用退出过程应当遵循的步骤、方式、方法、顺序和期限。

（二）补充规定主动退出程序

我国《公共租赁住房管理办法》和《城镇住房保障条例（征求意见稿）》都没有规定主动退出程序，导致承租人即使有主动退出意愿也会因为退出过程无章可循而选择继续占用公租房，影响公租房的循环利用和优化配置。因此，有必要借鉴规定了公租房主动退出程序的地方公租房管理办法的经验，在《城镇住房保障条例》和《公共租赁住房管理办法》等公租房管理法规和规章中补充规定主动退出程序。主动退出程序与强制退出程序的区别主要是强制退出程序依住房保障主管部门职权启动不同，主动退出程序依承租人申请启动，补充规定主动退出程序重点在公租房使用退出的启动——承租人使用退出申请的提出。我国规定了承租人主动退出程序的地方公租房管理办法中，承租人提出使用退出申请主要有两种模式：一是向住房保障主管部门提出申请，二是向公租房所有权人或者委托运营单位提出申请。

第一种模式以重庆为代表。重庆市成立了全国首个公租房管理局，具体负责实施公租房项目，根据《重庆市公共租赁住房管理暂行办法》（渝府发〔2010〕61号）的规定，承租人使用退出申请应当向公租房管理局提出。公租房承租人主动配合住房保障主管部门办理退房包括向住房保障主管部门提出使用退出申请。第二种模式以北京和上海为代表。在第一种模式下，主动退出程序的主体结构是承租人和住房保障主管部门的二元结构，承租人向住房保障主管部门提出退出申请，由住房保障主管部门审核。在第二种模式下，主动退出程序的主体结构为承租人、公租房所有权人或者委托运营单位和住房保障主管部门的三元结构，承租人向公租房所有权人或者委托运营单位提出申请，由公租房所有权人或者委托运营单位办理退出手续，并通知住房保障主管部门。北京市公租房主动退出的一般程序是"承租人向产权单位提出书面申请——产权单位接到申请后与承租人解除公租房租赁合同并办理相关的退房手续——产权单位书面通知住房保障主管部门"[1]。上海市则按照《本市发展公共租赁住房的实施意见》的相关规定[2]组建了上海市嘉定区公共租赁住房运营有限公司等国有企业分别负责起上海各区的公租房主动退出工作。

承租人使用退出申请的提出采取何种模式其实取决于当地的公租房运营管理模式。在住房保障主管部门主导公租房运营管理的地方，公租房使用退出具有明显的行政管理色彩，承租人使用退出申请应当向住房保障主管部门提出。而在实现公租房市场化运营管理的地方，公租房使用退出过程法律规制的重心前移到公租房租赁合同的解除并且公租房租赁合同的合同性较强而行政性较弱，承租人主动退出公租

---

[1] 《北京市公共租赁住房申请、审核及配租管理办法》第24条规定："承租家庭自愿退出公共租赁住房的，承租人需向产权单位提出书面申请，办理相关腾房手续，在规定期限内腾退住房。公共租赁住房产权单位在与承租人解除租赁合同10个工作日内，应书面通知承租人原申请所在区县住房保障管理部门。"

[2] 上海市《本市发展公共租赁住房的实施意见》规定："积极组建公共租赁住房运营机构。由市、区（县）政府组织扶持一批从事公租房经营管理的专业运营机构，并引导各类投资主体积极参与。运营机构按公司法有关规定组建，具有法人资格，采取市场机制进行运作，以保本微利为营运目标，着重体现公共服务的功能。"

房的申请在性质上可以被视为解除合同的要约,公租房所有权人或者委托运营单位接受申请与承租人协议解除公租房租赁合同并完成公租房腾退。住房保障主管部门不直接参与主动退出过程,而是通过备案管理的方式更新住房保障档案,实现对使用退出过程的监管。鉴于我国各地的公租房运营管理模式尚存差异,并且以组建公租房运营管理公司进行市场化运营管理为发展方向,宜采取承租人向公租房所有权人或者委托运营单位提出申请的模式。具体的主动退出程序可以做如下设计:承租人自愿退出公租房的,应当向公租房所有权人或者委托运营单位提出书面申请;公租房所有权人或者委托运营单位在接到申请后,应当对承租人是否符合主动退出条件进行审核;经审核符合主动退出条件的,与承租人解除公租房租赁合同并办理相关的退房手续,并在解除公租房租赁合同后 10 个工作日内向住房保障主管部门备案;经审核不符合主动退出条件而符合强制退出条件的,应当适用强制退出程序完成公租房使用退出。

(三)提高强制退出程序的可操作性

解决公租房"退出难"问题的关键是增强公租房使用退出程序的执行力,而增强公租房使用退出程序执行力必须提高强制退出程序的可操作性。具体而言,提高强制退出程序可操作性的措施主要包括完善强制退出程序的方式和方法,明确强制退出程序的期限,有效衔接强制退出程序与相关制度三个方面。

首先,公租房强制退出程序应当与公租房强制退出条件相匹配,完善强制退出程序的方式和方法。对于承租人经济条件改善不再符合公租房申请条件的情形,应当采取"逐级提租"的退出方式让承租人分阶段完成退出。在公租房承租人收入稍微超出法定标准但是不足以完全自力解决住房问题的条件下,将公租房承租人应当支付的租金与承租人的收入挂钩,逐级提租直到公租房承租人应当按照高于市场租金标准支付公租房租金的情况时,强制承租人退出公租房。对于承租人违法或者严重违约使用公租房的情形,不再符合公租房申请资格条件和骗取公租房的情形,应当采取即时退出的方式让承租人一次性完成退出。对于合同期限届满不再续租或者申请续租但经审核不符合续租要求的,应当采取自觉退出方式,给予一定过渡期作为缓冲的使用退出方式。行政机关及其执法人员对于具体方式和方法有较大的自主选择权,行政程序立法上往往只做指导性和限制性规定,保证方式和方法的合法性和合理性。公租房使用退出程序的方式和方法应当遵守《行政强制法》第43条①的规定,不得采取侵害或者减损承租人基本权利的方式和方法实现公租房强制退出的目的。

其次,公租房强制退出程序应当明确强制退出程序中的期限,通过时效制度保证使用退出行为能够连续不断地高效完成。整个公租房强制退出程序中,有两个重要节点需要明确期限:一个是住房保障主管部门对公租房承租人续租申请的审核期限,另一个是住房保障主管部门责令的强制退出期限。无论是《公共租赁住房管理办法》还是各地方的公租房管理办法中都未规定住房保障主管部门审核承租人续租申请的期限。在承租人不符合续租条件的情形下,住房保障主管部门越早做出不予续租、到期退出的决定,承租人准备腾退公租房的时间越充分,越容易实现公租房的自觉退出。为保证公租房承租人的退出效率,应当明确审核期限。比较而言,《城镇住房保障条例(征求意见稿)》第21条第2款②确定的期限适当,并且规定了书面通知不符合条件的承租人并说明理由,保护了承租人的知情权,有利于承租人及时救济其权利。为防止住房保障主管部门恣意行使权力或者怠于履行职责,保证公租房使用退出的效率,应当与公租房强制退出方式相匹配,设置住房保障主管部门责令的强制退出期限。对于即时退出方式,住房保障主管部门应当责令承租人在较短的期限内即时退出公租房,强制退出期限以不超过一个月为宜,可以规定为15日内;对于非即时退出方式,在住房保障主管部门责令的强制退出期限内完成

---

① 《行政强制法》第43条规定:"行政机关不得在夜间或者法定节假日实施行政强制执行。但是,情况紧急的除外。行政机关不得对居民生活采取停止供水、供电、供热、供燃气等方式迫使当事人履行相关行政决定。"

② 《城镇住房保障条例(征求意见稿)》第21条第2款规定:"市、县级人民政府住房保障主管部门应当在租赁期满1个月前完成核查,符合条件的,续签合同;不符合条件的,书面通知承租人并说明理由。"

退出有困难的,可以给予一定的过渡期。

最后,公租房强制退出程序应当强化与公租房租赁合同的终止或者解除制度、公租房使用监管制度和公租房使用退出的法律责任制度的有效衔接,形成联动。公租房使用退出程序对公租房使用退出过程的手段和期限发挥规制作用,而公租房使用退出过程是整个公租房运营管理过程的一个环节,并不是完全独立、封闭运行的过程。完善公租房强制退出程序必须将公租房使用退出过程置于整个公租房运营管理过程中,考虑公租房使用退出程序与相关制度的相互关系和交互作用。其一,厘清公租房强制退出程序与公租房租赁合同的终止或者解除制度的关系。公租房租赁合同的终止或者解除是公租房强制退出程序得以适用的前提条件,公租房强制退出程序启动时,公租房租赁合同效力处于被解除或者终止的状态。凡是公租房租赁合同尚未终止时,住房保障主管部门责令承租人限期退出公租房的,应当先解除公租房租赁合同。其二,实现公租房使用监管制度与公租房使用退出程序的无缝对接。公租房使用退出是公租房使用监管的结果之一,公租房使用监管程序与公租房使用退出程序相互勾连,形成一个先行后续的程序链条。在实现公租房强制退出条件与公租房使用监管制度有效衔接的条件下,住房保障主管部门在使用监管中发现公租房强制退出条件具备的,应当立即启动公租房强制退出程序。其三,实现公租房强制退出程序与公租房使用退出的法律责任制度的有效整合,一方面以公租房强制退出程序保证公租房使用退出法律责任实现的正当性,另一方面以公租房使用退出法律责任促使公租房强制退出程序的正常运转。

(四)合理设定过渡期规则

公租房是一种租赁型保障性住房,承租人是城市中低收入住房困难群体。尽管在退出公租房时承租人的经济条件已经有所改善,但仍然可能存在承租人因为不能立即找到新的住房而面临腾退困难的情况。在公租房使用退出程序设定过渡期能够充分保护使用退出阶段承租人的居住权,避免"强人所难"的强制退出执法激化矛盾,确保公租房使用退出过程的顺利完成。针对当前过渡期规则的立法不足,笔者建议从以下四个方面加以改进：

一是采取依承租人申请和依住房保障主管部门职权相结合的过渡期设置方式。一方面，住房保障主管部门认为承租人在强制退出期限内完成使用退出有困难的，可以在做出责令承租人限期退出公租房时依职权为承租人设置过渡期。另一方面，承租人有正当理由在强制退出期限内完成使用退出确有困难的，可以在强制退出期限届满之前向住房保障主管部门申请给予一定的过渡期。在接受到申请之后，住房保障主管部门应当在强制退出期限届满前完成审核，经审核承租人申请理由成立的，应当为承租人设置过渡期；承租人申请理由不成立的，应当书面通知承租人不给予过渡期的决定并说明理由。当然，在住房保障主管部门组建公租房运营公司实现公租房市场化运营管理的情况下，公租房运营管理公司作为住房保障主管部门委托的组织，可以以住房保障主管部门的名义做出是否给予承租人过渡期的决定，但是法律后果由住房保障主管部门承担。

二是对过渡期的时长做出明确规定，增强过渡期规则的可操作性。根据《行政法规制定程序条例》第 6 条第 1 款[①]的要求，《城镇住房保障条例》规定过渡期时长应当具有可操作性。举重以明轻，"具有可操作性"当然也是部门规章和地方政府规章规定过渡期时长应当遵循的准则。过渡期时长规则应当形成一个与我国行政立法的阶梯体系相一致、疏密有致、繁简得当的规则体系。在行政法规层面，建议在《城镇住房保障条例（征求意见稿）》第 25 条增加对过渡期的时长界限做出规定的内容，既统一框定了过渡期的合理范围，也为部门规章和地方政府规章根据政策需要和地方实际设定过渡期时长留下进一步具体化的余地。即使《城镇住房保障条例》在立法上选择为部门规章和地方政府规章设置过渡期时长留下最充分的空间，也应当规定"住房保障主管部门可以为承租人安排合理的过渡期"，宣示过渡期时长的合理性要求。在部门规章层面，建议将《公共租赁住房

[①] 《行政法规制定程序条例》第 6 条第 1 款规定："行政法规应当备而不繁，逻辑严密，条文明确、具体，用语准确、简洁，具有可操作性。"

管理办法》第31条"安排合理的搬迁期"的权力主体由产权人及其委托的运营单位修改为住房保障主管部门。尽管部门规章与地方政府规章效力等同，但实践中部门规章对地方政府规章的制定具有明显的示范作用。《公共租赁住房管理办法》中将过渡期规定为3个月是对地方实践经验的总结，符合一般的公租房腾退情况，能够对地方制定或者修改本地方的公租房管理办法发挥示范作用。在地方政府规章层面，各地方的公租房管理办法可以根据本地方的公租房使用退出情况和住房保障政策需要具体设定过渡期的时长，一般以3个月为宜，最长不宜超过6个月。

三是强化过渡期满后仍不腾退公租房的法律责任，防止过渡期规则沦为具文，成为滋生"赖租"的温床。毋庸讳言，《公共租赁住房管理办法》第31条第3款①的规定存在法律漏洞，甚至为承租人"赖租"提供了依据，因为承租人只要没有其他住房就可以以按照市场标准缴纳租金为条件无限期地继续租住公租房。而该规定的后段选择以民事诉讼程序实现腾退不仅与公租房使用退出程序的整体设计相冲突，也不符合公租房使用退出立法的效率价值取向。过渡期的设置是为了确保公租房使用退出过程的顺利完成，不应当成为无限期延长公租房使用退出过程的依据。根据前文的分析，过渡期规则适用于强制退出方式，住房保障主管部门给予承租人过渡期时已经做出责令承租人限期退出公租房的决定。笔者建议，将该规定修改为"过渡期届满后承租人仍不退出公共租赁住房的，住房保障主管部门可以依法申请人民法院强制执行"，保证过渡期满后公租房使用退出过程的顺利完成。在过渡期内，承租人虽然经过住房保障主管部门同意继续合法使用公租房，但是公租房租赁合同已经终止，过渡期内的租金宜按照市场租金标准收取。

---

① 《公共租赁住房管理办法》第31条第3款规定："搬迁期满不腾退公共租赁住房，承租人确无其他住房的，应当按照市场价格缴纳租金；承租人有其他住房的，公共租赁住房的所有权人或者其委托的运营单位可以向人民法院提起诉讼，要求承租人腾退公共租赁住房。"

第四节 公租房使用退出的引力与压力机制

法律规制公租房使用退出过程形成公租房使用退出机制。与所有的法律机制一样，公租房使用退出机制具有系统性和动态性两大特征，可以从系统构造和动态运行两个角度加以解析。从系统构造的角度来看，公租房使用退出机制由实体性要素和程序性要素排列组合而成，对此前文已经专门从公租房使用退出的条件和公租房使用退出的程序两个方面展开研究，在此不做赘述。从动态运行的角度来看，公租房使用退出机制的表现形式相对复杂，呈现出三个层面的相互作用关系，即公租房使用退出机制各要素之间、公租房使用退出机制各要素与公租房使用退出机制整体之间、公租房使用退出机制整体与公租房使用退出法律制度之间的相互作用关系。在这三个层面的相互作用关系中，具有基础性和决定性地位的相互作用关系是公租房使用退出机制各主体要素之间的相互作用关系。公租房使用退出机制的核心主体是住房保障主管部门和公租房承租人，这两者之间的相互作用关系是从动态运行角度理解公租房使用退出机制的关键。借助力学上力的概念，我们可以将住房保障主管部门和公租房承租人之间的相互作用关系称为"力"，并根据公租房承租人的"受力状态"将这种"力"分为起到鼓励、引导公租房承租人自愿退出公租房效果的"引力"和起到强制公租房承租人退出公租房效果的"压力"。基于"引力"和"压力"的区分，我们可以将公租房使用退出机制区分为公租房使用退出的引力与压力机制。

一 公租房使用退出的引力与压力机制之理论基础

任何一项法律机制都需要根植于坚实的理论基础之上才能保证自身的自觉性、有序性和科学性，公租房使用退出的引力与压力机制亦不例外。解析和建构公租房使用退出引力与压力机制首要的是把握其理论基础。正如法律机制难以被准确定义一样，理论基础作为一个常用语，其尚未真正成为一个内涵与外延明确的概念。虽然不同语境下

第四章　公租房使用退出的法律规制

的理论基础具有不同的含义，但是归纳起来都是从渊源、本质、目标、价值、范围和功能等方面解释法律机制的理论。一般情况下，对于一项法律机制理论基础的研究局限于法律机制所在部门和法哲学的范围之内，言理论基础必称法律渊源、法律价值和法律原则等。如果以更开放的学科视野，按照多元化、多层次的视角看待法律机制的理论基础，我们可以发现法学所供给的基础理论仅是法律机制理论基础的一部分，并且在一定程度上存在同义反复和循环论证的问题，法律机制的理论基础并非完全在法学内部实现自给自足，而是可以通过经济学、政治学、管理学和社会学等其他学科的理论得到更充分的解释。鉴于前文在探讨公租房使用退出的立法价值目标、条件和程序时，公租房使用退出引力与压力机制的法律渊源、法律价值和法律原则等理论基础事实上已经得到了比较充分的阐释，笔者将关注重点放在其他学科为公租房使用退出引力与压力机制提供的理论基础上，主要包括住房过滤理论、住房消费梯度理论、"结构—行动"理论和博弈论。

（一）住房过滤理论

该理论的雏形是伯吉斯（Burgess）在运用同心圆模型解释19世纪经济迅速发展形成的家庭收入越高，居住区位离芝加哥市中心越远现象时提出的过滤论。过滤论从住房区位经济格局的角度分析住房空间分布的特点，发展形成了传统住房过滤理论。传统住房过滤理论认为，住房过滤是指住房市场中最初为较高收入住户建造的住房发生老化、折旧，房屋的价值和品质都会发生贬损，较高收入住户为了追求更好的居住环境选择迁出已经老化的住房，导致住房的所有权或者使用权转移到较低收入住户的过程。[①] 1960年洛瑞（Lowry）综合了之前的过滤论研究，将过滤论发展成逻辑清晰、完整的住房过滤理论。洛瑞不仅给出了住房过滤的明确定义，即"过滤是指在统一价格指数下，某一存在的住房单元实际价值的变化"，并且归纳了住房过滤的

[①] Ohls. C. J., "Public Policy Toward Low Income Housing and Filtering in Housing Markets", *Journal of Urban Economics*, No. 2, 1975, pp. 144 – 171.

主要特点：一是住房过滤并不是单向的而是双向的，住房过滤既可以向上过滤，也可以向下过滤；二是住房过滤过程中，住户对住房的占有既可能发生变化如通过买卖合同转移对住房的占有，也可能不发生变化如通过租赁合同保持对住房的占有；三是较高质量等级住房的过滤既可能对较低质量等级住房产生较大影响，也可能影响较小，例如在某一质量等级住房的增量恰好等于该等级居民家庭的增量时，则该等级住房的过滤对其他等级影响就较小。[1] 斯威尼（Sweeney）建立了首个也是最重要的住房过滤模型，并利用模型分析住房过滤过程得出了若要实现低质量住房和低收入群体房价的同时降低，则政府应当采取的政策是补贴住户，或者改变住户收入的分布结构。[2] 至此，住房过滤理论已经形成了相对完整的理论框架，并且被运用于住房保障政策和法律制度的分析。

美国城市经济学者奥沙利文考察具有高质量、中等质量和低质量三个住房子市场的模型，得出住房过滤与住房公共政策之间存在如下关系：政府住房补助政策的受益者不局限于受到补助的家庭，最初居住在低质量住房的家庭会因为补助使中等质量住房价格下降和住房从中等质量住房市场过滤到低质量住房市场两个方面的原因受益；政府住房补助政策使得中等质量住房供给增加、价格下降，从而降低住房从高质量住房市场向低质量住房市场过滤的速度，高质量住房的供给增加、价格下降，居住在高质量住房的家庭也会从政府住房补助政策中收益。[3] 住房过滤理论是在研究美国住房市场的基础上提出的，然而美国住房市场与我国的住房市场存在较大差异，如果要运用住房过滤理论分析我国的公租房政策和法律制度，需要先解决住房过滤理论的适用性问题。住房过滤理论以住房市场自由为前提，即各个质量等

---

[1] Lowry. Iras, "Filtering and Housing Standard: A Conceptual Analysis", *Land Economic*, No. 4, 1996, pp. 362 - 370.

[2] Sweeney, J. L., "Quality, Commodity Hierarchies, and Housing Markets", *Econometrics*, No. 42, 1974, pp. 147 - 167.

[3] 参见［美］阿瑟·奥沙利文《城市经济学》（第四版），苏晓燕等译，中信出版社2003年版，第356页。

级的市场之间要实现过滤，必须满足各个住房子市场之间不存在壁垒的条件。我国采取的是住房市场与住房保障双轨制，但是二者并不是完全割裂的，住房市场的存量房可以通过代理经租和收储出租等方式转变为公租房，公租房也可以通过购买退出的方式流入住房市场。可以将我国住房市场与住房保障构成的住房体系视为一个"住房市场"，住房市场和住房保障是这个"住房市场"的两个子市场，二者之间存在过滤，只是过滤的速率相对较低。随着我国住房制度改革的深化，租购并举、培育和发展住房租赁市场、公租房货币化等政策使得我国的住房市场和住房保障有效接轨，逐步形成层次化的立体住房体系。因此，住房过滤理论可以被用于分析公租房政策和法律制度。

住房过滤理论为公租房使用退出的引力与压力机制提供了合理性基础。根据住房过滤理论，公租房使用退出的引力与压力机制不仅会导致公租房供求结构发生变化，而且会因为"商品房与保障房之间存在'价格引致'、'存量过滤'等互动关系"[1]，而最终对整个住房体系的供求结构产生影响。随着我国社会经济的发展和城市化进程的推进，城市住房体系需要进一步扩展和优化，以提升城市居民的住房获得感和满意度。住房体系的扩展和优化不仅意味着通过房地产开发提供住房增量，也意味着通过住房的向上过滤和向下过滤调整住房的供求结构，实现对现有存量住房的优化配置。公租房使用退出的引力与压力机制促使经济条件改善的承租人退出公租房，转向质量等级较高的中端住房市场。这样不仅能够使急需住房保障的城市中低收入人群获得公租房，而且能够让以住房租赁市场和二手房市场为主体的中端住房市场得以扩展，有利于培育住房租赁市场，消化住房存量，抑制房地产过热的现象，实现"房住不炒"的政策目标。

（二）住房消费梯度理论

该理论是以住房过滤理论为基础形成的解释不同经济条件的家庭在住房消费上呈现出一定梯度现象的理论。1973 年 H. C. 怀特在研究

---

[1] 吕萍、陈泓冰：《分立运行还是有序互动？——试论中国商品房与保障房关系的政策取向》，《北京社会科学》2014 年第 11 期。

过滤论和互换论的过程中,建立了住房消费梯度理论。[1] 与住房过滤理论关注不同住房子市场之间的相互作用和住房用途的变化过程不同,住房消费梯度理论关注的是住房消费者因为经济水平差异而产生的住房消费层次差异以及住房消费者随着经济条件变化而发生住房消费层次转变的过程。事实上,梯度理论源于区域经济学,原本是指每种出现新行业、新产品、新技术都会由处在经济发展高梯度上的地区向处在较低梯度上的地区逐级地传递。住房消费领域将"梯度"的概念引入,以描述不同收入群体之间住房消费的纵向梯度转移。一般而言,住房消费的层次差异表现为最低收入群体会选择租住保障性住房,低收入的群体会选择租住廉价商品房,中等收入群体会选择租住商品房或购买二手房,高收入群体会选择购买商品房,更高收入群体则可能会购买豪宅、别墅。住房消费者在自身经济条件变化需要转变住房消费时,会按照"租住保障性住房—租住廉价商品房—购买二手房—购买商品房—购买豪宅"的顺序逐层完成纵向的住房消费梯度转移。

住房消费梯度理论揭示了公租房使用退出引力与压力机制的必要性。住房消费梯度理论要义有三:首先,住房消费者依其自身经济能力不同,形成相对应的住房消费档次梯度结构;其次,因为住房消费者自身经济能力的升降而发生的住房消费能力变化,形成不同住房消费梯度的变化;最后,住房消费时间的梯度顺序,包括单个住房消费者和各住房消费层次随着时间变化而发生的住房消费能力和住房消费偏好的变化。[2] 住房消费梯度理论对我国建立多层次的住房体系具有很强的指导意义,如有学者从社会阶层分析城市居民住房消费梯度,并在此基础上提出了低收入阶层"居者安其屋"、中等收入阶层"居

---

[1] Lowry, Iras, "Filtering and Housing Standard: A Conceptual Analysis", *Land Economic*, No. 4, 1996, pp. 362 – 370.

[2] 参见刘丽荣《保障性住房的合理供给与梯度消费模型的构建》,《建筑经济》2008年第10期。

者有其屋"以及高收入阶层"居者优其屋"构想。① 根据住房消费梯度理论,公租房作为一种租赁型保障性住房,其处于住房消费梯度的最低端,公租房承租人在收入条件改善后,住房消费能力和住房消费需求都会提高,应当通过公租房使用退出的引力与压力机制促使公租房承租人退出公租房,选择市场租房或者购买二手房,从而实现住房消费的纵向梯度上移和居住品质改善。

(三)"制度—行为"理论

结构—行动理论是吉登斯在批判强调客体的结构主义和强调行动者能动性的解释社会学的基础上提出的结构化理论。他指出无论是"强行动弱结构"还是"强结构弱行动"的解释社会学都会将结构与行动的二元论推向一元论的极端。② 结构与行动并非互斥关系,相反地,二者是融合关系。在"结构—行动"理论的视野下,社会结构具有二重性,即结构同时具有促动性和制约性。③ 结构化理论中的结构是指行动者行动过程中反复涉及的"规则"和"资源"。其中"规则"所构成的体系即为"制度"。因此,"结构—行为"理论也契合了制度与行为经济学中的"制度—行为"理论,即"行动与制度既独立、相分,又相互依存、型塑且协同演化,个人塑造制度,制度也塑造个人"。④ 法律制度与当事人行为之间同样具有这种双向互动关系:一方面法律制度既约束当事人行为,也为当事人行为提供条件;另一方面法律制度通过当事人的行为得到体现,并因为当事人行为而发生变迁和重塑。

"制度—行为"理论改变了以往法律制度约束当事人行为的"强结构弱行为"的认识,揭示了法律制度与当事人行为的相互作用,能

---

① 参见浩春杏《阶层视野中的城市居民住房梯度消费——以南京为个案的社会学研究》,《南京社会科学》2007 年第 3 期。
② [英]安东尼·吉登斯:《社会学方法的新规则——一种对解释社会学的建设性批判》,田佑中、刘江涛译,社会科学文献出版社 2003 年版,第 52—53 页。
③ [英]安东尼·吉登斯:《社会的构成》,李康等译,生活·读书·新知三联书店 1998 年版,第 89 页。
④ [美]阿兰·斯密德:《制度与行为经济学》,刘璨、吴水荣译,中国人民大学出版社 2004 年版,第 7 页。

够更加充分地解析公租房使用退出引力与压力机制的运行规律。首先，公租房使用退出的相关法律规则构成了公租房使用退出引力与压力机制运行的法律制度框架。这个制度框架不仅包括《公共租赁住房管理办法》以及各地方规定中的公租房使用退出条款，而且包括《合同法》中的租赁合同和合同解除规则、《行政处罚法》中的相关行政处罚程序规则、《行政强制法》中的行政强制执行规则等。其次，责令退出决定和使用退出行为是公租房使用退出引力与压力机制运行的行为要素。公租房使用退出引力与压力机制的动态过程以行为要素为线索展开，法律制度赋予的住房保障主管部门权力和公租房承租人权利通过其行为实现，法律制度规定的住房保障主管部门职责和公租房承租人义务通过其行为履行。最后，公租房使用退出的引力与压力机制体现了制度与行为的相互作用：一方面，公租房使用退出制度对于责令退出决定和使用退出行为既具有约束性也具有促进性，在约束住房保障主管部门和公租房承租人行为做出的程序合法性和实体正当性的同时，通过分配住房保障主管部门的职权与责任、公租房承租人的权利与义务，促进双方积极作为；另一方面，公租房使用退出引力与压力机制运行的过程也是公租房使用退出法律制度完善的过程，立法者可以根据公租房使用退出机制运行过程的实际效果修改完善公租房使用退出法律制度，作为执法者的住房保障主管部门和作为守法者的公租房承租人在根据公租房使用退出法律制度行为时也起到了"调试"公租房使用退出法律制度的作用。

(四) 博弈理论

公租房使用退出过程中，住房保障主管部门和公租房承租人是以实现公租房使用退出为目标而采取各自策略的两个博弈参与者，住房保障主管部门可以在是否采取严格的使用退出监管或者是否采取奖励和惩罚措施之间做出策略选择，公租房承租人可以在是否退出公租房之间做出策略选择。博弈理论作为在分析具有特定目的的两个或者多个参与者之间在策略上的相互作用及其最终效果的基础上对策略选择进行解释和预测的理论工具，能够从微观层面解析公租房使用退出引力与压力机制中引力与压力产生和发生作用的原理，阐明公租房使用退出引力与压力机制的意义。博弈理论以研究范式为标准可以划分为传统博弈论和演化博弈论。传统博弈论以参与者的完全理性和信息的完全充分为基本假设展开分析。演化博弈论，又称进化博弈论，是将博弈理论分析和动态演化过程分析结合起来的一种理论。演化博弈理论摒弃了完全理性和完全信息的假设，将博弈理论建立在参与人通过学习优化策略的假设之上。公租房使用退出过程中，由于住房保障政策、住房保障主管部门的执法能力、公租房承租人收入状况、受教育程度等诸多因素的影响，住房保障主管部门和公租房承租人的博弈不是在完全理性与完全信息的条件下进行的。因此，相较于传统博弈理论，演化博弈理论对解析公租房使用退出引力与压力机制更加具有适用性。

目前，虽然国内学者运用演化博弈理论研究公租房使用退出过程的研究较少，但是仍然有一些具有代表性的研究结论。一是运用演化博弈理论研究租赁型保障住房退出机制，得出应当建立科学的激励退出机制的结论，认为在引入使用退出的激励机制后，如果承租人因为激励所能够获得的利益大于其隐瞒信息不退出公租房的利益，那么承租人就会选择主动退出公租房的策略。[1] 二是运用演化博弈分析公租房赖租的赖租问题，发现政府事实上不必要起诉所有赖租的公租房承租人，而是仅仅起诉他们中的一部分，即可对剩余赖租承租人造成威慑，促使其主动退出公租房的赖租诉讼解决策略。[2] 综合上述研究结论并对其进行适当推广，可以发现：一方面，解决公租房退出难问题的最有效措施是建立奖励与惩罚相结合的公租房使用退出机制；另一方面，在公租房承租人缺乏退出动力、赖租情况严重时，需要采取具有威慑力的强制退出措施。由此可见，演化博弈论分析公租房使用退出过程得出的基本结论是需要建立公租房使用退出的引力与压力机制。

---

[1] 参见邓宏乾、王昱博《租赁型保障住房退出机制研究——基于进化博弈论的视角》，《贵州社会科学》2015年第3期。

[2] 参见曾辉、虞晓芬《公租房的赖租问题及其诉讼解决方略》，《城市问题》2017年第8期。

二 公租房使用退出的引力机制

公租房使用退出的引力机制是指法律规制公租房使用退出过程形成的鼓励、引导公租房承租人自愿退出公租房的法律机制。有学者提出,"退出引力机制的设置是当低收入家庭的经济状况发生变化时","通过一定的政策安排,使廉租住户进入住房保障的上位"。① 在公租房与廉租房并轨、住房市场和住房保障有效衔接的背景下,公租房使用退出的引力机制的目的并不仅仅局限于在公租房承租人经济状况改善时,通过政策和法律制度的安排使公租房承租人"进入住房保障的上位",而且包括鼓励经济状况改善的公租房承租人主动退出住房保障,在住房市场通过租房或者购房的方式满足其住房需要。公租房使用引力机制的主要包括逐级提租渐进完成使用退出、提供租房补贴和购房优惠、分阶段推进购买退出三项内容。

(一) 逐级提租渐进完成使用退出

逐级提租渐进完成使用退出是指在公租房承租人收入稍微超出法定标准但是不足以完全自力解决住房问题的条件下,将公租房承租人应当支付的租金与承租人的收入挂钩,逐级提租引导公租房承租人退出公租房。运用逐级提租方式成功完成公租房使用退出的典范是前文所论及的我国香港地区的"维护公屋资源合理分配政策"。香港立法会 2007 年 6 月 13 日通过并于 2008 年 1 月 1 日正式实施的《2007 年房屋(修订)条例》,引入了根据公屋承租人家庭收入变动情况上调以及下调租金的"新租金调整机制",用以取代《1997 年房屋(修订)条例》中"法定的公屋租金与入息比例中位数不超过 10% 的"规定。② 根据"新租金调整机制",香港房屋委员会每两年会进行一次公屋租金检讨,并且根据承租人收入指数的变动调整公屋的租金。如果承租家庭收入超过公屋申请配租标准,即法定收入标准的 2—3

---

① 阮可:《试论有效配置住房资源的制度性安排——廉租住房的退出机制研究》,《探索》2011 年第 6 期。
② 参见香港立法会秘书处《立法会秘书处就公共租住房屋新租金调整机制拟备的最新北京资料简介》[立法会 CB(1)2038/11 - 12(04)号文件]。

倍，则需要缴付 1.5—2 倍的租金；如果承租家庭收入超过法定收入标准的 3 倍，则需要缴付 3 倍的租金。这种根据承租人收入水平提高而逐级提高公屋租金标准的方式，让承租人在不堪公屋租金重负的情况下知难而退，逐步实现公屋的使用退出。逐级提租渐进完成使用退出法律制度的有效执行是以掌握承租人真实收入情况为前提的，香港房屋委员会规定：凡是在公屋住满 10 年或以上的承租人，都必须每两年申报一次收入，如果没有按时申报收入或者申报的收入超过公屋资助标准（公屋准入标准的两倍），则需缴纳 2 倍租金；如果承租人已经缴纳 2 倍租金，则必须每两年申报一次收入。

尽管早在我国公租房法律制度建立之前，就有学者针对当时廉租住房腾退方式与激励机制存在的问题提出过"根据腾退需要调整租金标准"和"建立租金累进制度和租金补贴累退制度"的完善建议，[①]但是直至公租房与廉租房实现并轨，我国也未能建立逐级提租渐进完成使用退出的法律制度。实证研究表明，公租房租金水平越高，公租房承租人的使用退出意愿越强，构建渐进式公租房退出机制有利于提高承租人的退出意愿。[②] 为鼓励、引导公租房承租人自愿退出公租房，有必要借鉴我国香港地区的"维护公屋资源合理分配政策"和"新租金调整机制"，建立逐级提租渐进完成使用退出的法律制度。当前建立逐级提租渐进完成使用退出法律制度的关键问题并不是确定公租房承租人收入与应缴付租金的比例，而是确定公租房承租人的收入申报制度，保证住房保障主管部门能够及时掌握承租人真实地资产和收入水平。《公共租赁住房管理办法》第 35 条[③]规定了公租房承租人隐瞒或虚报收入的法律责任，能够确保公租房承租人真实地申报其收入情况。为了能够及时根据公租房承租人的收入情况调整公租房承租人

---

① 参见曾国安、阳玉、周盼《论廉租住房腾退方式与激励机制存在的问题及解决思路》，《开发研究》2010 年第 3 期。

② 参见李进涛、涂姗《计划行为视角的公共租赁住房退出意愿研究——以武汉市为例》，《社会保障研究》2016 年第 5 期。

③ 《公共租赁住房管理办法》第 35 条第 1 款规定："申请人隐瞒有关情况或者提供虚假材料申请公共租赁住房的，市、县级人民政府住房保障主管部门不予受理，给予警告，并记入公共租赁住房管理档案。"

应当缴付的租金,在建立逐级提租渐进完成使用退出法律制度的同时,需要确立公租房承租人及时申报收入制度,让公租房承租人每年一次或者每两年一次申报收入和主要财产的情况。如果公租房承租人拒绝按时申报收入和财产情况,住房保障主管部门有权责令承租人限期完成申报;逾期仍未申报的,住房保障主管部门有权责令承租人限期退出公租房。

(二) 提供租房补贴和购房优惠

为鼓励和引导公租房承租人自愿退出公租房,除了设置引导性的使用退出条件之外,还包括在使用退出之后为公租房承租人市场租房或者购房提供帮助,解决公租房承租人使用退出的后顾之忧。公租房承租人缺乏退出意愿的一个重要原因就是当前住房保障和住房市场没有形成合理的消费梯度,公租房租金与市场租金和房价之间存在断层。为防止公租房承租人因为退出公租房之后不能负担市场租金和市场房价而选择赖租,政府应当为因为经济条件改善而自愿退出公租房的承租人提供租房补贴和购房优惠。为鼓励公租房承租人能够"居者有其屋",为其提供购房补助和优惠是国际上的通行做法。在德国,经济水平提高的中低收入家庭退出公租房而选择购买住房的,可以获得每年最高约为2500欧元的补贴,其中有子女的中低收入家庭还可以得到额外的儿童购房补贴。[①] 韩国政府为鼓励承租人退出公租房,对购买60平方米以下住房的承租人提供8.5%的年利率以及相应的税收优惠,对于购买40—60平方米住房的承租人提供住房购置税和交易登记税征收减半的政策支持。[②] 我国一些地方政府也采取向退出公租房后自主购买住房的承租人提供税费减免、发放补助和提供低息贷款等措施,鼓励承租人退出公租房转向通过市场购房满足住房需求。根据《十三五规划纲要》提出的"实行实物保障与货币补贴并举,逐步加大租赁补贴发放力度",我国各地正在推进"公租房货币化保

[①] 参见梁云凤《德国的保障房制度及对我国的启示》,《经济研究参考》2011年第61期。

[②] 参见郑慧《租赁型保障房退出机制研究》,《经济研究参考》2012年第44期。

障"由住房保障主管部门发放租赁补贴,鼓励保障对象在市场租房。这不仅有利于转变公租房的保障方式,也具有促进公租房承租人退出公租房的作用。

(三)分阶段推进购买退出

鼓励和引导公租房承租人自愿退出公租房还可以采取"人房齐退"的购买退出措施,让承租人购买所租住公租房的部分或者全部产权,在承租人退出公租房保障范围的同时,其所租住的公租房也退出保障房序列。建立了现代住房保障制度的国家和地区大多都经历过租赁型保障性住房私有化的阶段,即在保障房充足甚至是过剩的情况下,政府选择将租赁型保障性住房出售给保障对象,在减轻政府财政负担的同时促进住房市场发展。以英国为例,1979年撒切尔政府面临住房保障问题基本解决之后,社会住房造成的政府财政负担严重、住房市场不景气和社会福利依赖等一系列问题,在1980年修订了《住房法》,出台"购屋权"政策,规定只要租住社会住房达2年的承租人都有权购买其所租住的房屋,以鼓励社会住房的私有化。[1] 又如我国香港地区,从1998年起开始推行"租者置其屋"计划,鼓励经济条件改善的公屋承租人购买所承租的住房,既满足了承租人的购房愿望,也减少了对于承租人的资助。[2] 根据《公共租赁住房管理办法》第3条的规定,公租房的保障形式仅限于租赁,承租人在退出公租房时不能购买所租住公租房的部分或者全部产权,但是从地方实践来看,我国公租房政策和法律制度的立法态度正在由"只租不售"向"租售并举"转变。

《城镇住房保障条例(征求意见稿)》允许各地方根据住房保障的实际情况,分阶段推进购买退出,允许承租人在退出公租房时购买

---

[1] 参见吕洪业、沈桂花《英国住房保障政策的演变及启示》,《行政管理改革》2017年第6期。

[2] 参见刘祖云、吴开泽《住房保障准入与退出的香港模式及其对内地的启示》,《中南民族大学学报》(人文社会科学版)2014年第2期。

公租房的部分或者全部产权。根据该征求意见稿第 23 条①的规定承租人在政府未为禁止性规定的情况下，可以购买其所租住的公租房，并且第 24 条②还对购买退出后公租房的回购、转让及转让的限制进行了规定。有学者将提供购房优惠和分阶段推进购买退出统称为"扶助退出"，认为"扶助退出是指通过经济或政策杠杆鼓励并协助有能力的公共租赁住房住户市场购买商品房从而退出公共租赁住房"。③尽管二者都属于通过让公租房承租人在退出公租房后获得有产权的住房鼓励、引导公租房承租人退出公租房，但是购买商品房和公租房后，产权人对住房的处分权存在差异。《城镇住房保障条例（征求意见稿）》第 24 条规定，承租人购买公租房未满 5 年的，不得转让公租房产权，只能由政府回购；承租人购买公租房满 5 年后，可以再转让公租房产权，政府在同等条件下享有优先购买权；政府有权规定承租人不得转让公租房产权或者不得取得公租房完全产权。

三 公租房使用退出的压力机制

公租房使用退出的压力机制是指法律规制公租房使用退出过程形成的强制公租房承租人退出公租房的法律机制。相较于公租房使用退出的引力机制，强制性和有责性是公租房使用退出压力机制的突出特

---

① 《城镇住房保障条例（征求意见稿）》第 23 条规定："承购人购买保障性住房未满 5 年的，不得转让保障性住房；确需转让的，由直辖市、市、县人民政府按照原购房价格并考虑折旧和物价水平等因素予以回购。承购人购买保障性住房已满 5 年的，可以转让保障性住房，并按照配售合同约定的产权份额向直辖市、市、县人民政府补缴相应价款，直辖市、市、县人民政府在同等条件下享有优先购买的权利；承购人也可以按照配售合同约定的产权份额补缴相应价款，取得完全产权。但是，直辖市、市、县人民政府规定不得转让或者不得补缴相应价款取得完全产权的除外。"

② 《城镇住房保障条例（征求意见稿）》第 24 条规定："承租人通过购买、继承、受赠等方式取得其他住房，不再符合保障条件的，应当腾退保障性住房；承租人收入状况发生变化，不再符合保障条件的，可以按照市场租金标准继续承租保障性住房。承购人购买保障性住房未满 5 年，通过购买、继承、受赠等方式取得其他住房，不再符合保障条件的，应当腾退保障性住房，由直辖市、市、县人民政府按照原购房价格并考虑折旧和物价水平等因素予以回购。"

③ 毛小平、陆佳婕：《并轨后公共租赁住房退出管理困境与对策探讨》，《湖南科技大学学报》（社会科学版）2017 年第 1 期。

征。有学者考察各个国家和地区公租房退出机制的实践后将其总结如下：违规强制退出机制指针对隐瞒真实收入和其他条件者，强制其退出并没收骗租所得；严厉惩罚退出机制指对隐瞒真实收入和其他条件者，不仅要求其退出公租房还面临较高罚款或诉讼。[①] 实质上，违规强制退出机制和严厉惩罚退出机制都属于公租房使用退出的压力机制，但是公租房使用退出严厉机制的主要措施并不限于没收骗租所得、罚款和提起诉讼，还包括申请人民法院强制执行、给予警告、记入公租房档案和信用记录、禁止或者限制再次申请公租房、追究刑事责任等。以法律性质为标准整合这些措施，公租房使用退出压力机制主要可以分为民事法律措施、行政法律措施和刑事法律措施三类，民事法律措施主要是提起民事诉讼、行政法律措施包括行政处罚和申请人民法院强制执行、刑事法律措施主要是追究刑事责任。

（一）提起民事诉讼

提起民事诉讼是公租房使用退出压力机制的重要民事法律措施，公租房强制退出以公租房租赁合同的终止或者解除为前提，公租房强制退出可以通过公租房租赁合同的司法解除实现。公租房租赁合同属于行政合同，兼具行政性和合同性。理论上，公租房租赁合同的解除及合同解除后的使用退出既可以通过行政手段实现，也可以通过民事手段实现。在承租人长期拖欠租金、租赁期限届满未按规定申请续租或者续租申请经审查不符合条件的，公共租赁住房的产权人或其委托的运营单位有权诉讼解除租赁合同，并通过民事强制执行实现公租房使用退出。实践中，不乏其例，例如璧山县公共租赁住房管理中心诉刘顺彬房屋租赁合同纠纷案[②]、昆明市公共租赁住房开发建设管理有限公司与陈文婷租赁合同纠纷案[③]、上海市杨浦区公共租赁住房运营

[①] 参见陈险峰、刘友平《公共租赁房退出机制及其政策选择》，《城市问题》2012年第6期。

[②] 参见璧山县公共租赁住房管理中心诉刘顺彬房屋租赁合同纠纷案一审民事判决书，（2014）璧法民初字第04305号。

[③] 参见昆明市公共租赁住房开发建设管理有限公司与陈文婷租赁合同纠纷案一审民事判决书，（2016）云0112民初2434号。

管理有限公司与庄海晓房屋租赁合同纠纷案[①]等。立法上，《公共租赁住房管理办法》第29条至第31条规定，在承租人拖欠租金、到期不申请续租或者申请续租经审核不符合法定标准的情形下，如果承租人拒不腾退的，公租房的产权人或其委托的运营单位有权诉请承租人腾退公租房。

正如前文提出的统一设计公租房使用退出程序建议，尽管公租房的所有权人或者其委托的运营单位可以针对公租房的合同性纠纷提起民事诉讼解除公租房租赁合同并适用民事执行程序实现公租房的使用退出，但是公租房使用退出不宜按照《公共租赁住房管理办法》区分为"退回"和"腾退"分别适用行政程序和民事程序，无论何种公租房使用退出条件成就而导致的公租房使用退出都可以统一适用《城镇住房保障条例（征求意见稿）》第26条[②]规定的公租房使用退出程序。如果公租房租赁合同已经确定解除或者终止，那么相较于提起民事诉讼，公租房使用退出程序解决更具效率，并且能够通过行政复议、行政诉讼或者行政强制执行程序实现公租房使用退出行政纠纷的有效解决。如果公租房的所有权人或者其委托的运营单位与承租人就公租房租赁合同是否已经解除或者终止仍然存在争议，在公租房的所有权人或者其委托的运营单位起诉确认合同效力之后，公租房承租人拒不腾退公租房的，除了申请民事强制执行外，住房保障主管部门仍然可以基于其职权做出责令公租房承租人限期退出公租房的决定。

（二）行政处罚和申请人民法院强制执行

行政处罚是公租房使用退出压力机制的主要行政法律措施。公租

[①] 参见上海市杨浦区公共租赁住房运营管理有限公司与庄海晓房屋租赁合同纠纷一审民事判决书，（2015）杨民四（民）初字第4703号。

[②] 《城镇住房保障条例（征求意见稿）》第26条规定："承租人、承购人依照本条例规定，应当腾退保障性住房但拒不腾退的，市、县级人民政府住房保障部门应当依法作出责令其限期腾退的决定。承租人、承购人对决定不服的，可以依法申请行政复议，也可以依法提起行政诉讼。承租人、承购人在法定期限内不申请行政复议或者不提起行政诉讼，在决定规定的期限内又不腾退的，由作出决定的市、县级人民政府依法申请人民法院强制执行。"

第四章　公租房使用退出的法律规制

房承租人采取提供虚假的证明材料等欺骗方式获得公租房、在公租房中从事违法活动、无正当理由连续空置公租房6个月以上等违法或者严重违约使用公租房的行为符合公租房惩罚性退出的条件,应当采取行政法律措施强制承租人退出公租房。住房保障主管部门有权责令其限期退出公租房,并处以警告、罚款等行政处罚,必要时可以申请人民法院强制执行。《公共租赁住房管理办法》第35条[1]和第36条[2]规定了对公租房承租人违法行为的行政处罚。《城镇住房保障条例(征求意见稿)》第47条第1款[3]在保持与上述规定同等行政处罚力度的前提下,增加了对骗取公租房的承租人给予警告、向社会通报、记入个人征信记录的规定,强化了对公租房承租人失信行为的处罚。

住房保障主管部门属于没有强制执行权的行政机关,在公租房承租人拒不履行住房保障主管部门责令其限期退出公租房决定的情况下,应当根据《行政强制法》第五章的相关规定申请人民法院

---

[1] 《公共租赁住房管理办法》第35条规定:"申请人隐瞒有关情况或者提供虚假材料申请公共租赁住房的,市、县级人民政府住房保障主管部门不予受理,给予警告,并记入公共租赁住房管理档案。以欺骗等不正手段,登记为轮候对象或者承租公共租赁住房的,由市、县级人民政府住房保障主管部门处以1000元以下罚款,记入公共租赁住房管理档案;登记为轮候对象的,取消其登记;已承租公共租赁住房的,责令限期退回所承租公共租赁住房,并按市场价格补缴租金,逾期不退回的,可以依法申请人民法院强制执行,承租人自退回公共租赁住房之日起五年内不得再次申请公共租赁住房。"

[2] 《公共租赁住房管理办法》第35条规定:"承租人有下列行为之一的,由市、县级人民政府住房保障主管部门责令按市场价格补缴从违法行为发生之日起的租金,记入公共租赁住房管理档案,处以1000元以下罚款;有违法所得的,处以违法所得3倍以下但不超过3万元的罚款:(一)转借、转租或者擅自调换所承租公共租赁住房的;(二)改变所承租公共租赁住房用途的;(三)破坏或者擅自装修所承租公共租赁住房,拒不恢复原状的;(四)在公共租赁住房内从事违法活动的;(五)无正当理由连续6个月以上闲置公共租赁住房。有前款所列行为,承租人自退回公共租赁住房之日起五年内不得再次申请公共租赁住房;造成损失的,依法承担赔偿责任。"

[3] 《城镇住房保障条例(征求意见稿)》第47条第1款规定:"违反本条例规定,申请人隐瞒、虚报或者伪造住房、收入和财产状况等信息申请城镇住房保障的,由住房保障部门给予警告,向社会通报,并依法将有关信息提供给征信机构记入个人征信记录;已承租、承购保障性住房的,责令退回,按照市场价格补缴承租、承购期间的租金,并处应补缴租金数额1倍以上3倍以下罚款;已领取租赁补贴和租金补贴的,责令退回,并处领取数额1倍以上3倍以下罚款;构成犯罪,依法追究刑事责任;申请人在5年内不得再次申请城镇住房保障。"

强制执行。《公共租赁住房管理办法》第 27 条第 2 款规定"市、县级人民政府住房保障主管部门可以依法申请人民法院强制执行",而《城镇住房保障条例(征求意见稿)》第 26 条第 2 款则规定"由作出决定的市、县级人民政府依法申请人民法院强制执行"。根据《行政强制法》第 53 条和《城镇住房保障条例(征求意见稿)》第 26 条第 1 款中"市、县级人民政府住房保障主管部门应当依法作出责令其限期腾退的决定"的规定,应当由市、县级人民政府住房保障主管部门申请人民法院强制执行。随着我国住房保障制度的发展和大量公租房投入使用后进入到期退出阶段,包括公租房在内的保障房腾退将成为一项繁重的工作,通过申请人民法院强制执行可能难以满足需要。因我国《行政强制法》第 13 条"行政强制执行由法律设定"的规定,故《公共租赁住房管理办法》和《城镇住房保障条例》都不能为住房保障主管部门设定行政强制执行权,但是可以考虑在制定《住房保障法》时,为住房保障主管部门设定行政强制执行权。

(三)追究刑事责任

刑事法律措施相较于民事法律措施和行政法律措施更加严厉,能够形成强大的公租房使用退出压力。从比较法的角度来看,追究公租房承租人骗取公租房和严重违规使用公租房行为的刑事法律责任属于住房保障法律规定的公租房使用退出压力机制必备措施。例如我国香港地区的《房屋条例》第 26 条规定,对于公屋申请人故意向房屋委员会虚报资料骗租,可以判处罚款 20000 港元及监禁 6 个月。[1] 在新加坡,承租人虚报情况骗取保障房的行为构成犯罪,可能被判处 5000 新元的罚款或者 6 个月监禁,严重违规使用保障房的承租人则可能面临罚款和监禁的双重处罚;在法国,根据《法国建筑与住宅法》的规定,保障房承租人骗取住房补贴和违法使用保障房的行为最高可能被判处 3 万法郎的罚款;在澳大利亚,《澳大利亚住宅法》规

---

[1] 参见巴曙松《中国保障性住房进入与退出制度的改进》,《发展研究》2012 年第 9 期。

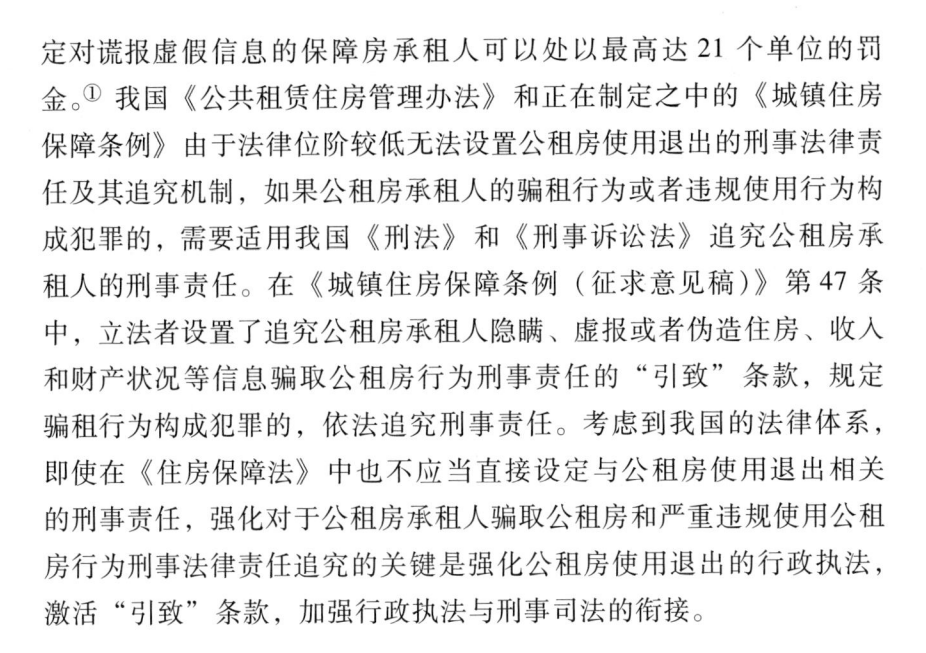

定对谎报虚假信息的保障房承租人可以处以最高达 21 个单位的罚金。[①] 我国《公共租赁住房管理办法》和正在制定之中的《城镇住房保障条例》由于法律位阶较低无法设置公租房使用退出的刑事法律责任及其追究机制，如果公租房承租人的骗租行为或者违规使用行为构成犯罪的，需要适用我国《刑法》和《刑事诉讼法》追究公租房承租人的刑事责任。在《城镇住房保障条例（征求意见稿）》第 47 条中，立法者设置了追究公租房承租人隐瞒、虚报或者伪造住房、收入和财产状况等信息骗取公租房行为刑事责任的"引致"条款，规定骗租行为构成犯罪的，依法追究刑事责任。考虑到我国的法律体系，即使在《住房保障法》中也不应当直接设定与公租房使用退出相关的刑事责任，强化对于公租房承租人骗取公租房和严重违规使用公租房行为刑事法律责任追究的关键是强化公租房使用退出的行政执法，激活"引致"条款，加强行政执法与刑事司法的衔接。

第五节 公租房使用退出的异议处理机制

公租房承租人对于住房保障主管部门做出的责令公租房承租人限期退出公租房的决定不服，或者对于住房保障主管部门在做出责令公租房承租人限期退出公租房之前的公租房租赁合同解除有异议，则会在住房保障主管部门与承租人之间、承租人与出租人之间产生纠纷。为妥善解决公租房使用退出过程中产生的各种纠纷，保证公租房使用退出过程的顺利完成，需要一套以公租房承租人异议权利为核心的公租房使用退出纠纷解决机制——公租房使用退出的异议处理机制。然而，我国公租房使用退出异议处理机制存在实践经验不足和理论基础薄弱的问题，解决公租房使用退出过程中纠纷的作用十分有限，容易造成纠纷积聚，阻碍公租房使用退出过程的有序进行，甚至可能减损公租房承租人对于住房保障主管部门的信任，影响社会公众对于公租

---

① 参见方永恒、张瑞《保障房退出机制存在的问题及其解决途径》，《城市问题》2013 年第 11 期。

房制度的信心。因此，有必要夯实公租房使用退出异议处理机制的理论基础，并以此为指导完善我国公租房使用退出的异议处理机制。

一 公租房使用退出异议处理机制的意义

公租房使用退出异议处理机制本质上是一种纠纷解决机制，其意义在于解决公租房使用退出过程中公租房承租人与出租人、住房保障主管部门之间的纠纷。这种纠纷解决机制的意义主要体现在三个层面：一是从公租房承租人权利的层面来看，公租房使用退出异议处理机制以公租房承租人对公租房租赁合同解除行为或者责令公租房承租人限期退出公租房的决定所提出的异议为处理对象，意在保护公租房承租人在使用退出过程中享有的各项实体性权利和程序性权利。公租房租赁合同属于行政合同兼具合同性和行政性，公租房使用退出异议处理机制保护的公租房承租人权利不仅包括承租人作为合同当事人享有的合同权利，也包括承租人作为行政相对人享有的权利。二是从公租房使用退出法律关系的层面来看，公租房使用退出异议处理机制通过平衡公租房承租人与住房保障主管部门之间的权利（力）义务关系实现定纷止争的目标，缓解公租房承租人与住房保障主管部门之间的紧张关系，化解公租房承租人与住房保障主管部门之间的冲突和矛盾，消除公租房承租人与住房保障主管部门之间的对抗。三是从公租房使用退出法律制度的层面来看，公租房使用退出异议处理机制本身是公租房使用退出法律制度的一部分，是公租房使用退出过程的"稳定器"和"调节器"，维护公租房使用退出法律制度塑造的公租房使用退出秩序，保证公租房使用退出活动按照公租房使用退出秩序顺利完成。

（一）保护公租房承租人权利

公租房承租人可以对侵害其权利或者有侵害其权利之虞的公租房租赁合同解除行为或者责令承租人限期退出公租房的决定提出异议，以救济其权利或者保护其权利免受侵害。在公租房使用退出过程中，承租人享有的权利以法律性质为标准，可以分为程序性权利和实体性权利。公租房承租人在使用退出过程中，享有包括听证权、陈述权、申辩权和起诉权等诸多程序性权利。这些程序性权利服务于公租房承租人的实体性权利，在这些程序性权利行使的过程中，公租房承租人的实体性权利得以实现、受到保护或者获得救济。公租房使用退出异议处理机制通过保证公租房承租人的程序性权利的充分行使，保护和救济公租房承租人的实体性权利。公租房租赁合同是公租房使用监管的核心，公租房租赁合同的终止或者解除是公租房使用退出的前提，承租人实体性权利集中于公租房租赁合同之中。公租房租赁合同属于行政合同，公租房承租人权利包括承租人作为合同当事人享有的合同权利和承租人作为行政相对人享有的权利。根据公租房租赁合同纠纷的解决思路，公租房使用退出异议处理机制是一套兼具公法与私法品格，兼顾公共利益与个人权益，兼容行政程序与民事程序的纠纷解决机制，同时保护公租房承租人公法上和私法上的权利。

公租房承租人权利保护的方式包括国家保护和自我保护。所谓国家保护，也称公力救济，是指国家机关通过法定的程序保护公租房承租人的权利不受侵害。国家保护既包括政府及其住房保障主管部门运用行政权力对公租房承租人权利的保护，也包括人民法院通过司法裁判对公租房承租人权利的保护。自我保护即私力救济，是指公租房承租人采取包括请求、自卫行为和自助行为在内的各种合法手段，保护自身权利不受侵害。自我保护只能以法律允许的方式和在法律允许的范围内才有效，否则就会构成权利滥用，受到法律的否定评价。公租房使用退出异议处理机制集合了公租房使用退出的国家保护方式和自我保护方式，不仅允许公租房承租人通过行使合同解除异议权，与出租人、住房保障主管部门协商的方式自力保护权利，而且允许公租房承租人通过申请行政复议、提起诉讼启动公力救济方式，实现对于公租房承租人权利的全方位保护。

（二）化解公租房使用退出矛盾

公租房使用退出异议处理机制的意义还在于能够及时处理公租房承租人对出租人单方解除公租房租赁合同的行为或者住房保障主管部门责令承租人限期退出公租房决定的异议，从而化解公租房使用退出矛盾。与一般的住房租赁腾退过程不同，公租房使用退出过程中极易产生和聚集矛盾。这主要体现在三个方面：其一，公租房使用退出多数情况下并非基于承租人与出租人合意产生的结果，而是在住房保障主管部门行政权力干预甚至是主导下完成，容易因为住房保障主管部门行使行政优益权和公租房使用退出行政法律关系的单方面性引起的公租房承租人与住房保障主管部门之间权利义务不对等，导致公租房承租人与住房保障主管部门之间产生矛盾。其二，公租房使用退出是公租房运营管理过程的重要转换环节，既是公租房承租人使用公租房的终端，也是公租房通过再分配实现循环利用的始端，在利益再分配的过程中，承租人会因为自身利益受损或者认为利益分配不公平而与利益分配的主导者住房保障主管部门产生矛盾。其三，公租房配租的空间和时间都相对集中，相应地，公租房使用退出的空间和时间也相对集中，可能导致公租房使用退出矛盾集中发生，并且在发生后积聚形成规模较大的社会冲突。公租房使用退出异议处理机制虽然不能完全阻止公租房使用退出过程中矛盾的产生，但是能够有效化解公租房使用退出矛盾，防止矛盾积聚引发更大规模的社会冲突。

（三）维护公租房使用退出秩序

解决使用退出纠纷最终是为了维护公租房使用退出法律制度塑造的公租房使用退出秩序，保证公租房使用退出活动按照公租房使用退出秩序顺利完成。正如有学者在探讨纠纷解决的评价标准时所指出的那样，"纠纷解决的客观性标准归根结底是建立在法律秩序基础之上的"[1]。就单个公租房承租人异议的处理个案而言，处理结果是否公正合理的评价标准是公租房承租人提出异议所要达到的预期目的是否在法律允许的范围内得以实现。而就公租房承租人异议的处理机制整体而言，处理结果的公正合理则意味着公租房使用退出过程中公租房承租人相同的异议得到相同的处理，相似的异议处理结果相似，即公租房使用退出法律制度塑造的公租房使用退出秩序得到维护。公租房使用退出异议处理机制发挥着"稳定器"和"调节

---

[1] 赵旭东：《纠纷解决含义的深层分析》，《河北法学》2009 年第 6 期。

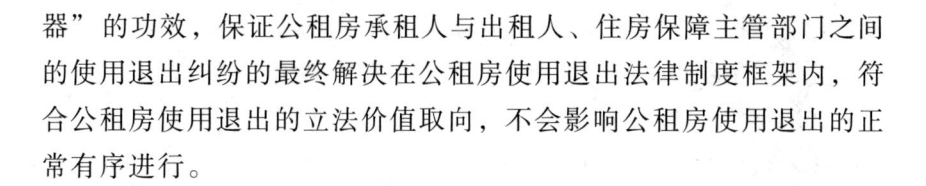

器"的功效，保证公租房承租人与出租人、住房保障主管部门之间的使用退出纠纷的最终解决在公租房使用退出法律制度框架内，符合公租房使用退出的立法价值取向，不会影响公租房使用退出的正常有序进行。

二 公租房承租人的异议权利

公租房承租人的异议权利是公租房使用退出异议处理机制的核心，是解析公租房使用退出异议处理机制的关键。异议权利是一个常用的、外延相对宽泛的法律概念，意指当事人提出不同意见的权利。异议权利并非指单个的权利，而是指一类提出不同意见的权利。狭义上，异议权利是指针对某项具体的权利或者行为提出不同意见，以对抗、限制、修正或者使其失效的权利，这些权利多直接称为"异议权"，如管辖异议权、执行异议权、合同解除异议权等。广义的异议权利泛指在纠纷解决过程中提出有利于自己的不同意见或者主张的权利，不仅包括狭义的异议权利，还包括申辩权、听证权、程序抵抗权、申请行政复议权、行政诉权等。按照异议权利是否直接体现权利人实体上的法律权益分为实体性异议权和程序性异议权。程序性异议权包括申辩权、听证权、申请行政复议权、起诉权、管辖异议权、执行异议权等，实体性异议权包括抗辩权、合同解除异议权等。以异议权利所针对或者所主张的权利的法律性质，可以分为行政性异议权与民事性异议权。申辩权、听证权、申请行政复议权、提起行政诉讼权等属于行政性异议权，合同解除异议权则属于民事性异议权。在公租房使用退出异议处理机制中，公租房承租人享有异议权利主要包括合同解除异议权、申辩权、申请行政复议权和行政诉权。

（一）合同解除异议权

公租房承租人租赁合同解除异议权是一项作用于公租房使用退出场域的合同解除异议权，是公租房使用退出制度与合同解除异议制度相结合的产物。《合同法》第 96 条第 1 款①确定了合同解除异议制度。公租房承租人享有对公租房租赁合同解除提出异议，以限制、修正或者消灭公租房出租人解除权的异议权。学界对于合同解除异议权的法律性质，存在非权利说、诉权说、请求权说和形成反对权说四种认识。非权利说认为，合同解除异议虽然具有权利的表象，但并非法律意义上的权利"在某种程度上接近于义务"②，而是法律针对合同相对人的原合同救济权利做出的必要的限制。诉权说则认为，其性质上属于确认诉权。③ 请求权说是司法解释所持的观点，认为："异议权是一种请求权，是请求撤销合同解除行为。"④ 形成反对权说借鉴德国的形成反对权理论，将合同解除异议权界定为形成反对权，认为合同解除异议权是对已经成立的解除权提出反对，以期发生消灭或者阻碍解除的效果的权利。形成反对权说较之于非权利说、诉权说和请求权说而言，与民事权利理论体系相符合，不存在明显的逻辑错误，是目前理论上的最优选择。

根据《合同法司法解释二》第 24 条⑤的规定，公租房承租人需要在异议期限届满前以诉讼方式提出合同解除异议，否则公租房承租人的合同解除异议主张将不会得到人民法院的支持。然而，根据形成反对权的理论，公租房承租人租赁合同解除异议权的行使不以诉讼方式为必要，公租房承租人还可以通过口头回绝、书面回函和要求继续履行等方式表示异议。异议期间属于除斥期间，公租房承租人和出租

---

① 《合同法》第 96 条第 1 款规定："当事人一方依照本法第九十三条第二款、第九十四条的规定主张解除合同的，应当通知对方。合同自通知到达对方时解除。对方有异议的，可以请求法院或仲裁机构确认解除合同的效力。"

② 参见汪东丽、袁洋《合同解除异议制度废除论》，《河南财经政法大学学报》2015 年第 6 期。

③ 参见贺剑《合同解除异议制度研究》，《中外法学》2013 年第 3 期。

④ 沈德咏、奚晓明：《最高人民法院关于合同法司法解释（二）理解与适用》，人民法院出版社 2009 年版，第 176—177 页。

⑤ 《合同法司法解释二》第 24 条规定："当事人对合同法第九十六条、第九十九条规定的合同解除或者债务抵销虽有异议，但在约定的异议期限届满后才提出异议并向人民法院起诉的，人民法院不予支持；当事人没有约定异议期间，在解除合同或者债务抵销通知到达之日起三个月以后才向人民法院起诉的，人民法院不予支持。"

人可以在公租房租赁合同中约定异议期间，当事人没有约定的，合同异议期间为3个月。无论是否以诉讼方式为必要，公租房承租人都需要在异议期间内行使异议权，逾期异议不能发生限制、修正或者消灭公租房出租人的解除权的效果。

（二）申辩权

申辩权是公租房承租人在公租房使用退出程序中对住房保障主管部门责令承租人限期退出公租房决定提出不同意见，申辩理由，加以辩解以维护自身合法权益的程序性权利。申辩权是公租房承租人实质参与公租房使用退出过程的核心和关键，直接影响到公租房使用退出决定的做出。公租房使用退出多数情况下并非基于承租人与出租人合意产生的结果，而是在住房保障主管部门行政权力干预甚至是主导下完成。在住房保障主管部门作为出租人与承租人签订公租房租赁合同的情形下，住房保障主管部门可以行使行政优益权单方解除公租房租赁合同并强制公租房承租人退出公租房。在住房保障主管部门并非出租人的情况下，住房保障主管部门可以做出责令公租房承租人限期退出公租房的决定强制公租房承租人退出公租房。公租房使用退出法律关系具有明显的单方面性，住房保障主管部门享有决定权，可以单方面决定使用退出法律关系的发生、变更和消灭，并且单方面为公租房承租人设定权利和义务。这导致公租房使用退出法律关系中，住房保障主管部门与公租房承租人呈现出法律地位的不对等性。如果不赋予公租房承租人提出不同意见的权利，则公租房承租人难以与行政主体进行实质的意见交锋，难以保证住房保障主管部门责令公租房承租人限期退出公租房决定的合法性和合理性。

申辩权作为公租房使用退出程序中公租房承租人的一项程序性权利，其行使和救济与公租房承租人的知情权、陈述权、申请复议权和行政诉权等其他程序性权利密切相关。首先，公租房承租人知情权是申辩权行使的前提和基础。只有住房保障主管部门在做出责令公租房承租人限期退出公租房决定后及时通知承租人并向其说明做出行政决定的理由，告知承租人享有申辩权，公租房承租人才能够行使申辩权，提出对住房保障主管部门行政决定的不同意见。其次，公租房承租人的申辩权与陈述权相辅相成，保证公租房承租人意见的充分阐述。陈述权是指公租房承租人住房对保障主管部门责令其限期退出公租房决定的合法性和合理性陈述自己意见的权利。申辩权与陈述权之间的差异在于，申辩权是承租人的一种防御性权利，是承租人根据事实和法律对住房保障主管部门做出的使用退出决定提出抗辩和反驳，以消除或者减轻不利后果的权利。虽然公租房承租人的陈述权不具有防御性功能，但是公租房承租人陈述的意见对其申辩的不同意见具有辅助和佐证作用，共同构成完整的公租房承租人意见。最后，公租房承租人的申请复议权和行政诉权作为申请救济权，能够分别启动行政复议程序和行政诉讼程序，审查公租房使用退出程序的合法性，救济公租房承租人的申辩权。

（三）申请行政复议权

申请行政复议权是公租房承租人认为住房保障主管部门做出的责令其限期退出公租房决定侵犯了其合法权益，依法向有管辖权的行政复议机关提出对住房保障主管部门行政决定进行审查和处理的权利。行政复议是依申请的行政行为，只有公租房承租人针对公租房使用退出异议提出行政复议申请才能正式启动行政复议程序。如果公租房承租人没有提出行政复议申请，行政机关不能自行启动行政复议程序。申请行政复议权是法律赋予公租房承租人的一项重要的异议权利。我国《行政复议法》以及《行政复议法实施条例》对行政相对人申请复议权的行使方式和期限做了规定，公租房承租人复议申请权应当根据这些规定行使。在行使方式方面，根据《行政复议法》第11条及《行政复议法实施条例》第18条的规定，公租房承租人可以书面申请也可以口头申请行政复议。如果公租房承租人提出书面申请，可以采取当面递交、邮寄、传真或者电子邮件等方式。如果公租房承租人口头申请行政复议，行政复议机关应当当场记录公租房承租人的基本情况、行政复议请求、申请行政复议的主要事实、理由和时间，并且当场制作行政复议申请笔录交公租房承租人核对或者向公租房承租人宣读，并由公租房承租人签字确认。在行使期限方面，根据《行政复议法》第9条的规定，公租房承租人可以在知道住房保障主管部门责令其限期退出公租房决定之日起的 60 日内提出行政复议申请。此外，根据《行政复议法》第 16 条的规定，如果公租房承租人提出行政诉讼，并且人民法院已经受理，则公租房承租人不得申请行政复议。

（四）行政诉权

行政诉权是指公租房承租人提起诉讼，请求人民法院对住房保障主管部门解除公租房租赁合同和责令公租房承租人限期退出公租房的决定进行审理并做出裁判的权利。根据行政诉权理论，公租房承租人的诉权有广义和狭义之分，广义的行政诉权泛指公租房承租人享有的各项诉讼权利，包括起诉权、辩论权、申请回避权等；狭义的行政诉权仅指公租房承租人的起诉权，即起诉请求人民法院进行司法裁判的权利。我国《行政诉讼法》修订后，明确将行政合同纳入行政诉讼的受案范围。公租房租赁合同在性质上属于行政合同，公租房承租人对于住房保障主管部门解除租赁合同有异议的，可以提起行政诉讼，请求人民法院进行审理和裁判。根据我国《行政诉讼法》第 45 条和第 46 条的规定，公租房承租人可以直接提起行政诉讼，也可以先申请行政复议，然后提起行政诉讼。在起诉方式上，根据《行政诉讼法》第 50 条的规定，公租房承租人起诉原则上应当采取书面方式，但是如果书写起诉状确有困难的也可以口头起诉。

司法裁判是公租房使用退出纠纷解决的最终途径，行政诉讼是公租房承租人权利保护的最后防线，法律必须保证公租房承租人的行政诉权的充分实现。根据我国《行政诉讼法》第 51 条和第 52 条的规定，行政诉讼采取立案登记制度，人民法院在接到公租房承租人的起诉状时对符合本法规定的起诉条件的，应当登记立案。公租房承租人对于人民法院做出的不予立案裁定不服，可以提起上诉。立案登记制度充分保护公租房承租人行政诉权，让公租房承租人能够充分行使异议权利。当然，公租房承租人应当依法行使其行政诉权，不得滥用行政诉权。

三　公租房使用退出异议处理机制的构成

公租房使用退出异议处理机制是以公租房承租人异议权利为核心

构建起来的纠纷解决机制。鉴于公租房租赁合同的行政合同性质和公租房使用退出过程的行政主导性，公租房使用退出异议处理机制主要解决公租房承租人与住房保障主管部门之间的行政性异议，可以参照行政纠纷解决机制研究公租房使用退出异议处理机制的构成。对于行政纠纷解决机制的构成，理论上存在不同的认识。有学者认为："行政纠纷解决制度体系可以划分为三个层次和一个补充。"[①] 这三个层次以行政纠纷解决制度的司法属性由弱到强排列。当司法属性较弱的纠纷解决制度无法实现行政纠纷的实质解决时，行政纠纷的解决就会求诸司法属性较强的纠纷解决制度，直至纠纷通过行政诉讼这一终局性纠纷解决制度得到解决。有学者在这种层次论观点的基础上提出："调解是过滤器和分流器，行政复议是主渠道，行政诉讼是最后的防线，信访是补充。"[②] 这种主张在以层次划分行政纠纷解决机制构成的基础上，注重各种纠纷解决制度的功能定位及其分工合作关系。

公租房使用退出异议处理机制包括的各种纠纷解决途径有先后之分和主次之别。构成公租房使用退出异议处理机制主干的纠纷解决途径是协商、调解、行政复议和行政诉讼。这些纠纷解决途径以其功能定位也可以分为三个层次：协商和调解位于基础层次，处理较为简单的公租房使用退出异议，经过协商和调解无法解决的公租房使用提出异议相对复杂需要通过行政复议或者行政诉讼处理；行政复议处于中间层次，具有准司法性和行政内部监督性，是公租房使用退出异议处理的重要渠道，但是行政复议处理公租房使用退出异议的结果不具有终局性；行政诉讼位于最终层次，是终局性的公租房使用退出异议处理途径，任何经过协商、调解和行政复议仍然无法解决的公租房使用退出异议，都可以通过行政诉讼得到最终解决。

[①] 这种观点的具体内容是"调解和基层负责行政纠纷解决的专门委员会制度位于第一层次，行政裁决、行政仲裁和行政复议等准司法性的制度位于第二层次，行政诉讼位于第三层次，信访制度作为补充"。应松年：《构建行政纠纷解决制度体系》，《国家行政学院学报》2007年第3期。

[②] 刘莘、刘红星：《行政纠纷解决机制研究》，《行政法学研究》2016年第4期。

（一）协商和调解

协商是公租房承租人与住房保障主管部门之间就公租房使用退出异议进行沟通和商谈，进而就公租房使用退出异议达成合意或者形成协作的纠纷解决制度。虽然根据传统规制行政理念，"行政权不可处分"，住房保障主管部门不能与公租房承租人协商处理公租房使用退出异议，但是在现代的服务行政、合作行政和柔性行政理念下，行政权并非绝对不能处分而是不能随意处分，住房保障主管部门与公租房承租人可以在不违反法律强制性规范和不损害公共利益的前提下协商处理公房使用退出异议。协商是一种非正式的纠纷解决制度，属于公租房承租人与住房保障主管部门意思自治的范畴，法律对协商没有设定明确的实体性和程序性规则。公租房承租人与住房保障主管部门之间是否进行协商以及如何进行协商完全取决于公租房承租人与住房保障主管部门。即使在公租房承租人与住房保障主管部门协商过程中，存在第三方介入，整个协商的过程和结果也完全取决于公租房承租人与住房保障主管部门之间的合意，任何第三方都不享有干预协商活动的行政强制力或者司法强制力。

协商与其他公租房使用退出异议处理制度相比，具有成本低廉和方便快捷的优势。但是，协商解决公租房使用退出异议也存在不足之处：其一，协商建立在双方地位平等、能够自主真实表达自己意思的基础上，然而公租房承租人与住房保障主管部门存在实质上的地位差异，可能导致协商过程中公租房承租人意思表示不真实或者结果不公平的情况；其二，协商由双方自主决定，协商处理公租房使用退出异议可能出现损害国家、集体或者第三人利益的结果；其三，协商具有非正式性，协商处理公租房使用退出异议只能在公租房承租人与住房保障主管部门之间形成合同关系，其约束力和执行力有限，不能终局性地解决公租房使用退出异议。因此，协商只能处理较为简单的公租房使用退出异议，相对复杂的公租房使用退出异议需要通过行政复议、行政诉讼处理等正式的纠纷解决途径解决。在协商过程中，住房保障主管部门应当让公租房承租人充分行使合同解除异议权、申辩权、知情权和陈述权等权利，避免滥用行政权力干预公租房承租人的意思表示，以保证协商结果的公平性。对于协商解决公租房使用退出异议的结果不公平或者存在损害国家、集体或者第三人利益的情形，应当启动正式的纠纷解决制度予以纠正，并终局性地解决公租房使用退出异议。

调解是指在中立第三方的主持下，公租房承租人与住房保障主管部门遵循自愿、合法的原则协商一致达成协议，解决公租房使用退出纠纷的法律制度。调解制度包括司法调解、人民调解和行政调解三种，能够处理公租房使用退出异议的调解制度是司法调解和行政调解。虽然在"公权力不可处分"观念的影响下，调解长期被排斥在行政纠纷解决机制之外，但是随着行政纠纷调解实践的开展，调解作为行政纠纷解决途径已经在立法层面得到承认。根据最新修订的《行政诉讼法》第60条第1款①的规定，公租房承租人提出使用退出异议的基础关系是公租房租赁合同，住房保障主管部门在做出解除公租房租赁合同并且责令公租房承租人限期退出公租房决定的过程中享有一定的自由裁量权，公租房使用退出异议纠纷可以进行行政复议调解和行政诉讼调解。然而，由于相关调解程序法律规范的缺失，在实践中行政复议调解和行政诉讼调解参考民事纠纷调解程序进行。

（二）行政复议与行政诉讼

尽管《公共租赁住房管理办法》对使用退出异议申请行政复议或者提起行政诉讼未作规定，但《城镇住房保障条例（征求意见稿）》第26条②明确规定公租房承租人对住房保障主管部门责令公租房承租人限期退出决定不服的，可以申请行政复议，也可以提起行政诉讼。公租房承租人对住房保障主管部门做出的解除公租房租赁合同并责令承租人限期退出公租房的决定有异议的，有权就此提出复议申请，由

---

① 《行政诉讼法》第60条第1款规定："人民法院审理行政案件，不适用调解。但是，行政赔偿、补偿以及行政机关行使法律、法规规定的自由裁量权的案件可以调解。"

② 《城镇住房保障条例（征求意见稿）》第26条规定："承租人、承购人依照本条例规定，应当腾退保障性住房但拒不腾退的，市、县级人民政府住房保障部门应当依法作出责令其限期腾退的决定。承租人、承购人对决定不服的，可以依法申请行政复议，也可以依法提起行政诉讼。"

第四章 公租房使用退出的法律规制

复议机关对住房保障主管部门的行政决定是否合法与合理进行审查并做出复议决定。根据《行政复议法》第 12 条第 1 款①的规定，公租房承租人的复议申请既可以选择向住房保障主管部门的本级政府提出，也可以选择向上一级住房保障主管部门提出。公租房承租人提出行政复议申请后，行政复议程序主要包括受理、审理和决定。公租房使用退出异议的行政复议适用于《行政复议法》和《行政复议法实施条例》对于行政复议程序的相关规定。公租房承租人除了申请行政复议外，还可以提起行政诉讼，请求人民法院对公租房使用退出异议进行审理并做出裁判。公租房租赁合同属于行政合同，公租房承租人对于住房保障主管部门解除公租房租赁合同并责令承租人限期退出公租房的行政行为有异议，可以提起行政诉讼。行政诉讼是终局性的公租房使用退出异议处理途径，任何经过协商、调解和行政复议仍然无法解决的公租房使用退出异议，都可以通过行政诉讼得到最终解决。

行政复议和行政诉讼都以解决公租房使用退出纠纷、监督住房保障主管部门的行政行为和保障公租房承租人的合法权益为目标，密切联系，相互衔接。根据《行政复议法》和《行政诉讼法》的相关规定，公租房承租人对住房保障主管部门做出的解除公租房租赁合同并责令承租人限期退出公租房的决定有异议的，既可以申请复议，也可以提起诉讼。公租房承租人申请复议的，如果不服复议决定，还可以提起诉讼。但是，公租房承租人在同一时间内，只能通过行政复议和行政诉讼两种制度中的一种途径获得救济。在法定的行政复议期限内，公租房承租人不得提起行政诉讼。如果公租房承租人提出行政诉讼，并且人民法院已经受理，则公租房承租人不得申请行政复议。经过行政复议的公租房使用退出异议，根据《行政诉讼法》第 26 条的规定：如果复议机关决定维持住房保障主管部门的行政决定，则复议机关与住房保障主管部门一起作为共同被告；如果复议机关改变了住

---

① 《行政复议法》第 12 条第 1 款规定："对县级以上地方各级人民政府工作部门的具体行政行为不服的，由申请人选择，可以向该部门的本级人民政府申请行政复议，也可以向上一级主管部门申请行政复议。"

房保障主管部门的行政决定,则以复议机关为被告;如果复议机关在法定期限内未做出复议决定,公租房承租人起诉住房保障主管部门行政决定的,以住房保障主管部门为被告,起诉复议机关不作为的,以复议机关为被告。

  在公租房使用退出异议处理机制中,需要注重行政复议与行政诉讼之间的区别。从法律行为的性质来看,行政复议是"运用行政系统内部的层级监督关系纠正违法和不当的行政行为"①,本质上仍然属于行政行为,行政诉讼则是人民法院运用审判权进行审理和裁判的司法行为。从审查的范围来看,行政复议以全面审查为原则,不仅审查住房保障主管部门行政决定的合法性也审查住房保障主管部门行政决定的合理性,而行政诉讼仅对住房保障主管部门行政决定的合法性进行审查。从法律程序来看,行政复议虽然具有准司法性,但是并非司法行为而是行政行为,行政复议程序具有一定的灵活性和高效性;行政诉讼是司法行为,需要严格依照司法程序展开,具有规范性和严肃性的特点。从法律效力来看,行政复议不是终局性纠纷解决途径,公租房承租人对于行政复议决定有异议的,还可以提起行政诉讼;行政诉讼则是终局性纠纷解决途径,公租房使用退出异议一旦经过行政诉讼,则只能由人民法院做出具有最终效力的法律判决,不能再就公租房使用退出异议申请行政复议。

---

① 江国华:《中国行政法(总论)》,武汉大学出版社2012年版,第437页。

第五章　公租房开发建设与准入退出中相关当事人的法律责任

公租房开发建设与准入退出是一个当事人众多、法律关系复杂的过程。明确公租房开发建设与准入退出过程中的法律责任既是调整各方当事人之间利益、各方当事人利益与公共利益的关键，也是保证整个公租房开发建设与准入退出过程有序开展的需要。公租房开发建设与准入退出过程中的法律责任并不是一种独立的法律责任类型，而是由各种法律责任构成的一个法律责任综合体，或者说集束责任。当然，公租房开发建设与准入退出过程中的法律责任符合法律责任的定义，具备法律责任的一般特征。法律责任的定义存在多种理论观点，比较典型的观点是惩罚说、不利后果说和第二性义务说。惩罚说将法律责任定义为一种惩罚或者制裁。[①] 顾名思义，不利后果说将法律责任视为行为人应当承受的不利法律后果。[②] 第二性义务说是在义务说基础上发展形成的"新义务说"，该说主张法律责任是违反法定义务或者约定义务（亦即"第一性义务"）所招致的"第二性义务"。[③]

[①] 凯尔森认为："一个人在法律上对一定行为负责，或者他为此承担法律责任，意思就是如果作相反的行为，他应受制裁。"[奥] 凯尔森：《法与国家的一般理论》，沈宗灵译，中国大百科全书出版社1996年版，第73页。

[②] 沈宗灵认为："法律责任是行为人由于违法行为、违约行为或者由于法律规定而承受的某种不利的法律后果。"沈宗灵主编：《法理学》，北京大学出版社2000年版，第505页。

[③] 张文显认为："法律责任是由于侵犯法定权利或违反法定义务而引起的、由专门国家机关认定并归结法律关系有责主体的、带有直接强制性的义务，亦即由于违反第一性法定义务而招致的第二性义务。"张文显：《法哲学范畴研究》（修订版），中国政法大学出版社2001年版，第122页。

这些观点之间虽有争议，但是无论采取哪种观点，法律责任始终具备不利益性、义务相关性和法定性的特征。这表明公租房开发建设与准入退出中的法律责任是基于法律的明确规定，在公租房开发建设与准入退出过程中，由于相关当事人违反其应当履行的义务而应当承担的不利后果。

公租房开发建设与准入退出过程中的法律责任作为一种集束责任，可以根据不同的标准进行类型化处理。以当事人行为所违反的法律规定的性质为标准，可以将公租房开发建设与准入退出过程中的法律责任划分为民事责任、行政责任和刑事责任。根据法律责任产生的阶段，可以将公租房开发建设与准入退出过程中的法律责任分划为开发建设阶段的法律责任、准入配租阶段的法律责任、使用阶段的法律责任和退出阶段的法律责任。以法律责任的产生原因为标准，公租房开发建设与准入退出过程中的法律责任可以分为违反法定义务的责任、法律直接规定的责任和违反约定义务的责任。根据法律责任的承担主体，公租房开发建设与准入退出过程中的法律责任可以分为政府主管部门及其相关工作人员的法律责任、参与开发建设与运营管理的其他社会组织的法律责任、开发建设施工单位的法律责任、承租人的法律责任和物业管理者的法律责任。鉴于公租房开发建设与准入退出过程当事人众多和法律关系复杂的特点，本章对其研究围绕主体维度展开，关注公租房开发建设与准入退出中相关当事人的法律责任。

第一节　政府主管部门及其相关工作人员的法律责任

公租房是一种租赁型保障性住房，属于准公共产品，其开发建设和准入退出管理的源主体是政府。明确公租房开发建设与准入退出中的政府责任是保护公租房保障对象住房权利，维持公租房制度正常运行和发展完善的必要条件。这里的政府责任可以放在"国家—公民"，"行政主体—行政相对人"这两组对应概念构成的不同层次中分别理解。在"国家—公民"的层次，政府是为管理国家事务，行使

第五章　公租房开发建设与准入退出中相关当事人的法律责任

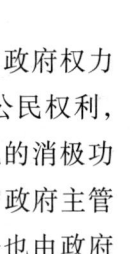

国家行政权力，履行国家行政职能的行政机关。政府责任与政府权力相伴生，是政府权力行使引致的法律后果，目的在于保障公民权利，包括促进公民权利实现的积极功能和保护公民权利不受侵犯的消极功能。在"行政主体—行政相对人"的层次，政府行政职权由政府主管部门及其相关工作人员行使，根据权责一致原则，政府责任也由政府主管部门及其相关工作人员承担。具体到公租房开发建设与准入退出过程中，政府主管部门及其相关工作人员怠于开发建设公租房或者在准入退出环节中不作为、滥作为导致分配准入或者使用退出结果不公平，损害行政相对人权利的，则应当承担法律责任。

一　政府主管部门及其相关工作人员的法律责任概述

公租房开发建设与准入退出中政府主管部门及其相关工作人员的法律责任其实包括政府主管部门的法律责任和政府主管部门相关工作人员的法律责任，但是由于我国公租房开发建设与准入退出的立法位阶较低且不够成熟，在现行的政府规章和地方性法规中，都只规定了政府主管部门相关工作人员的法律责任。例如《公共租赁住房管理办法》第33条[①]、《深圳市保障性住房条例》第56条[②]和《重庆市公共租赁住房管理暂行办法》（渝府发〔2010〕61号）第52条[③]也都只是对政府主管部门相关责任人的法律责任做了规定。

对于政府主管部门及其相关工作人员法律责任规定比较全面的是目前还在修改完善的《城镇住房保障条例（征求意见稿）》（以下简

[①]《公共租赁住房管理办法》第33条规定："住房城乡建设（住房保障）主管部门及其工作人员在公共租赁住房管理工作中不履行本办法规定的职责，或者滥用职权、玩忽职守、徇私舞弊的，对直接负责的主管人员和其他直接责任人员依法给予处分；构成犯罪的，依法追究刑事责任。"

[②]《深圳市保障性住房条例》第56条规定："主管部门或者其他相关部门及其工作人员违反本条例规定不履行职责的，依照有关法律、法规的规定，追究主要负责人和其他直接责任人员行政责任；构成犯罪的，依法追究刑事责任。"

[③]《重庆市公共租赁住房管理暂行办法》第52条规定："有关行政管理部门的工作人员在公共租赁住房规划、计划、建设、分配、使用和管理过程中滥用职权、玩忽职守、徇私舞弊、索贿受贿的，要依法依纪追究责任。"

称《征求意见稿》)。《征求意见稿》第 45 条[①]和第 46 条[②]在细化和增强《公共租赁住房管理办法》第 33 条规定的政府主管部门相关工作人员法律责任的同时,对政府主管部门的责任也做了规定。根据《征求意见稿》第 46 条的规定,住房保障主管部门和其他有关部门及其工作人员如果有该条规定的滥用职权、玩忽职守、徇私舞弊等行为的,由本级人民政府或者上级机关责令改正,通报批评。从法律责任体系的视角来看,《征求意见稿》第 45 条和第 46 条的规定仍然不够完善,仅仅规定了政府主管部门及其相关工作人员应当承担的内部行政责任和惩罚性行政责任,没有对外部行政责任和救济性行政责任做出规定。例如,根据《国家赔偿法》的相关规定,在公租房准入退出过程中,政府主管部门及其相关工作人员在行使职权时侵犯公租房保障对象权益的,政府主管部门应当承担行政赔偿责任。因此,研究公租房开发建设与准入退出过程中政府主管部门及其相关工作人员的法律责任不能局限于《公共租赁住房管理办法》及各地方公租房管理办法的规定,而是应当首先系统整体地把握政府主管部门及其相关工作人员的法律责任。

政府主管部门及其相关工作人员的活动贯穿于公租房开发建设与准入退出过程的始终,形成了错综复杂的法律关系。政府主管部门及其相关工作人员在这些法律关系之中所处的地位决定了其应当承担的法律责任。界定政府主管部门及其相关工作人员的法律责任关键在于明确其在各种法律关系之中所处的地位。政府主管部门及其相关工作

[①] 《城镇住房保障条例(征求意见稿)》第 45 条规定:"违反本条例规定,有关人民政府及其工作人员未履行城镇住房保障相关职责的,对直接负责的主管人员和其他直接责任人员依法给予处分;构成犯罪的,依法追究刑事责任。"

[②] 《城镇住房保障条例(征求意见稿)》第 46 条规定:"违反本条例规定,住房保障部门和其他有关部门及其工作人员有下列行为之一的,由本级人民政府或者上级机关责令改正,通报批评;对直接负责的主管人员和其他直接责任人员依法给予处分;构成犯罪的,依法追究刑事责任:(一)对不符合规定条件的申请人,提供保障性住房,发放租赁补贴、租金补贴或者减免租金的;(二)对符合规定条件的申请人,未依法登记为保障性住房轮候对象或者未依法向其发放租赁补贴、租金补贴或者减免租金的;(三)未依法出具住房、收入和财产状况等证明材料的;(四)泄露在工作中知悉的公民个人信息,造成后果的;(五)有其他滥用职权、玩忽职守、徇私舞弊等行为的。"

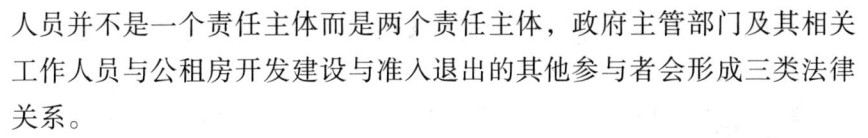

人员并不是一个责任主体而是两个责任主体,政府主管部门及其相关工作人员与公租房开发建设与准入退出的其他参与者会形成三类法律关系。

第一类是政府主管部门与政府主管部门相关工作人员之间的法律关系。在公租房开发建设与准入退出过程中,政府主管部门的各项活动都必须通过其相关工作人员的职务行为才能实现。政府主管部门相关工作人员具体代表政府主管部门履行其法定职责,其职务行为本身就是政府主管部门的行政行为,政府主管部门应当承担法律责任。当然,政府主管部门承担法律责任并不意味着政府主管部门相关工作人员不用承担法律责任,而仅仅意味着其不用直接向公租房开发建设与准入退出的其他参与者承担外部行政责任。如果政府主管部门相关工作人员在执行职务过程中存在过错的,需要承担相应的内部行政责任。

第二类是政府主管部门与公租房开发建设与准入退出的其他参与者形成的法律关系。在这类法律关系之中,政府主管部门的法律地位可以从功能定位和法律性质两个方面来考察。从功能定位来看,政府主管部门兼具参与者与监管者两重身份,其法律责任既有参与者责任也有监管者责任。从法律性质来看,政府主管部门可以作为民事主体也可以作为行政主体参与公租房的开发建设和准入退出活动,其法律责任既有行政责任也有民事责任。纵观整个公租房开发建设与准入退出过程及其发展趋势,政府主管部门逐渐从参与者转变为监管者,突出政府主管部门的行政职权,其参与者责任与民事责任式微,而监管者责任与行政责任凸显。

第三类是政府主管部门的相关工作人员与公租房开发建设与准入退出的其他参与者形成的法律关系。在公租房开发建设与准入退出过程中,政府主管部门相关工作人员的行为并非都是职务行为,也存在政府主管部门相关工作人员的个人行为。政府主管部门无须为政府主管相关工作人员的行为承担法律责任,政府主管部门相关工作人员应当对其个人行为承担法律责任。这种法律责任在性质上并非行政责任,而是属于民事侵权责任。此外,在政府主管部门相关工作人员在执行职务过程中存在滥用职权、玩忽职守、徇私舞弊、贪污受贿等情形，构成犯罪的，还应当承担刑事责任。

综合上述分析，我们可以归纳出政府主管部门及其相关工作人员法律责任的定义：政府主管部门及其相关工作人员的法律责任是指法律明确规定的，政府主管部门及其相关工作人员在公租房开发建设与准入退出过程中，违反其应当履行的义务而应当承担的不利后果。政府主管部门及其相关工作人员的法律责任是一个内容完整而又重点突出的法律责任体系。其中，政府主管部门的法律责任主要是住房保障主管部门的法律责任，并且以住房保障主管部门的行政责任为重点；政府主管部门相关工作人员的法律责任则以住房保障主管部门相关工作人员的法律责任为主要内容。

二 住房保障主管部门的行政责任

住房保障主管部门的行政法律责任是住房保障主管部门在公租房开发建设与准入退出过程中，违反其应当履行的行政义务造成公租房开发建设与准入退出的其他参与者合法权益损害而依法应当承担的不利后果。我们可以根据不同的标准将住房保障主管部门的行政责任划分为多种类型。以所违反义务的来源和性质为标准，住房保障主管部门的行政法律责任可以分为行政侵权责任和行政违约责任。根据责任目的差异，可以将住房保障主管部门的行政法律责任分为惩戒性行政责任和救济性行政责任。以责任内容为标准，住房保障主管部门的行政责任包括财产性行政责任和非财产性行政责任。根据产生责任的行政行为不同，住房保障主管部门的行政责任可以分为行政违法责任、行政不当责任和合法行政责任。上述各种类型对于研究住房保障主管部门的行政法律责任都有意义，但是笔者无意于面面俱到地阐释上述分类。鉴于行政行为与行政法律责任的因果关系以及行政法律责任对住房保障主管部门行政行为的评价作用，下文主要研究住房保障主管部门的违法行政责任、不当行政责任和合法行政责任。

（一）住房保障主管部门的违法行政责任

住房保障主管部门的行政违法是其承担行政法律责任的主要原

第五章 公租房开发建设与准入退出中相关当事人的法律责任

因。根据行政法学理论，行政违法与行政责任存在对应关系，并且这种对应关系可以概括为以下四个方面：其一，行政违法与行政责任是前因与后果的关系，有行政违法就有与之相适应的行政法律责任；其二，行政违法的法定性对应于行政责任的法定性及强制性，行政违法及因其产生的行政责任都以法律的明文规定为依据；其三，行政违法主体对应于行政责任主体，行政责任的主体应当是行政违法的主体，并且不同类型的行政违法主体有着相对应的行政责任主体；其四，行政违法程度与行政责任水平保持一致，在行政责任的追究上坚持"过罚相当"，根据行政违法情节的轻重程度决定行政责任的轻重程度。[①]住房保障主管部门的行政违法与其行政法律责任体现着上述对应关系，这种对应关系决定了住房保障主管部门违法行政责任的归责原则、构成要件和责任形式。

所谓归责，顾名思义就是确定责任的最终归属。相应地，归责原则就是指在确定责任最终归属过程中应当遵循的基本准则。对违法行政责任的归责原则，有行政法学者给出过精当的定义："归责原则指追究法律责任的根本标准。"[②] 这意味着归责原则是确定和追究住房保障主管部门违法行政责任的根本标准，体现着法律对于行政违法责任的价值判断，决定着住房保障主管部门违法行政责任的构成要件和责任形式。然而，对于违法行政责任乃至行政责任的归责原则，学界的认识严重分化：有学者认为应当建立一个包括过错、过错推定、严格责任、公平责任等归责原则在内的多元化归责原则体系；[③] 有学者则主张确立以违法责任为主、以过错责任为辅的二元行政责任归责原则体系；[④] 还有学者综合国内外学者的研究并结合民事责任的归责原则认为，行政责任归责原则可以大致概括为过错责任原则、违法责任

[①] 参见杨解君《违法行政与行政责任对应关系论》，《法制与社会发展》2000年第4期。
[②] 胡建淼主编：《违法行政问题研究》，法律出版社2000年版，第550页。
[③] 参见张芳《论行政责任归责原则的多元化》，《甘肃行政学院学报》2004年第1期。
[④] 参见胡肖华《走向责任政府——行政责任问题研究》，法律出版社2006年版，第154页。

原则和危险责任原则。① 笔者赞成违法行政责任采取过错责任原则与违法责任相结合的归则原则体系。具体到住房保障主管部门的违法行政责任，违法性是确定住房保障主管部门是否应当承担以及如何承担行政法律责任的根本标准，应当采取违法责任原则。

根据违法责任原则，尽管住房保障主管部门违法行政责任的构成要件理论上需要从主体、主观方面、客体和客观方面进行全面的考察，但实践中判断住房保障主管部门违法行政责任范围和形式的关键在于客观要件中的行为要件。住房保障主管部门的违法行政行为主要有六种类型：一是事实认定错误，即住房保障主管部门对其做出行政行为所基于的基本事实在主要情节或者性质的认定上存在错误，如对公租房申请人是否符合配租条件认定错误；二是适用法律错误，即住房保障主管部门做出行政行为未能正确适用相关法律规定，包括适用了错误的法律条款、适用了已经失效或者尚未生效的法律、错误解释法律规定和规避应当适用的法律等情形；三是行政越权，即住房保障主管部门超越法定的权力及其限度做出自己职权之外的行政行为，如对在公租房内从事违法行为的承租人进行治安管理处罚；四是滥用职权，即住房保障主管部门做出行政行为时存在故意拖延、随意解释等有悖于法律设定行政职权目的和精神的情形，如拒绝向符合保障条件但是没有本市城镇户口的住房困难群体配租公租房；五是程序违法，即住房保障主管部门未能按照法律规定的步骤、方式、方法、顺序和期限做出行政行为，如操纵轮候配租的摇号结果并拒绝向社会公开具体的过程；六是行政不作为，即住房保障主管部门负有法律规定的作为义务，但是拒绝履行或者无正当理由逾期不履行，如拒不受理住房困难群体的公租房申请。

除了行为要件外，确定住房保障主管部门违法行政责任的范围和形式时，还需要考虑结果要件。尽管从行政责任成立的角度来看，损害结果并不是违法行政责任构成的必备要件，但是从行政责任承担或者说行政责任的实现角度来看，损害结果具有不可替代的作用。住房保障主管

---

① 参见江国华《中国行政法（总论）》，武汉大学出版社2012年版，第430页。

部门违法行政行为造成的损害结果与其责任内容和责任形式相互关联。如果损害结果是公租房开发建设与准入退出其他参与者的财产权利损害，则住房保障主管部门主要承担财产性行政法律责任，主要是行政赔偿责任。如果损害结果是公租房开发建设与准入退出其他参与者的人身权利损害，则住房保障主管部门除了承担行政赔偿责任外，还需要承担赔礼道歉、恢复名誉、消除影响等非财产性行政法律责任。例如，公租房承租人本不存在以欺骗等不正当手段骗取公租房的事实，但是住房保障主管部门认定事实错误，还将该错误事实记入承租人信用档案并向社会通报，造成了承租人名誉受到损失的，住房保障主管部门除了赔偿公租房承租人因此受到的财产损失外，还应当向公租房承租人赔礼道歉、为公租房承租人恢复名誉、消除影响，恢复公租房承租人因为住房保障主管部门的错误认定而受到影响的社会声誉和正常生活。

(二) 住房保障主管部门的不当行政责任

住房保障主管部门在行使行政职权时，虽然没有违反法律对其职责的强制性规定，但是存在不适当履行法定职责的情况，即构成不当行政行为。"不当行政行为是指不符合合理行政、良好行政标准的行政行为。"[1] 住房保障主管部门的不当行政行为也是其承担行政责任的原因。根据《行政复议法》和《行政诉讼法》的相关规定，不当行政行为承担法律责任采取的是"明显不当"标准，并非所有的行政行为不当都应当承担行政法律责任，只有行政行为明显不当时才需要承担行政法律责任。然而，与行政违法与行政责任有着明确的对应关系不同，行政行为明显不当及其法律责任的判断一直以来都是一个饱受争议的问题。不当行政行为的本质上是对合理行政原则的违反，判断住房保障主管部门的行政行为是否属于明显不当其实就是判断住房保障主管部门的行政行为是否有违合理行政原则。而合理行政原则与行政自由裁量权密不可分。[2] 因此，确定住房保障主管部门不当行

---

[1] 张峰振：《论不当行政行为的司法救济——从我国〈行政诉讼法〉中的"明显不当行政行为"谈起》，《政治与法律》2016 年第 1 期。

[2] 何海波：《论行政行为"明显不当"》，《法学研究》2016 年第 3 期。

政责任的关键是住房保障主管部门的行政自由裁量权。

　　根据《公共租赁住房管理办法》和各地方有关公租房管理的地方性法规和规章的相关规定，住房保障主管部门在公租房开发建设与准入退出过程中的行政自由裁量权主要有三项：其一，行政处罚幅度内的自由裁量权，如《公共租赁住房管理办法》第34条第1款①规定，对于公租房所有权人及其委托运营单位向不符合条件的对象出租公租房、未履行公租房及其配套措施维修养护义务、改变公租房性质与用途的行为，住房保障主管部门有权处以3万元以下罚款，住房保障主管部门可以根据具体情节，在3万元以下罚款的幅度范围内决定具体的罚款数额。其二，选择行政行为方式的自由裁量权，如根据《公共租赁住房管理办法》第3条第2款②的规定，住房保障主管部门可以自主选择筹集公租房的方式。其三，做出行政行为时限的自由裁量权，如《公共租赁住房管理办法》第35条第2款③虽然规定住房保障主管部门有权责令公租房承租人限期退出公租房，如果公租房承租人逾期不退出公租房的，可以申请人民法院强制执行；但是并没有明确规定决定做出和申请人民法院强制执行的时限，住房保障主管部门对于时限可以自主决定。住房保障主管部门滥用行政自由裁量权，造成行政行为结果显失公正的，应当承担不当行政责任。

　　不当行政责任与违法行政责任一样，都会造成公租房开发建设与

---

　　① 《公共租赁住房管理办法》第34条第1款规定："公共租赁住房的所有权人及其委托的运营单位违反本办法，有下列行为之一的，由市、县级人民政府住房保障主管部门责令限期改正，并处以3万元以下罚款：（一）向不符合条件的对象出租公共租赁住房的；（二）未履行公共租赁住房及其配套设施维修养护义务的；（三）改变公共租赁住房的保障性住房性质、用途，以及配套设施的规划用途的。"

　　② 《公共租赁住房管理办法》第3条第2款规定："公共租赁住房通过新建、改建、收购、长期租赁等多种方式筹集，可以由政府投资，也可以由政府提供政策支持、社会力量投资。"

　　③ 《公共租赁住房管理办法》第35条第2款规定："以欺骗等不正手段，登记为轮候对象或者承租公共租赁住房的，由市、县级人民政府住房保障主管部门处以1000元以下罚款，记入公共租赁住房管理档案；登记为轮候对象，取消其登记；已承租公共租赁住房的，责令限期退回所承租公共租赁住房，并按市场价格补缴租金，逾期不退回的，可以依法申请人民法院强制执行，承租人自退回公共租赁住房之日起五年内不得再次申请公共租赁住房。"

准入退出其他参与者人身权利或者财产权利的损害，二者在责任范围和形式上没有本质的差别。住房保障主管部门违法行政责任和不当行政责任最主要的责任形式是行政赔偿。住房保障主管部门及其相关工作人员在行使行政职权时侵犯相对人权益的，受害人有权取得行政赔偿，住房保障主管部门是赔偿义务机关。与民事赔偿一样，行政赔偿程序也需要受害人主动提出请求才能启动。根据《国家赔偿法》第9条第2款①的规定，行政赔偿申请的提出有两种方式：一种是单独式，受害人根据《国家赔偿法》第三节规定的赔偿程序单独向住房保障主管部门提出赔偿请求，由住房保障主管部门在接受申请后做出赔偿决定；另一种是附带式，受害人在就住房保障主管部门行政行为提起复议或者诉讼时一并提出赔偿请求，由复议机关或者法院在审查住房保障主管部门行政行为的基础上一并处理赔偿事宜。在赔偿方式上，根据《国家赔偿法》第32条②和第35条③的规定，住房保障主管部门的赔偿以支付赔偿金为主要方式，以返还财产和恢复原状为必要的补充。并且，如果行政行为致使受害人精神损害的，住房保障主管部门还应当为受害人消除影响、恢复名誉、赔礼道歉，造成严重后果的还应当支付精神损害抚慰金。

（三）住房保障主管部门的合法行政责任

住房保障主管部门的违法行政行为和不当行政行为造成公租房开发建设与准入退出其他参与人合法权益受到损害的，应当承担相应的行政法律责任。那么住房保障主管部门的合法行政行为损害公租房开发建设与准入退出其他参与人合法权益的，是否会产生相应的行政法律责任呢？根据行政法学理论，行政主体的合法行政行为给行政相对人的合法权益造成的损害，应当进行行政补偿。住房保障主管部门的

---

① 《国家赔偿法》第9条第2款规定："赔偿请求人要求赔偿应当先向赔偿义务机关提出，也可以在申请行政复议和提起行政诉讼时一并提出。"

② 《国家赔偿法》第32条规定："国家赔偿以支付赔偿金为主要方式。能够返还财产或者恢复原状的，予以返还财产或者恢复原状。"

③ 《国家赔偿法》第35条规定："有本法第三条或者第十七条规定情形之一，致人精神损害的，应当在侵权行为影响的范围内，为受害人消除影响，恢复名誉，赔礼道歉；造成严重后果的，应当支付相应的精神损害抚慰金。"

合法行政在程序和实体上都符合法律的规定，一般不存在行政法律责任的承担问题，唯有在特定情形下住房保障主管部门为公共利益实施损害行政相对人合法权益的行政行为时，才需要承担行政补偿责任。具体而言，产生行政补偿责任的合法行政行为主要是行政征收行为和行政征用行为。此外，根据《行政许可法》第 8 条第 2 款①的规定，对于行政机关为公共利益需要依法变更或者撤回已经生效的行政许可给行政相对人造成财产损失的，行政机关应当给予行政补偿。

《公共租赁住房管理办法》没有规定公租房因为征收或者征用而终止租赁合同的情形，只有少数地方的公租房管理办法，如《天津市公共租赁住房管理办法》（津政发〔2013〕29 号）对公租房因征收或者征用而终止租赁合同做出了规定。然而，这些规定仍然不够全面，没有明确住房保障主管部门对因征收或者征用而退出公租房的承租人的行政补偿责任。尽管承租人不是公租房的所有权人难以根据《国有土地上房屋征收与补偿条例》的规定得到征收补偿，但鉴于公租房保障承租人基本住房权利的人权意义，住房保障主管部门应当对因征收或者征用而退出公租房的承租人予以补偿。从行政许可的角度来看，住房保障主管部门的准入配租行为具有行政许可的属性，如果住房保障主管部门在公租房租赁合同期限届满前为公共利益进行公租房换租或者让承租人退出公租房，则属于对行政许可的变更或者撤回，因此给承租人造成财产损失的，住房保障主管部门应当给予行政补偿。

目前我国尚无法律对行政补偿做出专门规定，但是从涉及行政补偿的法律规定来看，我国行政补偿以金钱补偿为主，以其他的非金钱补偿方式为辅。② 住房保障主管部门行政补偿的范围、行政补偿程序以及补偿方式和计算标准等内容，可以参照《国家赔偿法》的相关

---

① 《行政许可法》第 8 条第 2 款规定："行政许可所依据的法律、法规、规章修改或者废止，或者准予行政许可所依据的客观情况发生重大变化的，为了公共利益的需要，行政机关可以依法变更或者撤回已经生效的行政许可。由此给公民、法人或者其他组织造成财产损失的，行政机关应当依法给予补偿。"

② 参见胡肖华《走向责任政府——行政责任问题研究》，法律出版社 2006 年版，第 226 页。

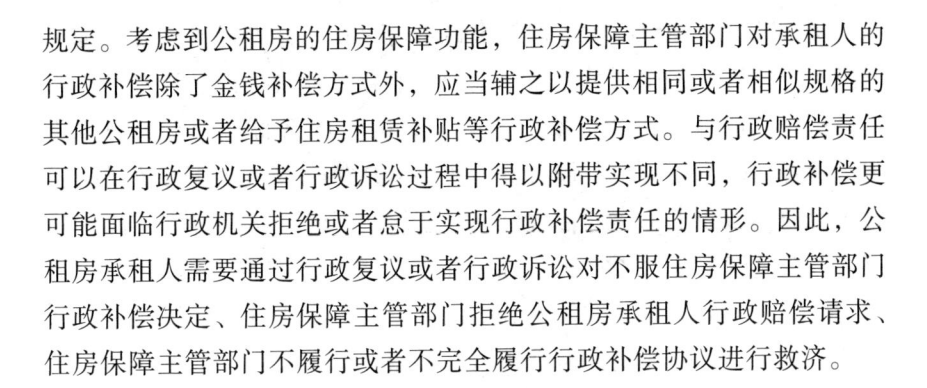

规定。考虑到公租房的住房保障功能，住房保障主管部门对承租人的行政补偿除了金钱补偿方式外，应当辅之以提供相同或者相似规格的其他公租房或者给予住房租赁补贴等行政补偿方式。与行政赔偿责任可以在行政复议或者行政诉讼过程中得以附带实现不同，行政补偿更可能面临行政机关拒绝或者怠于实现行政补偿责任的情形。因此，公租房承租人需要通过行政复议或者行政诉讼对不服住房保障主管部门行政补偿决定、住房保障主管部门拒绝公租房承租人行政赔偿请求、住房保障主管部门不履行或者不完全履行行政补偿协议进行救济。

三　住房保障主管部门相关工作人员的法律责任

住房保障主管部门相关工作人员的法律责任是住房保障主管部门相关工作人员在公租房开发建设与准入退出过程中，违反其应当履行的义务造成公租房开发建设与准入退出的其他参与者合法权益损害而依法应当承担的不利后果。住房保障主管部门相关工作人员法律责任的性质和内容取决于其行为是否属于职务行为。若住房保障主管部门相关工作人员的行为属于职务行为，则其职务行为本身即为住房保障主管部门的行政行为，住房保障主管部门应当承担法律责任，唯其在执行职务过程中存在过错时，才应当承担相应的内部行政责任。住房保障主管部门相关工作人员的职务行为除了受行政法规制，还受到刑法规制。住房保障主管部门相关工作人员在执行职务过程中存在滥用职权、玩忽职守、徇私舞弊、贪污受贿等情形，构成犯罪的，还应当承担刑事责任。若政府主管部门相关工作人员的行为是与执行职务无关的个人行为，则政府主管部门相关工作人员应当对其个人行为承担民事法律责任。

（一）住房保障主管部门相关工作人员职务行为的判断标准

住房保障主管部门相关工作人员的行为属于职务行为还是个人行为的判断是一个复杂的问题。理论上和实践中对职务行为的判断标准存在主观标准说、客观标准说和综合标准说等多种观点。主观标准说认为住房保障主管部门相关工作人员的行为是否属于职务行为应当以行为所体现的主观意图为标准。鉴于行政机关的意图和目的需要通过行政机关相关工作人员的行为实现，而行政机关相关工作人员的行为本身又有其意图和目的,主观标准说又可以具体分为行政机关主观标准说和行政机关工作人员主观标准说。前者主张以行为是否属于执行行政机关的意思为判断标准,超越行政机关意思的行为不是职务行为;后者则以行政机关工作人员的意思为判断标准,即使行政机关工作人员的行为并不是执行行政机关的意思,但只要具有行使其法定职权的意图,就属于职务行为。在公租房开发建设与准入退出过程中,住房保障主管部门及其工作人员的主观意思只能通过住房保障主管部门相关工作人员的客观行为推断出来。如果单纯以主观意思判断住房保障主管部门相关工作人员的行为是否属于职务行为不利于保护行政相对人的利益,还需要结合其他客观因素才能准确判断。

客观标准说认为,应当将行为的外部特征作为判断依据。该说将符合职务行为外部特征的行为类型化为三种:一是执行行政机关命令或者委托职务的行为,二是执行职务的必要行为或者协助行为,三是足以认定与行政机关职权相关的行为。只要行政机关工作人员的行为在形式上符合上述三种类型中的任意一种,则不论行政机关工作人员的主观意思如何,均属于职务行为。这种"外观主义"的判断标准对行政相对人的利益给予了充分的保护。但是客观标准说完全不考虑行政机关及其工作人员的主观意思与行政行为包括主观因素与客观因素的构成不符,失之于片面。因此,有必要采取主观标准说与客观标准说相结合的综合标准说。综合标准说认为,判断行政机关工作人员的行为是否属于职务行为应当综合考虑身份、时间、名义、目的、公益、职权、命令和公务标志等因素。根据综合标准说考虑的因素多寡,存在两项标准说、三项标准说、四项标准说和五项标准说等诸多观点。① 不论哪种综合标准说的观点,职权要素都是必备要素,也就是说,职权是判断某一行为是否属于职权行为的核心。在公租房开发建设与准入退出过程中,住房保障主管部门相关工作人员的行为是否属于职务行为应当以职权要素为核心判断标准。只有在职权要素不足

---

① 参见姚锐敏《论公务员的职务行为与个人行为的本质区别》,《广东行政学院学报》2005年第6期。

以准确判断住房保障主管部门相关工作人员的行为是职务行为还是个人行为时，才需要结合时间、名义、公益和公务标志等其他要素判断。

(二) 住房保障主管部门相关工作人员职务行为的法律责任

住房保障主管部门相关工作人员职务行为的法律责任主要是内部行政责任。在公租房开发建设与准入退出过程中，住房保障主管部门相关工作人员执行职务存在《公务员法》第59条①规定的公务员不得有的行为之一，则应当承担纪律责任。《公务员法》第60条②专门规定了公务员执行公务时的责任承担：公务员执行行政决定或者命令，即使认为该决定或者命令有错误的也不承担法律责任，但是公务员执行的行政决定或者命令明显违法的，应当承担相应的法律责任。住房保障主管部门相关工作人员执行行政决定或者命令的职务行为一般不产生行政法律责任，但是被执行的行政决定或者命令明显违法的，仍然应当承担纪律责任。根据《公务员法》第61条③和第62

---

① 《公务员法》第59条规定："公务员应当遵纪守法，不得有下列行为：（一）散布有损宪法权威、中国共产党和国家声誉的言论，组织或者参加旨在反对宪法、中国共产党领导和国家的集会、游行、示威等活动；（二）组织或者参加非法组织，组织或者参加罢工；（三）挑拨、破坏民族关系，参加民族分裂活动或者组织、利用宗教活动破坏民族团结和社会稳定；（四）不担当，不作为，玩忽职守，贻误工作；（五）拒绝执行上级依法作出的决定和命令；（六）对批评、申诉、控告、检举进行压制或者打击报复；（七）弄虚作假，误导、欺骗领导和公众；（八）贪污贿赂，利用职务之便为自己或者他人谋取私利；（九）违反财经纪律，浪费国家资财；（十）滥用职权，侵害公民、法人或者其他组织的合法权益；（十一）泄露国家秘密或者工作秘密；（十二）在对外交往中损害国家荣誉和利益；（十三）参与或者支持色情、吸毒、赌博、迷信等活动；（十四）违反职业道德、社会公德和家庭美德；（十五）违反有关规定参与禁止的网络传播行为或者网络活动；（十六）违反有关规定从事或者参与营利性活动，在企业或者其他营利性组织中兼任职务；（十七）旷工或者因公外出、请假期满无正当理由逾期不归；（十八）违纪违法的其他行为。"

② 《公务员法》第60条规定："公务员执行公务时，认为上级的决定或者命令有错误的，可以向上级提出改正或者撤销该决定或者命令的意见；上级不改变该决定或者命令，或者要求立即执行的，公务员应当执行该决定或者命令，执行的后果由上级负责，公务员不承担责任；但是，公务员执行明显违法的决定或者命令的，应当依法承担相应的责任。"

③ 《公务员法》第61条规定："公务员因违纪违法应当承担纪律责任的，依照本法给予处分或者由监察机关依法给予政务处分；违纪违法行为情节轻微，经批评教育后改正的，可以免予处分。对同一违纪违法行为，监察机关已经作出政务处分决定的，公务员所在机关不再给予处分。"

条①的规定,住房保障主管部门相关工作人员承担纪律责任的形式主要是政务处分,包括警告、记过、记大过、降级、撤职和开除。如果住房保障主管部门相关工作人员在执行职务过程中的违纪行为轻微,经批评教育改正后可以免予行政处分。对于住房保障主管部门相关工作人员的同一违纪违法行为,如果监察机关已经对其做出了政务处分决定,则住房保障主管部门不再给予处分。

住房保障主管部门相关工作人员在执行职务过程中除了承担违纪责任外,若其主观上存在故意或者重大过失,还应当承担因住房保障主管部门行政赔偿后向其追偿而产生的法律责任。根据《国家赔偿法》第16条第1款②的规定,住房保障主管部门赔偿行政相对人损失后,故意或者重大过失的工作人员应当承担部分或者全部的赔偿费用。住房保障主管部门追偿的金额是住房保障主管部门相关工作人员承当相应法律责任的核心问题。鉴于《国家赔偿法》第16条第1款的规定较为弹性,很多地方根据当地实际制定了地方性法规或者地方政府规章以保证该条款的落实。例如《重庆市实施〈中华人民共和国国家赔偿法〉办法》第38条③规定,行政追偿的金额与行政机关工作人员的主观过错程度相挂钩:若主观上存在故意的,追偿金额为行政赔偿金额的50%至100%,若主观过错为重大过失的,追偿金额为行政赔偿金额的20%至80%。各地方可以自主规定住房保障主管部门向有故意或者重大过失的工作人员追偿的金额,但是应当坚持追偿金额与住房保障主管部门相关工作人员的主观过错相适应的原则,以住房保障主管部门实际支付的赔偿金额为限,并适当考虑住房保障主管部门相关工作人员的实际承受能力确定追偿金额。

---

① 《公务员法》第62条规定:"处分分为:警告、记过、记大过、降级、撤职、开除。"

② 《国家赔偿法》第16条规定:"赔偿义务机关赔偿损失后,应当责令有故意或者重大过失的工作人员或者受委托的组织或者个人承担部分或者全部赔偿费用。"

③ 《重庆市实施〈中华人民共和国国家赔偿法〉办法》第38条规定:"行政机关工作人员或者行政机关依法委托的组织或者个人,因故意违法而导致国家赔偿的,应当承担赔偿总额的百分之五十至百分之一百的赔偿费用;因重大过失而导致国家赔偿的,应当承担赔偿总额的百分之二十至百分之八十的赔偿费用。"

除了行政法律责任外，住房保障主管部门相关工作人员的职务行为构成犯罪的，还应当承担刑事责任。根据我国《刑法》的相关规定，住房保障主管部门相关工作人员利用职务上的便利，侵吞、窃取、骗取或者以其他手段非法占有公租房或者其他公共财物的，构成贪污罪；利用职务上的便利，索取公租房开发建设与准入退出其他参与者财物的，或者非法收受公租房开发建设与准入退出其他参与者财物，并为其谋取利益的，构成受贿罪；滥用职权或者玩忽职守，则分别可能构成滥用职权罪或者玩忽职守罪。考虑到国家投资开发建设的公租房属于保障民生的重要国有资产，应当以刑法规制住房保障主管部门，负责开发建设与管理的国有公司、事业单位和人民团体违法以单位名义将国有的公租房私分给个人的行为。如果存在单位私分国有公租房的行为，应当对直接负责的主管人员和其他直接责任人员以私分国有资产罪追究刑事责任。

(三) 住房保障主管部门相关工作人员非职务行为的法律责任

住房保障主管部门相关工作人员的非职务行为造成公租房开发建设与准入退出其他参与者人身权益或者财产权益损害的，属于一般的民事侵权，产生民事侵权责任。根据《国家赔偿法》第5条[①]的规定，住房保障主管部门相关工作人员行使与职权无关的个人行为，住房保障主管部门不承担赔偿责任，应当由住房保障主管部门相关工作人员自负其责。事实上，在公租房开发建设与准入退出过程中，住房保障主管部门相关工作人员非职务行为侵权通常发生在公租房使用监管与退出过程中，主要是住房保障主管部门相关工作人员的个人行为侵犯公租房承租人的人身权益或者财产权益而产生的侵权责任。该侵权责任属于一般侵权责任，采取过错责任原则，以住房保障主管部门相关工作人员的过错作为其承担侵权责任的决定性要素，并且责任范围与过错程度相适应。一般侵权责任的构成要件在理论和比较法上存

---

① 《国家赔偿法》第5条规定："属于下列情形之一的，国家不承担赔偿责任：(一) 行政机关工作人员与行使职权无关的个人行为；(二) 因公民、法人和其他组织自己的行为致使损害发生的；(三) 法律规定的其他情形。"

在是否将"不法"包含于"过错"而形成的三要件与四要件两种模式。从《侵权责任法》第 6 条第 1 款[①]的规定来看，一般侵权责任应当符合存在加害行为、他人的民事权益被侵害、加害行为与民事权益被侵害之间存在因果关系和行为人具有过错四项要件。[②] 住房保障主管部门相关工作人员的侵权责任的成立必须满足一般侵权责任的构成要件。

从责任内容来看，住房保障主管部门相关工作人员承担的侵权责任主要是财产性民事责任，以赔偿损失为主要的责任承担方式，但是不以财产性民事责任为限。《侵权责任法》第 15 条[③]规定了住房保障主管部门相关工作人员承担侵权责任的方式。住房保障主管部门相关工作人员对公租房承租人进行侵权损害赔偿时，应当坚持全面赔偿原则，填补公租房承租人因为住房保障主管工作人员侵权行为而受到的财产损失。如果住房保障主管部门相关工作人员的侵权行为侵犯了公租房承租人的人身权益，如侵犯了公租房承租人的名誉权，则除了赔偿损失外，还应当向公租房承租人赔礼道歉，并为其消除影响、恢复名誉。当然，住房保障主管部门相关工作人员的非职务行为并非绝对不会产生行政责任或者刑事责任，只要其行为触犯行政法或者刑法的相关规定，就会产生行政责任或者刑事责任。在承担责任时，根据《侵权责任法》第 4 条[④]的规定，如果住房保障主管部门相关工作人员因为其同一行为还应当承担行政责任或者刑事责任的，不影响其承担侵权责任，并且在住房保障主管部门相关工作人员的财产不足以支

---

① 《侵权责任法》第 6 条第 1 款规定："行为人因过错侵害他人民事权益，应当承担侵权责任。"

② 参见程啸《侵权责任法》，法律出版社 2011 年版，第 161 页。

③ 《侵权责任法》第 15 条规定："承担侵权责任的方式主要有：（一）停止侵害；（二）排除妨碍；（三）消除危险；（四）返还财产；（五）恢复原状；（六）赔偿损失；（七）赔礼道歉；（八）消除影响、恢复名誉。以上承担侵权责任的方式，可以单独适用，也可以合并适用。"

④ 《侵权责任法》第 4 条规定："侵权人因同一行为应当承担行政责任或者刑事责任的，不影响依法承担侵权责任。因同一行为应当承担侵权责任和行政责任、刑事责任，侵权人的财产不足以支付的，先承担侵权责任。"

付的,应当先承担侵权责任。

第二节 参与开发建设与运营管理的其他社会组织的法律责任

公租房开发建设与准入退出的参与主体众多,除了政府及其相关工作人员外,还包括各种社会力量,如开发建设施工单位、物业管理者、社区居委会、投资建设公租房的企事业单位和为公租房开发建设提供融资的金融机构等。根据《公共租赁住房管理办法》第3条第2款的规定,公租房可以由政府投资,也可以由政府提供政策支持、社会力量投资。至于投资公租房的社会力量是仅包括社会组织还是包括个人和社会组织,《公共租赁住房管理办法》在该条和其他条文都没有明确。根据《城镇住房保障条例(征求意见稿)》第32条[①]的规定,参与公租房开发建设与运营管理的社会力量不仅包括单位,即除了政府之外的其他社会组织,也包括个人。从实际情况来看,由于公租房开发建设与运营管理属于需要较大投入的重要社会公共事业,参与公租房开发建设与运营管理的社会力量以社会组织为主。这些社会组织属于独立的责任主体,应当对其开发建设与运营管理公租房的行为承担相应的法律责任。

一 参与开发建设与运营管理的其他社会组织之厘定

(一)参与开发建设与运营管理的其他社会组织之主体范围

公租房开发建设与准入退出中,参与开发建设与运营管理的其他社会组织是一个宽泛的主体概念。根据《城镇住房保障条例(征求意见稿)》《公共租赁住房管理办法》以及各地方的相关规定,法律明确规定的参与公租房开发建设与运营管理的其他社会组织包括公租

---

① 《城镇住房保障条例(征求意见稿)》第32条规定:"国家鼓励单位和个人等社会力量通过直接投资、间接投资、参股、委托代建等方式参与城镇住房保障,或者出租、捐赠符合条件的自有住房作为保障性住房。"

房所有权人及其委托的运营单位、投资建设公租房的企事业单位、集中开发建设公租房的开发区和园区用人单位、公租房开发建设施工单位、受住房保障主管部门委托的实施单位、为公租房开发建设和运营管理提供融资支持的金融机构、为申请人或者承租人开具证明材料的单位、配合住房保障主管部门查询和核对申请人或者承租人信息的单位、公租房物业管理者和公租房所在社区居委会等。这些主体在公租房开发建设与运营管理过程中各有其地位，分别承担不同的法律责任。如果不厘清其范围并对其进行必要的分类而对其法律责任进行宽泛的研究，则不仅不能突出重点参与者的法律责任，也难以真正明确各参与者基于自身主体地位而应当承担的法律责任。

广义上，参与公租房开发建设与运营管理的其他社会组织相对于政府及其住房保障主管部门的概念，是指公租房开发建设与准入退出过程中，除政府及其住房保障主管部门之外的其他参与公租房开发建设与运营管理的一切社会组织。而狭义上，参与开发建设与运营管理的其他社会组织有所限定，仅指接受政府或其住房保障主管部门委托完成公租房开发建设与运营管理任务或者虽然未受政府或其住房保障主管部门委托但是事实上完成政府开发建设与运营管理任务，以及协助政府或其住房保障主管部门完成公租房开发建设与运营管理任务的其他社会组织。在此，参与开发建设与运营管理的其他社会组织仅就狭义而言。鉴于开发建设施工单位与物业管理者分别属于公租房开发建设与准入退出阶段的重要参与主体，其承担公租房开发建设与准入退出阶段的法律责任将在本章后文专门讨论。因此，本节所指的参与开发建设与运营管理的其他社会组织仅限于除开发建设施工单位与物业管理者之外，完成或者协助完成公租房开发建设与运营管理任务的其他社会组织。

（二）参与开发建设与运营管理的其他社会组织之主体地位

参与开发建设与运营管理的其他社会组织的主体地位决定着其责任承担。在公租房开发建设与准入退出过程中，主要可以从其与政府之间的法律关系、其与承租人之间的法律关系两个维度来确定其主体地位。从参与开发建设与运营管理的其他社会组织与政府及其住房保

第五章 公租房开发建设与准入退出中相关当事人的法律责任

障主管部门之间的法律关系来看，政府是公租房开发建设与运营管理的源主体，其他社会组织在法律地位上与政府具有一定的派生性和牵连性。根据《公共租赁住房管理办法》第4条①和《城镇住房保障条例（征求意见稿）》第7条②的规定，政府住房保障主管部门是公租房开发建设与运营管理的责任主体。但是，这并不意味着公租房的开发建设与运营管理必须完全由政府住房保障主管部门亲力亲为。在推进政府机构改革和政府职能转变，以创新公共行政方式，提高公共财政使用效率和升级公共服务品质的当下，借助其他社会组织的力量，通过市场化的方式开发建设并运营管理公租房已经成为实践中的常态。其他社会组织依其在公租房开发建设与运营管理中的作用主要可以分为两类：一类是在事实上"替代"政府住房保障主管部门履行公租房开发建设与运营管理职责的派生主体，包括接受政府或其住房保障主管部门委托完成公租房开发建设与准入退出任务的受委托组织和虽然未受政府或其住房保障主管部门委托但是事实上完成政府开发建设与运营管理任务的社会组织；另一类是积极行动协助政府住房保障主管部门履行公租房开发建设与运营管理职责的协助主体。

参与开发建设与运营管理的其他社会组织与承租人可能存在三种法律关系，相应地，参与开发建设与运营管理的其他社会组织也有三种法律地位。其一，参与开发建设与运营管理的其他社会组织受政府或其住房保障主管部门委托，具体实施公租房的分配准入与使用退出监管工作，属于受委托组织，参与开发建设与运营管理的其他社会组

---

① 《公共租赁住房管理办法》第4条规定："国务院住房和城乡建设主管部门负责全国公共租赁住房的指导和监督工作。县级以上地方人民政府住房城乡建设（住房保障）主管部门负责本行政区域内的公共租赁住房管理工作。"

② 《城镇住房保障条例（征求意见稿）》第7条规定："国务院住房城乡建设主管部门负责全国的城镇住房保障工作，国务院其他有关部门在各自职责范围内负责城镇住房保障相关工作。县级以上地方人民政府住房保障部门负责本行政区域内的城镇住房保障工作，县级以上地方人民政府其他有关部门在各自职责范围内负责城镇住房保障相关工作。县级以上地方人民政府住房保障部门可以委托城镇住房保障实施单位，承担本行政区域内城镇住房保障的具体工作。"

织与承租人之间的行为属于行政行为,其法律效果最终归属于住房保障主管部门。在委托事项范围内,参与开发建设与运营管理的其他社会组织不对承租人承担法律责任,仅基于行政委托关系承担行政法律责任。其二,参与开发建设与运营管理的其他社会组织作为公租房所有权人及其委托运营单位与承租人签订公租房租赁合同,处于出租人地位。基于公租房租赁合同的约定和法律的直接规定,参与开发建设与运营管理的其他社会组织应当履行出租人义务,否则应当承担违约责任。其三,参与开发建设与运营管理的其他社会组织与公租房承租人不存在租赁合同关系,行为内容也不属于政府及其住房保障主管部门委托事项,若其行为侵犯公租房承租人合法权益的,则属于侵权行为人,应当承担侵权责任。

二 参与开发建设与运营管理的其他社会组织之行政责任

在强调合作行政与服务行政的背景下,政府可以通过多种方式将其业务委托给其他社会组织完成。有学者从行政法的角度对委托外包的政府业务进行梳理后认为:"政府行政性业务委外在性质上属于行政委托,由行政委托制度规范,政府事业性业务委外可纳入政府采购的范围,由政府采购法等法律调整。"[①] 公租房开发建设与运营管理是一种"综合性"业务,兼具行政性和事业性特征。在"保本微利"的运营管理原则下,公租房开发建设与运营管理甚至带有一些经营性特征。保障性是公租房的根本所在,公租房开发建设与运营管理的委托外包应当定位为以事业性业务委外为主,附随有行政性业务委外的政府业务委外。这意味着政府可以选择通过行政委托或者政府采购的方式将公租房开发建设与运营管理业务委托外包给其他社会组织,其他社会组织的行政责任也因为政府业务委外的方式不同而有所差别。在行政委托方式下,其他社会组织的行为不仅受到政府或其住房保障主管部门基于行政委托而进行的干预和监管,也受到行政法律在实体和程序上的直接规制,其行政法律责任较重。在政府采购方式下,其

---

① 王克稳:《政府业务委托外包的行政法认识》,《中国法学》2011 年第 4 期。

他社会组织在政府采购法律关系中处于供应商地位，在为住房保障对象提供公租房的法律关系中处于出租人地位，都属于合同一方当事人，尽管其行为带有一定的公共性，但是意思自治的空间较大，政府或其住房保障主管部门仅能根据行政法律的规定进行监管，其行政法律责任相对较轻。

（一）受委托组织的行政责任

实践中，政府或其住房保障主管部门委托企事业单位开发建设与运营管理公租房已经成为政府及其住房主管部门向住房保障对象提供住房保障的重要方式。然而，我国行政委托的理论和立法严重滞后于实践，行政委托制度尚不健全，在受托主体的范围、委托事项和委托效果等方面尚存诸多争议。这导致参与公租房开发建设与运营管理的其他社会组织和政府或其住房保障主管部门的法律关系不清，行政法律责任不明。以受托主体的范围争议为例，学界主要存在三种观点：一种观点认为，行政受托主体的范围包括行政主体、其他组织以及个人；[1] 另一种观点认为，行政受托主体的范围包括行政机关系统以外的社会公权力组织或者私权利组织，行政机关和个人均不能成为受托主体；[2] 还有一种观点则认为，行政委托是行政机关系统内部的行政权力组织机制，仅有行政机关可以成为受托主体，行政机关以外的任何其他组织和个人均不能成为受托主体。[3] 从行政执法和司法裁判的实践来看，行政委托的受托主体范围早已不再局限于行政机关，而是扩大到了其他社会组织甚至是个人。尽管个人能否成为受托主体理论上仍有较大分歧，但行政主体可以委托社会组织开展行政活动已经得到立法肯定并且成为学界共识。其他社会组织如果受政府或其住房保障主管部门委托进行公租房开发建设与运营管理，则属于受委托组织，适用受委托组织行政责任的相关法律规定。

---

[1] 参见胡建淼《行政法学》（第四版），法律出版社2015年版，第553页。

[2] 参见姜明安主编《行政法与行政诉讼法》（第五版），高等教育出版社2011年版，第121页。

[3] 参见王天华《行政委托与公权力行使——我国行政委托理论与实践的反思》，《行政法学研究》2008年第4期。

其他社会组织在接受政府或其住房保障主管部门委托后，应当以政府或其住房保障主管部门的名义从事所委托的公租房开发建设与运营管理事项。受委托参与公租房开发建设与运营管理的其他社会组织的行为效果最终归属于政府或其住房保障主管部门，行为产生的法律责任也由政府或其住房保障主管部门承担。当然，参与开发建设与运营管理的其他社会组织不向行政相对人承担行政责任并不意味着其绝对不承担行政责任。依行政委托法理，受委托组织的行为违反行政法律相关规定的，委托机关有权责令其限期改正并对其进行行政处罚，甚至是终止委托。并且，受委托组织故意或者重大过失行政侵权，政府或其住房保障主管部门承担行政侵权责任后，可以追究受委托组织的行政责任。根据《国家赔偿法》第7条第4款①和第16条第1款②的规定，受委托参与开发建设与运营管理的其他社会组织在行使受委托的行政权力时侵犯行政相对人合法权益造成损害的，政府或其住房保障主管部门作为委托机关是赔偿义务机关，应当承担行政赔偿责任；政府或其住房保障主管部门赔偿损失后，应当责令有故意或者重大过失的受委托组织承担部分或者全部赔偿费用。

（二）完成行政任务的社会组织的行政责任

除了行政委托外，政府或其住房保障主管部门还可以通过政府采购的方式通过其他社会组织完成公租房的开发建设与运营管理。从政府采购法律关系的角度来看，参与开发建设与运营管理的其他社会组织属于供应商，应当依法参与政府采购活动。如果其在政府采购活动中存在提供虚假材料谋取中标、成交，与采购人、其他供应商或者代理机构恶意串通，拒绝有关部门监督检查或者提供虚假情况等违法情

---

① 《国家赔偿法》第7条第4款规定："受行政机关委托的组织或者个人在行使受委托的行政权力时侵犯公民、法人和其他组织的合法权益造成损害的，委托的行政机关为赔偿义务机关。"

② 《国家赔偿法》第16条第1款规定："赔偿义务机关赔偿损失后，应当责令有故意或者重大过失的工作人员或者受委托的组织或个人承担部分或者全部赔偿费用。"

形的，应当按照《政府采购法》第 77 条第 1 款①的规定，承担行政罚款、没收违法所得、在一定期限内禁止参加政府采购活动或者吊销营业执照等行政责任。从为住房保障对象提供公租房的法律关系来看，参与开发建设与运营管理的其他社会组织作为出租人与住房保障对象签订公租房租赁合同，并且以公租房租赁合同为核心开展公租房的运营管理工作。有学者认为上述关系实际上是以私法组织形式和行为方式履行行政任务的反映，是"行政的私法形式"，政府及其住房保障主管部门并不因此而对行政任务不再负有法律责任，而是应当通过履行监督管理义务来保证私法组织不偏离行政任务的目标。② 尽管《公共租赁住房管理办法》没有对政府及其住房保障主管部门的监督管理义务做出明确规定，但在第 34 条第 1 款规定了公租房所有权人及其委托运营单位如果违法向不符合条件的对象出租公租房、未履行公租房及其配套设施维护义务或者改变公租房的保障房性质和用途，则由住房保障主管部门责令限期改正，并处以 3 万元以下罚款。

此外，如果将视角延展至积极行动协助政府住房保障主管部门履行公租房开发建设与运营管理职责的协助主体，则会发现协助主体与派生主体一样，其行为都会影响住房保障目标的实现。为防止协助主体的行为偏离公租房开发建设与运营管理目标，政府及其住房保障主管部门应当以行政法规制协助主体的行为，追究其违法行为的行政责任。虽然《公共租赁住房管理办法》没有明确规定协助主体违规行为应当承担的行政责任，但是部分地方的地方性法规和规章都对协助

---

① 《政府采购法》第 77 规定："供应商有下列情形之一的，处以采购金额千分之五以上千分之十以下的罚款，列入不良行为记录名单，在一年至三年内禁止参加政府采购活动，有违法所得的，并处没收违法所得，情节严重的，由工商行政管理机关吊销营业执照；构成犯罪的，依法追究刑事责任：（一）提供虚假材料谋取中标、成交的；（二）采取不正当手段诋毁、排挤其他供应商的；（三）与采购人、其他供应商或者采购代理机构恶意串通的；（四）向采购人、采购代理机构行贿或者提供其他不正当利益的；（五）在招标采购过程中与采购人进行协商谈判的；（六）拒绝有关部门监督检查或者提供虚假情况的。"

② 参见徐庭祥《论以私法组织形式和行为方式履行行政任务的行政法规制——以分析住建部〈公共租赁住房管理办法〉为切入》，《甘肃政法学院学报》2013 年第 2 期。

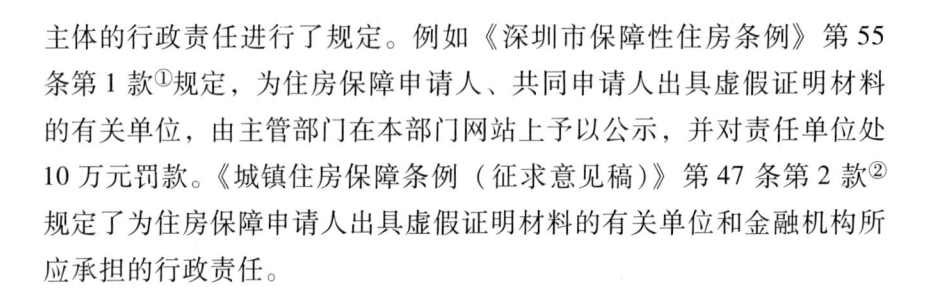

主体的行政责任进行了规定。例如《深圳市保障性住房条例》第55条第1款①规定，为住房保障申请人、共同申请人出具虚假证明材料的有关单位，由主管部门在本部门网站上予以公示，并对责任单位处10万元罚款。《城镇住房保障条例（征求意见稿）》第47条第2款②规定了为住房保障申请人出具虚假证明材料的有关单位和金融机构所应承担的行政责任。

三 参与开发建设与运营管理的其他社会组织之民事责任

从参与开发建设与运营管理的其他社会组织与公租房承租人的关系来看，其完成政府及住房保障主管部门委托事项以外的行为属于民事行为，产生的法律责任是民事责任。按照参与开发建设与运营管理的其他社会组织所违反义务的性质为标准，其民事责任可以分为违约责任和侵权责任。当参与开发建设与运营管理的其他社会组织作为公租房所有权人及其委托运营单位与承租人签订公租房租赁合同后，应当按照公租房租赁合同的约定履行出租人义务。如果其违反公租房租赁合同的约定义务，则应当承担相应的违约责任。当参与开发建设与运营管理的其他社会组织协助出租人进行公租房使用监管或者使用退出活动时，其虽然不负有合同义务，但是负有不得侵害承租人财产权和人身权的法定义务。如果其违反此项义务造成了公租房承租人合法权益的损害，则应当承担相应的侵权责任。

（一）参与开发建设与运营管理的其他社会组织之违约责任

与一般的房屋租赁合同由出租人与承租人协商一致后签订并履行不同，由于公租房租赁合同具有政策性和保障性，合同的签订与履行受到《公共租赁住房管理办法》以及各地方有关公租房管理的法规

---

① 《深圳市保障性住房条例》第55条第1款规定："有关单位和个人为住房保障申请人、共同申请人出具虚假证明材料的，由主管部门在本部门政府网站予以公示，并对直接责任人员处三万元罚款，对责任单位处十万元罚款；属于国家工作人员的，依法给予处分。"

② 《城镇住房保障条例（征求意见稿）》第47条第2款规定："违反本条例规定，有关单位、金融机构和个人出具虚假证明材料的，由住房保障部门给予警告，向社会通报，有违法所得的，没收违法所得，并处违法所得1倍以上3倍以下罚款。"

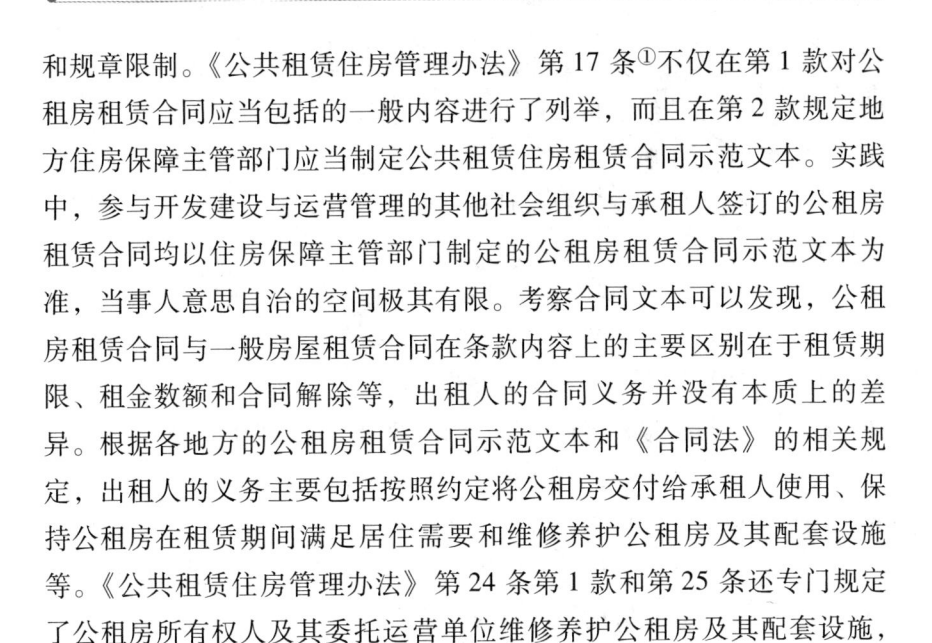

和规章限制。《公共租赁住房管理办法》第 17 条[①]不仅在第 1 款对公租房租赁合同应当包括的一般内容进行了列举，而且在第 2 款规定地方住房保障主管部门应当制定公共租赁住房租赁合同示范文本。实践中，参与开发建设与运营管理的其他社会组织与承租人签订的公租房租赁合同均以住房保障主管部门制定的公租房租赁合同示范文本为准，当事人意思自治的空间极其有限。考察合同文本可以发现，公租房租赁合同与一般房屋租赁合同在条款内容上的主要区别在于租赁期限、租金数额和合同解除等，出租人的合同义务并没有本质上的差异。根据各地方的公租房租赁合同示范文本和《合同法》的相关规定，出租人的义务主要包括按照约定将公租房交付给承租人使用、保持公租房在租赁期间满足居住需要和维修养护公租房及其配套设施等。《公共租赁住房管理办法》第 24 条第 1 款和第 25 条还专门规定了公租房所有权人及其委托运营单位维修养护公租房及其配套设施，确保公租房正常使用和不得改变公共租赁住房的保障性住房性质、用途及其配套设施的规划用途的义务。

参与开发建设与运营管理的其他社会组织不履行公租房租赁合同债务，或者履行不符合公租房租赁合同的约定，则应当对承租人承担违约责任。鉴于公租房租赁合同的保障性和政策性，参与开发建设与运营管理的其他社会组织的违约形态主要包括不履行、迟延履行和不适当履行，一般不包括预期违约；违约责任形式包括赔偿损失和强制实际履行，一般不包括违约金和定金责任。参与开发建设与运营管理的其他社会组织的违约责任形式与其违约形态存在一定的对应性：若其不履行，在配租完成后拒绝向承租人交付公租房的，则应当承担强制实际履行，及时让承租人入住公租房；若其延迟履行，未能在配租

---

① 《公共租赁住房管理办法》第 17 条规定："公共租赁住房租赁合同一般应当包括以下内容：（一）合同当事人的名称或姓名；（二）房屋的位置、用途、面积、结构、室内设施和设备，以及使用要求；（三）租赁期限、租金数额和支付方式；（四）房屋维修责任；（五）物业服务、水、电、燃气、供热等相关费用的缴纳责任；（六）退回公共租赁住房的情形；（七）违约责任及争议解决办法；（八）其他应当约定的事项。省、自治区、直辖市人民政府住房城乡建设（住房保障）主管部门应当制定公共租赁住房租赁合同示范文本。"

完成后及时向承租人交付公租房，则应当及时让承租人入住公租房并赔偿因为迟延入住给承租人造成的损失；若其不适当履行，交付给承租人的公租房存在瑕疵不符合居住要求或者因为公租房瑕疵造成承租人权益受到损害的，则应当及时对公租房的瑕疵进行补正并且赔偿因为不适当履行给承租人造成的损失。

（二）参与开发建设与运营管理的其他社会组织之侵权责任

参与开发建设与运营管理的其他社会组织因为过错造成公租房承租人合法权益损害，则应当承担侵权责任。参与开发建设与运营管理的其他社会组织之侵权责任以侵权损害赔偿为最主要的承担方式。参与开发建设与运营管理的其他社会组织在进行侵权损害赔偿时，一方面应当坚持全面赔偿原则，根据给承租人造成损害的大小确定赔偿的范围；另一方面应当准确适当适用损益相抵规则和过失相抵规则。如果承租人基于发生损害的同一原因而获得利益，则应当在参与开发建设与运营管理的其他社会组织的损害赔偿中扣除利益；如果承租人对于损害的发生或者扩大也存在过错的，则应当适度减轻参与开发建设与运营管理的其他社会组织的损害赔偿责任。

在参与开发建设与运营管理的其他社会组织不适当履行公租房租赁合同约定的义务，造成公租房承租人履行利益之外的其他权益损害时，则其行为同时与侵权责任和违约责任的构成要件相符合，产生两者的竞合。由于二者都以损害赔偿为主要内容，债权人不能进行双重请求，只能主张实现其中一种民事责任，以防止其因同一损害而获得双重赔偿。就立法态度而言，对于侵权责任与违约责任竞合存在禁止竞合、允许竞合和有限制选择诉讼三种模式。① 我国《合同法》明确采取允许竞合模式，第122条②规定，在竞合情形下，受损害方有权选择要求对方承担违约责任或者侵权责任。如果参与开发建设与运营管理的其他社会组织因为其违约行为侵害公租房承租人的人身、财产

---

① 参见崔建远《合同法学》，法律出版社2014年版，第267—268页。
② 《合同法》第122条规定："因当事人一方的违约行为，侵害对方人身、财产权益的，受损害方有权选择依照本法要求其承担违约责任或者依照其他法律要求其承担侵权责任。"

第五章 公租房开发建设与准入退出中相关当事人的法律责任

权益,应当根据公租房承租人的主张承担违约责任或者侵权责任。

第三节 开发建设施工单位的法律责任

公租房开发建设是开展分配准入和使用退出活动的前提条件,决定着公租房的运营管理能否正常进行,是公租房制度的重要组成部分。向城镇中等偏下收入住房困难群体提供公租房是政府及其住房保障主管部门的重要责任,政府及其住房保障部门是公租房开发建设的源主体。而政府及其住房保障主管部门受到政府编制和财政预算的制约,人力、物力和财力都十分有限,不可能自力完成公租房开发建设的全部工作,需要通过政府采购或者行政委托的方式借助其他社会组织的力量完成公租房的开发建设。无论是新建、改建还是配建,公租房开发建设的工程施工都具体由施工单位完成,施工单位是公租房开发建设的其他社会组织中最重要的主体。为保证公租房符合法律规定的建设标准和工程质量,应当明确公租房开发建设施工单位的法律责任。虽然《公共租赁住房管理办法》没有对公租房开发建设施工单位的法律责任做出规定,但是《城镇住房保障条例(征求意见稿)》第49条[①]规定,保障性住房项目的施工单位未履行相应建设工程质量责任的,按照有关建设工程质量管理法律、法规的规定处罚,明确了公租房开发建设施工单位的行政责任。然而,从法律责任体系的角度来看,公租房开发建设单位的法律责任并不以行政责任为限,还包括民事责任和刑事责任。本节将对公租房开发建设施工单位的民事责任、行政责任和刑事责任进行全面考察。

一 开发建设施工单位的民事责任

公租房属于全部或者部分使用国有资金投资或者国家融资、关系

[①] 《城镇住房保障条例(征求意见稿)》第49条规定:"第四十九条违反本条例规定,保障性住房项目的建设、勘察、设计、施工、监理单位未履行相应建设工程质量责任的,按照有关建设工程质量管理法律、法规的规定处罚。"

社会公共利益的公用事业。根据《招标投标法》和《建筑法》的相关规定,公租房开发建设工程应当依法实行招标发包,按照法定的招标程序和方式完成招标并签订书面的公租房建设工程施工合同。开发建设施工单位应当按照公租房建设工程施工合同的约定履行合同义务,保证公租房的施工质量。否则,应当按照《合同法》《招标投标法》《建筑法》以及《最高人民法院关于审理建设工程施工合同纠纷案件适用法律问题的解释》(法释〔2004〕14号,以下简称《建设工程施工合同司法解释》)的相关规定承担违约责任。如果开发建设施工单位在施工作业过程中因为建筑物及其附属设施发生脱落、坠落或者倒塌,地面施工没有设置明显标志和采取安全措施,造成他人人身权益和财产权益损害的,应当按照《侵权责任法》的相关规定承担侵权责任。公租房在合理使用期限内,因为开发建设施工单位的原因致使承租人的人身或者财产权益受到损害的,属于侵权责任和违约责任的竞合,开发建设施工单位应当根据承租人的主张承担相应的民事责任。

(一) 开发建设施工单位的违约责任

开发建设施工单位不履行公租房建设工程施工合同约定,或者履行不符合合同约定,抑或履行不符合法律规定的公租房施工质量要求时,应当承担违约责任。开发建设施工单位的违约责任可以在法律允许的范围内由合同双方自主约定。为了保障当事人设定违约责任的公平合理,《合同法》《招标投标法》《建筑法》和《建设工程施工合同司法解释》都对开发建设施工单位的违约责任做了相应的规定,以明确开发建设施工单位违约责任的主要内容。施工单位在公租房开发建设施工的不同阶段有着不同的法律地位:在招标发包过程中,开发建设施工单位中标后即成为中标人;在建设工程施工合同正式成立并生效后,开发建设施工单位即成为承包单位;如果存在总承包和分包情形的,总承包单位可以按照总承包合同的约定或者经建设单位同意,将建设工程主体结构施工之外的部分工程发包给分包单位,则开发建设施工单位既可以指总承包单位,也可以指分包单位。开发建设施工单位的法律地位决定着其违约责任

第五章　公租房开发建设与准入退出中相关当事人的法律责任

的具体内容，下文以开发建设施工单位的法律地位为基点研究开发建设施工单位的违约责任。

公租房开发建设工程实行招标发包，开发建设单位中标后，应当根据《招标投标法》第46条①的相关规定与招标人订立书面合同，并且按照招标文件的要求提交履约保证金，作为其履行合同义务的担保。《招标投标法实施条例》第58条②对履约保证金的数额进行了限制，规定履约保证金不得超过中标合同金额的10%。《招标投标法》第48条③较为详细地规定了中标人对合同义务的履行。根据该规定，中标人不得转让或者肢解转让中标项目，但是可以按照约定或者取得招标人同意后，对其中的非主体或者非关键性工作进行分包，并且应当就分包的项目向招标人负责。如果开发建设施工单位中标后不履行合同义务或者履行不符合合同约定，则应当按照《招标投标法》第60条第1款④的规定承担违约责任。公租房开发建设施工单位作为承包人，其合同义务主要包括做好施工前的必要准备并按约定开工、接受发包人的建设监督、按期完成施工并交付工程以及对建设工程的瑕疵进行担保。如果开发建设施工单位未履行或者未按合同约定履行上述合同义务，则应当根据《合同法》和《建筑法》等有关法律规定承担违约责任。

---

①《招标投标法》第46条规定："招标人和中标人应当自中标通知书发出之日起三十日内，按照招标文件和中标人的投标文件订立书面合同。招标人和中标人不得再行订立背离合同实质性内容的其他协议。招标文件要求中标人提交履约保证金的，中标人应当提交。"

②《招标投标法实施条例》第58条规定："招标文件要求中标人提交履约保证金的，中标人应当按照招标文件的要求提交。履约保证金不得超过中标合同金额的10%。"

③《招标投标法》第48条规定："中标人应当按照合同约定履行义务，完成中标项目。中标人不得向他人转让中标项目，也不得将中标项目肢解后分别向他人转让。中标人按照合同约定或者经招标人同意，可以将中标项目的部分非主体、非关键性工作分包给他人完成。接受分包的人应当具备相应的资格条件，并不得再次分包。中标人应当就分包项目向招标人负责，接受分包的人就分包项目承担连带责任。"

④《招标投标法》第60条第1款规定："中标人不履行与招标人订立的合同的，履约保证金不予退还，给招标人造成的损失超过履约保证金数额的，还应当对超过部分予以赔偿；没有提交履约保证金的，应当对招标人的损失承担赔偿责任。"

根据《合同法》第281条①和《建设工程施工合同司法解释》第11条②的相关规定，因为开发建设施工单位的原因致使工程质量不符合约定的，开发建设施工单位应当在合理期限内按照发包单位的要求无偿修理或者返工、改建，如果因此而造成逾期交付的，其还应当承担违约责任；如果开发建设施工单位拒绝修理、返工或者改建的，发包单位有权请求减少支付相应的价款。根据《建筑法》第62条③、《建设工程质量管理条例》第41条④和《建设工程施工合同司法解释》第27条⑤的相关规定，建设工程实行质量保修制度，开发建设施工单位应当履行公租房的保修义务；否则，应当对未及时履行保修义务导致的公租房毁损或者造成的他人损害承担赔偿责任。

　　公租房的建设工程施工合同存在总承包和分包情形的，应当区分开发建设施工单位是总承包单位还是分包单位，分别确定其违约责任。如果开发建设施工单位是总承包单位，根据《合同法》第272条⑥、《建筑

---

　　① 《合同法》第281条规定："因施工人的原因致使建设工程质量不符合约定的，发包人有权要求施工人在合理期限内无偿修理或者返工、改建。经过修理或者返工、改建后，造成逾期交付的，施工人应当承担违约责任。"
　　② 《建设工程施工合同司法解释》第11条规定："因承包人的过错造成建设工程质量不符合约定，承包人拒绝修理、返工或者改建，发包人请求减少支付工程价款的，应予支持。"
　　③ 《建筑法》第62条规定："建筑工程实行质量保修制度。建筑工程的保修范围应当包括地基基础工程、主体结构工程、屋面防水工程和其他土建工程，以及电气管线、上下水管线的安装工程，供热、供冷系统工程等项目；保修的期限应当按照保证建筑物合理寿命年限内正常使用，维护使用者合法权益的原则确定。具体的保修范围和最低保修期限由国务院规定。"
　　④ 《建设工程质量管理条例》第41条规定："建设工程在保修范围和保修期限内发生质量问题的，施工单位应当履行保修义务，并对造成的损失承担赔偿责任。"
　　⑤ 《建设工程施工合同司法解释》第27条规定："因保修人未及时履行保修义务，导致建筑物毁损或者造成人身、财产损害的，保修人应当承担赔偿责任。保修人与建筑物所有人或者发包人对建筑物毁损均有过错的，各自承担相应的责任。"
　　⑥ 《合同法》第272条规定："发包人可以与总承包人订立建设工程合同，也可以分别与勘察人、设计人、施工人订立勘察、设计、施工承包合同。发包人不得将应当由一个承包人完成的建设工程肢解成若干部分发包给几个承包人。总承包人或者勘察、设计、施工承包人经发包人同意，可以将自己承包的部分工作交由第三人完成。第三人就其完成的工作成果与总承包人或者勘察、设计、施工承包人向发包人承担连带责任。承包人不得将其承包的全部建设工程转包给第三人或者将其承包的全部建设工程肢解以后以分包的名义分别转包给第三人。禁止承包人将工程分包给不具备相应资质条件的单位。禁止分包单位将其承包的工程再分包。建设工程主体结构的施工必须由承包人自行完成。"

第五章　公租房开发建设与准入退出中相关当事人的法律责任

法》第 28 条和第 29 条①、《建设工程质量管理条例》第 25 条至第 27 条②的相关规定，开发建设施工单位可以按照总承包合同的约定或者经建设单位同意，将公租房主体结构施工之外的部分工程分包，但是不得将公租房的全部工程转包或者肢解分包。开发建设施工单位应当自行完成公租房主体结构的施工，按照总承包合同的约定对公租房的全部施工质量负责，并且就公租房的分包工程负连带责任。如果因为开发建设施工单位的原因致使建设工程质量不符合约定的，应当按照《合同法》第 281 条和《建设工程施工合同司法解释》第 11 条的相关规定承担违约责任。如果开发建设施工单位属于分包单位，根据《合同法》第 272 条、《建筑法》第 29 条和《建设工程质量管理条例》第 27 条的相关规定，一方面，不得再次分包；另一方面，应当按照约定对总承包单位负责，并且就分包工程负连带责任。

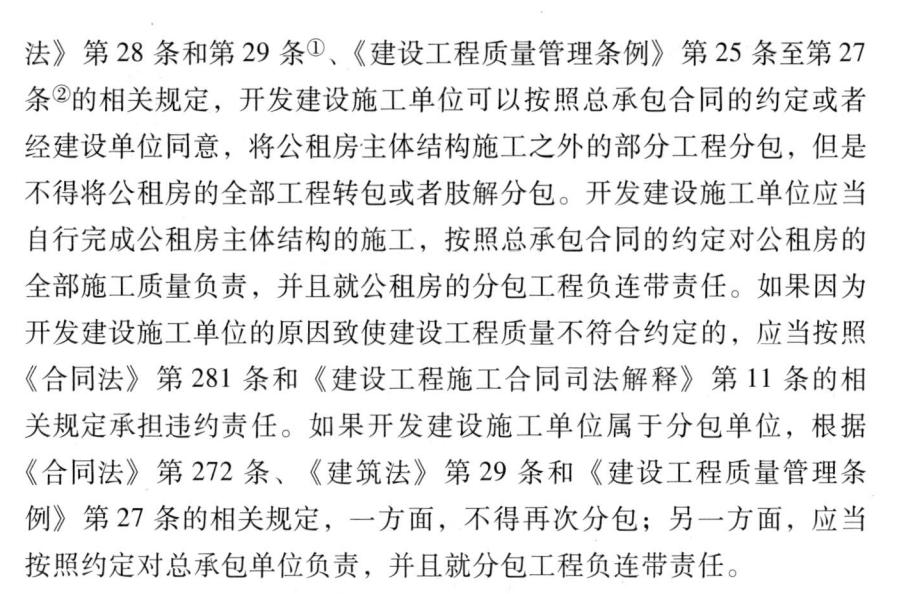

（二）开发建设施工单位的侵权责任

在公租房开发建设过程中，开发建设施工单位除了因为违约行为应当承担违约责任外，还可能因为侵权行为承担《侵权责任法》第

---

① 《建筑法》第 28 条规定："禁止承包单位将其承包的全部建筑工程转包给他人，禁止承包单位将其承包的全部建筑工程肢解以后以分包的名义分别转包给他人。"第 29 条规定："建筑工程总承包单位可以将承包工程中的部分工程发包给具有相应资质条件的分包单位；但是，除总承包合同中约定的分包外，必须经建设单位认可。施工总承包的，建筑工程主体结构的施工必须由总承包单位自行完成。建筑工程总承包单位按照总承包合同的约定对建设单位负责；分包单位按照分包合同的约定对总承包单位负责。总承包单位和分包单位就分包工程对建设单位承担连带责任。禁止总承包单位将工程分包给不具备相应资质条件的单位。禁止分包单位将其承包的工程再分包。"

② 《建设工程质量管理条例》第 25 条规定："施工单位应当依法取得相应等级的资质证书，并在其资质等级许可的范围内承揽工程。禁止施工单位超越本单位资质等级许可的业务范围或者以其他施工单位的名义承揽工程。禁止施工单位允许其他单位或者个人以本单位的名义承揽工程。施工单位不得转包或者违法分包工程。"第 26 条规定："施工单位对建设工程的施工质量负责。施工单位应当建立质量责任制，确定工程项目的项目经理、技术负责人和施工管理负责人。建设工程实行总承包的，总承包单位应当对全部建设工程质量负责；建设工程勘察、设计、施工、设备采购的一项或者多项实行总承包的，总承包单位应当对其承包的建设工程或者采购的设备的质量负责。"第 27 条规定："总承包单位依法将建设工程分包给其他单位的，分包单位应当按照分包合同的约定对其分包工程的质量向总承包单位负责，总承包单位与分包单位对分包工程的质量承担连带责任。"

85条①、第86条②和第91条③所规定的物件损害责任。这些责任虽然在内容和形式方面并无不同，但是在归责原则与构成要件方面存在较大差异。因此，下文重点探讨开发建设施工单位物件损害责任的归责原则与构成要件。

开发建设施工单位在施工作业过程中建筑物、构筑物或者其他设施及其搁置物、悬挂物发生脱落、坠落造成他人损害的，施工单位不能证明自己没有过错的，应当根据《侵权责任法》第85条的规定，承担侵权责任。该条规定的损害责任采取过错推定的归责原则，一旦造成了他人的人身或者财产权益受到损害，只要开发建设施工单位不能证明其自身没有过错的，就推定其有过错，应当承担侵权责任。该条规定的损害责任的构成要件包括四项：其一，存在建筑物、构筑物或者其他设施及其搁置物、悬挂物发生脱落、坠落的事实；其二，存在他人的民事权益遭受损害的事实；其三，前述两种事实之间存在因果关系；其四，开发建设施工单位不能证明自身没有过错。当然，如果存在其他责任人的，开发建设施工单位在承担赔偿责任后，有权向其他责任人追偿。

对于《侵权责任法》第86条第1款规定的建筑物、构筑物或者其他设施倒塌损害责任的归责原则，学界尚存争议。有的观点认为其采取无过错责任原则，损害发生后开发建设施工单位主观上有无过错

---

① 《侵权责任法》第85条规定："建筑物、构筑物或者其他设施及其搁置物、悬挂物发生脱落、坠落造成他人损害，所有人、管理人或者使用人不能证明自己没有过错的，应当承担侵权责任。所有人、管理人或者使用人赔偿后，有其他责任人的，有权向其他责任人追偿。"

② 《侵权责任法》第86条规定："建筑物、构筑物或者其他设施倒塌造成他人损害的，由建设单位与施工单位承担连带责任。建设单位、施工单位赔偿后，有其他责任人的，有权向其他责任人追偿。因其他责任人的原因，建筑物、构筑物或者其他设施倒塌造成他人损害的，由其他责任人承担侵权责任。"

③ 《侵权责任法》第91条规定："在公共场所或者道路上挖坑、修缮安装地下设施等，没有设置明显标志和采取安全措施造成他人损害的，施工人应当承担侵权责任。窨井等地下设施造成他人损害，管理人不能证明尽到管理职责的，应当承担侵权责任。"

第五章　公租房开发建设与准入退出中相关当事人的法律责任

在所不问,只要因果关系存在,就应当承担侵权责任。① 有的观点则认为其采取过错推定责任原则,开发建设施工单位导致他人损害时,如果不能证明其自身没有过错,即推定其有过错,并要求其承担侵权责任。② 从文义来看,建筑物、构筑物或者其他设施倒塌损害责任属于无过错责任。相应地,其构成要件也不包括开发建设施工单位的过错。虽然开发建设施工单位不能通过举证证明自己无过错而免责,但是根据《侵权责任法》第86条第2款的规定,如果该条第1款规定的损害责任是因为其他责任人的原因造成的,则应当由其他责任人承担侵权责任。

开发建设施工单位在地面施工过程中,如果因为其没有设置明显标志或者未能采取安全措施,导致他人的民事权益遭受损害的,应当按照《侵权责任法》第91条第1款的规定承担侵权责任。对于地面施工损害责任的归责原则,学界尚存无过错责任原则与过错推定责任原则的争议,但是多数学者认为推定过错责任原则更加符合一般法理和立法本旨。③ 笔者认为,地面施工损害责任是一种过错推定责任,只不过这种过错推定与施工单位的安全保障义务直接关联。法律明确规定开发建设施工单位应当履行设置明显标志和采取安全措施的作为义务,如果其违反了此种义务就应当认定其存在过错,应当承担侵权责任。从构成要件上来看,地面施工损害责任的构成要件包括施工单位在公共场所或者道路上挖坑、修缮安装地下设施,施工单位没有设置明显标志和采取安全措施,存在他人遭受损害的事实,损害事实与施工单位没有设置明显标志和采取安全措施之间存在因果关系。

二　开发建设施工单位的行政责任

开发建设施工单位在完成公租房开发建设过程中,若其行为违反了法律、法规或者规章所规定的行政义务构成行政违法,则应当承担

---

① 参见王利明主编《中华人民共和国侵权责任法释义》,中国法制出版社2010年版,第439页。
② 参见杨立新《〈中华人民共和国侵权责任法〉精解》,知识产权出版社2010年版,第319页。
③ 参见马俊驹、余延满《民法原论》(第四版),法律出版社2010年版,第1098页。

相应的行政责任。从开发建设施工单位行政责任的发生阶段来看，其行政责任可以分为招标投标阶段的行政责任和工程施工阶段的行政责任。其中，开发建设施工单位招标投标阶段的行政责任由《招标投标法》及其实施条例进行规定，工程施工阶段的行政责任则主要规定于《建筑法》《安全生产法》《建设工程质量管理条例》《建设工程安全生产管理条例》和《建筑工程施工许可管理办法》。从开发建设施工单位行政责任的形式来看，有权的行政机关可以根据开发建设施工单位违法情形，对其处以责令改正、责令停业整顿、行政罚款、降低资质等级、取消参加投标的资格和吊销营业执照等行政处罚。

（一）招标投标阶段的行政责任

公租房开发建设工程招标投标过程中，开发建设施工单位作为投标人，若其行为构成行政违法，则应当承担行政责任。开发建设施工单位应当承担行政责任的违法行政行为主要有以下五种：其一，串通投标行为；其二，骗取中标行为；其三，转让、违法分包中标项目行为；其四，不按照招标文件订立合同行为；其五，情节严重的违约行为。《招标投标法》及其实施条例对上述五种行为的行政责任做出了明确的规定，下文分述之。

首先，开发建设施工单位有串通投标行为或者骗取中标行为的，中标无效，应当按照《招标投标法》第53条[①]、第54条[②]和《招标

[①]《招标投标法》第53条规定："投标人相互串通投标或者与招标人串通投标的，投标人以向招标人或者评标委员会成员行贿的手段谋取中标的，中标无效，处中标项目金额千分之五以上千分之十以下的罚款，对单位直接负责的主管人员和其他直接责任人员处单位罚款数额百分之五以上百分之十以下的罚款；有违法所得的，并处没收违法所得；情节严重的，取消其一年至二年内参加依法必须进行招标的项目的投标资格并予以公告，直至由工商行政管理机关吊销营业执照；构成犯罪的，依法追究刑事责任。给他人造成损失的，依法承担赔偿责任。"

[②]《招标投标法》第54条规定："投标人以他人名义投标或者以其他方式弄虚作假，骗取中标的，中标无效，给招标人造成损失的，依法承担赔偿责任；构成犯罪的，依法追究刑事责任。依法必须进行招标的项目的投标人有前款所列行为尚未构成犯罪的，处中标项目金额千分之五以上千分之十以下的罚款，对单位直接负责的主管人员和其他直接责任人员处单位罚款数额百分之五以上百分之十以下的罚款；有违法所得的，并处没收违法所得；情节严重的，取消其一年至三年内参加依法必须进行招标的项目的投标资格并予以公告，直至由工商行政管理机关吊销营业执照。"

投标法实施条例》第67条①、第68条②的规定承担相应的行政责任。公租房开发建设工程属于依法必须进行招标的项目，开发建设施工单位是该项目的投标人。如果开发建设施工单位存在串通投标或者骗取中标行为的，应当对其及其相关责任人处以罚款。就罚款的数额而言，对开发建设施工单位的罚款是中标项目金额的5‰至10‰，对单位直接负责的主管人员和其他直接负责人员的罚款数额是对开发建设施工单位罚款金额的5%至10%。如果串通投标或者骗取中标行为有违法所得，则对开发建设施工单位并处没收违法所得。开发建设施工单位以行贿谋取中标、在3年内2次以上串通投标或者使用他人名义投标、造成30万元以上的直接经济损失，则属于情节严重，应当取消其一定期限内（串通投标情节严重行为的期限为1—2年，骗取中标情节严重行为的期限为1—3年）的投标资格，并进行公告。对于情节特别严重，或者因为串通投标或者骗取中标情节严重取消资格的行政处罚执行期限届满之日起3年内又有上述任意一种情节严重行为

---

① 《招标投标法实施条例》第67条规定："投标人相互串通投标或者与招标人串通投标的，投标人向招标人或者评标委员会成员行贿谋取中标的，中标无效；构成犯罪的，依法追究刑事责任；尚不构成犯罪的，依照招标投标法第五十三条的规定处罚。投标人未中标的，对单位的罚款金额按照招标项目合同金额依照招标投标法规定的比例计算。投标人有下列行为之一的，属于招标投标法第五十三条规定的情节严重行为，由有关行政监督部门取消其1年至2年内参加依法必须进行招标的项目的投标资格：（一）以行贿谋取中标；（二）3年内2次以上串通投标；（三）串通投标行为损害招标人、其他投标人或者国家、集体、公民的合法利益，造成直接经济损失30万元以上；（四）其他串通投标情节严重的行为。投标人自本条第二款规定的处罚执行期限届满之日起3年内又有该款所列违法行为之一的，或者串通投标、以行贿谋取中标情节特别严重的，由工商行政管理机关吊销营业执照。法律、行政法规对串通投标报价行为的处罚另有规定的，从其规定。"

② 《招标投标法实施条例》第68条规定："投标人以他人名义投标或者以其他方式弄虚作假骗取中标的，中标无效；构成犯罪的，依法追究刑事责任；尚不构成犯罪的，依照招标投标法第五十四条的规定处罚。依法必须进行招标的项目的投标人未中标的，对单位的罚款金额按照招标项目合同金额依照招标投标法规定的比例计算。投标人有下列行为之一的，属于招标投标法第五十四条规定的情节严重行为，由有关行政监督部门取消其1年至3年内参加依法必须进行招标的项目的投标资格：（一）伪造、变造资格、资质证书或者其他许可证件骗取中标；（二）3年内2次以上使用他人名义投标；（三）弄虚作假骗取中标给招标人造成直接经济损失30万元以上；（四）其他弄虚作假骗取中标情节严重的行为。投标人自本条第二款规定的处罚执行期限届满之日起3年内又有该款所列违法行为之一的，或者弄虚作假骗取中标情节特别严重的，由工商行政管理机关吊销营业执照。"

的开发建设施工单位,吊销其营业执照。

其次,开发建设施工单位存在转包、违法分包中标项目行为的,转让、分包无效,并且按照《招标投标法》第58条[1]和《招标投标法实施条例》第76条[2]承担相应的行政责任。根据上述规定,应当对开发建设施工单位处转让、分包项目5‰至10‰的罚款,并处没收违法所得。除了罚款与没收违法所得外,有关行政监督部门还可以责令开发建设施工单位停业整顿。如果开发建设施工单位的转包、违法分包情形严重,则吊销其营业执照。

再次,开发建设施工单位不按照招标文件订立合同的,应当按照《招标投标法》第59条[3]和《招标投标法实施条例》第74条[4]、第75条[5]承担相应的行政责任。开发建设施工单位中标后存在无正当理由不订立合同,提出附加条件,或者不按要求提交履约保证金情形的,应当责令其改正,而且可以并处项目金额10%以下的罚款。开发建设施工单位中标后,如果不按招标文件及其投标文件订立合同,

---

[1] 《招标投标法》第58条规定:"中标人将中标项目转让给他人的,将中标项目肢解后分别转让给他人的,违反本法规定将中标项目的部分主体、关键性工作分包给他人的,或者分包人再次分包的,转让、分包无效,处转让、分包项目金额千分之五以上千分之十以下的罚款;有违法所得的,并处没收违法所得;可以责令停业整顿;情节严重的,由工商行政管理机关吊销营业执照。"

[2] 《招标投标法实施条例》第76条规定:"中标人将中标项目转让给他人的,将中标项目肢解后分别转让给他人的,违反招标投标法和本条例规定将中标项目的部分主体、关键性工作分包给他人的,或者分包人再次分包的,转让、分包无效,处转让、分包项目金额5‰以上10‰以下的罚款;有违法所得的,并处没收违法所得;可以责令停业整顿;情节严重的,由工商行政管理机关吊销营业执照。"

[3] 《招标投标法》第59条规定:"招标人与中标人不按照招标文件和中标人的投标文件订立合同的,或者招标人、中标人订立背离合同实质性内容的协议的,责令改正;可以处中标项目金额千分之五以上千分之十以下的罚款。"

[4] 《招标投标法实施条例》第74条规定:"中标人无正当理由不与招标人订立合同,在签订合同时向招标人提出附加条件,或者不按照招标文件要求提交履约保证金的,取消其中标资格,投标保证金不予退还。对依法必须进行招标的项目的中标人,由有关行政监督部门责令改正,可以处中标项目金额10‰以下的罚款。"

[5] 《招标投标法实施条例》第75条规定:"招标人和中标人不按照招标文件和中标人的投标文件订立合同,合同的主要条款与招标文件、中标人的投标文件的内容不一致,或者招标人、中标人订立背离合同实质性内容的协议的,由有关行政监督部门责令改正,可以处中标项目金额5‰以上10‰以下的罚款。"

第五章　公租房开发建设与准入退出中相关当事人的法律责任

主要条款与招标文件及其投标文件的内容不一致，或者订立背离合同实质性内容的协议，则应当责令其改正，而且可以并处项目金额5‰至10‰的罚款。

最后，开发建设施工单位中标后，不按照与招标人订立的合同履行义务，情节严重的，不仅属于违约行为，而且属于行政违法行为，应当按照《招标投标法》第60条第2款[①]的规定承担行政责任。对于开发建设施工单位严重的违约行为，取消其一定期限内（2—5年）参加投标的资格并进行公告，直至吊销其营业执照。这意味着开发建设施工单位违约行为情节的严重程度与其应当承担的行政责任严重程度相互联系，并且相关行政监督部门和行政管理机关对于取消参加依法必须进行招标的项目的投标资格的具体期限和是否吊销营业执照有着较大的行政自由裁量权。

（二）工程施工阶段的行政责任

公租房开发建设工程施工阶段，开发建设施工单位的施工行为违反建设工程施工行政管理规定构成行政违法，则应当承担行政责任。开发建设施工单位的行政责任包括违反施工许可管理规定的行政责任、违反施工资质管理规定的行政责任、违反施工行为管理规定的行政责任和违反施工安全管理规定的行政责任。《建筑法》《安全生产法》《建设工程安全生产管理条例》和《建筑工程施工许可管理办法》对开发建设施工单位的行政责任做了明确规定，对于开发建设施工单位的行政违法行为，处以责令改正、责令停止施工、行政罚款和吊销营业执照等行政处罚。

其一，开发建设施工单位存在违反施工许可管理规定行为，应当按照《建筑法》第64条[②]、《建筑工程施工许可管理办法》第12条

[①] 《招标投标法》第60条第2款规定："中标人不按照与招标人订立的合同履行义务，情节严重的，取消其二年至五年内参加依法必须进行招标的项目的投标资格并予以公告，直至由工商行政管理机关吊销营业执照。"

[②] 《建筑法》第64条规定："违反本法规定，未取得施工许可证或者开工报告未经批准擅自施工的，责令改正，对不符合开工条件的责令停止施工，可以处以罚款。"

至第 15 条①的相关规定承担行政责任。开发建设施工单位存在尚未得施工许可证即擅自施工，或者将项目分解后施工以规避办理施工许可证情形的，应当责令其停止施工，限期改正，处以行政罚款。一旦发现开发建设施工单位存在隐瞒情况或者提供虚假材料申请施工许可证的行为，应当不予受理或者不予许可，对其处以行政罚款。如果开发建设施工单位通过欺骗、贿赂等不正当手段获取施工许可证，则不仅应当撤销其施工许可证，而且应当责令其停止施工，处以行政罚款。若开发建设施工单位涂改或伪造施工许可证，则应当责令其停止施工，并且处以行政罚款。除了对于开发建设施工单位罚款外，对其相关责任人也应当处以行政罚款，数额是单位罚款的5%至10%。凡是受到处罚的开发建设施工单位及其相关责任人，都应当通报其不良记录。

其二，开发建设施工单位有违反施工资质管理规定行为的，应当按照《建筑法》第 65 条②、第 66 条③和《建设工程质量管理条例》

---

① 《建筑工程施工许可管理办法》第 12 条规定："对于未取得施工许可证或者为规避办理施工许可证将工程项目分解后擅自施工的，由有管辖权的发证机关责令停止施工，限期改正，对建设单位处工程合同价款1%以上2%以下罚款；对施工单位处 3 万元以下罚款。"第 13 条规定："建设单位采用欺骗、贿赂等不正当手段取得施工许可证的，由原发证机关撤销施工许可证，责令停止施工，并处 1 万元以上 3 万元以下罚款；构成犯罪的，依法追究刑事责任。"第 14 条规定："建设单位隐瞒有关情况或者提供虚假材料申请施工许可证的，发证机关不予受理或者不予许可，并处 1 万元以上 3 万元以下罚款；构成犯罪的，依法追究刑事责任。建设单位伪造或者涂改施工许可证的，由发证机关责令停止施工，并处 1 万元以上 3 万元以下罚款；构成犯罪的，依法追究刑事责任。"第 15 条规定："依照本办法规定，给予单位罚款处罚的，对单位直接负责的主管人员和其他直接责任人员处单位罚款数额5%以上10%以下罚款。单位及相关责任人受到处罚的，作为不良行为记录予以通报。"

② 《建筑法》第 65 条规定："发包单位将工程发包给不具有相应资质条件的承包单位的，或者违反本法规定将建筑工程肢解发包的，责令改正，处以罚款。超越本单位资质等级承揽工程的，责令停止违法行为，处以罚款，可以责令停业整顿，降低资质等级；情节严重的，吊销资质证书；有违法所得的，予以没收。未取得资质证书承揽工程的，予以取缔，并处罚款；有违法所得的，予以没收。以欺骗手段取得资质证书的，吊销资质证书，处以罚款；构成犯罪的，依法追究刑事责任。"

③ 《建筑法》第 66 条规定："建筑施工企业转让、出借资质证书或者以其他方式允许他人以本企业的名义承揽工程的，责令改正，没收违法所得，并处罚款，可以责令停业整顿，降低资质等级；情节严重的，吊销资质证书。对因该项承揽工程不符合规定的质量标准造成的损失，建筑施工企业与使用本企业名义的单位或者个人承担连带赔偿责任。"

第 60 条[①]、第 61 条[②]的规定承担行政责任。对于开发建设施工单位越级承揽工程的违法行为，应当责令其停业整顿，降低其资质等级；如果开发建设施工单位越级承揽工程的违法行为情节严重的，应当吊销其资质证书。开发建设施工单位未取得资质证书承揽工程的，应当予以取缔。如果开发建设施工单位存在骗取资质证书承揽工程的违法行为，则应当吊销其资质证书。开发建设施工单位转让、出借资质证书或者以其他方式允许他人以本企业的名义承揽工程，应当责令其改正，可以责令其停业整顿或者降低资质等级；如果开发建设施工单位允许他人以本企业的名义承揽工程行为情节严重的，应当吊销其资质证书。对于前述违反施工资质管理规定行为，还应当没收开发建设施工单位的违法所得，并且处以建设工程施工合同价款 2% 至 4% 的行政罚款。如果开发建设施工单位存在用他人名义承揽工程的行为，应当对其处以 1 万—3 万元的行政罚款。

其三，开发建设施工单位违反施工行为管理规定的，应当按照《建筑法》第 67 条[③]、第 70 条[④]、第 74 条[⑤]，《建设工程质量管理条

---

① 《建设工程质量管理条例》第 60 条规定："违反本条例规定，勘察、设计、施工、工程监理单位超越本单位资质等级承揽工程的，责令停止违法行为，对勘察、设计单位或者工程监理单位处合同约定的勘察费、设计费或者监理酬金 1 倍以上 2 倍以下的罚款；对施工单位处工程合同价款百分之二以上百分之四以下的罚款，可以责令停业整顿，降低资质等级；情节严重的，吊销资质证书；有违法所得的，予以没收。未取得资质证书承揽工程的，予以取缔，依照前款规定处以罚款；有违法所得的，予以没收。以欺骗手段取得资质证书承揽工程的，吊销资质证书，依照本条第一款规定处以罚款；有违法所得的，予以没收。"

② 《建设工程质量管理条例》第 61 条规定："违反本条例规定，勘察、设计、施工、工程监理单位允许其他单位或者个人以本单位名义承揽工程的，责令改正，没收违法所得，对勘察、设计单位和工程监理单位处合同约定的勘察费、设计费和监理酬金 1 倍以上 2 倍以下的罚款；对施工单位处工程合同价款百分之二以上百分之四以下的罚款；可以责令停业整顿，降低资质等级；情节严重的，吊销资质证书。"

③ 《建筑法》第 67 条规定："承包单位将承包的工程转包的，或者违反本法规定进行分包的，责令改正，没收违法所得，并处罚款，可以责令停业整顿，降低资质等级；情节严重的，吊销资质证书。承包单位有前款规定的违法行为的，对因转包工程或者违法分包的工程不符合规定的质量标准造成的损失，与接受转包或者分包的单位承担连带赔偿责任。"

④ 《建筑法》第 70 条规定："违反本法规定，涉及建筑主体或者承重结构变动的装修工程擅自施工的，责令改正，处以罚款；造成损失的，承担赔偿责任；构成犯罪的，依法追究刑事责任。"

⑤ 《建筑法》第 74 条规定："建筑施工企业在施工中偷工减料的，使用不合格的建筑材料、建筑构配件和设备的，或者有其他不按照工程设计图纸或者施工技术标准施工的行为的，责令改正，处以罚款；情节严重的，责令停业整顿，降低资质等级或吊销资质证书；造成建筑工程质量不符合规定的质量标准的，负责返工、修理，并赔偿因此造成的损失；构成犯罪的，依法追究刑事责任。"

例》第 62 条①、第 64 条②、第 65 条③、第 66 条④、第 69 条第 1 款⑤的相关规定承担行政责任。如果开发建设施工单位将其所承包的工程向他人转包或者违法分包，则应当责令其改正，没收其违法所得，处建设工程施工合同价款5‰至10‰的行政罚款。开发建设施工单位存在不按设计图纸或者技术标准施工的行为，如偷工减料，使用不合格的建筑材料、配建和设备，则应当责令其改正，并且处以建设工程施工合同价款2%至4%的行政罚款。如果开发建设施工存在未按照法律规定完成检验或者取样检验的行为，包括未检验建筑材料、构配件、设备和商品混凝土的行为，未取样检测涉及结构安全的试块、试件以及有关材料的行为，应当责令其改正，并处以10万—20万元的行政罚款。对于开发建设单位情节严重的不按设计图纸或者技术标准施工、未按照法律规定完成检验或者取样检验行为，应当责令其停业整顿，降低其资质等级或者吊销其资质证书。在对涉及公

---

① 《建设工程质量管理条例》第62条规定："违反本条例规定，承包单位将承包的工程转包或者违法分包的，责令改正，没收违法所得，对勘察、设计单位处合同约定的勘察费、设计费百分之二十五以上百分之五十以下的罚款；对施工单位处工程合同价款百分之零点五以上百分之一以下的罚款；可以责令停业整顿，降低资质等级；情节严重的，吊销资质证书。工程监理单位转让工程监理业务的，责令改正，没收违法所得，处合同约定的监理酬金百分之二十五以上百分之五十以下的罚款；可以责令停业整顿，降低资质等级；情节严重的，吊销资质证书。"

② 《建设工程质量管理条例》第64条规定："违反本条例规定，施工单位在施工中偷工减料的，使用不合格的建筑材料、建筑构配件和设备的，或者有不按照工程设计图纸或者施工技术标准施工的其他行为的，责令改正，处工程合同价款百分之二以上百分之四以下的罚款；造成建设工程质量不符合规定的质量标准的，负责返工、修理，并赔偿因此造成的损失；情节严重的，责令停业整顿，降低资质等级或者吊销资质证书。"

③ 《建设工程质量管理条例》第65条规定："违反本条例规定，施工单位未对建筑材料、建筑构配件、设备和商品混凝土进行检验，或者未对涉及结构安全的试块、试件以及有关材料取样检测的，责令改正，处10万元以上20万元以下的罚款；情节严重的，责令停业整顿，降低资质等级或者吊销资质证书；造成损失的，依法承担赔偿责任。"

④ 《建设工程质量管理条例》第66条规定："违反本条例规定，施工单位不履行保修义务或者拖延履行保修义务的，责令改正，处10万元以上20万元以下的罚款，并对在保修期内因质量缺陷造成的损失承担赔偿责任。"

⑤ 《建设工程质量管理条例》第69条第1款规定："违反本条例规定，涉及建筑主体或者承重结构变动的装修工程，没有设计方案擅自施工的，责令改正，处50万元以上100万元以下的罚款；房屋建筑使用者在装修过程中擅自变动房屋建筑主体和承重结构的，责令改正，处5万元以上10万元以下的罚款。"

第五章 公租房开发建设与准入退出中相关当事人的法律责任

租房主体或承重结构变动的装修过程中,如果开发建设单位存在没有设计方案便擅自施工行为的,应当责令其改正,并且处 50 万—100 万元的行政罚款。此外,对于开发建设施工单位拖延或者不履行保修义务的行为,应当责令其改正,并且处 10 万—20 万元的行政罚款。

其四,开发建设施工单位存在违反施工安全管理规定的行为,应当按照《建筑法》第 71 条第 1 款[1]、《安全生产法》第 94 条[2]、第 96 条[3]、第 99 条[4]和《建设工程安全生产管理条例》第 62 条至

---

[1] 《建筑法》第 71 条第 1 款规定:"建筑施工企业违反本法规定,对建筑安全事故隐患不采取措施予以消除的,责令改正,可以处以罚款;情节严重的,责令停业整顿,降低资质等级或者吊销资质证书;构成犯罪的,依法追究刑事责任。"

[2] 《安全生产法》第 94 条规定:"生产经营单位有下列行为之一的,责令限期改正,可以处五万元以下的罚款;逾期未改正的,责令停产停业整顿,并处五万元以上十万元以下的罚款,对其直接负责的主管人员和其他直接责任人员处一万元以上二万元以下的罚款:(一)未按照规定设置安全生产管理机构或者配备安全生产管理人员的;(二)危险物品的生产、经营、储存单位以及矿山、金属冶炼、建筑施工、道路运输单位的主要负责人和安全生产管理人员未按照规定经考核合格的;(三)未按照规定对从业人员、被派遣劳动者、实习学生进行安全生产教育和培训,或者未按照规定如实告知有关的安全生产事项的;(四)未如实记录安全生产教育和培训情况的;(五)未将事故隐患排查治理情况如实记录或者未向从业人员通报的;(六)未按照规定制定生产安全事故应急救援预案或者未定期组织演练的;(七)特种作业人员未按照规定经专门的安全作业培训并取得相应资格,上岗作业的。"

[3] 《安全生产法》第 96 条规定:"生产经营单位有下列行为之一的,责令限期改正,可以处五万元以下的罚款;逾期未改正的,处五万元以上二十万元以下的罚款,对其直接负责的主管人员和其他直接责任人员处一万元以上二万元以下的罚款;情节严重的,责令停产停业整顿;构成犯罪的,依照刑法有关规定追究刑事责任:(一)未在有较大危险因素的生产经营场所和有关设施、设备上设置明显的安全警示标志的;(二)安全设备的安装、使用、检测、改造和报废不符合国家标准或者行业标准的;(三)未对安全设备进行经常性维护、保养和定期检测的;(四)未为从业人员提供符合国家标准或者行业标准的劳动防护用品的;(五)危险物品的容器、运输工具,以及涉及人身安全、危险性较大的海洋石油开采特种设备和矿山井下特种设备未经具有专业资质的机构检测、检验合格,取得安全使用证或者安全标志,投入使用的;(六)使用应当淘汰的危及生产安全的工艺、设备的。"

[4] 《安全生产法》第 99 条规定:"生产经营单位未采取措施消除事故隐患的,责令立即消除或者限期消除;生产经营单位拒不执行的,责令停产停业整顿,并处十万元以上五十万元以下的罚款,对其直接负责的主管人员和其他直接责任人员处二万元以上五万元以下的罚款。"

第65条[1]和第67条[2]的规定承担行政责任。根据这些规定,开发建设施工单位负有设置安全生产管理机构或者专职人员,编制安全技术措施相关方案,对施工人员进行安全生产教育、培训和考核并且如实向其告知有关的事项,按照规定设置安全警示标志和消防设备,向施工人员提供符合标准的防护用品,为有可能损害的相邻建筑物采取防护措施,经常维护、保养和定期检测安全设备,采取措施消除安全事

---

[1]《建设工程安全生产管理条例》第62条规定:"违反本条例的规定,施工单位有下列行为之一的,责令限期改正;逾期未改正的,责令停业整顿,依照《中华人民共和国安全生产法》的有关规定处以罚款;造成重大安全事故,构成犯罪的,对直接责任人员,依照刑法有关规定追究刑事责任:(一)未设立安全生产管理机构、配备专职安全生产管理人员或者分部分项工程施工时无专职安全生产管理人员现场监督的;(二)施工单位的主要负责人、项目负责人、专职安全生产管理人员、作业人员或者特种作业人员,未经安全教育培训或者经考核不合格即从事相关工作的;(三)未在施工现场的危险部位设置明显的安全警示标志,或者未按照国家有关规定在施工现场设置消防通道、消防水源、配备消防设施和灭火器材的;(四)未向作业人员提供安全防护用具和安全防护服装的;(五)未按照规定在施工起重机械和整体提升脚手架、模板等自升式架设施设施验收合格后登记的;(六)使用国家明令淘汰、禁止使用的危及施工安全的工艺、设备、材料的。"第63条规定:"违反本条例的规定,施工单位挪用列入建设工程概算的安全生产作业环境及安全施工措施所需费用的,责令限期改正,处挪用费用20%以上50%以下的罚款;造成损失的,依法承担赔偿责任。"第64条规定:"违反本条例的规定,施工单位有下列行为之一的,责令限期改正;逾期未改正的,责令停业整顿,并处5万元以上10万元以下的罚款;造成重大安全事故,构成犯罪的,对直接责任人员,依照刑法有关规定追究刑事责任:(一)施工前未对有关安全施工的技术要求作出详细说明的;(二)未根据不同施工阶段和周围环境及季节、气候的变化,在施工现场采取相应的安全施工措施,或者在城市市区内的建设工程的施工现场未实行封闭围挡的;(三)在尚未竣工的建筑物内设置员工集体宿舍的;(四)施工现场临时搭建的建筑物不符合安全使用要求的;(五)未对因建设工程施工可能造成损害的毗邻建筑物、构筑物和地下管线等采取专项防护措施的。施工单位有前款规定第(四)项、第(五)项行为,造成损失的,依法承担赔偿责任。"第65条规定:"违反本条例的规定,施工单位有下列行为之一的,责令限期改正;逾期未改正的,责令停业整顿,并处10万元以上30万元以下的罚款;情节严重的,降低资质等级,直至吊销资质证书;造成重大安全事故,构成犯罪的,对直接责任人员,依照刑法有关规定追究刑事责任;造成损失的,依法承担赔偿责任:(一)安全防护用具、机械设备、施工机具及配件在进入施工现场前未经查验或者查验不合格即投入使用的;(二)使用未经验收或者验收不合格的施工起重机械和整体提升脚手架、模板等自升式架设施的;(三)委托不具有相应资质的单位承担施工现场安装、拆卸施工起重机械和整体提升脚手架、模板等自升式架设施的;(四)在施工组织设计中未编制安全技术措施、施工现场临时用电方案或者专项施工方案的。"

[2]《建设工程安全生产管理条例》第67条规定:"施工单位取得资质证书后,降低安全生产条件的,责令限期改正;经整改仍未达到与其资质等级相适应的安全生产条件的,责令停业整顿,降低其资质等级直至吊销资质证书。"

故隐患等积极作为的安全施工义务。同时,开发建设施工单位也负有不得搭建不合安全要求的建筑物,不得使用明令淘汰或者禁止使用的设备,不得降低安全生产条件等消极不作为的安全施工义务。如果开发建设施工单位违反这些义务,则应当承担限期改正、停业整顿、行政罚款、降低资质等级,甚至是吊销资质证书等行政责任。

三 开发建设施工单位的刑事责任

开发建设施工单位的违法行为构成犯罪的,应当承担刑事责任。从我国刑法体系来看,除了《刑法》之外,在《招标投标法》《建筑法》《安全生产法》《招标投标法实施条例》和《建设工程安全生产管理条例》中还存在一些附属刑法规范,通常表述为"构成犯罪的,追究刑事责任"。这些附属刑法规范与《刑法》中的刑法规范一同构成了追究开发建设施工单位犯罪行为刑事责任的规范体系。附属刑法具有附属性、指引性、宣示性和概括性的特征,并未对开发建设施工单位的行为具体构成何罪以及如何追究刑事责任做出明确规定。开发建设施工单位违法行为的定罪和量刑最终还是需要依据《刑法》的规定完成。从《刑法》的相关规定来看,多数情况下,仅开发建设单位工作人员的违法行为会构成犯罪,需要承担刑事责任,开发建设施工单位并不承担刑事责任。但是,在《刑法》明确规定开发建设施工单位的违法行为构成犯罪应当承担刑事责任的情况下,开发建设施工单位应当承担刑事责任。

追究开发建设施工单位犯罪的刑事责任时,一般采取双罚制,即对开发建设施工单位处以罚金,并且对其相关责任人处以刑罚。但是,也有个别的犯罪采取单罚制,仅处罚开发建设施工单位相关责任人。追究开发建设施工单位的刑事责任关键是确定其违法行为是否构成犯罪以及构成何种犯罪。根据《刑法》以及《建筑法》《安全生产法》和《招标投标法》及其实施条例中附属刑法规范的相关规定,开发建设施工单位可能构成犯罪的违法行为主要包括:串通招标和骗取中标;降低工程质量,造成重大安全事故;工程发包与承包中受贿和行贿。这些行为分别可能构成串通投标罪和合同诈骗罪,工程重大安全事故罪，单位受贿罪、对单位行贿罪和单位行贿罪，以下分述之。

（一）串通投标和骗取中标的刑事责任

开发建设施工单位的串通投标行为和骗取中标行为都属于严重扰乱招标投标秩序的违法行为，分别可能构成串通投标罪和合同诈骗罪。根据《刑法》第223条①、《招标投标法》第53条及其实施条例第67条的规定，串通投标罪与串通投标行政违法行为的行为特征相同。在确定开发建设施工单位是否构成串通投标罪或者情节严重时，串通投标罪与串通投标违法行为应当采取不同的标准。当然，串通投标罪与串通投标违法行为也存在联系，如果开发建设施工单位2年内因串通投标受到行政处罚2次以上，又串通投标的，则构成串通投标罪。从构成要件上来看，《招标投标法》第54条及其实施条例第68条规定的骗取中标行为不符合串通投标罪的构成要件，不能按照串通投标罪定罪处罚。如果骗取中标符合合同诈骗罪构成要件的，应当按照《刑法》第224条②的规定追究刑事责任。开发建设施工单位犯串通投标罪和合同诈骗罪的，应当对开发建设施工单位处以罚金，对其相关责任人分别按照《刑法》第223条和第224条的规定处罚。

（二）工程重大安全事故的刑事责任

开发建设施工单位造成重大安全事故的，可能构成《刑法》第

---

① 《刑法》第223条规定："投标人相互串通投标报价，损害招标人或者其他投标人利益，情节严重的，处三年以下有期徒刑或者拘役，并处或者单处罚金。投标人与招标人串通投标，损害国家、集体、公民的合法利益的，依照前款的规定处罚。"

② 《刑法》第224条规定："有下列情形之一，以非法占有为目的，在签订、履行合同过程中，骗取对方当事人财物，数额较大的，处三年以下有期徒刑或者拘役，并处或者单处罚金；数额巨大或者有其他严重情节的，处三年以上十年以下有期徒刑，并处罚金；数额特别巨大或者有其他特别严重情节的，处十年以上有期徒刑或者无期徒刑，并处罚金或者没收财产：（一）以虚构的单位或者冒用他人名义签订合同的；（二）以伪造、变造、作废的票据或者其他虚假的产权证明作担保的；（三）没有实际履行能力，以先履行小额合同或者部分履行合同的方法，诱骗对方当事人继续签订和履行合同的；（四）收受对方当事人给付的货物、货款、预付款或者担保财产后逃匿的；（五）以其他方法骗取对方当事人财物的。"

137条①规定的工程重大安全事故罪。该条文中的"国家规定"主要是指《建筑法》第69条、第71条,《安全生产法》第96条,《建设工程安全生产管理条例》第62条、第64条和第65条的规定。前述国家规定明确了开发建设施工单位的工程质量义务,开发建设施工单位应当按照工程设计图纸或者施工技术施工,使用合格的建筑材料、建筑构配件和设备,不得偷工减料、弄虚作假、降低工程质量。所谓的"重大"应当综合考虑伤亡标准、直接经济损失标准、情节和后果标准进行判断。《关于办理危害生产安全刑事案件适用法律若干问题的解释》(法释〔2015〕22号,以下简称《安全案件解释》)就"造成重大安全事故"和"后果特别严重"的认定做出了规定。根据《安全案件解释》第6条②的规定,开发建设施工单位造成1人以上死亡,3人以上重伤,或者直接经济损失100万元以上的,应当认定为"造成重大安全事故"。根据《安全案件解释》第7条③的规定,

---

① 《刑法》第137条规定:"建设单位、设计单位、施工单位、工程监理单位违反国家规定,降低工程质量标准,造成重大安全事故的,对直接责任人员,处五年以下有期徒刑或者拘役,并处罚金;后果特别严重的,处五年以上十年以下有期徒刑,并处罚金。"

② 《安全案件解释》第6条规定:"实施刑法第一百三十二条、第一百三十四条第一款、第一百三十五条、第一百三十五条之一、第一百三十六条、第一百三十九条规定的行为,因而发生安全事故,具有下列情形之一的,应当认定为'造成严重后果'、或者'发生重大伤亡事故或者造成其他严重后果',对相关责任人员,处三年以下有期徒刑或者拘役:(一)造成死亡一人以上,或者重伤三人以上的;(二)造成直接经济损失一百万元以上的;(三)其他造成严重后果或者重大安全事故的情形。实施刑法第一百三十四条第二款规定的行为,因而发生安全事故,具有本条第一款规定情形的,应当认定为'发生重大伤亡事故或者造成其他严重后果',对相关责任人员,处五年以下有期徒刑或者拘役。实施刑法第一百三十七条规定的行为,因而发生安全事故,具有本条第一款规定情形的,应当认定为'造成重大安全事故',对直接责任人员,处五年以下有期徒刑或者拘役,并处罚金。实施刑法第一百三十八条规定的行为,因而发生安全事故,具有本条第一款第一项规定情形的,应当认定为'发生重大伤亡事故',对直接责任人员,处三年以下有期徒刑或者拘役。"

③ 《安全案件解释》第7条规定:"实施刑法第一百三十二条、第一百三十四条第一款、第一百三十五条、第一百三十五条之一、第一百三十六条、第一百三十九条规定的行为,因而发生安全事故,具有下列情形之一的,对相关责任人员,处三年以上七年以下有期徒刑:(一)造成死亡三人以上或者重伤十人以上,负事故主要责任的;(二)造成直接经济损失五百万元以上,负事故主要责任的;(三)其他造成特别严重后果、情节特别恶劣或者后果特别严重的情形。实施刑法第一百三十四条第二款规定的行为,因而发生安全事故,具有本条第一款规定情形的,对相关责任人员,处五年以上有期徒刑。实施刑法第一百三十七条规定的行为,因而发生安全事故,具有本条第一款规定情形的,对直接责任人员,处五年以上十年以下有期徒刑,并处罚金。实施刑法第一百三十八条规定的行为,因而发生安全事故,具有下列情形之一的,对直接责任人员,处三年以上七年以下有期徒刑:(一)造成死亡三人以上或者重伤十人以上,负事故主要责任的;(二)具有本解释第六条第一款第一项规定情形,同时造成直接经济损失五百万元以上并负事故主要责任的,或者同时造成恶劣社会影响的。"

开发建设施工单位负事故主要责任造成 3 人以上死亡，10 人以上重伤，或者直接经济损失 500 万元以上的，应当认定为"后果特别严重"。虽然工程重大安全事故罪属于单位犯罪，但是采取的是单罚制，仅追究工程重大安全事故直接责任人员的刑事责任。

（三）工程发包与承包中受贿和行贿的刑事责任

根据《建筑法》第 68 条第 1 款①的规定，开发建设施工单位在承包或者发包公租房建设工程过程中，存在索贿、受贿或者行贿行为，如果构成犯罪的，应当承担刑事责任。开发建设施工单位在发包或者承包公租房建设工程的过程中，向他人索取、非法收受他人财产，为他人谋取利益，情节严重的，属于《刑法》第 387 条②第 1 款规定的单位受贿罪。此外，根据前条第 2 款的规定，开发建设施工单位在承包或者发包公租房建设工程的过程中，采取账外暗中收取回扣、手续费的行为，同样构成单位受贿罪。开发建设施工单位在发包或者承包公租房建设工程的过程中，为谋取不正当利益，给予国家机关、国有企业等单位以财物，或者违反国家规定给予回扣、手续费的行为，构成对单位行贿罪，应当按照《刑法》第 391 条③的规定定罪处罚。开发建设施工单位在发包或者承包公租房建设工程的过程中，为谋取不正当利益，存在行贿或者存在违反国家规定给予国家工作人员以回扣、手续费的行为，并且情节严重的，构成《刑法》第 393 条④所规

---

① 《建筑法》第 68 条第 1 款规定："在工程发包与承包中索贿、受贿、行贿，构成犯罪的，依法追究刑事责任；不构成犯罪的，分别处以罚款。没收贿赂的财物，对直接负责的主管人员和其他直接责任人员给予处分。"

② 《刑法》第 387 条规定："国家机关、国有公司、企业、事业单位、人民团体，索取、非法收受他人财物，为他人谋取利益，情节严重的，对单位判处罚金，并对其直接负责的主管人员和其他直接责任人员，处五年以下有期徒刑或者拘役。前款所列单位，在经济往来中，在账外暗中收受各种名义的回扣、手续费的，以受贿论，依照前款的规定处罚。"

③ 《刑法》第 391 条规定："为谋取不正当利益，给予国家机关、国有公司、企业、事业单位、人民团体以财物的，或者在经济往来中，违反国家规定，给予各种名义的回扣、手续费的，处三年以下有期徒刑或者拘役，并处罚金。单位犯前款罪的，对单位判处罚金，并对其直接负责的主管人员和其他直接责任人员，依照前款的规定处罚。"

④ 《刑法》第 393 条规定："单位为谋取不正当利益而行贿，或者违反国家规定，给予国家工作人员以回扣、手续费，情节严重的，对单位判处罚金，并对其直接负责的主管人员和其他直接责任人员，处五年以下有期徒刑或者拘役，并处罚金。因行贿取得的违法所得归个人所有的，依照本法第三百八十九条、第三百九十条的规定定罪处罚。"

定的单位行贿罪。

在确定开发建设施工单位的受贿和行贿行为是否构成单位犯罪,关键是要通过"决策主体的整体性"与"利益归属的团体性"这两个必要因素,[1] 判断这些行为是否体现单位的整体意志。对于未经单位决策机关决策而假借单位名义受贿和行贿,或者以单位名义行贿和受贿但是最终利益归个人所有的,均不能认为是单位犯罪。开发建设施工单位犯单位受贿罪、对单位行贿罪和单位行贿罪的,不仅应当对开发建设施工单位处以罚金,还应当对其相关责任人处以刑罚。

第四节 承租人的法律责任

公租房具有公共性、政策性和保障性的特征,保障对象只有按照《公共租赁住房管理办法》以及各地方公租房管理规范规定的程序向住房保障主管部门提出申请并经审核、轮候和配租后,才能与公租房所有权人或其委托的运营单位签订公租房租赁合同,并根据公租房租赁合同的约定、《公共租赁住房管理办法》以及各地方公租房管理规范的相关规定租住公租房。在《公共租赁住房管理办法》以及各地方公租房管理规范规定的承租人退出条件成就,公租房租赁合同因期限届满或者解除而终止时,承租人应当按照《公共租赁住房管理办法》以及各地方公租房管理规范规定的程序退出公租房,并承担相应的法律责任。承租人是公租房的保障对象,是公租房的申请人和直接使用人,其申请、使用和退出行为直接影响着公租房的保障效果。为保证公平分配、规范使用行为和健全退出机制,应当明确承租人的法律责任。从行为所违反的法律规定的性质来看,承租人的法律责任可以分为以下三类:一是承租人的民事责任,主要包括在申请与审核阶段的缔约过失责任,使用与退出阶段的违约责任和侵权责任;二是承租人的行政责任,包括申请与审核阶段的行政责任、轮候与配租阶段的行政责任以及使用与退出阶段的行政责任;三是承租人的刑事责

---

[1] 参见肖中华《论单位受贿罪与单位行贿罪的认定》,《法治研究》2013年第5期。

任,主要是指承租人隐瞒有关情况或者提供虚假材料骗取公租房或者通过行贿不正当获取公租房的刑事责任。

一 承租人的民事责任

公租房承租人的民事责任主要包括缔约过失责任、违约责任和侵权责任。承租人在申请与审核阶段隐瞒有关情况或者提供虚假材料给出租人造成损失的,违反了先合同义务,应当承担缔约过失责任。承租人应当按照公租房租赁合同的约定以及《公共租赁住房管理办法》和《合同法》的相关规定合理使用公租房,履行承租人义务,否则应当承担违约责任。承租人因为过错造成出租人或者第三人人身或者财产权益损害,属于一般侵权行为,应当承担侵权责任。公租房租赁期限内,因为承租人的原因致使出租人的人身或者财产权益受到损害的,属于侵权责任和违约责任的竞合,承租人应当根据出租人的主张承担侵权责任或者违约责任。

(一) 承租人的缔约过失责任

承租人在与出租人订立公租房租赁合同的过程中,承租人负有向出租人如实告知与订立公租房租赁合同有关重要事实的先合同义务。承租人在申请与审核阶段隐瞒有关情况或者提供虚假材料,一方面让出租人难以知晓承租人的真实情况,另一方面使出租人误信承租人的虚假情况,违反了先合同义务。因此给出租人造成损失的,应当根据《合同法》第42条[①]的规定承担缔约过失责任。根据民事责任理论和合同法理论,承租人缔约过失责任采取过错责任,其构成要件包括:承租人违反了先合同义务,故意隐瞒与订立合同有关的重要事实或者提供虚假情况;出租人受有损失,既可以是固有利益的损失,也可以是信赖利益的损失;承租人违反先合同义务的行为与出租人所受损失之间存在因果关系;承租人主观上存在过错。承租人承担缔约过失责

---

① 《合同法》第42条规定:"当事人在订立合同过程中有下列情形之一,给对方造成损失的,应当承担损害赔偿责任:(一)假借订立合同,恶意进行磋商;(二)故意隐瞒与订立合同有关的重要事实或者提供虚假情况;(三)有其他违背诚实信用原则的行为。"

任的形式和内容因公租房租赁合同的效力状态而有所不同。公租房租赁合同成立且生效的，出租人有权主张解除公租房租赁合同，并请求违反先合同义务的承租人赔偿出租人的固有利益损失。公租房租赁合同未成立、无效或者被撤销的，出租人可以请求违反先合同义务的承租人赔偿信赖利益和固有利益损失。

（二）承租人的违约责任

公租房租赁合同属于格式合同，其示范文本由住房保障主管部门制定，包括《公共租赁住房管理办法》以及各地方公租房管理规范规定的公租房租赁合同必备条款。公租房租赁合同约定的承租人义务主要包括：按期支付公租房租金、合理使用公租房、妥善保护公租房、在租赁期满后退出公租房的积极义务；不得转借、转租或者擅自调换公租房、不得破坏或者擅自装修公租房、不得无理由长期空置公租房的消极义务。如果承租人违反上述义务，则应当承担违约责任。承租人承担违约责任的形式主要包括强制缴纳租金、支付违约金、赔偿出租人损失、保证金责任和强制退出公租房等。例如，根据天津市国土资源和房屋管理局制定的公租房租赁合同第11条的约定，承租人未按照约定日期和金额交纳租金的，出租人除了有权追索房租外，还有权每日向承租人收取月租金1%的违约金。除了承担上述违约责任外，承租人的违约行为还将作为严重的失信行为记入个人征信系统，影响其以后申请保障性住房和租购商品房。

（三）承租人的侵权责任

承租人因为过错造成出租人或者第三人人身或者财产权益损害，属于一般侵权行为，应当根据《侵权责任法》第6条[1]的规定承担侵权责任。承租人不适当履行公租房租赁合同约定的义务，造成出租人履行利益之外的其他权益损害，如擅自装修、改建公租房或者长期空置公租房造成公租房发生损坏，则产生侵权责任与违约责任的竞合。

---

[1] 《侵权责任法》第6条规定："行为人因过错侵害他人民事权益，应当承担侵权责任。根据法律规定推定行为人有过错，行为人不能证明自己没有过错的，应当承担侵权责任。"

部分地方的公租房租赁合同对上述情形做了明确约定，如天津市国土资源和房屋管理局制定的公租房租赁合同第 15 条约定，由于承租人违反规定使用公租房给出租人或者第三方造成损害的，由承租人负责赔偿。这些约定不能简单地理解为违约责任条款，而是对于承租人应当承担损害赔偿责任的强调。根据民法处理违约责任与侵权责任的一般理论，承租人的侵权责任与违约责任都以损害赔偿为主要内容，出租人不能因为同一损害结构要求双重的赔偿，只能选择实现其中一种民事责任，即要么主张承租人承担违约责任，要么主张承租人承担侵权责任。

二 承租人的行政责任

承租人的行政责任贯串于整个公租房运营管理的始终，包括申请与审核阶段的行政责任、轮候与配租阶段的行政责任以及使用与退出阶段的行政责任。《公共租赁住房管理办法》第 35 条、第 36 条分别规定了申请与审核阶段、使用与退出阶段承租人的法律责任。尽管轮候与配租阶段承租人出现行政违法行为，产生行政责任的情形较少，但是并不意味着此阶段不会产生行政责任。《公共租赁住房管理办法》没有明确轮候与配租阶段承租人的法律责任也不等同于承租人对其行政违法行为不用承担行政责任。

（一）申请与审核阶段承租人的行政责任

申请与审核阶段是申请人向住房保障主管部门申请公租房，由住房保障主管部门对申请材料进行审核以决定申请人能否取得承租公租房资格的阶段。在该阶段，承租人即申请人，其法律责任由申请行为引发，是承租人就申请材料不真实应当承担的不利后果。《公共租赁住房管理办法》第 8 条第 1 款[①]规定，申请人应当对申请材料的真实性负责。承租人在提交申请材料时隐瞒有关情况或者提供虚假材料申

---

① 《公共租赁住房管理办法》第 8 条第 1 款规定："申请人应当根据市、县级人民政府住房保障主管部门的规定，提交申请材料，并对申请材料的真实性负责。申请人应当书面同意市、县级人民政府住房保障主管部门核实其申报信息。"

请公租房,则属于骗租行为,住房保障主管部门应当区分承租人骗租行为所导致的最终状态分别确定其法律责任。根据《公共租赁住房管理办法》第35条的规定,对于公租房申请人隐瞒有关情况或者提供虚假材料的申请,应当不予受理,给予警告,并记入公租房管理档案。申请人已经骗取到承租公租房资格的,则不仅应当处以1000元以下罚款,并记入公租房管理档案,而且应当取消其资格。具体而言,如果申请人已经登记为轮候对象的,应当取消登记;如果申请人已经承租公租房的,应当责令其按照限期退出公租房,并按照市场租金标准补缴租金。

(二)轮候与配租阶段承租人的行政责任

轮候与配租阶段是申请人获得承租资格后,由住房保障主管部门在轮候期间内为其安排公租房,并且在安排公租房后,由其与公租房所有权人及其委托运营单位签订公租房租赁合同的阶段。在该阶段承租人的义务主要是及时报告轮候期间家庭成员及其户籍、收入、财产和住房等情况的重要变动,无正当理由不得放弃轮候配租,不得擅自互换所配租的公租房。尽管在《公共租赁住房管理办法》中,对承租人违反上述义务的行政责任没有做出明确规定,但是这并不意味着承租人不需要承担行政责任。对于承租人没有及时报告轮候期间家庭成员及其户籍、收入、财产和住房等情况的重要变动,最终导致承租人不符合承租资格但是获得公租房的,应当参照提交申请材料时隐瞒有关情况或者提供虚假材料骗取公租房的情形追究其行政责任。对于承租人无正当理由放弃轮候配租的,除了取消其承租资格外,还应当限制其在一定期限内再次申请公租房的资格。相较于骗取公租房,无正当理由放弃轮候配租对公租房管理秩序的破坏较小,限制其再次申请公租房的资格的期限也应当较短,可以规定为1年至2年。对于擅自互换公租房的,应当责令其改正,予以警告并在公租房管理系统和公租房小区内公告处理结果。

(三)使用与退出阶段承租人的行政责任

承租人使用与退出公租房的行为受住房保障主管部门的管理和监督,如果其使用与退出行为违反行政法规和规章的相关规定,则应当承担行政责任。根据《公共租赁住房管理办法》第 36 条的规定，承租人存在不合法使用公租房行为的，应当责令其按照市场价格补缴从违法行为发生之日起的租金，处以 1000 元以下罚款，并且将其违法行为记入公租房管理档案。如果承租人有违法所得的，还应当处以不超过违法所得 3 倍（最高为 3 万元）的罚款。《城镇住房保障条例（征求意见稿）》第 48 条[①]弱化了承租人使用与退出阶段承租人的行政责任，取消了行政罚款，仅规定将其违法行为记入住房保障对象档案和没收违法所得。笔者认为，考虑到公租房的公共性、政策性和保障性特征，应当强化承租人不合法使用公租房和拒不退出公租房的行政责任，视情节轻重处以不同数额的行政罚款，没收其违法所得，并限制其在一定期限内再次申请公租房的资格。

三 承租人的刑事责任

承租人的刑事责任则主要是指承租人隐瞒有关情况或者提供虚假材料骗取公租房或者通过行贿不正当获取公租房的刑事责任。虽然《公共租赁住房管理办法》第 35 条并没有规定承租人的刑事责任，但是正在制定中的《城镇住房保障条例（征求意见稿）》第 47 条第 1 款[②]规定，承租人的骗租行为构成犯罪的，应当追究其刑事责任。根据我国《刑法》的相关规定，承租人隐瞒有关情况或者提供虚假材

---

① 《城镇住房保障条例（征求意见稿）》第 48 条规定："违反本条例规定，保障性住房的承租人、承购人有下列行为之一的，由住房保障部门记入住房保障对象档案；有违法所得的，予以没收；未缴纳租金的，责令限期补缴；损毁、破坏保障性住房，擅自改变房屋用途、结构和配套设施，责令限期恢复原状或者采取其他补救措施；造成损失的，依法承担赔偿责任；原承租人、原承购人在 5 年内不得再次申请城镇住房保障：（一）无正当理由累计 6 个月以上未缴纳租金，经催缴仍不缴纳的；（二）无正当理由连续 6 个月以上未在配租的保障性住房内居住的；（三）出租、转租、出借、擅自调换或者转让保障性住房的；（四）损毁、破坏保障性住房，擅自改变房屋用途、结构和配套设施，拒不恢复原状或者不当使用造成重大损失的。"

② 《城镇住房保障条例（征求意见稿）》第 47 条第 1 款规定："违反本条例规定，申请人隐瞒、虚报或者伪造住房、收入和财产状况等信息申请城镇住房保障的，由住房保障部门给予警告，向社会通报，并依法将有关信息提供给征信机构记入个人征信记录；已承租、承购保障性住房的，责令退回，按照市场价格补缴承租、承购期间的租金，并处应补缴租金数额 1 倍以上 3 倍以下罚款；已领取租赁补贴和租金补贴的，责令退回，并处领取数额 1 倍以上 3 倍以下罚款；构成犯罪的，依法追究刑事责任；申请人在 5 年内不得再次申请城镇住房保障。"

料骗取公租房的行为可能触犯诈骗罪和伪造、变造国家机关公文、证件、印章罪。当承租人隐瞒有关情况或者提供虚假材料骗取公租房的行为仅构成诈骗罪，或者仅构成伪造、变造国家机关公文、证件、印章罪时，则应当分别按照《刑法》第266条①、第280条②的规定追究刑事责任。当承租人以伪造、变造国家机关公文、证件、印章为手段实现骗取公租房目的时，承租人属于伪造、变造国家机关公文、证件、印章罪与诈骗罪的牵连犯。按照刑法理论，应当择一重罪处罚，即按照诈骗罪追究其刑事责任。如果承租人通过行贿不正当获得公租房的，成立行贿罪的，应当按照《刑法》第389条③和第390条④的规定定罪处罚。

第五节　物业管理者的法律责任

公租房物业管理是公租房运营管理的重要组成部分，指的是对公租房及其配套设施的维修、养护和管理，以及维护公租房小区内环境卫生和相关秩序的活动。为保证公租房所有权人的合法权利和承租人对公租房的正常使用，规范公租房的物业管理行为，应当明确物业管理者的法律责任。然而，与一般物业管理法律关系不同，公租房物业

---

① 《刑法》第266条规定："诈骗公私财物，数额较大的，处三年以下有期徒刑、拘役或者管制，并处或者单处罚金；数额巨大或者有其他严重情节的，处三年以上十年以下有期徒刑，并处罚金；数额特别巨大或者有其他特别严重情节的，处十年以上有期徒刑或者无期徒刑，并处罚金或者没收财产。本法另有规定的，依照规定。"

② 《刑法》第280条规定："伪造、变造、买卖或者盗窃、抢夺、毁灭国家机关的公文、证件、印的，处三年以下有期徒刑、拘役、管制或者剥夺政治权利；情节严重的，处三年以上十年以下有期徒刑。"

③ 《刑法》第389条规定："为谋取不正当利益，给予国家工作人员以财物的，是行贿罪。在经济往来中，违反国家规定，给予国家工作人员以财物，数额较大的，或者违反国家规定，给予国家工作人员以各种名义的回扣、手续费的，以行贿论处。因被勒索给予国家工作人员以财物，没有获得不正当利益的，不是行贿。"

④ 《刑法》第390条规定："对犯行贿罪的，处五年以下有期徒刑或者拘役；因行贿谋取不正当利益，情节严重的，或者使国家利益遭受重大损失的，处五年以上十年以下有期徒刑；情节特别严重的，处十年以上有期徒刑或者无期徒刑，可以并处没收财产。行贿人在被追诉前主动交代行贿行为的，可以减轻处罚或者免除处罚。"

管理具有特殊性：从物业管理的对象来看，公租房具有保障性和公共产品属性，多数情况下还是重要的国有资产；从物业管理法律关系来看，虽然相对于商品房，公租房业主即公租房所有权人数量较少，但是物业使用人即公租房承租人却数量众多，并直接承担物业管理费用，接受物业服务；从物业管理模式来看，既有市场化管理模式、政府直接管理模式，也有介乎二者之间的准市场化管理模式。这些特殊性导致了公租房物业管理者法律责任在责任主体和责任内容上的复杂性。因此，有必要在清晰界定公租房物业管理者的基础上，明确物业管理者的法律责任。

一　公租房物业管理者的界定

如前章所述，《物权法》第 81 条第 1 款[①]规定了物业管理的三种模式，并且在实践中，通常以业主委托物业服务企业管理作为最主要模式。《物业管理条例》甚至在第 2 条[②]给出的物业管理定义中，将条例中的物业管理直接等同于业主委托物业服务企业进行物业管理的模式，对其他两种模式未做规定。然而，公租房物业管理则以业主自行管理模式和业主委托其他管理人管理模式为主，以业主委托物业服务企业管理模式为辅。根据《公共租赁住房管理办法》第 24 条[③]的规定，公租房的物业管理者应当是公租房所有权人及其委托的运营单位。由于公租房的开发建设模式在实践中存在较大的差异，该条所指称的"公租房所有权人及其委托的运营单位"还需要根据具体情况

[①] 《物权法》第 81 条第 1 款规定："业主可以自行管理建筑物及其附属设施，也可以委托物业服务企业或者其他管理人管理。"

[②] 《物业管理条例》第 2 条规定："本条例所称物业管理，是指业主通过选聘物业服务企业，由业主和物业服务企业按照物业服务合同约定，对房屋及配套的设施设备和相关场地进行维修、养护、管理，维护物业管理区域内的环境卫生和相关秩序的活动。"

[③] 《公共租赁住房管理办法》第 24 条规定："公共租赁住房的所有权人及其委托的运营单位应当负责公共租赁住房及其配套设施的维修养护，确保公共租赁住房的正常使用。政府投资的公共租赁住房维修养护费用主要通过公共租赁住房租金收入以及配套商业服务设施租金收入解决，不足部分由财政预算安排解决；社会力量投资建设的公共租赁住房维修养护费用由所有权人及其委托的运营单位承担。"

进一步明确。

首先,公租房的物业管理者因公租房属于配建或者集中建设而有所差异。对于配建的公租房,由于公租房和商品房混合在同一个物业管理区域内,为保证物业服务公平和防止居住隔离,发挥配建的积极效应,公租房物业应当与商品房物业实行统一管理。对于集中建设的公租房,由于公租房处于一个相对独立的物业管理区域,应当由公租房所有权人及其委托的运营单位进行物业管理。一些地方的公租房管理规范还注意到了配建与集中建设的公租房物业管理者的差异,并做出了明确规定。如《北京市公共租赁住房后期管理暂行办法》(京建法〔2013〕15号)第25条①规定:集中建设的公租房,其产权单位可自行管理,也可以将全部或部分的专项服务委托给物业服务企业或其他专业性服务企业;配建的公租房,应当与其所在物业管理区域内的其他物业实施统一的管理,并禁止建设单位将公租房与区域内其他物业进行分隔。

其次,公租房的物业管理者由公租房所有权人自己担任或者委任,而公租房采取"谁开发,谁所有"的原则,公租房开发建设主体决定着公租房物业管理者。对于政府投资开发建设的公租房,政府作为公租房所有权人,通常会组建或者委托运营单位进行包括公租房租赁管理和公租房物业管理在内的公租房运营管理,运营单位即物业管理者。对于社会力量投资建设的公租房,社会力量作为业主,应当由其组织开展物业管理,既可以自行管理,也可以委托物业服务企业或者其他专业性服务企业进行物业管理。如果自行管理的,公租房所有权人就是物业管理者。如果委托物业服务企业或者其他专业性服务企业进行物业管理的,物业服务企业或者其他专业性服务企业就是物业管理者。对于政府与社会力量合作开发建设的公租房,公租房所有

---

① 《北京市公共租赁住房后期管理暂行办法》第25条:"集中建设的公共租赁住房,公共租赁住房产权单位可自行管理,也可通过招投标方式将全部或部分专项服务委托给物业服务企业或其他专业性服务企业。同等条件下优先选择有保障性住房小区物业服务业绩的物业服务企业承担。配建的公共租赁住房,应与本物业管理区域内的其他物业实施统一管理。建设单位不得通过增设护栏等方式将公共租赁住房与区域内其他物业分隔。"

权由政府和社会力量共有,物业管理者通常由政府和社会力量共同委托物业服务企业或者其他专业性服务企业担任。

综上所述,公租房物业管理者应当根据《公共租赁住房管理办法》第34条的规定承担法律责任。公租房所有权人委托的运营单位属于物业服务企业的,还应当根据《物业管理条例》和《物业服务纠纷解释》的相关规定承担法律责任。虽然其他受委托的运营单位并非《物业管理条例》或者《物业服务纠纷解释》中所规定的物业服务企业,原则上不能适用前述规定,但是考虑到公租房物业管理的特殊性,应当强化对于承租人权益的保护和政府对于公租房物业管理的适度干预,以促使受委托的运营单位积极履行义务,保证公租房物业管理效果。实证研究也表明,包括公租房在内的保障房住户对于物业管理企业的选任和监督能力均较弱,在物业管理过程中对于政府的依赖程度非常高。[1] 因此,可以考虑参照《物业管理条例》和《物业服务纠纷解释》中关于物业服务企业的相关规定强化公租房所有权人委托运营单位的法律责任。

二 物业管理者的民事责任

尽管在一般物业服务合同中,承租人作为物业使用人通常并非物业服务合同的当事人,但是考虑到公租房属于租赁型保障性住房,承租人数量众多,并直接承担物业管理费用,接受物业服务,应当将承租人作为物业服务合同的当事人。物业管理者可以直接向公租房承租人承担违约责任。物业管理者在进行物业管理过程中存在侵害公租房所有权人或者承租人人身、财产权益的行为,应当根据《侵权责任法》的相关规定承担侵权责任。由于物业管理者的违约行为导致公租房所有权人或者承租人固有民事权益损害的,属于侵权责任和违约责任的竞合,应当根据权利人的主张承担民事责任。在公租房所有权人作为物业管理者时,不存在物业服务合同关系,上述物业管理者的违

---

[1] 吴开泽、陈琳、谭建辉:《保障房社区物业管理状况调查——以广州市为例》,《城市问题》2014年第4期。

第五章　公租房开发建设与准入退出中相关当事人的法律责任

约责任和侵权责任多数并不产生。在公租房所有权人委托的运营单位作为物业管理者时，虽然可能不存在书面的物业服务合同，但是物业服务合同的内容往往已经概括地订入委托运营管理合同中，二者之间存在物业服务关系，公租房所有权人委托的运营单位作为物业管理者应当承担上述物业服务者的违约责任和侵权责任。

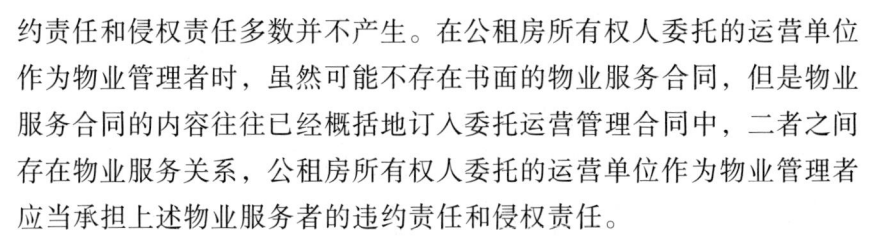

（一）物业管理者的违约责任

物业管理者违反物业服务合同约定义务的，应当向公租房所有权人或者承租人承担违约责任。根据《物业服务纠纷解释》第3条第1款①的规定，物业服务企业承担违约责任的方式包括但不限于继续履行、采取补救措施、赔偿损失等。物业管理者还负有按照约定的数额和方式收取物业管理费用，擅自扩大收费范围、提高收费标准或者重复收费的义务。如果物业管理者违规收费，根据《物业服务纠纷解释》第5条②的规定，公租房所有权人或者承租人有权提出抗辩，拒付物业服务合同约定外的物业费用。如果物业管理者已经违规收取物业费用的，应当将合同约定以外的费用退回。在物业服务合同终止时，物业管理者负有将物业管理用房和相关材料交还给公租房所有权人，与公租房所有权人选任的新物业管理者做好交接工作的义务。《物业管理条例》第38条③和《物业服务纠纷解释》第10条④都对物业管理者的交还、交接义务做出了明确规定。如果物业管理者不履

---

① 《物业服务纠纷解释》第3条第1款规定："物业服务企业不履行或者不完全履行物业服务合同约定的或者法律、法规规定以及相关行业规范确定的维修、养护、管理和维护义务，业主请求物业服务企业承担继续履行、采取补救措施或者赔偿损失等违约责任的，人民法院应予支持。"

② 《物业服务纠纷解释》第5条规定："物业服务企业违反物业服务合同约定或者法律、法规、部门规章规定，擅自扩大收费范围、提高收费标准或者重复收费，业主以违规收费为由提出抗辩的，人民法院应予支持。业主请求物业服务企业退还其已收取的违规费用的，人民法院应予支持。"

③ 《物业管理条例》第38条规定："物业服务合同终止时，物业服务企业应当将物业管理用房和本条例第二十九条第一款规定的资料交还给业主委员会。物业服务合同终止时，业主大会选聘了新的物业服务企业的，物业服务企业之间应当做好交接工作。"

④ 《物业服务纠纷解释》第10条规定："物业服务合同的权利义务终止后，业主委员会请求物业服务企业退出物业服务区域、移交物业服务用房和相关设施，以及物业服务所必需的相关资料和由其代管的专项维修资金的，人民法院应予支持。物业服务企业拒绝退出、移交，并以存在事实上的物业服务关系为由，请求业主支付物业服务合同权利义务终止后的物业费的，人民法院不予支持。"

行、延迟履行或者不完全履行交还、交接义务的,公租房所有权人有权要求其继续履行,并赔偿因此造成的损失。

(二) 物业管理者的侵权责任

物业管理者在公租房物业管理过程中损害公租房所有权人、承租人或者第三人权益的,应当承担侵权责任。首先,物业管理者存在侵占公租房所有权人或者承租人的公共利益,擅自改变公租房物业管理区域内按照规划建设的公共建筑和共用设施用途,擅自占用、挖掘公租房物业管理区域内道路、场地,擅自利用公租房物业的共用部分、公用设施设备进行经营等行为,侵害所有权人或者承租人利益的,属于违约责任和侵权责任的竞合,所有权人或者承租人可以选择要求其承担侵权责任。其次,物业管理者负有安全保障义务。根据《侵权责任法》第37条[①]的规定,物业管理者未尽到安全保障义务,造成公租房所有权人、承租人或者第三人损害的,应当承担侵权责任。即使是因第三人行为造成损害的,物业管理者如果未尽到安全保障义务,也应当承担相应的补充责任。最后,物业管理者是公租房及其配套设施的管理者,公租房及其配套设施致人损害的,物业管理者应当承担侵权责任。根据《侵权责任法》第85条的规定,公租房物业管理区域内的建筑物、构筑物或者其他设施及其搁置物、悬挂物发生脱落、坠落造成他人损害的,物业管理者不能证明自己没有过错的,应当承担侵权责任。如果存在其他责任人的,物业管理者在承担侵权责任后,有权向其他责任人追偿。

三 物业管理者的行政责任

从物业管理者的组建、选任和运营方式来看,如前章所述,我国公租房物业管理主要有市场化管理模式、政府直接管理模式、准市场化管理模式三种。无论哪种模式,政府及其住房保障主管部门都会对

[①] 《侵权责任法》第37条规定:"宾馆、商场、银行、车站、娱乐场所等公共场所的管理人或者群众性活动的组织者,未尽到安全保障义务,造成他人损害的,应当承担侵权责任。因第三人的行为造成他人损害的,由第三人承担侵权责任;管理人或者组织者未尽到安全保障义务的,承担相应的补充责任。"

公租房物业管理者进行强于一般商品房物业管理的干预和监管。二者的差异在于，相较于后一种模式，行政权力对公租房物业管理的干预和监管在前一种模式中表现得更加突出。政府及其住房保障主管部门对于公租房物业管理的干预和监管集中体现于物业管理者的行政责任。

首先，《公共租赁住房管理办法》第34条明确规定了公租房所有权人及其委托的运营单位作为物业管理者的行政责任。根据该条第1款的规定，若其未履行维护公租房及其配套设施的义务，或者存在改变公租房的保障性住房性质、用途以及配套设施规划用途的行为，则应当责令其限期改正，并处以3万元以下的行政罚款。行政机关作为公租房所有权人的，当然也负有维护公租房及其配套设施的义务。然而，行政机关的行政主体地位决定了其行政责任不同于一般公租房所有权人的行政责任。《公共租赁住房管理办法》第34条第2款规定，公租房所有权人为行政机关的，按照该办法第33条处理，即如果行政机关未履行公租房及其配套设施维修养护义务，或者改变公租房的保障性住房性质、用途以及配套设施规划用途的，对直接负责的主管人员和其他责任人依法给予处分。

其次，《物业管理条例》规定的物业服务企业行政责任，直接适用于公租房物业服务企业，并可以参照适用于公租房所有权人委托的运营单位。根据《物业管理条例》第58条[①]的规定，物业服务合同终止时，公租房物业服务企业不移交有关材料的，应当责令其限期改正；对于逾期仍不移交者，应当予以通报，并处以1万—10万元的行政罚款。如果物业服务企业存在将公租房所在区域内的全部物业一并委托给他人的行为，则应当按照《物业管理条例》第59条[②]的规定

---

① 《物业管理条例》第58条规定："违反本条例的规定，不移交有关资料的，由县级以上地方人民政府房地产行政主管部门责令限期改正；逾期仍不移交有关资料的，对建设单位、物业服务企业予以通报，处1万元以上10万元以下的罚款。"

② 《物业管理条例》第59条规定："违反本条例的规定，物业服务企业将一个物业管理区域内的全部物业管理一并委托给他人的，由县级以上地方人民政府房地产行政主管部门责令限期改正，处委托合同价款30%以上50%以下的罚款。委托所得收益，用于物业管理区域内物业共用部位、共用设施设备的维修、养护，剩余部分按照业主大会的决定使用；给业主造成损失的，依法承担赔偿责任。"

责令其限期改正，并且处以合同价款金额 30% 至 50% 的行政罚款。物业服务企业应当按照物业服务合同的约定和法律规定的用途使用公租房专项维修资金，如果其挪用专项维修资金的，根据《物业管理条例》第 60 条①的规定，应当追回其挪用的资金，给予警告，没收其违法所得，还可以据情形并处挪用金额 2 倍以下的行政罚款。《物业管理条例》第 63 条②专门规定了物业管理企业负有擅自改变公租房物业管理区域内按照规划建设的公共建筑和共用设施用途，擅自占用、挖掘公租房物业管理区域内道路、场地，擅自利用公租房物业的共用部位、共用设施设备进行经营等严重违反物业服务合同，损害公租房权人或者承租人合法权益行为的行政责任。对于有前述行为的物业服务企业，应当责令其限期改正，给予警告，处以 5 万—20 万元的行政罚款，并且将其所得收益用于物业管理区域内物业共用部位、共用设施设备的维护，剩余部分按照所有权人的决定使用。

---

① 《物业管理条例》第 60 条规定："违反本条例的规定，挪用专项维修资金的，由县级以上地方人民政府房地产行政主管部门追回挪用的专项维修资金，给予警告，没收违法所得，可以并处挪用数额 2 倍以下的罚款；构成犯罪的，依法追究直接负责的主管人员和其他直接责任人员的刑事责任。"

② 《物业管理条例》第 63 条规定："违反本条例的规定，有下列行为之一的，由县级以上地方人民政府房地产行政主管部门责令限期改正，给予警告，并按照本条第二款的规定处以罚款；所得收益，用于物业管理区域内物业共用部位、共用设施设备的维修、养护，剩余部分按照业主大会的决定使用：（一）擅自改变物业管理区域内按照规划建设的公共建筑和共用设施用途的；（二）擅自占用、挖掘物业管理区域内道路、场地，损害业主共同利益的；（三）擅自利用物业共用部位、共用设施设备进行经营的。个人有前款规定行为之一的，处 1000 元以上 1 万元以下的罚款；单位有前款规定行为之一的，处 5 万元以上 20 万元以下的罚款。"

结　语

本书主要聚焦于我国公租房制度运行过程中开发建设、分配准入和使用退出三个重要环节的法律规范问题。在研究中，作者主要立足于对我国公租房法律法规和政策规定以及实践状况的实证分析与检讨，加之以理论提升和比较借鉴，力图形成关于我国公租房开发建设、准入退出法律规范的完善建议。

概而言之，本书的主要观点有：第一，公租房（含廉租房）是我国保障房的主要形式，公租房制度是我国住房保障制度最核心的内容。公租房制度之建立是人权保障理论、国家义务理论、国家干预理论和公共产品供给理论等理论的要求和体现。第二，我国公租房制度运行20余年，对于实现我国的住房保障任务功不可没，但尚存在立法缺失、保障对象覆盖不周全、开发建设公租房的数量质量不足、准入退出机制不够完善等问题，其根本成因是我国对住房保障制度的功能定位与实现方式以及政府的住房保障责任等认识不清、界定不明，并缺乏公民个人信息征集与共享机制。第三，开发建设是我国公租房房源最主要的供给途径。对公租房开发建设进行法律规制，需要做到在法律上明确界定中央政府、地方政府、企业三者在公租房开发建设中的法律地位和职责；既要创新公租房开发建设的土地供给、税收优惠和投融资机制，又要进行规制，还要明晰开发建设的公租房的产权性质和产权关系。第四，公租房的分配准入是实现公租房制度对中低收入住房困难人群住房公平保障的关键环节。对公租房准入进行法律规制的核心是公平、科学确定公租房准入的法定条件，建立简明、方便的准入程序和异议处理机制，并保证严格执行。第五，公租房的使用退出是实现公租房公共资源公平善用的重要保障。对公租房退出法律规制的关键是建立机制对公租房合法使用实施严格监管，科学设计并严格执行公租房退出的条件、程序以及压力机制、引力机制和退出争议解决机制。第六，法律责任是法律规制的重要内容。对公租房开发建设、准入退出进行法律规制，法律责任机制必不可少。需要区分相关当事人（政府主管部门及其工作人员、参与公租房开发建设与运营的社会组织和企业、作为保障对象的承租人等）之间的法律关系，明确界定违法违规行为，确定违法违规行为所应承担的法律责任类型（民事责任、行政责任和刑事责任）、责任要件及责任方式等。

  本书的写作持续四年有余。虽然作者努力追求研究的全面、深入，追求研究的实证性和理论性，追求研究结论的创新性、科学性、可操作性，希望能够真正对我国公租房立法和制度完善以及实践有所裨益，但由于可资参考的有价值的高水平研究文献欠缺和实证调研不足，加之作者水平有限，一定会存在这样或那样的不足，敬请各位读者批评指正！

主要参考文献

一 著作类

《马克思恩格斯全集》第 19 卷，人民出版社 1964 年版。
《马克思恩格斯选集》第 1 卷，人民出版社 1995 年版。
《马克思恩格斯选集》第 3 卷，人民出版社 1995 年版。
《马克思恩格斯选集》第 20 卷，人民出版社 1971 年版。
《列宁全集》第 17 卷，人民出版社 1959 年版。
陈瑞华：《刑事审判原理论》，北京大学出版社 1997 年版。
陈瑞华：《刑事诉讼的前沿问题》，中国人民大学出版社 2000 年版。
陈昧秋：《联合国人权公约和刑事司法文献汇编》，中国法制出版社 2000 年版。
程啸：《侵权责任法》，法律出版社 2011 年版。
崔建远：《合同法学》，法律出版社 2014 年版。
邓宏乾等：《中国城镇公共住房政策研究》，中国社会科学出版社 2015 年版。
符启林等：《住房保障法律制度研究》，知识产权出版社 2012 年版。
高鸿业：《西方经济学》，中国经济出版社 1998 年版。
郭伟和：《福利经济学》，经济管理出版社 2001 年版。
胡建淼：《行政法学》（第四版），法律出版社 2015 年版。
胡建淼主编：《违法行政问题研究》，法律出版社 2000 年版。
胡肖华：《走向责任政府——行政责任问题研究》，法律出版社 2006

年版。

黄少安：《产权经济学导论》，人民出版社1995年版。

江国华：《中国行政法（总论）》，武汉大学出版社2012年版。

姜明安主编：《行政法与行政诉讼法》（第五版），高等教育出版社2011年版。

金俭等：《中国住房保障——制度与法律框架》，中国建筑工业出版社2012年版。

林嘉：《社会保障法的理念、实践与创新》，中国人民大学出版社2002年版。

林嘉主编：《社会保障法学》，北京大学出版社2011年版。

林喆：《公民基本人权法律制度研究》，北京大学出版社2006年版。

吕筱萍、程大涛：《中国保障性住房建设研究》，中国社会科学出版社2013年版。

马俊驹、余延满：《民法原论》（第四版），法律出版社2010年版。

孟庆瑜等：《保障性住房政策法律问题研究》，法律出版社2016年版。

潘小娟、吕洪业等：《外国住房保障制度研究》，国家行政学院出版社2014年版。

皮纯协：《行政程序法比较研究》，中国人民公安大学出版社2000年版。

沈德咏、奚晓明：《最高人民法院关于合同法司法解释（二）理解与适用》，人民法院出版社2009年版。

孙笑侠：《法的现象与观念》，山东人民出版社2001年版。

汪习根：《法治社会的基本人权——发展权法律制度研究》，中国人民公安大学出版社2002年版。

王宏哲：《住房权研究》，中国法制出版社2008年版。

王利明主编：《中华人民共和国侵权责任法释义》，中国法制出版社2010年版。

王名扬：《美国行政法》，中国法制出版社1995年版。

王名扬：《法国行政法》，中国政法大学出版社1988年版。

王名扬：《英国行政法》，中国政法大学出版社1987年版。

翁岳生主编：《行政法》（下），中国社会科学出版社2002年版。

尹力：《中国调解机制研究》，知识产权出版社2009年版。

张步峰：《正当行政程序研究》，清华大学出版社2014年版。

张俊浩主编：《民法学原理》，中国政法大学出版社1997年版。

张克维：《产权、治理结构与企业效率——国有企业低效率探源》，复旦大学出版社2002年版。

张文显：《二十世纪西方法哲学思潮研究》，法律出版社1996年版。

张文显：《法理学》（第三版），高等教育出版社2007年版。

张文显：《法哲学范畴研究》（修订版），中国政法大学出版社2001年版。

张馨等：《当代财政与财政学主流》，东北财经大学出版社2000年版。

郑曙光：《产权交易法》，中国检察出版社2005年版。

中国社会科学院财经战略研究院、中国社会科学院城市与竞争力研究中心主编：《中国住房发展报告（2016—2017）》，广东经济出版社2017年版。

《中国审计年鉴2017》，中国时代经济出版社2018年版。

周珂：《住宅立法研究》，法律出版社2008年版。

周叶中主编：《宪法》（第二版），高等教育出版社2005年版。

住房和城乡建设部政策研究中心、中冶置业集团有限公司联合课题组：《求索公共租赁住房之路》，中国建筑工业出版社2011年第1版。

卓泽渊：《法的价值论》，法律出版社1999年版。

［德］G·拉德布鲁赫：《法哲学》，王朴译，法律出版社2005年版。

［德］贝克：《风险社会》，何博闻译，译林出版社2004年版。

［法］莱翁·狄骥：《宪法论》第1卷，钱克新译，商务印书馆1959年版。

［法］孟德斯鸠：《论法的精神》上篇，张雁深译，商务印书馆2004年版。

［法］皮埃尔·勒鲁：《论平等》，王允道译，商务印书馆1988年版。

［美］阿兰·斯密德：《制度与行为经济学》，刘璨、吴水荣译，中国人民大学出版社2004年版。

［美］阿瑟·奥沙利文：《城市经济学》（第四版），苏晓燕等译，中信出版社2003年版。

［美］埃莉诺·奥斯特罗姆：《公共事物的治理之道——集体行动制度的演进》，余逊达、陈旭东译，上海译文出版社2000年版。

［美］贝勒斯：《法律的原则》，张文显等译，中国大百科全书出版社1996年版。

［美］博登海默：《法理学：法律哲学与法律方法》，邓正来译，中国政法大学出版社1999年版。

［美］戴维·波普诺：《社会学》，李强等译，中国人民大学出版社2007年版。

［美］理查德·A 波斯纳：《法律的经济分析》下，蒋兆康译，中国大百科全书出版社1997年版。

［美］理查德·A 马斯格雷夫、艾伦·T 皮考克：《财政理论史上的经典文献》，刘守刚、王晓丹译，上海财经大学出版社2015年版。

［美］罗尔斯·庞德：《通过法律的社会控制》，沈宗灵译，商务印书馆1984年版。

［美］迈克尔·谢若登：《资产与穷人：一项新的美国福利政策》，高鉴国译，商务印书馆2005年版。

［美］特瑞斯·M 克劳瑞特等：《房地产金融——原理与实践》（第三版），龙奋杰等译，经济科学出版社2004年版。

［美］约翰·罗尔斯：《正义论》，何怀宏、何包钢、廖申白译，中国社会科学出版社2009年版。

［美］詹姆斯·M. 布坎南：《公共财政》，赵锡军译，中国财政经济出版社1991年版。

［挪］艾德：《经济、社会和文化权利》，黄列译，中国社会科学出版社2003年版。

［日］棚濑孝雄：《纠纷的解决与审判制度》，王亚新译，中国政法大

学出版社2002年版。

［英］安东尼·吉登斯：《社会的构成》，李康等译，生活·读书·新知三联书店1998年版。

［英］安东尼·吉登斯：《社会学方法的新规则——一种对解释社会学的建设性批判》，田佑中、刘江涛译，社会科学文献出版社2003年版。

［英］彼德·斯坦、约翰·香德：《西方社会的法律价值》，王献平译，中国人民公安大学出版社1990年版。

［英］戴维·M.沃克：《牛津法律大辞典》，李双元等译，法律出版社2003年版。

［英］丹宁勋爵：《法律的训诫》，杨百揆等译，群众出版社1985年版。

［英］弗里德里希·冯·哈耶克：《法律、立法与自由》第二、三卷，邓正来译，中国大百科全书出版社2000年版。

［英］洛克：《政府论》下篇，叶启芳、瞿菊农译，商务印书馆1964年版。

Andre Ouwehand, Gelske van Daalen, *Dutch Housing Association*, Delft: Delft University of Technology Press, 2002.

D Marsh and R A W Rhodes, *Implementing Thatcherite Policies*, Philadelphia: Open University Press, 1992.

K Jones, *The Making of Social Policy in Britain*, London: Athlone, 1994. S P Savage, R Atkinson, L Robins, *Public Policy in Britain*, New York: ST Martins Press, 1994.

二 论文类

安东：《论法律的安全价值》，《法学评论》2012年第3期。

财政部科研所课题组：《政府购买公共服务的理论与边界分析》，《财政研究》2014年第3期。

蔡冰菲：《政府住房保障责任的理论基础论析》，《社会科学家》2008年第3期。

蔡仕鹏：《法社会学视野下的行政纠纷解决机制》，《中国法学》2006年第6期。

陈爱娥：《自由—平等—博爱：社会国原则与法治国原则的交互作用》，《台大法学论丛》1984年第26卷第2期。

陈端洪：《法律程序价值观》，《中外法学》1997年第6期。

陈弘毅：《调解、诉讼、公正——对现代自由社会中儒家思想的思考》，《金陵法律评论》2001年第1期。

陈杰：《共有产权房的路该如何走》，《中国房地产》2014年第11期。

陈瑞华：《程序正义论——从刑事审判角度的分析》，《中外法学》1997年第2期。

陈淑云：《共有产权住房：我国住房保障制度的创新》，《华中师范大学学报》（人文社会科学版）2012年第1期。

陈淑云、曾龙：《共有产权住房在我国可行吗？》，《江汉论坛》2016年第1期。

陈耀东、任容庆：《我国保障房退出机制的法律检视：以产权型保障房与租赁型保障房界分为标准》，《天津法学》2014年第1期。

陈耀东、田智：《我国保障性住房制度的法律思考——以房地产宏观调控政策为背景》，《经济法研究》2009年第8卷第1期。

陈佑武、李步云：《中国特色社会主义人权理论体系论纲》，《政治与法律》2012年第5期。

程金华：《中国行政纠纷解决的制度选择——以公民需求为视角》，《中国社会科学》2009年第6期。

程世刚、张彦：《住房金融模式的国际比较及借鉴》，《现代科学管理》2003年第2期。

崔建远：《住房有限产权论纲》，《吉林大学社会科学学报》1994年第1期。

邓宏乾、王昱博：《租赁型保障住房退出机制研究——基于进化博弈论的视角》，《贵州社会科学》2015年第3期。

邓宏乾：《我国保障住房供给体系并轨问题研究》，《华中师范大学学报》（人文社会科学版）2012年第3期。

邓宏乾：《以住有所居为目标的住房制度改革探讨》，《华中师范大学学报》2009 年第 5 期。

董云虎：《生存权是中国人民的首要人权》，《科学社会主义》1991 年第 5 期。

杜乐其、石宏伟：《论社会保障法的价值理念》，《昆明理工大学学报》（社会科学版）2007 年第 5 期。

冯颜利：《主权与人权解读——从生存权和发展权是首要人权的观点而言》，《政治学研究》2006 年第 3 期。

甘藏春：《关于行政复议基础理论的几点思考》，《行政法学研究》2013 年第 2 期。

高富平：《重启集体建设用地上市场化改革的意义和制度需求》，《东方法学》2014 年第 6 期。

关淑芬：《论公平原则》，《杭州师范大学学报》（社会科学版）2013 年第 3 期。

郭洁、赵宁：《论保障房用地法律制度的创新》，《法学杂志》2014 年第 1 期。

韩敬：《国家保障住房权的最低核心义务》，《河北法学》2013 年第 11 期。

浩春杏：《阶层视野中的城市居民住房梯度消费——以南京为个案的社会学研究》，《南京社会科学》2007 年第 3 期。

何海波：《论行政行为"明显不当"》，《法学研究》2016 年第 3 期。

贺剑：《合同解除异议制度研究》，《中外法学》2013 年第 3 期。

侯国跃、朱伦攀：《我国城市保障性住房准入机制的缺陷与完善》，《法学杂志》2011 年第 S1 期。

胡吉亚：《英、美、新共有产权房运作模式及其对我国的有益启示》，《理论探索》2018 年第 5 期。

胡金星、陈杰：《荷兰社会住房的发展经验及其启示》，《华东师范大学学报》（哲学社会科学版）2011 年第 2 期。

胡玉鸿：《平等概念的法理思考》，《求是学刊》2008 年第 5 期。

胡玉鸿：《正确理解弱者权利保护中的社会公平原则》，《法学》2015

年第 1 期。

黄全：《论政府信息公开的原则体系》，《江苏大学学报》（社会科学版）2014 年第 1 期。

黄泽勇：《个人纳税主动申报制度的困境与生成》，《社会科学》2007 年第 1 期。

黄忠华、杜雪君、虞晓芬：《英国共有产权住房的实践》，《中国房地产》2014 年第 7 期。

贾康、刘微：《"土地财政"：分析及出路——在深化财税改革中构建合理、规范、可持续的地方"土地财政"机制》，《财政研究》2012 年第 1 期。

金俭、梁鸿飞：《公民住房权：国际视野与中国语境》，《法治研究》2020 年第 1 期。

黎晓武：《论我国城市居民住房权的实现保障》，《法学论坛》2010 年第 5 期。

李会勋、王学辉：《公租房国家保障义务理论探究——一种溯源分析法》，《理论月刊》2014 年第 3 期。

李纪才：《"合乎比例的不平等"与"比值相等"——柏拉图、亚里士多德的公平思想》，《上海行政学院学报》2009 年第 6 期。

李进涛、涂姗：《计划行为视角的公共租赁住房退出意愿研究——以武汉市为例》，《社会保障研究》2016 年第 5 期。

李静：《权利视角下保障性住房建设中的政府法律责任》，《兰州大学学报》（社会科学版）2015 年第 2 期。

李克武：《论我国公司登记立法价值取向的选择》，《华中师范大学学报》（人文社会科学版）2009 年第 2 期。

李克武、聂圣：《从实物配租到货币配租：我国公租房制度的理性选择》，《江西社会科学》2019 年第 8 期。

李克武、聂圣：《我国公租房租金形成机制的现状检讨与完善建议》，《湖北社会科学》2017 年第 8 期。

李克武、张璐：《开发商公租房配建义务：来源、性质和内容》，《江汉论坛》2019 年第 6 期。

李莉、王旭：《美国公共住房政策的演变与启示》，《东南学术》2007年第5期。

李龙、周刚志：《良法价值构造论》，《南都学坛》2003年第3期。

李蕊：《论我国地方政府融资平台公司二维治理进路》，《法商研究》2016年第2期。

李新仓：《城市保障房土地供应及其法律规制》，《特区经济》2012年第12期。

李哲、李梦娜：《共有产权住房政策的反思：定位、现状与路径》，《当代经济管理》2018年第4期。

林莉红：《法治国家视野下多元化行政纠纷解决机制论纲》，《湖北社会科学》2015年第1期。

林毓铭、夏林林：《社会保障可持续发展的理论要义与复杂性视阈》，《社会保障研究》2011年第1期。

刘莘、刘红星：《行政纠纷解决机制研究》，《行政法学研究》2016年第4期。

刘云生：《农村土地国有化的必要性与可能性探析》，《河北法学》2006年第5期。

刘祖云、吴开泽：《住房保障准入与退出的香港模式及其对内地的启示》，《中南民族大学学报》（人文社会科学版）2014年第2期。

卢代富：《经济法中的国家干预解读》，《现代法学》2019年第4期。

吕洪业、沈桂花：《英国住房保障政策的演变及启示》，《行政管理改革》2017年第6期。

吕萍、陈泓冰：《分立运行还是有序互动？——试论中国商品房与保障房关系的政策取向》，《北京社会科学》2014年第11期。

罗培新：《美国新自由主义金融监管路径失败的背后——以美国证券监管失利的法律与政治成因分析为视角》，《法学评论》2011年第2期。

罗婷：《公租房退出机制的地方立法分析——以北京等11省市的政府规章为分析样本》，《西南政法大学学报》2012年第4期。

马丽芳：《程序正义理念下的公租房准入机制研究》，《中共贵州省委党校学报》2014 年第 2 期。

毛小平、陆佳婕：《并轨后公共租赁住房退出管理困境与对策探讨》，《湖南科技大学学报》（社会科学版）2017 年第 1 期。

毛小平：《香港公屋准入管理模式及其对内地的启示》，《北京交通大学学报》（社会科学版）2015 年第 4 期。

孟庆瑜：《我国公共租赁住房制度的政策法律分析——基于公共租赁住房市场化的研究视角》，《河北法学》2011 年第 12 期。

阮可：《试论有效配置住房资源的制度性安排——廉租住房的退出机制研究》，《探索》2011 年第 6 期。

孙凌：《论住宅权在我国宪法规范上的证立——以未列举宪法权利证立的论据、规范与方法为思路》，《法制与社会发展》2009 年第 5 期。

孙志华：《美国住房政策及借鉴》，《山东社会科学》2012 年第 9 期。

唐政秋：《论我国社会保障立法的价值取向》，《求索》2004 年第 1 期。

汪东丽、袁洋：《合同解除异议制度废除论》，《河南财经政法大学学报》2015 年第 6 期。

汪习根、陈亦琳：《中国特色社会主义人权话语体系的三个维度》，《中南民族大学学报》（人文社会科学版）2019 年第 3 期。

王桂芳、彭代彦：《农村集体经营性建设用地"三同"流转与农地矛盾转型》，《河南工业大学学报》（社会科学版）2014 年第 1 期。

王克稳：《政府业务委托外包的行政法认识》，《中国法学》2011 年第 4 期。

王天华：《行政委托与公权力行使——我国行政委托理论与实践的反思》，《行政法学研究》2008 年第 4 期。

王锡锌：《行政过程中相对人程序性权利研究》，《中国法学》2001 年第 4 期。

王新生：《略论社会权的国家义务及其发展趋势》，《法学评论》2012 年第 6 期。

王学辉、李会勋：《我国公租房制度建设研究——以地方立法与实践为视角》,《厦门大学法律评论》2012年第9期。

王学辉、李会勋:《追问公租房制度的基本精神》,《理论探讨》2012年第3期。

卫欣、刘碧寒:《美国城市中低收入者的住房保障模式》,《国外房地产》2008年第4期。

吴建依:《论行政公开原则》,《中国法学》2000年第3期。

武中哲:《保障房退出的政府动机、执法成本与制度建构》,《山东财经大学学报》2016年第6期。

肖伊宁、高珊:《我国保障性住房退出机制:问题及对策》,《山东行政学院学报》2014年第8期。

谢晖:《法律双重价值论》,《法律科学》1991年第6期。

谢尚果:《行政复议与行政诉讼衔接机制之反思与重构》,《河北法学》2013年第2期。

徐军玲、谢胜华:《英国公共租赁住房发展的政策演变及其启示》,《湖北社会科学》2012年第6期。

徐镭、朱宇方:《中低收入家庭的住房保障——德国模式与美国模式比较研究》,《德国研究》2014年第1期。

薛刚凌:《行政主体之再思考》,《中国法学》2001年第4期。

杨解君:《违法行政与行政责任对应关系论》,《法制与社会发展》2000年第4期。

杨遂全、孙阿凡:《农村集体经营性建设用地流转范围探讨》,《西北农林科技大学学报》(社会科学版)2015年第6期。

杨遂全、孙阿凡:《农村集体经营性建设用地流转范围探讨》,《西北农林科技大学学报》(社会科学版)2015年第6期。

姚锐敏:《论公务员的职务行为与个人行为的本质区别》,《广东行政学院学报》2005年第6期。

叶金育、顾德瑞:《税收优惠的规范审查与实施评估——以比例原则为分析工具》,《现代法学》2013年第6期。

殷冬水:《法律滞后三论》,《行政与法》(吉林省行政学院学报)1998年第2期。

应飞虎：《需要干预经济关系论——一种经济法的认知模式》，《中国法学》2001 年第 2 期。

应松年：《构建行政纠纷解决制度体系》，《国家行政学院学报》2007 年第 3 期。

喻少如：《合作行政背景下行政程序的变革与走向》，《武汉大学学报》（哲学社会科学版）2017 年第 2 期。

张道庆：《论中央与地方财政转移支付关系的法律调控》，《现代法学》2007 年第 6 期。

张芳：《论行政责任归责原则的多元化》，《甘肃行政学院学报》2004 年第 1 期。

张峰振：《论不当行政行为的司法救济——从我国〈行政诉讼法〉中的"明显不当行政行为"谈起》，《政治与法律》2016 年第 1 期。

张洪波：《以安全为中心的法律价值冲突及关系架构》，《南京社会科学》2014 年第 9 期。

张坤、胡建：《农村土地抵押中的风险释缓：域外比较与中国实践》，《河北法学》2017 年第 8 期。

张清、严婷婷：《适足住房权实现之国家义务研究》，《北方法学》2012 年第 4 期。

张群、黄维：《对我国住房保障的人权思考》，《法律适用》2008 年第 9 期。

张维：《权利的救济和获得救济的权利——救济权的法理阐释》，《法律科学》（西北政法大学学报）2008 年第 3 期。

张文显、姚建宗：《权利时代的理论景象》，《法制与社会发展》2005 年第 5 期。

张翔：《基本权利的受益权功能与国家的给付义务——从基本权利分析框架的革新开始》，《中国法学》2006 年第 1 期。

张小罗、周刚志：《论公民住房权：权利内涵及其实现之道——以长沙市为个案分析对象》，《法学杂志》2009 年第 1 期。

张岩海、王要武：《公共租赁住房供给模式研究》，《学术交流》2017 年第 3 期。

张震：《社会权国家义务的实践维度——以公租房制度为例》，《当代法学》2014年第3期。

张震：《宪法上住宅社会权的意义及其实现》，《法学评论》2015年第1期。

章剑生：《行政许可审查标准：形式抑或实质——以工商企业登记为例》，《法商研究》2009年第1期。

赵旭东：《纠纷解决含义的深层分析》，《河北法学》2009年第6期。

郑莹、吴丽萍：《从缺位到归位：住房保障政府责任之省思》，《河南社会科学》2013年第11期。

中国财政科学研究院"2017年地方财政经济运行"调研组：《高度警惕风险变形提升驾驭风险能力——"2017年地方财政经济运行"调研总报告》，《财政研究》2018年第3期。

周珺：《论保障性住房租赁合同的特殊性》，《甘肃社会科学》2016年第5期。

周灵方：《法的价值冲突与选择——兼论法的正义价值之优先性》，《伦理学研究》2011年第11期。

朱福惠、李燕：《论公民住房权的宪法保障》，《暨南学报》（哲学社会科学版）2009年第2期。

［德］比约恩·埃格纳：《德国住房政策：延续与转变》，左婷译，《德国研究》2011年第3期。

［英］谷义仁（IanCook）：《英国公共住房政策和立法的发展及其对中国的启示》，竺效译，《政治与法律》2008年第2期。

Annarie Devereux, "Australia and the Right to Adequate Housing", *Federal Law Review*, Vol. 20, 1991.

Janet Ellen Stearns, "Voluntary Bond, The Impact of Habitat in U. S. Housing Policy", *Saint Louis University Public Law Review*, 1997.

Jeanet Kullberg, "Consumers Responses to Choice based Letting Mechanisms", *Housing Studies*, Vol. 17, No. 4, 2002.

Jeanet Kullberg, "From Waiting Lists to Adverts: The Allocation of Social Rental Dwellings in the Netherlands", *Housing Studies*, Vol. 12,

No. 3, 1997.

"Law and Order Reconsidered: Report of the Task Force on Law and Law Enforcement of the National Commission on the Causes and Prevention of Violence", Washington, 1970, quoted from Lowry Iras, "Filtering and Housing Standard: A Conceptual Analysis", *Land Economic*, No. 4, 1996.

MEA Haffner, JSCM Hoekstra, "Housing Allocation and Freedom of Movement: A European Comparison", *Tijdschrift Voor Economische En Sociale Geografie*, Vol. 97, No. 4, 2010.

Ohls C J, "Public Policy Toward Low Income Housing and Filtering in Housing Markets", *Journal of Urban Economics*, No. 2, 1975.

Paul A, Samuelson, "The Pure Theory of Public Expenditure", *The Review of Economics and Statistics*, Volume 36, Issue 4. Nov, 1954.

See W Ver Eecke, "Public Goods: An Ideal Concept", *Journal of SocioEconomics*, Vol. 28, No. 139, 1999.

Sweeney, J L, "Quality, Commodity Hierarchies, and Housing Markets", *Econometrics*, No. 42, 1974.

U N Econ, &Soc, "The Right to the Highest Standard of Health", *Council General Comment*, No. 14.